中国文化产业研究丛书

# 新型城镇化文化发展战略研究

# Cultural Development Strategies of China's New Urbanization

商务印书馆
创于1897 The Commercial Press

2019年·北京

**图书在版编目(CIP)数据**

新型城镇化文化发展战略研究/范周著.—北京:商务印书馆,2019
(中国文化产业研究丛书)
ISBN 978-7-100-17540-1

Ⅰ.①新… Ⅱ.①范… Ⅲ.①城市文化—文化发展—研究—中国 Ⅳ.①G122

中国版本图书馆 CIP 数据核字(2019)第 105968 号



中国文化产业研究丛书
**新型城镇化文化发展战略研究**
范周 著

商务印书馆出版
(北京王府井大街 36 号 邮政编码 100710)
商务印书馆发行
北京艺辉伊航图文有限公司印刷
ISBN 978-7-100-17540-1

2019 年 9 月第 1 版 开本 880×1230 1/32
2019 年 9 月北京第 1 次印刷 印张 15¾

定价:60.00 元

## 中国文化产业研究丛书

# 总　　序

早在20世纪80年代末，邓小平就提出了“科学技术是第一生产力”的著名论断，这已成为中国发展的一个重要指导思想。文化产业也是伴随着科学技术的革新与拓荒应运而生的。20世纪初期，工业革命引发的科技进步及资本主义的机械化生产以不可阻挡的势头迅速发展，部分哲学家和社会学家认为机械化复制的工业生产是对文化和艺术的亵渎。20世纪40年代，法兰克福学派的本雅明（Walter Benjamin）在《机械复制时代的艺术作品》中表达了关于文化工业的思想，讨论了大工业生产方式和技术复制手段所产生的文化和审美领域的革命。1947年，法兰克福学派的阿多诺（Theodor Wiesengrund Adorno）和霍克海默（Max Horkheimer）在《启蒙辩证法》的“文化产业：欺骗公众的启蒙精神”一章中首次明确提出“文化产业”和“大众文化”的概念，用来指工业生产时代大批量生产标准化、规格化、工业化的文化商品。可以看出，这个时期人们对文化产业抑或文化工业是带有批判色彩的。美国媒体文化研究者、批判家尼尔·波兹曼在1985年出版的《娱乐至死》一书中也强烈表达了对人们在工业化时代受工业化生产、消费所支配的“赫胥黎预言”式担忧。

约瑟夫·奈（Joseph Nye）在《注定领导世界？——美国权力

性质的变迁》一书中首次提出“软实力”的概念，把软实力界定为文化的吸引力、制度的吸引力、掌握国际话语权的能力。20 世纪 90 年代以来，以信息技术革命为中心的科学技术迅猛发展，国际竞争日益激烈。面对人类社会发展带来的资源和环境困境，各个国家开始意识到文化产业发展的重要性，积极探索文化产业作为国家长期发展战略的可行性，英国提出发展文化创意产业的国家社会经济发展战略，日本提出“文化立国”战略等。

当下，随着国际文化战略竞争的进一步加剧和中国发展战略的调整，中国文化产业发展面临着前所未有的时代发展机遇与挑战。在某种程度上，中国文化产业是伴随着中国改革开放的不断深入而产生与发展的，是在破除经济体制障碍、调整经济结构的背景下提出来的，是在加入 WTO、更深入地融入现代世界经济体系、敞开国门走向世界的背景下发展起来的，是在应对中国社会主义文化建设和意识形态建设所遭遇的前所未有的困难和挑战中提出来的。

毋庸置疑，改革开放对中国文化产业发展产生了积极广泛的影响，为文化的繁荣发展创造了良好的环境和氛围。从党的十五届五中全会首次提出“文化产业”的概念，将文化产业纳入国家发展计划，到党的十七大提出“推动社会主义文化大发展大繁荣”，将文化产业纳入国家发展战略，再到党的十九大提出“坚定文化自信，推动社会主义文化繁荣兴盛”，中国经历了文化产业发展的萌芽期、初步形成期和快速扩张期，中国文化产业开始进入全面提升期，成为推动中国经济高质量发展的重要引擎。

基于此背景，对于中国文化产业的发展历史、演化进程、改革创新与未来趋势等问题必须予以高度重视和探讨；对于文化产业的理论体系建设、文化产业的学科体系建设、文化产业人才培养战略以及未来文化产业发展方向等问题的研究，是文化产业学界应当持续关注的重要课题。

## 一、回顾：近 20 年文化产业的实践探索

回顾过去、展望未来才能够更好地把握现在。回首过去，中国文化产业发展取得了骄人的成就，公共文化事业不断进步，文化投资规模持续增长；文化产业规模不断扩大，新型文化业态迅猛崛起；文化需求快速增长，文化走出去亮点纷呈。立足新时代，中国文化产业呈现高质量、跨越式发展态势。但是由于发展起步较晚，中国文化产业在发展进程中不可避免地存在一些问题。

### （一）文化产业发展与经济发展相协调，但供需关系仍不平衡

根据国家统计局数据，1998 年，中国国内生产总值（GDP）仅为 8.52 万亿元，而到 2018 年 GDP 已经达到 90.03 万亿元，是 1998 年的 10 倍多。根据《文化蓝皮书：中国文化消费需求景气评价报告（2016）》，从 1994 年到 2014 年这 20 年间，全国城乡文化消费总量由 1054.24 亿元增长至 14915.39 亿元，年均增长 14.17%；城乡文化消费人均值由 88.46 元增长至 1093.29 元，年均增长 13.40%。其中 2014 年文化消费增长明显加速，总量增长 14.80%，人均值增长 14.22%。可以说，中国文化产业的发展进程是与中国经济社会发展总基调协调一致的。改革开放 40 多年，尤其是最近 20 年，中国文化产业呈现出快速增长的态势，对推动国民经济持续健康发展起到越来越重要的作用。

然而，随着中国特色社会主义进入新时代，我国社会主要矛

盾已经转化为人民日益增长的美好生活需要和不平衡不充分的发展之间的矛盾。这个矛盾在文化产业发展领域集中表现在现有的文化供给结构不能适应和满足人们的文化需求结构的变化。从数量上看，中国文化产品供给数量严重不足。以出版业为例，国家统计局数据显示，2017 年，全国总人口比 2016 年增加 0.05%，城镇居民人均可支配收入增长 8.3%，而图书出版总印数仅增长 2%，电子出版物增长为负，文化产品的增长速度远远落后于社会经济发展。从质量上看，长期以来中国文化产业中产品创意不足、精品匮乏等问题仍然存在。相较于欧美发达国家，中国还较为缺乏被国际普遍认可和喜爱的文化品牌。中国文化产业发展仍有很长的路要走。

**（二）文化体制改革取得初步成效，但政策法规体系仍不健全**

在文化体制改革的有利推动下，中国文化产业加快发展，从无到有、从弱到强，产业规模不断扩大，产业实力不断增强，文化市场经济体制改革不断完善：从计划经济条件下的传统文化管理体制到社会主义市场经济条件下现代文化治理体系，从单纯依靠政府投入的文化事业到政府主导、社会参与的现代公共文化服务体系，从短缺的文化生产供给、零散的文化经营活动到繁荣活跃的现代文化市场体系，从较为封闭单一的对外文化交流到以我为主、多层次、宽领域文化开放格局。进入新时代，在习近平新时代中国特色社会主义思想指引下，现代公共文化服务体系建设、现代文化市场体系建设初见成效，坚定文化自信、高扬改革旗帜、锐意进取创新，中国特色社会主义文化发展道路越走越宽广。

近年来，中国文化体制机制改革已取得突破性进展。深化文化体制改革的政策相继出台；推进公共文化机构法人治理结构改革、基层综合性文化服务中心建设的重点措施得以落实；文化扶贫工作取得重大进展；文化市场改革方面，政府简政放权，推行一系列融资举措，鼓励文化企业进入市场，释放市场活力、主体动力和社会潜力。但是，随着中国改革开放进入深水区，根据“五位一体”的战略发展布局要求，文化管理体制还存在文化决策多层次化制约、文化管理法制化不健全、过多注重文化事业的政治职能和意识形态属性等问题，文化产业体制机制改革仍需深化。新时代，文化体制改革只有进行时，没有完成时。

**（三）文化产业结构和所有制结构逐渐优化，但区域发展仍不均衡**

改革开放以来，中国经济发展突飞猛进、思想解放不断深入，文化产业政策作为产业发展风向标的效果日益显现。自党的十六大首次将文化产业与文化事业区分开来以后，经营性文化产业与公益性文化事业“比翼双飞”，成效显著。其中以文化事业单位转企改制效果最为明显，此举不仅增强了传统文化事业发展动力，刺激文化消费动力，更激发了全民文化创作活力。在中国特色市场经济体制下，文化政策对产业发展不断发挥着引导和推动作用，逐渐把文化发展从政府包办的禁锢中挣脱出来，有力推动了社会主义大发展大繁荣。

但是，从空间布局上看，区域发展不均衡影响了中国文化产业的整体发展。国家统计局数据显示，2018 年，中国东部地区规模以上文化及相关产业企业实现营业收入 68688 亿元，占全国 77.0%；中部、西部和东北地区分别为 12008 亿元、7618 亿元和 943 亿元，占全国的比重分别为 13.4%、8.5% 和 1.1%。从增长速度上看，西部地区增长 12.2%，中部地区增长 9.7%，东部地区增长 7.7%，东北地区下降 1.3%。我国文化建设“东高西低”的现象仍然存在，东西部地区在人才、资本、技术、规模等方面均存在较大差距。

**（四）对外文化交流逐渐起步，但国际文化软实力仍需提升**

改革开放以来，中国的国际文化交流纽带日渐牢固。文化自信深入人心、国家文化软实力不断增强，中国文化“走出去”的步伐迈向纵深。当前，中国对外文化交流日趋活跃，“中法文化年”“中俄国家年”等一系列大型文化外交活动效果良好，中华文化的国际影响力日益扩大。文化和旅游部、国家统计局、国家汉办公开数据显示，截至 2017 年年底，中国已与 157 个国家签署了文化合作协定，累计签署文化交流执行计划近 800 个，初步形成了覆盖世界主要国家和地区的政府间文化交流与合作网络。截至 2017 年，海外中国文化中心开展各类文化活动达 4000 余场次，直接受众达到 800 余万人次。此外，文化贸易是文化“走出去”的重要载体，中国对外文化贸易规模不断扩大。根据海关发布的数据，2018 年，中国文化产品进出口总额 1023.8 亿美元，同比增长 5.4%。其中，出口 925.3 亿美元，增长 4.9%；进口 98.5 亿美元，增长 10.3%；顺差 826.8 亿美元，规模比上年扩大 4.3%。

尽管如此，从整体来看，中国文化贸易逆差依然存在，文化贸易结构仍不平衡。一方面，文化商品贸易与文化服务贸易结构失衡；另一方面，文化商品和文化制造业占比大，且缺乏科技含量高、附加值高的文化商品，对于中华文化的传播和文化形象的塑造影响甚微。据《中国电影报》报道，2017 年国产电影海外票房收入达到 42.53 亿元，较去年有所增长，但依然不到国内票房的十分之一。

### （五）文化人才培养初见成效，但学科建设任重道远

文化产业是一门适应社会发展需求而出现的新兴交叉学科。随着文化产业在社会整体发展中的地位日益重要，业界对于建立文化产业学科体系、强化文化产业学科建设的呼声越来越高。根据教育部2003—2018年发布的《普通高等学校本科专业备案和审批结果》，截至2018年，中国开设“文化产业管理”本科专业的学校共212所，700多所高校开设了相关课程，形成了文化产业教育的基本培养模式。根据现实需求适时进行学科目录的调整、学科平台搭建及人才培养模式的创新成为文化产业学科建设中的重中之重。

然而，从人才培养及学科建设现实来看，中国文化产业专业性人才和复合型人才较为稀缺。在欧美发达国家，创意产业就业人数所占比例普遍偏高，且集中在文化创造力方面。而我国这方面的人才则占比较低，且多为技能型创意执行人员。同时，学科的交叉属性使文化产业在学科归属划分、师资培训等方面尚不明晰。此外，文化产业学科体系有待建设，教材体系有待完善，社会实践有待加强。在文化和旅游融合的大趋势下，文化旅游人才短缺问题将更为突出。

总体而言，回顾文化产业发展进程，可以看出，中国文化产业尚未真正突破发展瓶颈，建立健全的产业发展体系仍是未来产业发展的重中之重。文化产业发展朝气蓬勃，需要我们认清新形势、拿出新思路、制定新战略，打造新一代文化基础设施，破除“GDP魔咒”，从构建“统一、竞争、开放、有序”的现代文化市场体系着手，紧抓重大发展机遇，推动文化产业发展日益成熟完善。

## 二、展望：未来 20 年文化产业发展趋势

### （一）全方位融合时代到来，产业界限日趋模糊

当前中国经济进入新常态，新产品、新业态不断涌现，融合发展渐成趋势，继续深化改革成为各方共识。文化产业具有强渗透、强关联性。在产业大融合的背景下，“文化 +”产业融合不仅仅是技术、管理和市场的融合，更重要的是以文化为核心的全方面的融合，是对传统产业融合的创新发展，是产业融合的新趋势。

文化产业新业态作为文化创意与科技创新融合发展的产物，具有高知识含量、低资源消耗、高附加值及对传统产业的改造提升等特性，正逐步成长为经济增长的新亮点。文化产业新业态发展以技术为支撑，以互联网新思维为导向，不断深化跨界融合，推动产业业态创新。文化产业新业态呈现分享化、平台化、融合化的发展特征，成为推动经济结构转型的新生力量将指日可待。

### （二）技术驱动业态升级，数字文创产业更新迭代

中国信息通信研究院测算数据显示，2018 年，中国数字经济总量达到 31.3 万亿元，占 GDP 比重超过三分之一，达到 34.8%，同比提升 1.9 个百分点。数字经济蓬勃发展，推动传统产业改造提升，为经济发展增添新动能。2018 年，数字经济发展对 GDP 增长的贡献率达到 67.9%，贡献率同比提升 12.9 个百分点，超越部分发达国家水平，成为带动中国国民经济发展的关键力量之一。

首先，万物互联打破行业壁垒，跨界融合持续深化。近年来，以 BAT 为首的互联网企业不断涉足网络、内容生产、娱乐、媒体等，并逐步向人工智能、区块链、无人驾驶等技术进军。未来，

随着5G时代的到来，无论是文化还是科技，都将继续与制造业、农业、金融等产业深度融合，在跨界思维的引导下裂变出涉及内容更广、运行机制更复杂的新兴业态。其次，文化资源开放共享，数字化、社会化发展或成主流。传统的文化事业机构，如图书馆、博物馆、文化遗产地等因储存着丰富的文化内容和素材而承担更多公共文化服务的功能，一方面借助数字化手段实现版权化的再生，在跨媒体、跨介质传播方面发挥更大的作用；另一方面，凭借数字化手段"飞入寻常百姓家"。再次，新兴产业叠加创意，颠覆文化消费方式。随着消费社会的崛起，大众文化接受方式将进一步向文化消费和文化市场延伸。虚拟现实、增强现实、全息成像、裸眼三维图形显示、交互娱乐引擎开发、互动影视等新的沉浸式技术发展、设备普及和内容创新发展，在带动消费者文化体验升级的同时，催生新一轮的文化消费革命。

**（三）文化自觉深入人心，文化出海步伐更加稳健**

美国《纽约时报》专栏作家托马斯·弗里德曼在《世界是平的》一书中说，世界正在走向"平坦化"。对外文化贸易的发展，不仅肩负着经济使命，还肩负着传播本国文明、文化价值观的使命，因此在对外文化贸易中既要解决文化产业的创新发展问题，也要注重本土文化的保护和国际表达，推动国家文化软实力的进一步提升。

一方面，要推动中国文化国际化。在中国文化"走出去"的过程中，要寻求中国故事的国际表达形式的有效途径，形成可与国际社会沟通的外部话语体系，让世界聆听和认识中国文化，了解和理解中国文化。同时，努力增强对外文化贸易的竞争力，树立中国形象，传播中国声音，形成推动中华民族振兴的文化力量。

另一方面，做好外来文化的中国化。十九大报告中首次提出“坚持总体国家安全观”，文化安全是国家安全的重要领域，也是国家文化认同的重要支撑。经济全球化和文化全球化促进了国家文化交流的深入，也加深了文化安全隐患。因此，不仅要重视文化产业“引进来”和“走出去”的政策倾向，还要注重保护国家文化安全，科学谨慎对待外来文化，善于利用中国话语体系转为自用，逐步建立以国家利益为最高利益的文化发展观，积极建立国家文化安全预警体系。

**（四）监管方式不断完善，体制机制改革驶向纵深**

从2003年的文化体制改革元年到2019年的改革关键年，文化改革经过了“摸着石头过河”的摸索阶段，将全面进入落地攻坚期。改革本身就是一场深刻的社会变革，需要进行利益调整、体制转换和观念更新，文化因其本身的意识形态特性，使得文化体制改革与政治体制改革紧密相连，具有其政治性、敏感性。

文化体制改革经过多年的实践积累了丰富的经验，也存在一些不完善的地方。某些环节的改革可能需要很长的时间去实现。深入改革的核心在于顶层设计，重点在于依法改革，落脚点在于群众得实惠。一方面，要更好地发挥政府的政策调节、市场监管、社会管理和公共服务职能。按照政企分开、政事分开原则，推动党政部门与其所属的文化企事业单位进一步理顺关系，赋予企事业单位更多的法人自主权，尽快完善现代企业管理制度，让市场发挥资源配置的决定性作用。另一方面，要加大文化法律法规建设。文化法律法规是对文化建设规律的概括和总结，具有极强的稳定性、规范性和强制性。新时期的改革是依法改革，要把文化建设实践中形成的新成果、新经验用法律的形式固定下来，为新时期文化体制改革发展提供更为科学、更为具体的遵循，有效地解决改革中遇到的新问题。

**（五）消费偏好更为精细，由大众消费转向圈层消费**

根据国际经验，当人均 GDP 接近或超过 5000 美元时，文化消费将迅速进入“扩张时代”，目前中国人均 GDP 已经超过 8000 美元，这意味着中国文化消费将迎来大发展时期。随着科技的更新迭代，传统业态转型升级，新兴业态不断涌现，产业间融合逐步加深，文化消费形态日渐多元化。针对不同细分市场和差异化消费需求的文化产品和服务日益丰富，并向品质化、精细化、定制化方向发展。同时，随着消费主体结构的变化，“新世代”消费群体将引领消费潮流，儿童和老年消费群体成为文化消费增长的新驱动力。

首先，消费总量持续增长，消费结构进一步优化。在消费升级的大背景之下，文化消费逐渐成为新的消费增长点，消费总量将持续增长，在居民消费生活中所占的比重将会越来越大。其次，数字化、信息化文化消费渐成主流。信息技术的发展，尤其是数字化、虚拟现实、人工智能等技术在文化产业领域的运用，极大推动了文化消费变革，重塑人们的消费习惯、消费方式和消费渠道。最后，体验式、分众化文化消费日趋普遍。随着人们消费需求层次的提高和消费理念的转变，消费体验和消费场景变得越来越重要。无论是零售行业还是服务行业都更加注重服务品质与用户体验，将更多的注意力放到场景和氛围的营造上。文化消费的精神属性将越来越突出，将会出现更多个性化、复合型、体验型、交互式的文化产品、服务和消费空间，满足人的多维度感官需求与深层次心理和情感需求。

### （六）文化建设以点带面，与国家战略一脉相承

在“十二五”时期提出东中西部协调发展的基础上，2017年，中共中央办公厅、国务院办公厅印发《国家“十三五”时期文化发展改革规划纲要》，指出要进一步深化区域协同，提出“以区域发展总体战略为基础，以三大战略为引领，引导各地根据资源禀赋和功能定位，走特色化、差异化发展之路”。一方面，文化产业的发展为各经济带发展提供动力，有利于增强经济带、特别是跨区域板块的文化软实力；另一方面，经济带规划也为未来文化产业发展提供了更为广阔的空间，从而促进文化产业结构的优化升级，促进文化市场资源的合理配置，促进中华文化的传承与交流。

从2014年京津冀协同发展战略提出到2015年《推动共建丝绸之路经济带和21世纪海上丝绸之路的愿景与行动》发布，从2016年9月《长江经济带发展规划纲要》正式印发到2017年4月具备“千年大计、国家大事”高度的雄安新区设立，区域发展不再是简单割裂的资源共享——打破界限、联动发展，区域文化发展进入新格局。

## 三、感悟：见证文化发展40年的六点体会

作为一名文化产业研究人员，我试图把自己从事文化产业多年来的所思、所想、所感碎片汇集起来与大家分享，期望能够通过反思与回顾探寻文化产业的内在规律和发展脉络。以下是我主要思考的几个方面，欢迎大家批评指正。

### （一）文化发展40年的理性回顾

学科发展史、方法论和学科经典案例是一个完整学科体系不可或缺的三大要素。文化产业的学科建设刚刚起步，对于产业史

学的研究较为缺乏。在《中国文化产业 40 年回顾与展望（1978—2018）》一书中，我尝试将改革开放作为中国文化产业的起始点，把中国文化产业发展分为 4 个阶段：1978 年到 1991 年为文化产业发展的萌芽期，1992 年到 2001 年为文化产业发展的初步形成期，2002 年到 2011 年为文化产业发展的快速扩张期，2012 年至今为文化产业发展的全面提升期。此外，我还从文化资源、文化治理、文化经济、文化软实力、文化再思考等方面对中国文化产业 40 年发展进行回顾和反思，通过梳理时代机遇，展望新时代文化产业发展航向，提出文化产业发展的未来研判。囿于文化产业的发展阶段和我对文化产业研究的局限性，我对文化产业发展史的分析未必正确，但作为一个记录者，我认为这项工作有其自身的价值。

**（二）时代变迁下文化消费的思考**

文化消费是文化产业的一个重要组成部分，也是关乎人民对美好生活向往的大事。多年来，我持续关注和研究中国文化消费问题，于 2009 年主持进行了“中国城市文化消费调研”，对城市居民文化需求和消费状况开展了深入的调查研究，并组织编写了《中国城市文化消费报告》（6卷本）。2016年起，我参与了文化部、财政部开展的“引导城乡居民扩大文化消费试点工作”的中期考察指导工作，通过走访调研文化消费试点城市，对文化消费领域进行了更加深入和系统的研究。这些调研使我真切感受到文化消费从无到有、从单一到多元的变化过程。《时代变迁下的文化消费》是我重新审视中国文化消费，从时代变迁的视角观察和思考文化消费领域的新情况、新现象和新趋势的一个阶段性呈现，记录了文化消费对拉动城市经济发展、对消费者物质文化生活改变的影响，也记录了鼓励引导文化消费体制机制变革的过程，还记录了互联网时代文化消费方式、诉求和理念的变革，等等。

**（三）新型城镇化文化发展的变迁**

新型城镇化也是我这些年来致力于研究的一个重点领域，从承接多项国家相关部委委托课题到落地多项省市级城镇规划、新农村建设规划、古村落保护规划、历史文化名城建设规划等，以及参与承接雄安新区管委会的《雄安新区起步区公共服务规划》《雄安新区起步区公共文化服务发展规划》等，我在实践中不断加深自己在新型城镇化文化建设方面的学习和思考。《新型城镇化文化发展战略研究》是我这些年来对新型城镇化学习和研究的一个系统性回顾、反思与展望。本书从中国城镇化演变历程与规律着手，对新型城镇建设的文化顶层设计、文化遗产的保护与活化，以及未来新型城镇化文化发展研究领域与趋势等内容进行了深入细致的论述。

**（四）"互联网 +"下数字创意产业的迭代**

自从 2015 年李克强总理首次提出"互联网 +"行动计划以后，截至 2019 年，中国政府工作报告已经连续 5 年提及"互联网 +"。文化产业作为新兴产业，其发展变革的步伐是与科技发展密不可分的，网络时代下科学技术的更新迭代不断催生文化产业新思路、新业态、新模式，深刻影响着文化产业生产、消费的方式与习惯。《数字经济下的文化创意革命》从数字经济这一宏观背景出发，试图在梳理数字创意产业发展历程的基础上，总结出数字创意产业的内涵与外延，是我对科技加持下文化产业未来发展所面临的机遇与挑战的分析，以及我对未来数字创意产业发展的趋势判断。

**（五）文化发展重大问题的阶段性反思**

伴随着文化产业的快速发展，文化产业实践和理论研究不断向纵深发展，需要从战略性产业的整体布局和宏观思路出发，对文化产业的发展路径进行新思考。多年来，我和我的研究团队参与了《公共文化服务保障法》的制定，参与了很多文化产业重大事件、重要政策的起草和出台工作，在这些研究工作中，我有很多思考和启发。我把对这些思考所涉及的核心问题进行整理，包括文化产业基础导向、文化产业发展的内生驱动、文化产业产权保护、文化平台建设、文化产业区域战略布局、文化跨界融合、文化立法及文化产业研究方法等文化产业发展的重点问题，并对这些重点问题做了一个阶段性的记录和系统梳理，形成《中国文化产业重大问题新思考》一书。

### （六）文化产业发展的碎片化思考

《文化发展研究札记》是从我创办的文化领域自媒体平台“言之有范”已发表的文章中精选百余篇结集而成。我把它定位为一名文化研究者的学术笔记，它见证和记录了五年来我对文化发展的碎片化思考。出版此书的原因有三：一是我时常教导我的学生们要“把论文写在大地上”，本书正是“言之有范”顶天立地的见证和记录；二是记录“言之有范”创办五年来，我对于文化产业相关领域的碎片化思考；三是我一直把“言之有范”作为重要的实践教学基地，通过这种自媒体实践的形式进行硕士、博士研究生培养教育。五年来，近百名研究生在这个平台上学习了文化产业的知识，锻炼了专业素养和研究能力，出版此书也是对他们成长轨迹的记录。

## 四、反思：文化产业发展的责任担当

近 20 年是文化产业从无到有的 20 年，是我真正参与、见证文化产业发展变化的20年。我深知20年对于年轻的文化产业来说仅是个开始，再回首，或许我的许多研究成果并不能尽如人意，但作为一位研究文化产业的学者，一位从事文化产业学科建设的参与者，我怀着学者的人文情怀，身体力行地实践着文化产业学者的三大历史重任，即专业研究、培养学科人才及专业实践，期望能够尽自己的一点薄力，推动文化产业的发展。

20年来，中国文化产业理论研究不断丰富，为文化产业的历史进程和实践探索提供了有力的支撑。但从总体上而言，中国文化产业理论研究仍然任重道远。随着文化产业成为国家经济发展的战略性产业，人们对文化消费多元化的需求更加强烈，文化产业进入迅速发展的历史时期，而文化产业理论研究却难以适应产业发展的速度，文化产业研究的历史与逻辑、理论与实践还难以做到完全统一。

主要表现在以下四个方面：第一，从文化产业的基础研究而言，对文化内涵、外延、统计标准的划分难以完全统一，对文化产业的概念、范畴、标准和要素的不统一使其研究难以进行横向比较。第二，从文化产业的研究方法而言，对文化产业研究的定性研究较多，定量分析不足，难以将文化产业的理论研究、实践探索和经验判断有机结合。第三，从文化产业理论成果的转化而言，文化产业研究的动态反馈机制缓慢，对实践的梳理，对产业发展中的成败得失的总结，对引领产业发展的前瞻性探索不足，难以直接为宏观调控提供准确依据。第四，从文化产业的研究主体而言，产业的快速发展催生了“快餐式”的研究者，一些学者往往盲目跟从产业热点和现实焦点问题研究，难以秉持“坐冷板凳”的研究精神，难以对文化产业进行跟踪式、长效性研究。

纵观近20年来中国文化发展战略和文化发展理论体系的研究，中国鲜有为国际学术界所瞩目、为国际社会所认同的相关理论研究成果，一个重要的原因是理论思维的缺位。我们对“中国文化产业发展理论体系”系统、整体、深入、全方位的研究不够。但反过来说，时代造成的历史性局限也为未来全面、深入、系统的整体性研究提供机会、创造条件。近20年来的中国文化产业发展战略研究及文化体制改革，给中国文化产业发展带来的深刻变化的探究，对文化发展思想史和实践发展史两个方面的深入研究仍然是一个重大学术使命和责任。

我想，这些是我未来需要潜心沉淀研究的内容。

“文章千古事，得失寸心知。”虽然我已尽最大努力来完成这套学术丛书，历经多次结构调整、删减校对，书中引用的数据力求权威，选用的案例力求典型，但是在这套丛书完成之时，我甚至都有点不敢将其出版，因为我知道这里面还有太多的不足之处。感谢商务印书馆给予我的鼓励，让我终于鼓足勇气将这套丛书与大家分享，也恳请国内外专家与同仁不吝批评指正，因为文化产业学科体系、理论体系建设仍然是一个非常值得深入探讨的问题。

愿不负时光，期望我能继续研究这一领域20年，期望届时能够再拿出一些深入的研究成果与大家分享。

2019年8月

# 目　　录

# 第一章　绪论

美国城市学家乔尔·科特金在其《全球城市史》的前言中写道："人类最伟大的成就始终是她所缔造的城市。城市代表了我们作为一个物种具有想象力的恢宏巨作，证明我们具有以最深远而持久的方式重塑自然的能力。"[①] 城镇化就是这种伟力的集中体现。它是指"伴随着工业化发展，非农产业在城镇集聚、农村人口向城镇集中的自然历史过程，是人类社会发展的客观趋势，是国家现代化的重要标志"。[②] 城镇化不仅是城镇人口数量和用地规模扩大的过程，同时也是经济社会结构转型的过程，是经济社会发展的强有力引擎。

改革开放以来，我国城镇化快速推进，城镇化率不断提升，2011 年突破了 50% 的城乡人口分界点。这意味着数千年来农业农村占主导的经济社会发展模式开始向城市主导的发展模式转型，我国城镇化建设取得了重大成就。但是，速度并不等同于质量。在快速的城镇化进程中，我们也发现一些问题与矛盾日益凸显，

① 乔尔·科特金．全球城市史 [M]. 王旭等，译．北京：社会科学文献出版社，2013：15.

② 国家发改委规划司．国家新型城镇化规划（2014—2020 年）[EB/OL].（2014-03-16）[2018-06-16]. http：//www.gov.cn/zhengce/2014-03/16/content_2640075.htm.

例如严重的城乡二元结构、“伪城市化”、城乡差距鸿沟等。在这种背景下，如何强化城乡统筹，推进城镇化高质量发展，同步实现乡村振兴，就成为了实现“两个一百年”战略目标的重大命题。新型城镇化即是中央为解决这一难题而开出的“药方”。相对于传统的城镇化，新型城镇化强调城乡一体、产城互动、生态宜居、和谐发展，是大中小城市、小城镇、新型农村社区协调共进的城镇化。其突出的特征是以人为本、城乡统筹、文脉传承、智能高效和绿色低碳，重点是要建设有温度、有特色和可持续发展的城乡空间。也正因为如此，文化在新型城镇化建设中的重要性也愈加彰显。发挥好文化在传承历史文脉、引领当代价值、满足人们美好生活新期待、增强城镇吸引力和凝聚力等方面的积极作用，是新型城镇高质量可持续发展的强大精神动力和战略支撑。

## 第一节　中国城镇化 40 年演进历程

从 1978 年改革开放以来，我国城镇化高歌猛进，城镇化率从 1978 年的 17.92% 快速攀升到 2011 年的 51.27%，城镇常住人口占总人口的比重首次超过 50%；到 2017 年，已经达到了 58.52%。[①] 根据城镇化发展的“诺瑟姆曲线”，城镇人口比重在 30% 以下为城镇化发展的初级阶段，30%—70% 为加速阶段，70% 以上为后

① 国家统计局. 中华人民共和国 2017 年国民经济和社会发展统计公报 [EB/OL].（2018-02-28）[2018-06-25]. http：//www.stats.gov.cn/tjsj/zxfb/201802/t20180228_1585631.html.

期阶段，这表明我国已经处于并将在较长的时期内处于城镇化加速阶段。如果回顾我国过去 40 年的城镇化发展之路，可发现其并不是一个匀速的过程，大体经历了重启城镇化、高速城镇化和城乡统筹发展三个主要阶段。

## 一、城镇化重启阶段（1978—1991 年）

新中国成立以后，为了加快建设独立的工业体系和保证城市的正常运转，国家开始实行严格的城乡二元化治理结构。在户籍上，国家设置了农业户口与城市户口，对农村居民与城市居民进行了清晰的区隔；在分配上，采取“统销统购”政策，政府通过合作社在农村强制征收农民余粮，利用城市户口登记制度在城市统一分配粮食和其他生活用品。这些制度的安排，严重阻隔了城乡人口的流动。例如，当时出趟远门不仅要自带被褥、干粮或粮票等日需物质，还需要各种证明文件，这显然是不利于人口迁徙的，城镇化进程也自然缓慢。根据统计，从 1949 年到 1977 年，我国的城镇化率仅从 10.6% 发展到 17.6%，年均增长率仅为 0.25 个百分点。[①] 而大约同时期（1950 年至 1980 年），全世界城市人口的比重由 28.4% 上升到 41.3%，其中发展中国家由 16.2% 上升到 30.5%。[②] 我国这种缓慢的城镇化过程并不是由工业化的迟滞引发的，事实上，在这段时间里我国逐步建立了较为独立和完整的工业体系，工业总产值在工农业总产值中的比重由

---

① 许涤新 . 当代中国的人口 [M]. 北京：中国社会科学出版社，1988：493.

② 同上书，294—295 页 .

1949年的30%提高到1978年的72.2%。导致这时期城镇化滞后于工业化的根本原因，主要是当时实施的城乡二元体制。这种城乡隔离、低城镇化率的状况，直到1978年十一届三中全会以后才有所改善。其中，根据发展改革的动力不同，又可分为两个时期。

**（一）农村改革为动力时期**

此阶段大体从1978年到1984年，该时期的城镇化率由17.9%上升至23.0%，年均增长近1个百分点。中国现代的改革从农村开始，随着从安徽省凤阳县凤梨公社小岗村起步的家庭联产承包责任制在全国的铺开，以及农产品“统销统购”政策的取消，农民的生产积极性极大提升，农村经济和城乡市场都得到较快的恢复和发展。这时候有四股力量驱动着城镇化：一是约2000万“上山下乡”知识青年和下放干部重返城市，同时全国恢复高考，大批农村学生通过考试进入城里，成为了城镇人口的重要来源；二是“统销统购”政策的取消，推动了农产品自由交易的蓬勃发展，催生了活跃的城乡农贸市场，出现了大量由农村到城里从商和务工的城镇暂住人口；三是这一时期的乡镇企业异军突起，企业对劳动力的需求，吸纳了大量的农业剩余劳动力。这种离土不离乡的乡镇企业，有力推动了就地城镇化水平，出现了大量的小城镇；四是这一时期政府增加了城市的维护费和建设费，“先进城后建城”的局面有所缓解。但从整体来看，由于农民进城还受到许多制度的限制和阻碍，同时以国内市场为主的城乡工业还不能形成巨量的人口吸纳能力，因此，这一时期的城镇化，规模还相对较小，速度还相对较慢。

## （二）城市改革为动力时期

农村的成功改革为城市做出了示范。1979 年，党中央、国务院批准广东、福建在对外经济发展中实行“特殊政策、灵活措施”，并决定在汕头、厦门、珠海、深圳等地设立经济特区。1984 年，进一步开放大连、青岛、上海、宁波、广州、北海等 14 个港口城市，在各地兴办起了出口加工区、经济技术开发区，大力发展“三来一补”的经济。1990 年，又做出了开发上海浦东新区的决定。在这一时期，全球加工制造环节的转移与中国改革开放的历史性结合，促进了中国城市轻工业的飞速发展，也推动了中国城市特别是东部沿海城市的快速发展，出现了大量的新兴城市。根据统计，从 1984 年到 1992 年，我国城市的数量由 300 个增加到 517 个，建制镇更是由 6211 个猛增到 1.2 万个，城镇化率由 1984 年的 23.0% 上升到 1991 年 26.37%（见图 1-1）。从城镇化的动力来看，这一时期工业化对城镇化的拉动作用较为明显。在国内旺盛的市场需求和外向型经济发展模式的驱动下，劳动密集型产业在沿海城市快速发展起来，带动了就业人口的增长，沿海地区出现了大量由新兴小城镇组成的“工业化地区”，例如佛山市的北滘镇、温州市的北白象镇等。但是整体来看，这一时期的工业化还是在城乡二元经济背景下推进，农村工业发展主要采取“离土不离乡”的模式，城市改革进程也在摸索之中，社会主义市场经济体制尚未确立，改革的方向与意见仍难以统一。因此，这个时期的城镇化增速明显低于工业化推进的速度，城镇化仍处于一个较为缓慢的阶段。城乡关系也是割裂的，城与乡是完全不同的两个世界，农民更多是以“农民工”的身份到城市的工厂里从事加工制造业，而不是真正的市民化。

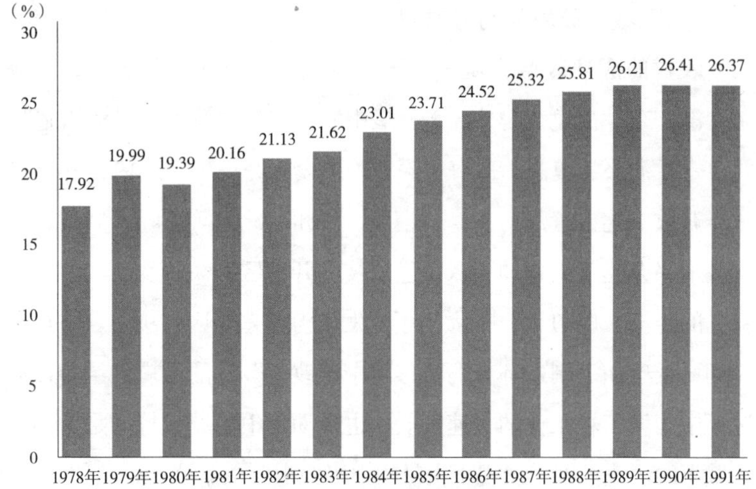


**图 1-1　1978—1991 年中国城镇化率变化情况**

数据来源：各年国民经济和社会发展统计公报。

## 二、城镇化高速发展阶段（1992—2013 年）

1992 年年初，面对对发展市场经济的各种质疑，当时已经 80 多岁高龄的邓小平视察了武昌、深圳、珠海、上海等地并发表了深刻影响中国经济社会发展进程的重要讲话。邓小平在讲话中提出“基本路线要管一百年，动摇不得”“改革开放胆子要大一些，敢于试错，不能像小脚女人一样。看准了，就大胆地试，大胆地闯”等指导精神；提出了“计划多一点还是市场多一点，不是社会主义与资本主义的本质区别”“社会主义的本质是解放生产力，发展生产力，消灭剥削，消除两极分化，最终达到共同富裕”“判断各方面工作的是非标准，应该主要看是否有利于发展社会主义社会的生产力，是否有利于增强社会主义国家的综合国力，是否有利于提高人民的生活水平”等著名的论断。① 这次视察，邓小平再次肯定了改革开放政策和特区发展模式。同年年底举行的中国共产党第十四次全国代表大会首次将建设有中国特色社会主义的理论和党的基本路线写进了党章，党的历史上第一次明确提出了建立社会主义市场经济体制的目标和方向。此后，市场经济得以快速发展，带动了城市经济的繁荣和城镇化的快速进程。

### （一）农村人口大规模向城镇转移

当改革开放和建设社会主义市场经济的大政方针确定以后，中国的城市发展爆发了前所未有的潜能，吸纳着农村人口快速向城镇转移。原因有二。其一，在工业时代城市相对于农村具有明显的效率性，正如爱德华·格莱泽在《城市的胜利》中所描述的那样，城市降低了生产成本，提升了生产效率，促进了人与人之间的交流。因此，我们可以发现，相对于农村或小城镇，城市在工业生产中占据了主导地位。特别是2000年中国加入世贸组织以后，大量国际资本涌入中国，城市成为了对外出口的生产基地，中国变成了世界工厂。城市用工的需求，吸纳了大量农村剩余劳动力涌入城市工厂，中国城镇化进程快速推进。其二，1998年国务院下发了《关于进一步深化城镇住房制度改革加快住房建设的通知》，该通知废除了长期以来的住房实物分配制度，确立了市场供给的主导地位，为商品房的发展提供了庞大的市场。至此，对中国经济社会影响深远的房地产开始走上历史的舞台。随着住房制度的深化改革与1994年实施的分税制的深度结合，中国城镇化

① 邓小平．邓小平文选（第三卷）[M]. 北京：人民出版社，1993：372—373.

发展产生了最核心的模式：以地谋发展的土地模式。这种模式极大地提升了城市政府的财力，让城市有能力对老城区实行大范围的拆旧重建，对新区进行大规模的开发建设。数据显示，从 1990 年到 2010 年，中国城市建成区的面积从 1.22 万平方千米快速增长到 4.05 万平方千米，① 20 年间增长了 2 倍以上。由于城市就业岗位增加和居住条件的极大改善，也让城市与乡村的差距迅速拉开，农村人口大规模向城市转移。2011 年，中国城镇人口占总人口的比重首次超过 50%，达到 51.27%（见图 1-2）。这成为了中国城镇化进程中一座重要的里程碑，意味着中国经济社会发生了一次历史性的变革：一个数千年来以农村为主导的农业大国，开始进入以城市为核心的工业经济和服务经济时代。

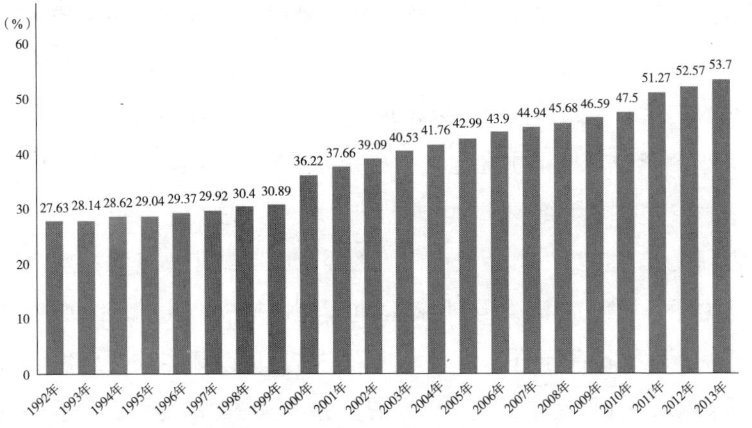


**图 1-2　1992—2013 年中国城镇化率变化情况**

数据来源：各年国民经济和社会发展统计公报。

① 葛江涛．卫星数据显示 20 年来中国城市扩张面积高达 20 倍 [EB/OL].（2012-09-11）[2018-06-16]. http：//discovery.163.com/12/0911/08/8B3VGK0K000125LI.html.

### （二）快速城镇化中暴露的问题

经过近20年的快速城镇化发展，中国城镇化率得到快速提升。但与此同时，城镇化进程中蕴藏着的问题也开始大量显露，严重影响了城镇化的发展质量。

一是城乡分割严重，发展差距拉大，农村衰落与“大城市病”并存。一方面，传统的城镇化方式让城镇变成了一个巨大的泵站，快速抽走了农村的剩余资源和精壮劳力，让近3亿的农村人口（主要是青壮年劳动力）入城打工或创业，农村居民呈现“38-61-99”格局（即妇女、儿童、老人留守），农村社会发展和经济活力受到了“釜底抽薪”式的影响。另一方面，在产业高度集聚和城市规划不合理（如职住不平衡）等因素作用下，城市不堪重负，交通拥堵、房价高企、水资源紧缺、基本公共服务难以满足需求、生态环境恶化等大城市病愈发严重。

二是“以地谋发展”的城市建设模式难以持续。“土地是财富之母”，对于分税制后的中国地方政府，英国古典政治经济学之父威廉·配第（William Petty）的话再精当不过。在实施分税制以后，地方政府财权与事权不匹配，导致大部分政府财力不足，从而需要另辟财源以在激烈的地方竞争中获得优势。因此，通过大规模圈地规划建设新城新区的方式，一方面可以通过低价土地吸引企业投资入驻，进行生产活动，从而带动地方经济发展；另一方面，通过土地差价的收入，可以为城市基础设施建设提供雄厚的财源。因此，出现了卖地生财（出让金）、押地生财（银行抵押）、附地生财（税费）的现象，土地成为了政府的“摇钱树”和“聚宝盆”。根据经济学家吴敬琏测算，政府获得的土地差价（从农民手中的征购价格与土地批租价格间的差距）保守估计在30万亿元左右。国务院发展研究中心农村经济研究部副部长刘守英指出，从1999年到2009年，国有土地出让收入成交价款与地方财政收入之比从0.092∶1提高到0.437∶1。[①]可见土地收入已经接近地方政府收入的“半壁江山”，因此也形成了“吃饭靠财政、建设靠土地”的格局。

三是“伪城镇化”现象严重。由于户籍制度、财税体制、社会管理机制等方面改革艰难，进城务工农民的身份改变和福利改善等问题进展缓慢。在城镇长期工作和生活的亿万农民工不能在城镇落户，不能享受与城市居民在失业救济、城市低保、就业渠道、劳动报酬、医疗福利、子女入学、养老待遇等方面的同等公民权利，故名义城镇化率远高于实际城镇化率。这表明，在传统城乡“二元结构”没有解决的情况下，又出现了新旧居民之间的新“二元结构”，这种结构的存在，严重降低了人们的幸福感和获得感，影响了社会的和谐与稳定。

第四，文化传承存在“割脉”行为。一个城市独特的气质和风格最终要通过文化塑造，而其内在的底蕴来自于城市的文化传统。如果一个城市的发展脱离了文化传承，阻绝了文脉延续，城市必然走向“魂不附体”的境地。新城镇文化建设，其更深刻的内涵应是文化特色萃取和文化价值升华的过程。从目前来看，由于在老区改造和新区的规划建设上，我国主要借鉴和利用西方的规划与建筑设计，迷信“洋规划”和“先进经验”，而忽视了对区域文化底蕴的挖掘和对文化传统的传承与活化，常常导致到处“欧风美雨”，千城一面。很多新城与新区，建筑、厂

① 张涛.生产方式转变是城镇化的核心所在[J].唯实（现代管理），2013（7）.

房、道路、景观等差异并不大，都是高楼大厦、玻璃幕墙，但缺少内在的“魂”，很难让人体验到新区的独特气质和文化魅力。

**（三）协同建设“社会主义新农村”**

这一时期，中国城镇建设取得了举世瞩目的成就，一座座靓丽的城市拔地而起。但这光鲜的背后，却遮掩不住广大农村的困境和3亿进城农民工的辛酸。在“非农建设用地必须是政府出让的国有土地”这一中国特色的制度安排下，地方政府通过获取城乡土地市场价格差，“以地谋发展”“要地不要人”，形成了“城乡、人地、产城”三大分割，农村经济和社会日益走向萧条与衰落。正如湖北省监利县棋盘乡党委书记李昌平在2000年年初向时任总理朱镕基反映的那样：“农民真苦，农村真穷，农业真危险！”在这种大背景下，2005年召开的十六届五中全会提出了要建设“生产发展、生活富裕、乡风文明、村容整洁、管理民主”的“社会主义新农村”，并加大了国家财政和政策支持力度。在此之后，乡村建设取得了长足进步，出现了一批明星型村庄，例如成都锦江区三圣乡（现为街道）的“五朵金花”（指红砂村、幸福村、驸马村、万福村、江家堰村5个村落）。

但整体来看，城乡发展的不平衡不充分矛盾仍然十分突出，特别是广大非郊区、非景区、非工业区的边远农村，依然存在一系列的发展难题。一是基础设施仍然薄弱，除了电和公路实现了“村村通”以外，其他如网络、供水、医疗服务、生态环保等设施普遍匮乏，乡村的宜居和便利性远远不足。二是在机械化、高科技农业的冲击下，传统农业日益萎缩衰退。由于种粮食不赚钱，种经济作物缺少市场渠道等原因，大量优质的良田被抛荒。

三是农村劳动人口流失仍然没有得到控制。除了2008年金融危机导致了部分农民工人返乡，整体来看，劳动力向城市转移的趋势愈演愈烈。四是城乡收入差距越拉越大。根据国民经济和社会发展统计公报，在改革开放之初，我国城镇居民人均可支配收入是343元，农村居民人均纯收入是134元，二者的比值是2.56；到了2010年，我国城镇居民人均可支配收入19109元，农村居民人均可支配收入5919元，二者的比值是3.23。虽然收入都增加了，但是城乡收入差距却日渐拉大。如果再考虑到社保、教育、医疗等方面，城乡差距就更大。习近平总书记在2013年中央农村工作会议上提出：中国要强，农业必须强；中国要美，农村必须美；中国要富，农民必须富。中华民族的伟大复兴不能建立在农业基础薄弱、大而不强的地基上，不能建立在农村凋敝、城乡发展不平衡的洼地里，不能建立在农民贫困、城乡居民收入差距扩大的鸿沟间。[①] 因此，如何推动城镇建设与乡村振兴协同共进，成为了实现中华民族伟大复兴中国梦进程中必须面对的课题。

## 三、城乡统筹：新型城镇化建设阶段（2014年以后）

为了深入推进城乡统筹，新型城镇化提上了工作日程。“统筹”的字面意思就是通盘考虑。“城乡统筹”的主要内涵即是要强化顶层设计，整体考虑“城”“乡”的互动发展，形成城乡协同共

① 韩长赋.习近平“三农”思想：“三个必须”“三个不能”“三个坚定不移”[J].求是，2017（1）.

进的双赢格局。要改革过去城乡二元分治的观念和做法，逐步清除城乡之间的制度藩篱，在加快城镇发展的同时，也要考虑到广阔农村的发展，不能顾此失彼。要充分发挥城市与乡村各自的资源优势，通过以工促农、以城带乡，实现城乡协调发展。

**（一）实施新型城镇化战略**

城乡统筹的战略落点是新型城镇化。通过推动新型城镇化，实现城乡统筹发展，这是中国城乡关系发展的一个新阶段，也是我国推动城乡互动发展的重要创新举措。新型城镇化相对传统城镇化而言，后者主要是以城市为核心、以增长为导向的农村劳动力人口的非农化过程，倾向于一种单向的流动；前者则强调以人为本，注重非农化过程中各种基本保障和公共服务的共享，注重推动城市反哺乡村、乡村支撑城市，实现城乡一体化发展。新型城镇化的核心任务，就是要破解传统城镇化中存在的二元化结构问题，塑造健康可持续的城乡关系。

“新型城镇化”概念提出较早。2007 年，时任国务院总理温家宝同志在长江三角洲地区经济社会发展座谈会上的讲话中强调，要“统筹城乡发展，努力改变城乡二元结构，扎实推进新农村建设；优化城市布局，走新型城镇化道路，充分发挥中心城市作用”。[①]2012 年年初的中央经济工作会议首次正式要求：“把生态文明理念和原则全面融入城镇化全过程，走集约、智能、绿色、低碳的新型城镇化道路”，并将之确立为未来中国经济发展新的增长动力和扩大内需的重要手段。之后，新型城镇化越来越受到各行业和

① 蓝冰.温家宝：促进长三角地区实现率先发展、科学发展[EB/OL].(2017-05-18)[2018-06-11]. http：//www.ce.cn/district/qujj/qujjyj/200705/18/t20070518_11408519.shtml.

学界人士的关注。到了2012年年底，党的十八大报告提出："坚持走中国特色新型工业化、信息化、城镇化、农业现代化道路，推动信息化和工业化深度融合、工业化和城镇化良性互动、城镇化和农业现代化相互协调，促进工业化、信息化、城镇化、农业现代化同步发展。"在此之前，2002年党的十六大、2007年的十七大报告中，主要使用"中国特色城镇化道路"的提法，重点仍偏重于城市建设，关注农村富余劳动力向非农产业和城镇转移。2012年可以说是我国城镇化建设思路具有转折意义的一年。随着城镇化率过半，国家开始更加注重城镇化的质量、城镇和乡村的统筹发展。2013年，党的十八届三中全会发布《中共中央关于全面深化改革若干重大问题的决定》，进一步提出要"坚持走中国特色新型城镇化道路，推进以人为核心的城镇化，推动大中小城市和小城镇协调发展、产业和城镇融合发展，促进城镇化和新农村建设协调推进"。这成为了各地推进城镇化建设的行动指南和基本准则。

2014年3月，国务院正式发布《国家新型城镇化规划（2014—2020年）》，标志着新型城镇化提上了具体的工作日程。其指导思想中提出，要"紧紧围绕全面提高城镇化质量，加快转变城镇化发展方式，以人的城镇化为核心，有序推进农业转移人口市民化""走以人为本、四化同步、优化布局、生态文明、文化传承的中国特色新型城镇化道路"。《规划》在发展原则中强调"统筹城乡"，"促进城镇发展与产业支撑、就业转移和人口集聚相统一，促进城乡要素平等交换和公共资源均衡配置，形成以工促农、以城带乡、工农互惠、城乡一体的新型工农城乡关系"。可以看出，新型城镇化之"新"，主要体现在"四个转变"上。一是从传统的城乡分割转向城乡一体，不再强调城市的单向发展，而是强化二者的互动共进。二是从注重城镇的发展速度转向发展质量，要求实现内涵式、集约化、包容性发展。三是从以城为本转向以人为本，关注人在城镇中可以获得基本公共服务和社会保障，考虑人在城镇中的宜居性和发展性。四是从注重硬件建设转向软硬兼顾。在新型城镇化建设中，传承优秀传统文化、延续地域历史文脉受到了更多的重视。

国家领导人对新型城镇化给予了深切厚望。习近平总书记在2014年中央城镇化会议上发表重要讲话，分析了城镇化的发展形势，明确了推进城镇化的指导思想、主要目标、基本原则和重点任务。李克强总理在“推进新型城镇化建设试点工作座谈会”上指出：“新型城镇化是一个综合载体，不仅可以破解城乡二元结构、促进农业现代化、提高农民生产和收入水平，而且有助于扩大消费、拉动投资、催生新兴产业，释放更大的内需潜力，顶住下行压力，为中国经济平稳增长和持续发展增动能。”随后，新型城镇化在全国大范围推进。从全国城镇化的数据来看，从2014年的54.77%到2017年的58.52%，年均增长了1个多百分点，城镇化保持了平稳快速的发展态势（见图1-3）。

**图1-3　2014—2017年中国城镇化率变化情况**

数据来源：各年国民经济和社会发展统计公报。

### （二）特色小镇：新型城镇化的创新发展模式

新型城镇化需要战略实施载体的支撑。在各地的实践探索中，特色小镇成为推动新型城镇化的重要创造。2015 年 4 月，浙江省政府发布《关于加快特色小镇规划建设的指导意见》，首次对“特色小镇”的概念做出界定，即“特色小镇是相对独立于市区，具有明确产业定位、文化内涵、旅游和一定社区功能的发展空间平台，区别于行政区划单元和产业园区”。同年 9 月，习近平总书记、李克强总理及张高丽副总理就浙江特色小镇建设做出重要批示：特色小镇建设是供给侧改革的重大创新；新型城镇化的创新发展模式；大众创业、万众创新的有效尝试；新常态经济升级转型的重大抓手；大有可为，各地应因地制宜借鉴。2016 年 2 月，国务院发布《关于深入推进新型城镇化建设的若干意见》，提出要加快特色小镇发展，建设具有特色优势的休闲旅游、商贸物流、信息产业、先进制造、民俗文化传承、科技教育等魅力小镇，带动农业现代化和农民就近城镇化。同年 3 月出台的《国民经济和社会发展第十三个五年规划纲要》提出：因地制宜发展特色鲜明、产城融合、充满魅力的小城镇。同年 7 月，国家住建部、发改委、财政部发布《关于开展特色小镇培育工作的通知》，提出到 2020 年培育 1000 个左右各具特色、富有活力的休闲旅游、商贸物流、现代制造、科技教育、传统文化、美丽宜居等特色小镇，引领带动全国小城镇建设。同年 10 月，住建部发布《关于公布第一批特色小镇名单的通知》，认定北京市房山区长沟镇、天津市武清区崔黄口镇、河北省秦皇岛市卢龙县石门镇等 127 个镇为第一批中国特色小镇。2017 年 8 月，住建部发布《关于公布第二批全国特色小镇名单的通知》，认定北京市怀柔区雁栖镇、天津市津南区葛沽镇、山西省运城市稷山县翟店镇等 276 个镇为第二批中国特色小镇。在各级政府、各方力量的强力推动下，特色小镇在全国快速铺开，对新型城镇化形成了强大支撑。

**（三）城乡统筹"新翼"：乡村振兴战略**

在城乡统筹过程中，乡村建设一直是薄弱环节。特色小镇的建设主要是城镇条件的改善，乡村仍然缺少国家战略的支撑。据相关数据，2017 年我国农村地区外出务工总收入为 7.29 万亿元，较 2016 年增长 8.70%，占到农村居民总收入的 94.12%，非外出务工收入 4552 亿元，较 2016 年下降 22.11%；农民农村地区经营收入占到农业增加值的 6.95%，而农业产业销售利润率仅为 3.97%。①

形势催人急。在这种历史背景下，党的十九大报告中提出了"乡村振兴战略"，指出农业、农村、农民问题是关系国计民生的根本性问题，必须始终把解决好"三农"问题作为全党工作的重中之重。在随后发布的 2018 年"中央一号文件"，即《中共中央国务院关于实施乡村振兴战略的意见》中，明确要求"按照产业兴旺、生态宜居、乡风文明、治理有效、生活富裕的总要求""走中国特色社会主义乡村振兴道路，让农业成为有奔头的产业，让农民成为有吸引力的职业，让农村成为安居乐业的美丽家园"。2018 年 3 月，李克强总理在做政府工作报告时提出，要"大力实施乡村振兴战略"。在具体落实上，"田园综合体"作为集高效农业、休闲旅游、田园社区为一体的乡村综合发展模式，获得了发展的战略性机遇，一时间成为了各地乡村振兴的重要抓手。

---

① 马文峰 .2017 年中国农业农村经济整体形势分析及政策建议 [EB/OL].（2018-04-19）[2018-06-11].https: //wenku.baidu.com/view/047fd18a7e192279168884868762caaedd33bae9.html.

整体而言，新型城镇化和乡村振兴都是推动城乡统筹发展的战略方式。从它们之间的关系来看：新型城镇化是乡村振兴的重要动力。纵观国际社会，乡村振兴之基础在环境，核心在产业，灵魂在文化，归旨在营造与都市差异化的美好生活。因此，乡村振兴需跳出乡村，从城乡统筹的全局高度来审视和推进乡村发展，调整乡村功能，重塑乡村价值。乡村振兴是新型城镇化的战略支撑。如果村庄凋敝，乡村人口无序涌入城镇，必然造成城镇基础设施难以承载，甚至可能重蹈拉美等国家快速城镇化的覆辙，形成大量的贫民区。因此，城乡统筹发展，才是中国城镇化发展的根本出路。

## 第二节　新型城镇的特征、类型与建设模式

### 一、五大基本特征

新型城镇化的必然结果是出现一系列的新型城镇。相比传统城镇，新型城镇应具备一些普遍性特征。

首先是以人为本。新型城镇化的本质是“人的城镇化”。所谓“人的城镇化”，就是要从人的需求、人的尺度、人的视角出发，让人能在城镇中更好地生产和生活。新型城镇不能是机械的城市人口增长和城区面积扩大，而是要在产业发展、社会保障、人居环境、生活方式等多方面实现由“乡”到“城”的转变，让原市民和新市民都能拥有更好的获得感、归宿感和幸福感。这是新型城镇化的核心和“初心”，也是新型城镇建设与发展的根本意义之所在。

其次是城乡融合。传统城镇将城市与乡村截然分开。在地方城市政府的主导下，城镇实行城市导向战略，甚至不惜牺牲农村、农民利益来发展城市，导致城市病与凋敝的乡村并存。我们经常可以看到在一些区域，城市楼群鳞次栉比，道路车水马龙，商业区热闹喧嚣，但农村则日趋衰落，越来越失去在那里生产生活的吸引力。新型城镇化不是不要乡村的城镇化，而是在此基础上城乡统筹发展的城镇化。城镇与乡村是两位一体，是统一规划、统筹发展、协同共进的关系。在新型城镇的空间发展体系中，应逐渐形成“中心城区—功能组团—特色小镇—美丽乡村”等和谐一体的空间格局，它们相互支撑、相互补足，真正形成“以工促农、以城带乡、工农互惠、城乡一体的新型工农和城乡关系”。①

再次是智能高效。传统城镇是基于工业时代的思维建设，很多观念和技术已经不适合信息时代的城市发展需求。在移动互联、大数据、区块链、人工智能等新科技的催动下，城市建设的空间形态、发展模式等已经发生了深刻变革。城市正由“碳基”空间向“碳硅合基”空间转型，在建设实体城市的同时，建设“数字孪生城市”成为了新型城镇发展的重要趋势。一是要根据城市发展趋势，超前布局智能化的基础设施，推动全域智能化。二是要建立基于大数据和人工智能技术的“城市大脑”，通过建立健全集城市大数据采集、存储、挖掘、分析和应用等功能于一体的大数据资产管理体系，打造智能型、具有自我深度学习能力的新型城市。三是建立智慧化的城市运行机制。包括智慧的交通体系、医

① 国家发改委规划司 . 国家新型城镇化规划（2014—2020 年）[EB/OL].（2014-03-16）[2018-06-16].http：//www.gov.cn/zhengce/2014-03/16/content_2640075.htm.

疗体系、物流体系、教育体系、社会保险体系、公共文化服务体系等，大力提升城市的运行效率和基础服务能力。同时也要确保城镇的大数据安全，打造全时、全域、全程的网络安全态势感知和决策体系，确保城镇的安全高效运行。

然后是文脉传承。文化是一个城市的灵魂，传统是一方文化的根基。新型城镇需要传承优秀文化传统，实现文脉的有机传承。《国家新型城镇化规划（2014—2020 年）》将“文化传承，彰显特色”作为新型城镇建设的指导原则，提出新型城镇化要“根据不同地区的自然历史文化禀赋，体现区域差异性，提倡形态多样性，防止千城一面，发展有历史记忆、文化脉络、地域风貌、民族特点的美丽城镇，形成符合实际、各具特色的城镇化发展模式”。新型城镇建设过程中，更深刻的内涵应是文化特色萃取和文化价值升华的过程。例如在雄安新区的规划建设中，其管委会主任陈刚就提出：“无文化传承，无雄安未来”，要求坚定不移守住文化底线，打破“千城一面”，努力建设中华优秀传统文化传承发展示范区。事实上，在雄安新区的总体规划、城市设计、建筑风貌等方方面面，都渗入了雄安独特的文化精神和文化气质。

最后是绿色低碳。新型城镇是全面融入生态文明理念的城镇。传统的城镇建设一味追求速度和数量，发展存在高增长、高排放、高消耗的现象，导致严重的生态环境问题，例如侵袭了各大城市的“雾霾”。新型城镇的建设，需要从根本上改变这种思路与模式，需要在产业结构、能源结构、生产生活方式等方面植入生态文明理念，走集约、绿色、低碳的新型城镇化道路，向低消耗、低排放、高效率、高品质的方向转变，打造资源节约型、环境友好型的新城镇。

## 二、三大主要类型

李克强总理在2014年9月主持召开的“推进新型城镇化建设试点工作座谈会”上提出：新型城镇化贵在突出“新”字、核心在写好“人”字，要以着力解决好“三个1亿人”问题为切入点，促进约1亿农业转移人口落户城镇，促进约1亿人居住的各类棚户区和城中村加快改造，促进约1亿人在中西部就近城镇化。“三个1亿人”的战略部署，一定程度上也指明了新型城镇三种主要类型。

一种是老城更新型。立足城市发展现状，对城市功能与肌理进行梳理，针对不同区域特色进行主题化集中与提升。城市更新从来都不应是对原有城市的全盘否定、推倒重来，而是根据时代的发展和人们工作生活及审美的需求，有组织、有计划、有步骤地对老城进行功能调整和风貌改造，让老城焕发出新的活力与魅力。旧城改造与城市更新应盘活现存土地资源，在现有基础上进行升级改造，提高土地利用率，多管齐下，合理配置资源要素，通过生态环境、空间环境、文化环境、视觉环境、游憩环境等的改造与延续，优化城市结构，形成持续的内在增长力。因此，在旧城改造过程中，应尽量避免一些地方政府由于盲目追求“现代化”“形象工程”和“经济效益”，对旧城大拆大建，使这些最具文化特色的区域迅速消失，甚至引发群体性事件，成为社会不稳定的主因。当前所推进的大量棚户区改造，即是城市更新、建设新城镇的重要形式。

二是新建城区（镇）型。包括战略性新城、产业新城（区）和城郊卫星城等。战略性新城是承载国家重大战略任务的新城。

例如河北雄安新区是以习近平同志为核心的党中央做出的一项重大历史性战略选择，是千年大计、国家大事，重点是要“坚持世界眼光、国际标准、中国特色、高点定位”“紧紧围绕打造北京非首都功能疏解集中承载地，创造雄安质量、成为新时代推动高质量发展的全国样板，培育现代化经济体系新引擎，建设高水平社会主义现代化城市”，雄安新区的建设无疑具有突出的战略意义。产业新城（区）是以产业发展为核心、产城融合的新城。根据主导产业的类型，又可分为工业新城、商贸新城、科技新城、文创新城、总部经济新城等。相比传统城镇，产业新城由于通常是全新规划建设，因此发展理念比较先进，城市生态环境、基础配套设施、教育科技条件等都比较好，典型实例包括苏州工业园区、北京亦庄工业区等。城郊卫星城是指位于大城市边缘，或是承担主城区的部分功能疏解，或为大城市的人群提供某种特色功能的城镇，发展城郊卫星城是依据沙里宁的“有机疏散”理论，克服“大城市病”的一种国际通行做法，如大伦敦规划、东京都市区都是在主城区的外缘打造卫星城或“副中心”分担核心区的功能。通常而言，建设卫星城是为了形成吸引人口的“反磁力”中心，一般会强调产城融合，实现职住平衡，同时要与主城区之间形成较宽的绿色隔离带，避免出现蔓延连片发展。

三是特色小镇型。特色小镇是指那些具有某种特色功能、特色文化或特色产业，规模在 3 万—10 万人之间的小城镇。特色小镇既有建制镇，也有非建制镇。我们所理解的特色小镇，首先在“特”，要凸显与众不同。黑格尔在《美学》中提出了一个著名理论，即“典型环境中的典型人物”，后来学术界将此定义归结于文艺学中的“这一个”。特色小镇的“特”一定是“这一个”，只此一家，别无分店。其次是“色”，小镇要活色生香，有温度，有情调，让人流连忘返，不能枯燥无味，让人敬而远之。再次在“小”，规模要适度。“小”不等于几百亩或者十几亩地的园区，也不等于动辄成百上千平方千米的巨大规模。浙江第一批已公布的36个特色小镇中规定：小镇规划面积一般控制在3平方千米，投资不少于30亿元。浙江小镇的建设规矩未必全国都要去遵从，但学习它规划的适度性是必要的。最后是“镇”，就是要配套齐备，服务完善。小镇需要具备生活、工作、休闲的基础功能和必要设施，乡村或园区在医疗、教育、公共服务和基本保障等方面不一定完善，但对于特色小镇，其公共服务设施一定要齐备，才能留得住人、发展得好产业，才能实现小镇的内生性可持续发展。

## 三、四大建设模式

从当前的实践经验来看，建设新型城镇主要有四大类模式，具体如下。一是政府主导建设模式。这种模式主要是指以政府或其派出机构为主导，在新型城镇建设过程中，负责村庄老城拆迁、土地整理、土地出让、规划建设、产业招商和城市运营等工作。由于政府是行政机构，因此政府一般会组建事业性的派出机构（如管委会等）实施行政管理，同时组建国有的新城开发建设集团，通过市场化的手段募集资金和合作伙伴，负责新城（区）的具体建设与运营。通常而言，其运营收入主要来自土地的差价和增值收入。以西安曲江新区为例。曲江新区是西安市的一个以盛唐文化为特色，以文化、旅游、商贸、居住为主导产业的城市发展新区，其成功经验被归结为“曲江模式”，其核心运营模式如下：首先是成立开发主体。在西安市政府主导下，组建曲江新区管委会，并成立曲江文化产业投资集团，在政府授权下，获得区域内 40.97 平方千米的土地开发权。其次是开展规划与建设，通过引擎项目开发，提升土地价值。例如完成了新区内道路等基础设施，以及大雁塔北广场、大唐芙蓉园等一大批旅游项目，拉动周边区域土地价值的极大提升。根据相关报告，其土地价值 6 年间增值了 10 倍：2003 年还只是 30 万 / 亩到 50 万 / 亩，而到 2009 年，最低出让价格是 300 万 / 亩，最高 600 万 / 亩。通过高额的土地差价收入，运营公司不仅可以弥补前期的投入成本，还可以获得巨大的投资收益。

二是企业主导模式。由于新城（区）涉及大量基础设施建设，投入巨大，而且发展要求越来越高，这种模式更多见于城镇化发展的早期，目前完全由开发商主导的新城建设模式已不多见。在这种模式中，地方政府主要负责城区的总体规划、产业发展方向指导及拆迁工作。企业（通常称为城市运营商）负责土地的一级开发、二级开发、产业招商、新城（区）运营等工作，其收益主要有三个方面：一是政府的补贴或政策资金；二是新区土地的增值与物业开发和经营的收入；三是入驻企业的租金、物业费及税收分成等。这种模式最典型的企业是华夏幸福基业，其成名之作是河北固安产业新城的项目。在与固安政府签订新城委托开发协议以后，华夏幸福立足于 WTO 与奥运时代首都圈发展的机遇，坚持长线思维，以新城市主义与田园城市的规划理念和现代城市营销理念为指导，倡导以人为本，采用复合型主题产业城区的开发模式；以政府的土地政策、税收政策及其他相关优惠政策支持为保障，统一策划、统一规划、统一营销、统一管理；通过企业化、市场化运作，打造了一个产业集聚、产城融合的平台，并在河北大厂、怀来、香河、廊坊及沈阳等地布局，当前已经成为知名的产业新城运营专家。

三是村集体主导模式。这种模式通常需要村集体具有较强的经济实力或管理能力。村集体主导开发模式有三种基本形式。一是自主开发。村集体通过自有积累资金和土地资源，自主进行特色小镇的建设。由于村集体的资金与资源较为有限，这种开发模式在实践中不多。二是合作开发。即村集体与企业或社会机构签订战略合作协议，按照股份合作制的办法进行经营。通常是村集体负责供给土地资源，企业负责建设经营，收益根据协定的比例进行分成。这种模式可以兼具村集体和企业的优势，实践中采用较多。典型案例如北京市朝阳区三间房定福庄村对特色小镇和文化创意产业园区的开发。三是乡镇统筹开发。这适用于乡镇统筹能力比较强的地区，如大兴区榆垡镇的土地基金会，利用首都新机场建设的契机，通过统筹若干村土地流转，把产业用地向镇中心区集中配置，打造航空新城。

四是混合建设模式。政府与企业进行合作，通过 PPP 等形式进行建设。PPP 模式（Public-Private-Partnership）是指政府部门和私营资本在基础设施及公共服务领域建立起的一种“利益共享、风险共担、全程合作”的利益共同体关系。目前针对 PPP 项目的适用范围，国家发改委将其归纳为市政设施、交通设施、水利、资源环境、生态保护和公共服务等六大领域，并规定根据项目的收益情况，政府可以给予资金或资源补贴。PPP 模式的应用，可以让政府一定程度上减轻财政负担，减少项目建设周期，并吸收私营部门的技能、经验和资源，提高公共服务效率。PPP 典型运营结构为：政府部门或地方政府通过特许经营权招标等形式，与中标单位组成特殊目的公司（SPV，一般是由政府法人代表、中标运营企业、战略投资者等组成，通常为股份制公司），然后由特殊目的公司负责筹资、建设及经营，并通过运营中的“使用者付费”、政府补贴或者周边商务等形式获得合理的投资回报。这是当前新型城镇建设中运用较多的模式，如规模达 10 万平方米的雄安市民中心就是通过 PPP 模式运作的。

## 第三节　新型城镇的文化诉求

### 一、多维度审视文化价值

习近平总书记高度重视文化建设，指出：“文化是一个国家、一个民族的灵魂。”[①] 新型城镇的发展与建设离不开文化。新型城镇之魂在文化，魅力之源也在文化。放眼全球，但凡名城，无不因其独特而繁荣的文化而傲立于世、熠熠生辉。今天，在中国新型城镇化的时代背景下，文化正成为一个城市塑造自身特色、驱动经济发展、获取竞争优势的关键要素。可以说，面向未来，谁抢占了文化制高点，谁就掌握了发展的优先权。

文化是新型城镇的建设之魂。文化是一个城镇的灵魂和精神之所系，生命力与竞争力之所依。城镇独特的气质和风格最终要通过文化来塑造。鲜明的文化特色是一个城镇建设中不可忽视的重要无形资产，能够彰显新型城镇化的独特魅力。如果城市发展脱离了文

① 习近平．习近平谈治国理政（第二卷）[M]. 北京：外文出版社，2018：349.

化传承，绝断了文脉延续，城市将“魂不附体”“千城一面”。因此，新型城镇建设的过程，更深刻的内涵应是城镇文化特色萃取和文化价值升华的过程，需要传承历史文化、融合时代文化，塑造特色的城市文化和城市精神，必将文化体现在城镇建设的各个方面。

文化是新型城镇的产业支柱。文化产业是国民经济中极具先导性、战略性和支柱性的朝阳产业。在经济社会发展新常态的背景之下，我国的经济增长早已向创新驱动发展转变，土地占用多、资源消耗大的粗放型发展模式逐渐被淘汰，符合时代发展趋势、与国际前沿接轨的数字信息、生物健康、文化创意等高精尖产业，必将成为新区经济的核心驱动力量。新型城镇在产业选择中，文化产业必然是其中重要的组成部分。

文化是新型城镇居民的需求之要。新型城镇化是以人为本的城镇化，随着人们生活水平的提高，“仓廪实而知礼节，衣食足而知荣辱”，只有把市民消费上升到文化，才能对新型城镇化下的消费内涵有最深入的理解与把握。更重要的是，文化对人的素质、修养的提高是其他要素无法替代的。随着新型城镇企业与高层次人才的集聚，对文化产品和服务的要求也越来越高、越来越多元化，特别是随着移动互联、虚拟现实等现代科技的发展，文化需求形式也发生了巨大的变化。当前许多城镇的文化供给形式更多是传统的方式：“重硬件”，大力建设艺术中心、美术馆、博物馆、城市雕塑、装置艺术等实体文化设施与空间；而“轻软件”，对符合时代趋势和人们需求的网络内容、线上娱乐、公共文化服务等重视不足，难以有效满足人民群众对美好生活的新需求。

文化是新型城镇的就业之路。新型城镇化发展关键在就业，就业的最大容纳器是服务业。现代社会中，5% 的农业人口、25% 的工业人口，就可以满足基本需求，70%以上的人口需要分流到服务业中。作为服务业的重要组成部分，文化产业由于中小微企业较多，是门槛较低、就业容量大的产业。一些国家的大都市例如纽约、伦敦等，其文化创意产业从业人员占总人口的12%以上，这表明文化产业具有较强的人口吸纳能力，可以提供丰富的就业岗位。

文化是新型城镇的生态之友。《国家新型城镇化规划（2014—2020年）》将“生态文明，绿色低碳”作为根本原则，要求将生态文明理念贯穿到整个城镇化过程中。从产业维度看，与工业、农业相比，文化产业是智慧型产业，价值源泉凸显在人的创意上，能有效降低能源消耗，减轻城市资源短缺与环境压力，推动美丽城镇建设。

## 二、传统城镇建设中的文化反思

在传统城镇化建设中存在一系列的文化问题，值得我们深入反思。

一是人与物的关系问题。正如亚里士多德在其名著《政治学》中所言：“人们为了生活来到城市，留在城市是为了更好地生活。”传统城镇建设过程中，很大一个问题是“见物不见人”，没有真正做到以人为中心，以人的尺度、人的舒适度来建设城市，特别是对人的文化需求重视不足。政府通常会高度关注城市的空间建设、经济建设、土地开发等，但对文化设施的规划建设、文化内容和服务的提供、文化消费的引导等方面缺少统筹考虑，这也导致一些城市最后不得不进行文化补课。

二是魂与体的关系问题。文化是城镇之魂，空间与建筑是城镇之体。在传统城镇建设过程中，这二者经常是“两张皮”。通常，交通、给排水、供暖供电等规划做得很详细，但是如何从当地传统文化、中国经典文化、时代先进文化等文化中抽取文化要素，融汇成城市特色文化，并将这种文化特色融入城市的空间布局、建筑设计、城市家具设计中，传统城镇的成功案例甚少。例如在 20 世纪 90 年代乡镇的房屋建设中，人们模仿西方的小别墅，外贴马赛克瓷砖，觉得这样比较洋气，但当国人的文化自信、文化审美逐渐提升后，我们再回头去看一下这些建筑，就感觉特别丑陋与突兀，有点不忍直视。

三是新与旧的关系问题。中国城镇建设伴随着大拆大建的过程。在传统的城镇建设中，特别是 21 世纪初期，许多城市为了追求“新”，往往拆除“旧”。许多历史文化街区、文化遗存、特色民宅等都连片拆除。有的地方虽然保留了古建筑，却也修葺一新，失去了建筑的历史沧桑感，显得不伦不类，让人啼笑皆非。简·雅各布斯在《美国大城市的死与生》中写道:“一个地区的建筑应该各色各样，年代和状况各不相同，应包括有适当比例的老建筑。”喜新厌旧，常常会使城市失去历史的厚重。

四是破与立的关系问题。传统城镇建设过程中，擅长于“破”，却疏于“立”。通过拆迁等方式，城镇行政部门快速破坏了一个“旧”的城市空间、“旧”的文化传统，却难以在“破”的基础上建立一个“新”的世界。在“破”的过程中，传统文化传承式微、历史文脉割裂，很多文化要素、文化基因受到了毁灭性的破坏，今人看来，不免悔之晚矣。

五是城与乡的关系问题。城乡的二元体格局不仅体现在物质生活方面，同时也体现在文化方面，但这方面没有受到足够的重视。

长期以来，城市化的快速推进与城市文明的强势传播，瓦解了乡村旧有的文化秩序，农民在主流文化中逐渐边缘化。农村成为了贫穷落后的代名词，农民成为了愚昧老土的象征，乡村社会主体的文化自信缺失严重。如何在城市化浪潮中创新传承乡村文化，重建乡村认同，让乡村自信、农民自豪，农村文化建设迫在眉睫。同时，农民工群体中存在严重的文化认同危机。例如在数量庞大的农民工特别是新生代农民工群体中，现代化、城镇化的进程给他们传统的生活方式和价值观念带来了颠覆性的改变，但由于缺乏必要的价值引导和文化服务活动，他们很少能得到社会主义道德观的熏陶和教育，大量时间在无聊、打游戏甚至赌博中度过，对城市生活产生了严重的边缘感和疏离感，隐藏着大量不稳定因素。

六是政府与市场的关系问题。在文化建设上，由于体制机制的限制，长期以来，我国的文化决策和管理权力集中在各级行政部门，国家对文化事业实行全面、直接的供给与控制，文化经费基本上由国家统包。这也限制了市场力量、社会力量在新型城镇文化发展中的作用，不利于满足人们对美好生活的精神文化需求。新型城镇的建设，必须积极引入市场机制，发挥市场在资源配置中的积极作用，动员更多力量参与到城镇文化建设中。

## 第四节　文化态势：机遇与挑战并存

### 一、难得的历史机遇

李克强总理在 2014 年 9 月 16 日主持召开的“推进新型城镇

化建设试点工作座谈会”上指出，新型城镇化是一个综合载体，可以为我国经济平稳与可持续发展提供动能。对文化建设而言，新型城镇化的建设也是一个历史性的机遇。

一是文化主体素质的提升。良好的人文素质是新型城镇化的必然要求。新型城镇化最重要的是精神的现代化，农民变市民，不仅仅是身份的转变，更应是思想观念、生活方式和价值品位的改变。文化，正是促使精神风貌转变的最佳途径。新型城镇化的推进将不断引导市民提升文化品位和审美情趣，不断扩展、创新提升市民素质的内容和载体。随着新社区的建设，通过专家引导、社区配合的方式，吸引群众参与其中的城镇发展将愈加成熟，群众参与多了，对自身素质就会产生潜移默化的影响。从文化需求来看，城镇化必然带来更多集中居住的城镇人口，更多的休闲时间和更高的文化消费水平，这意味着新型城镇中蕴藏着巨大的文化消费市场。随着新型城镇化的推进，“人”的原创力将不断被激活，创意阶层将在新城镇空间中形成不断集聚的发展态势，进而诞生“创意城镇”。以人的创造性为核心的创意城镇拥有良好的文化氛围、宽松的创意环境和强大的包容性，有利于充分激发人们的文化发展活力，开启人们的智慧能动性，实现人的创意价值，使人人享有创意带来的福利。

二是文化载体空间的建设与重构。未来城镇化的发展，不再是盲目的空间扩张，而应该注重协调城乡空间结构。从空间上来说，新型城镇化要由“非均衡型”发展转为“均衡型”发展，要进一步加快中小城市、小城镇的发展。新型城镇化战略的提出，为文化发展空间重塑和提升的进一步发展指明了方向。文化空间的营造依托于自身独特的文化资源，依靠“人”的创意转变城镇经济发展方式，使生产要素向城镇富集，通过互联网、物联网等新技术打造城镇网络，改变城乡二元结构，进一步实现“人”的城镇化和城镇的可持续、健康发展。新型城镇化的推进，使创意农业、创意工业、文化旅游等成为城镇特色发展的有效探索，创意生活改变了城镇居民传统的居住方式和生活形态，带来了农村文化经济的繁荣。在新型城镇的建设过程中，将建设大量新的文化设施，这为新型城镇文化的发展提供大量的载体设施，有利于促进新型城镇在更高的起点上实现更好的发展。

三是文化消费结构的转型。城镇化是拉动内需、刺激消费的重要动力。有研究表明，城市化率提高 1 个百分点，将会拉动消费增长约 1.6 个百分点。过去我国一直力图通过内需拉动经济发展，但结果却不太令人满意，因此城镇化的发展模式亟需转型。随着新型城镇化的发展，逐步实现由投资出口驱动向消费驱动的转型，出现了许多新的消费形式，如休闲农业、文化旅游业等。同时需要注意到的是，与农村相比，城镇文化生活与消费更加丰富多元，在东部沿海发达地区，音乐厅、剧场、影院、博览馆等多种文化场所常年提供各类文化产品，听音乐会、看戏、看电影、看展览对于城市居民来说是家常便饭。但是在大多数农村地区，文化供给比较单一，看电视基本成为广大农民的唯一消遣。随着新型城镇化的进程，城乡居民文化消费水平的差距将会缩小，文化消费将促进文化产业与事业的快速发展。

四是文化发展业态的创新。移动互联网、云计算、物联网、大数据、人工智能等新一代信息技术的应用，正深刻地改变着人民群众对文化服务的需求方式，数字化、移动化的内容服务正成为热潮。我国是世界上互联网用户最多的国家，根据中国互联网络信息中心（CNNIC）发布的第42次《中国互联网络发展状况统计报告》显示，我国网民人数达到了8.02亿（手机网民7.88亿），互联网普及率为57.7%。专家估计，未来数字内容产业在我国文化产业中的占比会超过70%。特别值得指出的是，绝大部分的农民工是通过手机等移动终端上网的，这使得他们可以同步享受到更多的文化服务，减少了信息鸿沟。在新型城镇化过程中，许多城镇在建设现实载体的同时，同步建设数字孪生城市，让数字虚拟空间成为城市建设的重要内容，这也为文化的发展提供了重大机遇。例如，雄安新区在文化服务发展中就提出了建设“雄安文化云”公共文化智能服务平台，在三级城市公共文化设施（城市级—组团级—社区级）和各类公共文化场景端设置数字智能终端，实现公共文化设施数字孪生，提出要统一公共数字文化规范和标准，统筹线上服务、联动线下设施，推进全域设施数字化管理与运营，实现公共数字文化全覆盖。同时强调要推动博物馆、图书馆、美术馆等对馆藏产品进行数字化加工，实现馆藏资源数字化，开发更多令人民群众喜闻乐见的文化产品，让公共文化服务伴随着智能移动终端真正实现泛在服务、随身享用。

五是体制机制的改革。新型城镇化建设的过程，实质上也是一场体制机制改革的过程。首先与过去不同，新型城镇化强调“市场在资源配置中起决定作用”，通过简政放权、深化改革，积极鼓励各种社会力量参与；其次改革具有系统性，将涉及人口管理、土地管理、资金管理、住房建设、生态环境保护、组织协调机制等一系列的改革。这种重大而全面的改革进程，将为文化服务体制机制的改革提供助力。文化服务部门可以依托流动人口居住证制度，以居住证为线索，充分掌握流动人口的基本信息和文化需求情况，提供满足他们需求特点的文化服务；积极推动文化服务社会化，鼓励企业、社会组织和基层群众等主体参与，创造共建共享的生动局面。

## 二、面临的发展挑战

新型城镇的建设，为文化发展带来了难得的机遇。但辩证法表明，任何事物都有矛盾的两个方面。新型城镇化过程中，文化发展有机遇，也必然有挑战。

一是如何在新型城镇化建设中，有效地传承民族精神、延续城市文脉与保护传统村落。传统文化是一个民族的“根”和“魂”。习近平总书记在调研时，多次指出要“像爱惜自己的生命一样保护好文化遗产”。这充分体现了党中央对传承中华优秀文化的高度自觉与自信。然而，近年来在新型城镇化中，某些地方对文化的传承和发展还存在许多误区，一些地方政府往往打着“发展文化，传承文明”的金字招牌，通过大项目、传统保护工程来传承文化。例如南方某市累计投资2亿多元，新建各种祭禹建筑。这些项目通常耗资巨大、规模宏大，但对弘扬文化传统、延续城市文脉却效果不甚明显。其实，更需要关注的是对传统村落的保护，伴随着城镇化的进程，越来越多的农民走出乡村，很多古村落还未等到觉醒后的人们来保护、来开发，就因无人居住而沦落为“空心村”。

二是如何在新型城镇化进程中不断缩小区域、城乡、不同群体间的差距。均衡发展是中国特色社会主义发展的重要特点，是社会主义优势的重要体现。但在当前文化建设中，地区间、城乡间和不同群体间的差距仍然很大，严重地影响了文化惠民的效果。从区域来看，东西部区域投入差距明显。从城乡差距来看，由于广大乡村底子薄、基础差，以及其他的资金来源渠道较少等，城乡差距仍然非常大。从不同群体间服务的差距来看，因为地方事权和财权的不匹配，政府对为外来人口提供与本市居民均等化的服务缺少积极性，这也导致广大农民工群体难以正常享受到城市的公共文化服务。因此，在新型城镇化发展进程中，如何抑制和不断缩小“三大差距”，是新时期公共文化服务建设面临的重大挑战。

三是如何根据城镇化发展趋势和城乡常住人口变化，调整城乡公共文化设施布局、服务内容、队伍建设和资金保障等要素。例如在雄安新区的建设中，其居民必然是多种类型的居民，包括原有居民、城市新民（重点是北京转移过来的人口）、国际人士，他们对文化的需求差距较大。原有居民主要为农民、手工业者、小商人、小企业家等，他们通常知识层级较低，对低价文化产品、传统文化活动热情较高。而城市新民主要是从事科技、金融、法律等高端服务的精英人士，他们的知识层级较高、有较强的文化消费力，对精品文化、时尚文化的热情比较高。国际人士具有广阔的国际视野，文化品位较高，消费意愿与能力强，更多追求增值型文化服务、国际文化服务项目。因此，面对越来越多元的文化需求，我们如何才能做到以人为本，通过系统科学的设计，让各类人群都能获得所需服务，满足人民过上美好生活的新期待，是一个必须面对的挑战。

四是如何在新型城镇化中让各类新建文化设施发挥实效，而不流于形式，成为“面子工程”和“政绩工程”。在传统的新型城镇化过程中，为了打造城市文化地标，快速拉升城市的形象，很多地方政府热衷于兴建各类“高大上”的公共文化设施，然而对后续的设施运营和效能的提升，缺少统筹的安排与关注。于是，大剧院、图书馆、文化馆等各类公共文化设施拔地而起，几乎成为了城镇建设的“标配”。但种种怪现象开始出现了，少年宫里摆起了“空城计”，文化宫变成了电影院，儿童图书馆里摆着营销类书籍，公共文化场馆变得“有名无实”。因此，在新型城镇化建设中，如何防止政绩观作祟，如何规范公共文化服务场所的建设标准，让公共文化场所从“有场馆无服务”的泥淖里拔出来，提升其服务质量和效能，是新型城镇建设中必须面对的问题。

五是如何在新型城镇化建设中促进文化产业与公共文化服务融合发展，更好地满足人们对美好生活的文化需求。从二者内在的发展逻辑来看，文化产业是公共文化服务的重要内容来源。城镇需要以文化消费需求为导向，统筹历史文化资源和文化设施，以创作生产优质公共文化产品为目标，推动数字创意产业、创意设计、艺术培训、演艺会展等关联产业发展，为公共文化服务提供强大的内容支撑。同时公共文化服务单位，例如博物馆、非遗体验馆、美术馆等文化文物单位，也应依托馆藏资源及陈列展览等活动，积极稳妥地推进文化创意产品开发，丰富公共文化服务产品。同时，还需要推进图书馆等文化单位与社会机构合作，让公共图书进入商业空间、产业园区，与购物、餐饮、休闲、众创等服务场景相结合，满足居民就近阅读、交流和休闲的需求。总体而言，推动文化事业和文化产业融合发展，在新型城镇建设中，构建起现代公共文化服务体系与现代文化产业体系的协同关系，是我们必须面对的重要问题。

六是如何在新型城镇化建设中鼓励社会力量参与文化建设。动员社会力量参与文化建设，是深化文化体制改革、推动社会主义文化大发展大繁荣的重大举措。当前一些城市通过引入社会力量推进文化建设，取得了很好效果，例如宁波市鄞州区积极鼓励社会力量参与文化建设，采取制定政府服务购买目录、制定绩效评估办法、制定考核制度等措施，通过财政资金带动社会投资，形成了文化建设的多元投入机制，极大地丰富了地区的公共文化服务和产品。因此，通过建立竞争性的政府购买公共文化服务市场，探索文化领域PPP模式，为中小企业减负，在体现文化例外要求的前提下建立负面清单制度等改革举措，激发各类市场主体参与文化建设的积极性和参与度，是新型城镇化文化建设中的重要内容。

七是如何在新型城镇化建设中更好地利用新科技提升文化建设水平。以移动互联网、大数据、云计算、物联网、人工智能等为代表的新兴科技，不仅深刻地改变着我们曾经熟悉的经济运营规律、价值创造规则、社会思想观念及媒介传播生态，也正深刻地改变着文化服务的供给和需求模式，以数字为载体的内容服务正成为趋势。可以预见，未来中国互联网的使用者，以及通过互联网来接收文化产品和服务的人群将是异常庞大的。因此，我们在进行新型城镇的建设、政策制定与研究过程中，要充分注意到传播对象和传播方式的巨大变革，要充分考虑到如何利用移动互联网等现代信息与传播技术，缩小地区间、人群间的文化服务鸿沟，让更多人享受到文化的福泽，过上更充实、更文明、更美好的生活。

八是如何完善新型城镇化的“文化评价”指标体系和评估方法。文化评价可以对新型城镇的建设起到有效的引导和督促作用。但目前还缺少系统、权威、各界认可的评价标准，这也让政府和企业在进行新型城镇建设中缺少标准和共识，各地各说各话。因此，在新型城镇化的进一步推进中，特别是在特色小镇的建设中，要强化对指标的研究，制定出一套切实可行的评价标准，从而有效引导城镇化中文化的科学有序发展，不断提升城镇的文化品位和文化内涵。

## 第五节　新型城镇的六大文化命题

### 一、构建城镇文化特色

历史证明，闪耀人类历史光辉的城市都是伟大的文化都市，例如雅典、巴比伦、伦敦、巴黎等城市都因有自己独特而璀璨的文化而傲立世界，成为人类发展史上的千年典范之城。可以说，新型城镇之魂在文化，魅力之源也在文化。因此，对于新型城镇的文化建设，要跳脱经济与产业的狭隘视野，从大历史观角度和特色化高度，重视文化发展的战略意义。在规划建设之初，就把文化纳入顶层设计之中。立足广阔的视野和战略的思维，根植中华文化，彰显地域特色，弘扬社会主义核心价值观，不忘记本来、面向未来，对标经典，以广泛吸纳和融合世界优秀多元文化和多维发展理念的气度，设计城镇文化发展的战略路径，为城镇发展注入人文关怀、人文精神、人文内涵。

## 二、推动文化传承与活化

城镇发展之根在于其文化历史，如果割裂了延续，城市就失去了根本。许多城市都十分重视文脉的延续性，例如澳门新城区在规划建设中就加强传承了澳门独特的城市肌理及公共空间系统，突出历史的传承。但在传承历史的同时，也需要根据时代需求进行创新活化，打造一种基于创新性传承和创造转化的新型文化。[①] 典型案例如拉德方斯“新凯旋门”的创新。注重“文化传承”的新型城镇化，不仅是物质层面“破旧立新”的发展过程，更深刻的内涵应是文化记忆的存留和文化历史的延续。但从 20 世纪 80—90 年代起，在求新、求洋、求大、求快的城市化思想影响下，许多城市对历史传承、特色塑造、文化建设不够重视，出现了大量“千城一面”的现象。因此，在新型城镇化进行中，做好文化传承与保护，延续历史文脉，才能将新型城镇建设为有历史基因、文化脉络、地域风貌和民族特点的美丽城镇。

## 三、促进文化经济繁荣

文化产业是国民经济中极具先导性、战略性和支柱性的朝阳产业。随着我国经济社会发展进入新常态，文化产业在推动经济结构调整、促进创新创业发展、丰富国民精神消费等方面的作用日渐凸

① 范周．雄安新区研究的新理论增长点——基于文化、产业、民生的现实维度 [J]. 山东大学学报（哲学社会科学版），2017（9）.

显。在新型城镇的产业选择中，文化产业必然是其中重要的组成部分。但由于新型城镇原来的文化产业基础较差，几乎相当于白手起家，因此要快速崛起，就需要聚焦特色的文化门类，全力打造，才能快速出规模、出品牌、见成效，也才能形成发展的集聚优势。根据现代文化产业的发展趋势，建议重点发展新兴文化产业，特别是数字创意产业，其中着力发展数字创意的内容产业，例如移动传媒、数码影音、动漫手游、人工智能、文化大数据等内容。同时大力推动文化与科技、金融、旅游、农业、智能制造等产业的融合，提升产业的内涵与附加值，促进新型城镇文化经济的繁荣兴盛。

## 四、创新文化服务供给

文化发展最终的目的是服务人、引导人、感召人，提高人居的生活品质，营造人本、幸福的环境。改革开放以来，人民收入水平快速提升，享受更美好的精神文化生活成为人们新的追求。但纵观当前我国文化供需关系，不匹配、不协调、不平衡的矛盾仍非常突出。当前人们的文化消费水平快速向中高级阶段升级，个性化、多样化、享受型消费成为时代潮流，但我们的文化供给侧由于思想观念、体制机制等方面的束缚，还存在无效供给过剩、有效供给不足等问题，这自然难以激活和释放有效需求。因此，在新型城镇建设过程中，必须加快转变文化生产方式，实现产业发展从土地、资本等要素驱动向创意、科技和管理驱动转型升级，提升文化全要素生产率。特别是要利用“互联网 +”、VR、大数据等现代科技，大力推进动漫游戏、网络视听、移动多媒体、数字出版等新兴业态，为城镇居民有效供给更加丰富和优质的产品。

## 五、活跃市民文化消费

文化消费是指人们利用文化产品或服务来满足精神需求的行为，是推动文化经济发展的源生动力、提升国民文化福祉的核心引擎。为了促进文化消费，国家文化和旅游部开展了引导城乡居民扩大文化消费试点的工作，并先后两次公布了试点城市名单。但是从实践情况来看，仍然存在着大量地方政府对文化消费重视不足、基础公共服务供给不够、社会力量参与度不高等问题。以人为本的新型城镇，不仅要关注国际化、高端型人才的文化体验与文化消费，同时也要提升原有居民的幸福感、获得感和自豪感。因此，要深入研究新型城镇化进程中人民群众的文化需求新特点，对城镇未来的人口结构、文化消费特点进行分析，推进文化服务多样化发展，满足多层次的服务需求，为广大人民群众提供丰富多彩的文化生活和健康向上的精神食粮。特别是要抓住人民群众反映最为强烈、需求最为旺盛但还没有满足的消费痛点，快速形成文化消费氛围和良好的社会口碑。

## 六、实现高效文化治理

文化治理的核心是要通过体制机制的创新，实现政府、企业、民众三方力量的协同，实现文化发展效率和活力的提升。在新型城镇建设中，其中最重要的是应处理好“看得见的手”和“看不见的手”之间的关系。充分发挥好政府和市场的作用，推动实现文化资源配置效率和效益优化升级。从政府方面来讲，需进一步搭建文化发展平台、营造良好的文化消费氛围，引入竞争机制，营造公平的市场环境，把握发展底线，划好发展红线。从市场方面而言，要激发市场主体活力，增强文化发展内生动力，充分发挥市场在文化资源配置中的积极作用，特别是要注重企业家在文化发展中的作用，发挥其在产品创新、市场开拓、示范引领方面的作用，着力打造一批城镇文化企业家，成为文化消费发展的引擎力量。

# 第二章　新型城镇化的文化顶层设计思考

顶层设计是一个工程学概念，本义是统筹考虑项目各层次和各要素，追根溯源、统揽全局，在最高层次上寻求问题的解决之道。[①]新型城镇建设千头万绪，涉及面一般极其广泛，不仅与工业化、全球化、信息化等战略相关，还与地域文化、土地制度和社会保障等密切关联，属于极其复杂的巨系统。因此，如果没有事前做好统筹策划、规划与设计，那么在新型城镇建设过程中就会多走弯路，欲速而不达。文化建设是其中的一个子系统，同样需要有顶层设计的思路。

## 第一节　需要处理好的几大关系

新型城镇化的文化建设涉及城市战略布局、风貌特色、文化保护与利用、文化经济发展、公共文化服务建设等多方面的内容，需要统筹思考与处理。从国内外城镇建设的实践经验来看，重点是要处理以下五大关系。

---

① 施洋，等. 电子政务顶层设计：基本概念阐释 [J]. 电子政务，2011（8）.

## 一、平衡好规划前瞻性、稳定性和灵活性的关系

规划需要有一定的前瞻性和稳定性，能符合城市、产业和需求的发展趋势，可以有效引导发展。例如新加坡城市的快速与健康发展，就离不开一个科学稳定的城市规划。我们今天看到的新加坡的空间格局、功能分区、交通网络和绿色空间设定，都是出自一位英国设计师之手。但在坚持基本原则与设计主线的同时，也需要有一定的灵活性。事实上，新加坡就曾在规划中提出了“白地”的概念，“白地”就是土地性质不确定的地，其目的是为未来城市的发展提供灵活空间。政府可以根据需要，自由改变“白地”中各类用地的使用性质和用地比例，以更好地适应时代发展需求。在我国新型城镇建设中，做好规划设计的前瞻性、稳定性和灵活性，其重要性如何强调都不为过。特别是要顺应智慧物联科技发展趋势，重视数字基础设施的硬件建设，重视大数据、云计算、物联网等技术对城市空间与形态的影响，为城镇未来发展留足弹性空间。

## 二、处理好文化历史延续性和时代创新性的关系

城市发展之根在于其历史文化，如果割裂了延续，城市就失去了根本。保护传统文化资源、活化利用文化资源，是新型城镇开发建设中的共识。特别是在一些传统文化资源较为丰富的新区，要积极保护和延续历史文化遗存、维护传统格局风貌、禁止大拆大建，为新城留下历史记忆。国内外许多城市都重视文脉延续性，例如澳门新城区在规划建设中，就加强传承了澳门独特的城市肌理及公共

空间系统，突出历史的传承。但在传承历史的同时，也需要顺应时代需求，进行创新。但就整体而言，如何让历史延续和时代创新达到圆融的对接和有效的融合，是一件非常困难的事情。因为中国城镇化发展过程太快，用 30 年几乎走完了西方国家 300 年的城市化之路，很多需要保护和传承的东西，还来不及经过人们思考就改变了。

## 三、统筹好市场主体与政府主导的关系

市场与政府是新型城镇文化建设的两大核心动力，要综合运用“有形的手”与“无形的手”。市场是新型城镇文化建设的主体力量，文化资源要素的配置最终要通过市场来完成。在文化建设中，如果没有市场机制，主要依靠行政命令，文化的繁荣活跃必将是“昙花一现”，难以生根发芽、成长壮大。政府是文化建设中的主导性力量，政府的作用不再仅限于征地、卖地、搞基础设施建设、建产业园区、招商引资等，而是要在此基础上更加注重政策调整与制度改革，不断改善城镇文化发展的软环境，如通过税收、土地等政策，将社会贤达、艺术能人、文化爱好者、文化企业、文化赞助商等推向前台，让企业更好地运用市场力量推动文化建设。在这方面，一些文化设施的运营取得了较好的成效。

## 四、处理好新老居民之间文化差异的关系

如何让新入住城镇的新市民成为城镇的“主人”，而不是城镇的“过客”，让他们不仅身在城镇，而且心在城镇，成为一个具

有价值认同感的“市民”，文化无疑是其中特别重要的催化剂。一般而言，新老居民在文化消费和需求方面具有较大的差异，处理好二者之间的关系，可以更好地消除群体隔阂和大量的社会问题。例如在雄安新区的建设中，如何处理好 110 万三县（容城、雄县、安新）原有居民与新进入的 200 万新居民的关系，考验着新区政府的统筹能力。这些新居民主要包括从北京疏解的行政事业单位人员、金融服务人员、科技研发人员、企业高管、高校师生及海内外高层次人才。他们知识层次高、经济收入高、年龄结构偏年轻，具有文化消费能力与意愿强、文化艺术鉴赏水平高、数字文化消费旺盛、追求高品质文化体验等特征，而原有居民的消费能力和品位则相对较低，协调好这些新旧居民的文化消费关系，就成为了新区文化发展的重要挑战。

## 五、处理好新型城镇化与乡村振兴战略的关系

乡村振兴战略是 2017 年党的十九大报告中提出的七个发展战略之一，强调要坚持农业农村优先发展，加快推进农业农村现代化。2018 年年初的“中央一号文件”《中共中央国务院关于实施乡村振兴战略的意见》，则在贯彻十九大精神的基础上具体提出了乡村振兴战略的基本原则、目标任务和路径手段。乡村振兴是要解决农村和农业的发展不充分和城乡间发展的不均衡问题，乡村振兴既要在经济发展上转变结构方式，也要在公共服务上普及高水平的服务，减少并最终弥合城乡差距。因此，在新型城镇建设中，要充分讲求城乡互补，考虑到城区、特色小镇、美丽乡村之间的统筹发展。当然，城乡一体化发展不是“一样化”发展，不能把

农村都变为城市，而是要走城乡协调发展的道路。在文化建设上，也要各有特色，实现各美其美，美美与共。

## 第二节　文化发展的维度与目标

### 一、建设文化多维城镇

#### （一）文化传承与创新融合的“人文城市”

“人文城市”强调城镇在历史长河中记忆的延续、文化的传承。“人文城市”理念指导下的城镇建设，重点是激活历史文化资源，重塑其在新时代的价值，塑造城市独特的魅力。人文城市的建设，首先是要对文化遗产资源进行梳理与盘存，弄清楚城镇的文化家底，深入发掘城市物质遗存所蕴含和代表的文化，以“人”为基础的各类非物质遗产文化（包括传统民俗、戏曲文艺、餐饮习惯、故事传说等），以及在城镇或区域历史发展中所凝聚和彰显的精神文化。其中物质文化遗存是新型城镇的历史记忆与标志，要分级分类进行保护，让“乡愁”有物质的依托。传统民俗等非物质文化要结合现代生活需要进行有效的活化，重点是要推动传播、传承和传递。传播是基础，只有更多市民知晓、了解、热爱，非物质文化才有存在的市场根基和群众基础。传承是关键，城镇需要形成良好的非遗传承人扶持制度，激励更多年轻人参与到其中，获得更多的经济效益和个人获得感。价值传递是非遗可持续发展的根本，非遗产品或服务只有与现代生活对接，活化在人们的日常生活与休闲中，才能保持持续的活力。精神文化，是城镇需要传承和创新的内核。中国的城镇不仅要有“中国脸”，其内在核心价值体系也要有中国基因与特色。只有强化挖掘，在发展建设过程中，以习近平新时代中国特色社会主义思想为指引，研究文化发展战略，明确文化发展使命，结合时代精神加以继承和发扬，赋予新的时代含义与文化价值，与时俱进、继承创新，才能让城镇形成独特的气质。

### （二）文化服务全时、全域、全龄的“人本城市”

新型城镇是以人民为中心的人本城市，这不仅体现在城市空间设计、功能布局和社会治理中，也体现在文化服务的供给中。在数字网络环境下建设的新型城镇，文化服务应该实现全时、全域、全龄。这意味着不同年龄的城镇居民在任何时间、城市的任何地点，都可以便捷地享受到文化服务。实现全时、全域、全龄服务，重要的是统筹城镇文化资源，实现公共文化服务和文化产业融合发展。在公共文化服务领域，核心是政府要提升公共文化设施体系的服务效能，为不同年龄、不同群体的居民提供公共阅览、文物博览、艺术鉴赏、科普教育、艺术培训、文化娱乐、视听服务、群众文艺等线上线下的优质公共文化产品，要推动文化服务与城市功能空间融合，让公共文化场景服务点遍布城市空间，实现全城“触手可及”，让文化数字服务实现全域自由下载流动，实现全域“无所不在”。就文化产业领域而言，政府要通过服务购买、委托经营等方式，提升城镇内文化企业的积极性和创造性，创造出更多群众喜闻乐见的正能量作品，特别是要鼓励生产网络动漫、网络音乐、网络文学等新型文化业态，顺应文化消费发展的新趋向。同时要积极打造社区文化生活圈，大力推动社区企业、事业单位、居民成立文艺团体，推动社区居民自我服务，形成“人人参与文化、人人享受文化、人人创造文化”的社区文化发展格局。

### （三）现实与数字孪生的文化“智能城市”

云计算、物联网、人工智能、虚拟现实等现代科技改变着城市。新型城镇的文化服务，应该建立在现实载体与数字空间融合的基础上。积极纳入智慧城市的系统中，采用与智慧城市相统一的数据标准、服务标准和技术标准，实现文化感知设备的统一接入、集中管理、远程调控和数据共享，并以提升文化服务的效能为导向，运用大数据、物联网、区块链等先进科技，打造覆盖城镇文化服务的智能平台，实现文化资源共享、文化服务精准、文化监管高效、文化互动活跃、文化交易透明，全面提升城镇文化服务的智能化水平。同时，推进无线互联网（Wi-Fi）全覆盖和5G网络大规模商用，打造高速率、大容量、低延时的泛在无线服务网络，有序构建包括电视、电脑、手机、可穿戴设备和车载娱乐系统等在内的文化智能终端体系，推动数字文化服务全媒体、多终端覆盖。当然，数字网络时代信息安全的重要性更加突出，因此特别要优化大数据应用安全保障，建立数字文化资源灾难备份系统，确保文化网络系统、产品内容和用户数据的安全。

### （四）集约与高效的文化“共享城市”

“共享经济”最早由美国得克萨斯州州立大学社会学教授马科斯·费尔逊和伊利诺伊大学社会学教授琼·斯潘思在1978年发表的论文中提出，后来美国学者杰里米·里夫金在《零边际成本社会》一书中进行了深化。“共享经济”是指以获得一定报酬为主要目的，基于陌生人且存在物品使用权暂时转移的一种商业模式。在2015年之前，共享经济对社会大众还是一个较为陌生的词汇，自从摩拜、小黄车等共享单车出现并得到大力推广以后，共享经济成为家喻户晓的词汇，并得到投资与企业界的认可。在新型城镇的文化建设中，文化共享也是一种高效和有益的文化服务模式。例如充分发挥政府引导作用，引入市场机制，大力推动各类社会主体建设博物馆、美术馆、图书馆等文化空间，鼓励社会力量捐助设施设备、兴办实体、资助项目、赞助活动、提供产品和服务等方式参与文化服务建设。大力推动众创、众包、众扶、众筹等模式，鼓励企业开发更多文化共享的服务形式，让市民获得更多文化服务。

### （五）绿色与低碳的天人“和谐城市”

人与自然是生命共同体。新型城镇应按照海绵城市的建设要求，在城镇中构建雨洪管理及水循环系统，嵌入办公空间、交通空间、休闲空间中的绿色空间，打造绿色、低碳、环保、和谐的景观体系，实现生态网络与园林景观、绿色建筑、步行系统、垂直绿化、办公室农园等有机结合，构筑人与自然、城市和谐共生的生态圈。同时应大力推动太阳能、风能、地热能、核能等清洁能源的应用，实现餐厨垃圾收集、运输和无害化处理过程的规范化管理，逐步实现餐厨垃圾零污染。积极推广绿色低碳的生产生活方式和城市建设运营模式，做好绿色生活理念传播，强化居民节约意识和习惯，引导居民选择公共交通、自行车和步行等绿色出行方式，积极发展电子政务，推动政府绿色办公，将新型城镇打造成为天人和谐、可永续发展的城市。

## 二、设定文化发展目标

文化，是一个城市的灵魂。新型城镇的建设离不开文化的繁荣兴盛。发挥好文化在传承历史文脉、引领时代风尚、优化生活品质、增强吸引力和凝聚力等方面的积极作用，将为新型城镇高质量、可持续发展提供强大的精神动力和战略支撑。目标是行动的灯塔，新型城镇建设过程中，要合理设定发展目标，包括定性与定量目标，如此才能做到有的放矢，提升建设效率。

### （一）文化建设目标设定的理念与原则

新型城镇的核心就在于“以人为本”，关注的是“人”的发展。新型城镇化不仅仅是将农村变为城市，更重要的是通过文化建设满足人的文化需求；新型城镇化也不仅仅是将农民变为城镇居民，更重要的是将农民变成新居民，通过文化建设使之更好地融入城市生活，全面享受文化发展的各项成果。新型城镇化背景下，文化的发展也需要牢牢树立“以人为本”的核心理念；新型城镇化进程中的文化发展，是不断寻求城乡文化认同和消弭城乡文化疆界的过程，因此，以“均等、融合、协调、集约”等基本原则推进城乡统筹，优化城镇格局，提升城镇功能，加速城镇创新，可以更好地助力实现人的全面“城镇化”。

#### 1. 核心理念：以人为本

传统城镇将“城市建设”作为第一要素，钢筋水泥、高楼大厦等硬件成为建设的主要内容，而医疗、教育、养老、社保等方面则相对滞后，特别是文化建设。由于缺少“硬需求”，因此文化建设在很多城市建设中经常被轻视。作为以人为本的新型城镇化，其文化发展不应再是城市发展可有可无的配套品，而是城镇居民生活的必需品。“以人为本”理念指导下的新型城镇，在文化领域可以理解为：以人为第一资源的文化产业是新型城镇的重要动力，以人才素质综合提升为目标的新市民是新型城镇建设的生力军，以社会文明全面提升为核心诉求的文化建设是新型城镇可持续的保障，以人的充分就业和安居乐业为目标的美好生活是新型城镇建设的重要诉求。

**2. 基本原则：均等、创新、特色、融合**

一是均等原则。“均等”要求实现城镇基本公共文化服务常住人口全覆盖的“阳光普照”。“均等”是促进城镇发展的稳定剂，是促进新型城镇化持续健康发展的有力保障。“均等”不是毫无原则地把城市里应有的各类文化设施、文化活动等都一个不落地在新兴城镇里进行复制，而是根据新城镇的人口、地理位置等因素，为新城镇居民提供基本、公益、均等、便利的文化服务。

二是创新原则。当前城镇文化发展中还受到各种体制机制的束缚，不利于文化高效发展。因此，应以创新发展为引领，深化新型城镇文化建设方面的行政管理体制改革，转变政府职能，推动简政放权，充分激发社会力量参与的积极性，逐渐形成“政府主导、社会参与、共建共享”的互动格局，全面提升城市文化服务的治理能力，提升居民的获得感、自豪感和幸福感。

三是特色原则。新型城镇文化建设需要积极对接城市总体规划，以其为指引制定发展目标。需要积极弘扬中华优秀传统文化，吸收世界各国先进文化，充分反映地域文化，塑造特色的城市精神，发展特色的文化产业门类和现代公共文化服务体系。因此，在新型城镇建设中，要因地制宜，设定城镇发展的各类指标，让城镇逐渐形成自身发展的特色。

四是融合原则。“融合”要求传统文化与现代文明融合、文化创新与科技创新融合、文化产业与公共文化服务融合，创造出具有个性化的融合模式。新型城镇建设进程中，应以文化消费需求为导向，统筹区域内的历史文化、文化设施及产业要素等资源，实现文化产品服务的优质精准供给。大力推动现代创意设计服务业、数字影音娱乐业、新兴网络传媒业、文化旅游休闲业和演艺娱乐业等文化产业发展，加速文化与科技、金融、商贸服务、制造业、农业等重点领域的全面融合，创新文化业态。

### （二）目标设定的基本维度

英国人类学家 E. B. 泰勒在 1871 年首次将文化定义为："文化或文明，……是一种复杂丛结之全体。这种复杂丛结的全体包括知识、信仰、艺术、道德、法律、习俗，以及任何其他人所获得的才能和习惯。"[①] 在新型城镇化建设中，文化具有更加明晰的针对性和指向性。它聚焦于"人的城镇化"，服务于"人的全面发展"，新型城镇要求文化建设从精神、经济、社会、规范等维度出发，进行目标设定，实现"文化城镇"，推动新型城镇向"看得见山，望得见水，留得住乡愁"的文化领域进发。

#### 1. 精神维度——核心价值体系

文化化人，艺术养心。新型城镇不是要建设冷冰冰的物理城市，而是要建设有温度、有表情、有深度、有魅力的美好家园。其中的重要内容即是要注重提炼、推行和养成城市核心价值体系。让城镇不仅要有"中国脸"，其内在核心价值体系也要有中国基因与特色，能够增强新城镇的凝聚力和影响力。新加坡的文化建设经验可以给我们很好的启示。新加坡是一个新移民国家，华人、马来人、印度人和其他族群分别占 76.8%、13.9%、7.9%、1.4%，其信仰、语言、习俗都不相同。如何避免族群冲突、实现共生共荣，成为了新加坡面临的重大现实问题。因此，在新加坡的文化建设中，实施了"造心"工程：以中华儒家伦理为主导，又吸收

① 殷海光．中国文化的展望 [M]. 北京：商务印书馆，2011：28.

了马来等族群的文化精华，同时借鉴了西方文化中的先进元素，确立了“国家至上，社会为先，家庭为根，社会为本”的共同价值观，从而有力地增进了新加坡民众的国家意识和国家认同感，促进了民族融合与社会和谐。

**2. 经济维度——文化产业**

文化产业是国民经济中极具先导性、战略性和支柱性的朝阳产业。随着我国经济社会发展进入新常态，文化产业在推动经济结构调整、促进创新创业发展和丰富国民精神消费等方面的作用日渐凸显。新型城镇的产业发展中，文化产业是重要组成部分。因此，需要打造一批具有高识别度的文化产业门类，集中引入和培育一批明星型文化企业、项目、品牌和创业团队，构建特色的文化产业发展生态系统，让文化产业成为支柱性产业。

**3. 社会维度——公共文化服务**

以人民为中心的新型城镇化，其根本旨向即是“时刻将人民利益放在首位，明白人民真正的需求是什么，这样才能制定正确的、有利于人民的政策，才能取得真正的成果”。[①] 构建现代公共文化服务体系，是以人民利益为导向，保障城镇居民基本文化权益、改善文化民生的重要举措。因此，新型城镇建设中，需要对公共文化服务有清晰的发展目标。要合理布局公共文化设施，优化公共文化服务和产品供给，创新公共文化服务体制机制，构建公共文化服务保障体系，不断提升城镇的公共文化服务能力。

**4. 规范维度——文化治理和文化评价**

新型城镇不是大而全毫无章法的文化发展，而是具有符合其

① 人民日报 . 坚持以人民为中心 [N]. 人民日报，2017-10-24.

自身发展规划的规范要求。在新型城镇化下，亟须建设核心价值体系，形成战略引导，也需要建文化产业和文化事业等实体，同时也必须形成与新型城镇化发展相一致的文化考核制度——文化治理和文化评价体系。文化治理重在改革创新，从根源上摒弃文化部门“管”文化的传统观念，瞄准市民对于文化建设的所思、所盼、所愿，积极树立“文化治理”的新范式，吸引更多的力量进入公共文化领域，参与相关建设活动。并积极制定评估指标，积极引入第三方机构参与评价考核，增强公共文化服务评价的客观性和科学性。

**5. 文化场景——文化特色符号与城市风貌**

新型城镇进程中的文化发展，必须构建完善的符号要素体系，即把城镇文化、建筑风格和产业发展相融合，应各具特色、合理布局。在城镇化发展中，要让文化规划“硬”起来、文物遗存“活”起来、文化精神“立”起来，让人们增强对城镇文化的自豪感，让世人增加对城镇文化传承的责任感。要积极关注建筑、雕塑、园林、纪念堂、民居、旧车站，以及历史文化街区、工业遗产园区、文化产业园区、创意社区等文化景观。这些是新型城镇化进程中人与自然相互作用的物质产物和精神载体，体现了人类与自然和谐相处的生产、生活方式，是人类改造自然，改造城镇的历史见证，承载着丰富的历史文化内涵。例如，不论是巴塞罗那作为公共艺术之都的艺术改造和公共文化景观的塑造，还是巴黎街头各类文化设施、街头小品的设置，都明确地体现出文化景观对提升城市形象和知名度的重要作用。当前我国城市建设千篇一律，缺乏个性，重要原因在于缺乏对各自文化特性的发挥，没有自成体系的博物馆、艺术馆、街头文化小品等文化景观体系。

# 第三节 国际新城文化建设的经验与镜鉴

积极参考借鉴国外优秀做法，以文化为驱动力，以文化自觉和文脉传承增加城镇化“深度”，以文化传承和文化创新赋予城镇“温度”，以文化事业繁荣和文化产业发展助力城镇“速度”，以优化城镇文化治理和建立城镇文化评价加深城镇“力度”，努力走出一条中国新型城镇文化建设的特色道路。

## 一、国际新城文化建设的主要做法

从人类发展历程来看，人口向城市迁移是人类大规模迁移的普遍经验，特别是在城市化中后期。伦敦、纽约、巴黎、东京、首尔等世界级超大城市因此而形成。但是随着大城市核心区的功能、产业和人口过度聚集，环境污染、交通拥堵、公共资源紧张、住房拥挤等“大城市病”开始逐渐显现。目前国内外治理“大城市病”的主要手段包括疏解核心区功能、调整产业结构、优化城市空间布局、规划建设新城和协同发展城市群等。

在国外新城（区、镇）建设中，文化已经成为国际新城建设重要的考量指标，无论是知名城市的拓展新区，还是传统老城的更新发展，文化的服务、塑造和孵育作用越发明显。根据对美国哥伦比亚新城、尔湾新城，法国拉德芳斯新城，英国利物浦一号城，日本筑波科学城、柏叶新城、六本木新城，中国澳门新城及加拿大堪培拉、韩国首尔、新加坡等十余个国际国内新城（区）的分析，总结其共性的做法，无疑对我国新型城镇的文化建设具有借鉴与启示意义。

### （一）文化成为新城顶层设计的重要内容

现代新城强调以文化的理念来指导和影响城市的发展与市民的成长，核心做法是高度重视文化在城市发展中的顶层设计，着力将文化纳入城市规划和建设的全过程中。譬如首尔明确提出“设计首尔”的概念，将文化设计理念融入城市建设和创新发展之中，倡导以“4U”（即Universal-万能的、Unique-独特的、Ubiquitous-无处不在、By U-取决于你）为中心，将“设计”融入城市发展理念、城市建设、经济社会发展和市民生活中，通过“为所有人的设计”打造一个幸福都市。新加坡认为文化及艺术能赋予国家独特的性格、提升社会凝聚力、改进居民生活质量，能对旅游与娱乐做出贡献，因此积极将文化融合到城市发展战略中去。1998年新加坡提出了建设“亚洲主要城市和世界级文化中心”的宏伟目标，2002年又提出要建设“文艺复兴城市”“全球文化和设计业中心”“全球媒体中心”，并在2012的相关报告中指出，新加坡2025年的文化艺术愿景是建立一个有文化素养、文明而优雅的社会，要让居民更积极主动地接触艺术，要创造更多艺术空间，让更多国人展现艺术才华。正是通过这些顶层设计，指引着这些城市的文化建设不断往更高更好的方向发展。

### （二）注重城市历史文脉的有机延续

大部分新区特别是传统文化资源较为丰富的新区，都非常重视历史文脉的延续，重视文化传承与现代功能的对接，例如巴黎拉德芳斯新区的城市建设方案。1982年，巴黎通过一次大规模的国际招标，在参加投标的424个设计方案中确定了丹麦建筑师冯·施普雷克尔森与埃里克·赖策尔的核心方案。该方案打动评委的关键一点就是实现了巴黎老城与新区间文脉的有机延续。规划师通过设计一条历史性的轴线，连接起了凯旋门、香榭丽舍大道、协和广场及拉德芳斯广场和新凯旋门大厦等标志性建筑，并使新凯旋门大厦与巴黎圣母院遥相呼应，阐述了现代的巴黎和历史巴黎的城市关系，体现了有机连接新城与旧城、历史与发展、现代和未来的城市发展思想，使新城在丰厚的历史背景中极富魅力。

### （三）大力营造新城公共文化艺术空间

公共文化空间的艺术营造凸显了不同城市的发展品质。许多国际新城以文化艺术对人的影响作为出发点来思考艺术与社会、城市的交互关系，有针对性地推动文化空间的多样性发展，借以提升社会凝聚力、改进居民生活质量。譬如日本六本木新城建设了森美术馆、森艺术中心画廊、艺术俱乐部、图书馆、天空回廊观景台、TOHO 影院、露天广场等文化活动场所，有力地塑造了艺术化和人性化的文化空间。拉德芳斯新区注重公共艺术展陈，在其中心区的架空广场上建设了一个由 60 多个雕塑构成的露天博物馆，其作品都出自名家之手。

### （四）植根优势资源发展特色文化产业

文化产业是城市文化竞争力的重要指标。在新型城镇发展中，根据自身区域、资源、人才等优势，在做好满足居民基本文化需求的基础上，要聚焦发展几个高识别度的产业门类，并着力抢占全球性的文化发展高地，这是国内外新区文化发展的重要特点。利物浦是艺术与体育的文化大熔炉，从传统制造业到数字创意产业，从单纯依赖地缘优势到积极营造商业友好型设施，通过特色文化产业的建设，实现了传统港口城市的文化复兴。尤其值得学习的是，城镇通过对披头士乐队及利物浦足球俱乐部这些独具特色的文创产品的开发，极大地提升了城市文化经济竞争力，有力地塑造了城市特质。

### （五）积极开展活动营销和事件营销

城市文化的传播离不开大型活动。大型活动能够有效激发城市内部动力，释放文化发展潜能。筑波在城市发展中，高度关注重点活动的文化牵引作用。譬如在1985年，筑波举行了主题为“人类、居住、环境与科学技术”的世界博览会，吸引了46个国家和37个国际组织参加展出，各大公司组织了28个馆参展。展出期间共接待观众2000万人，筑波世界博览会极大地推动了筑波科学城的国际化，提高了城市知名度。筑波科学城因此成为国际闻名的科学城，并且奠定了其作为国际科学交流基地的地位。又如利物浦通过“欧洲文化之都”的评选，一年内推出了350多项文化活动，包括音乐、文学、戏剧及街头表演等，全方位展示利物浦的风采，并且借此契机推动城市的复兴。

## 二、对我国新型城镇文化建设的启示

### （一）规划先行，以科学规划引领文化建设

从全球看，确立文化发展战略，制定促进文化发展的规划，使文化与经济、社会同步发展乃至发挥引领、支撑作用，已经成为当今世界的一种潮流和趋势。政府的职责是保证先进文化的前进方向，弥补市场失灵。新型城镇建设中，一方面，要以“大历史观”为引领，全面构建起城镇文化发展战略规划体系。战略发展规划要系统梳理现有资源，把脉文化建设优劣现状，要创新文化建设体制机制，激活文化创新驱动力量，要高度重视文化民生，让文化建设真正惠及人民。另一方面，要实现新区文化规划与城市建设总体规

划的有机并轨。城镇建设规划实践过程中不能缺少对文化细节的考虑，城镇发展的空间布局、建筑设计和城市风貌景观等，均需要融入地域文化特色，将文化发展规划与建设规划并轨是应有之义。

但同时在规划中，要勇于“留白”。新城镇的规划实践过程中不能缺少对文化细节的考虑，不仅关注历史文化遗产的静态保护，也倡导动态地对文化遗产进行整治和更新利用。规划应更多地体现在对文化细节的考虑和实现上，而不是停留在纸面的规划、刷在墙上的标语和高声呼喊的口号上。在精细处用功、在精准上发力、在精微中见精神，赋予它们新时代的功能和作用，城市规划宁可“留一点白”，也不能“信手涂鸦”，别让市场的冲动毁了城市的特色。切不可目光短浅、急功近利，借造城之名搞大拆大建，诸多新城荒芜为“睡城”“鬼城”的前车之鉴历历在目，不可不防。

### （二）留住乡愁，注重文化传承和活化利用

文化源于生活，必然要回归于生活才有持久的生命力，新型城镇文脉传承的根本就在于与生活贴近。在文物保护上，破除绕开文物搞建设的老路，开创围绕文物建新城的新路。通过科学论证，将文物遗存与城市地标、市民公共空间、交通网络有机融合，使整个城镇成为开放式博物馆。在非遗传承中，将文化技艺、民俗传统与现代生活有机结合，推动传统文化进课堂、进社区，编排具有地域特色的广场舞、课间操，加大民众普及和特色文化传播力度。在文化传播中，加强城镇文化精品生产，关注城镇建设中的时代典型，讲好新城故事，塑造新城精神。

新型城镇的开发建设，必然涉及村庄的拆迁，但村庄不能因城镇建设而消亡。因此，非常有必要在拆迁之前，进行村史的整理和撰写。例如在雄安新区的建设过程中，中国传媒大学雄安新

区发展研究院策划并推进了“村史计划”，即是对新区及其周边约600个村庄的历史沿革、地理环境、古今人物、文化遗址、民间习俗等进行系统化、多媒体的整理，通过访谈、口述历史、老照片翻拍、现有村民拍摄等形式，记录村庄的发展历史，并进行系统存档。以村史建设为契机开展文化抢救工程，打造中国乃至世界文化记录的一个典范样板。参考以前一些政府部门或研究机构对村史建设的做法，研究院将收集的内容概括为五大主导方面：一是集体记忆与乡土情怀，包括乡村生产生活组织、基层干部队伍、家族沿袭、邻里乡情等人文记忆；二是文化资源与文化传统，包括文化遗址、非物质文化遗产、文化礼仪、民间传说、文学创作等文化内容；三是乡村经济与村庄生产，包括村庄中的村民就业、家族企业、村办企业、经济形态等经济社会现状；四是农耕大地与渔乡人家生活，包括农耕生活造就的文化、生活形态，以及以白洋淀为核心的渔民生活；五是民居风貌与乡村建设，包括民房、道路、教育设施、体育设施、卫生设施、公共活动场所等内容。目前已经完成部分村庄村史的编撰工作。

### （三）特色引领，促进文化与其他融合发展

在“大审美时代”的浪潮下，文化与其他行业的关联性和渗透性进一步增强。国家“互联网+”行动、国家大数据战略及《中国制造2025》都提出：要强化文化的力量，通过文化创意与其他相关产业的融合，把文化理念渗透到传统产业的设计、生产、营销、品牌和经营管理环节。当前，文化创意产业已不再是过去所聚焦的媒体、艺术等品类，而是成为各产业间“互融”“互促”“互生”的重要力量，具备广阔空间和无限潜能。因此，在新型城镇建设中，文化发展应在坚持特色的基础上，突破自我循环，

大力推动文化与装备制造、休闲娱乐、信息科技及金融服务、商业贸易等产业的深度融合，逐步构建文化产业的新业态、新产品与新服务，形成“文化+”的大文化格局，成为推动新城镇经济升级发展的强大动力。

**（四）统筹资源，全面汇聚文化发展的合力**

在经济发展谋求区域协同、要素协同、产业协同的发展背景下，新型城镇发展不能单打独斗，而要树立互联网思维和平台思维，协同和整合最广泛的外部资源参与到新型城镇的文化建设中来，将新城镇打造成一个众多利益相关者共同创造和分享价值的有机生态系统。一是要着力推动体制机制创新。在坚持正确导向的基础上，探索文化负面清单管理，减少行政审批流程，营造企业家健康成长环境。二是构筑开放共享平台。通过建设文化协同发展中心、科技协同创新平台等方式，推动文化领域资源共享，促进一体化发展，例如由中国文化产业协会、国家文化产业创新实验区共同建设成立的京津冀文化产业协同发展中心。三是强化资源链接能力。通过营造开放、包容的投资和生活工作环境，吸引世界顶级文化人才和机构的入驻，汇聚多方资源。同时要加大对外开放，坚持“引进来”和“走出去”双轮驱动，为新型城镇化增添动力。

## 第四节　新型城镇文化发展路径

### 一、树立大历史观，塑造文化特色与魅力

文化是一个城市灵魂与精神之所系，城市生命力与竞争力之

所依。随着我国社会主要矛盾的变化，文化在塑造城市特色、提升城市软实力、推动产业发展、满足人们生活新需要等方面的作用愈加凸显。因此，对于城镇文化的建设，要跳脱经济与产业的狭隘视野，从大历史观角度，重视文化发展的战略意义。一是要发挥地标性文化设施的旗帜作用，打造极具地域特色、古今交融的建筑风貌，强化新城镇的整体城市意象，并设计形成文化景观网络，铺陈出新区的文化底色和特色。二是将文化建设融入市民文化生活，以生活圈为基础，根据不同社区居民群体的职业特征、文化需求和动态流线，对社区内的文化服务中心、文化站、公园绿地、交通站点、慢行空间、地下空间等进行整体规划和创意设计，形成各具魅力的文化空间和文化生态。三是形成城市的文化视觉识别系统、宣传短片，打造特色公共文化活动和服务产品，积极“走出去”，增加人们对新城镇文化与特色的直观感知，加快树立新城镇的形象。

## 二、推进文化遗存的保护与利用

文化遗存是新型城镇发展的根基，忘记了城镇的过去，往往会难以看清未来。随着功能性城市逐步向文化性城市转型，保护传统文化资源、活化利用文化资源成为新城镇（区）开发建设中的共识。特别是在一些传统文化资源较为丰富的区域，积极保护延续历史文化遗存、维护传统格局风貌、禁止大拆大建，为新区留下了历史记忆。例如重庆两江新区在开发龙兴片区时，科学保护、活化利用了龙兴古镇这个具有 70 余处文化遗址的国家级历史文化名镇，成为新区独具魅力的旅游和休闲场所；陕西西咸新区制定了《文化遗产保护总体规划》，并以建设“大秦文明园区”为载体，利用现代科技手段展现秦朝的历史文明风貌；天府新区通过制定《天府新区历史文化保护规划》，构建了法定保护、公布保护、控制保护的分级保护体系，并创新理念，引入“历史地段”保护方式，将历史文化资源价值较高但未达到历史街区保护要求的资源聚集点纳入历史地段保护范畴。同时，文化保护还要注意对传统优秀文化的普及与推广。通过开展口述史、民俗志、文化典籍的整理和出版，与学校、社区等社会教育和实践活动相结合，推动文化普及，并结合历史文化主题公园、传统村镇核心地段等，建设非遗馆、乡愁文化中心等博物展览类设施，建构优秀传统文化传承发展基地。

## 三、创造优质共享的公共文化服务

公共文化服务在新型城镇基本公共服务的重要内容，是增强城镇承载力、集聚力、吸引力，打造宜居宜业可持续发展新城镇的重要基础。随着城镇建设从规模化粗放型发展转向集约化内涵式发展，各城镇已经越来越重视公共文化服务建设。在公共文化服务建设中，重点是要坚持需求导向，以满足居民对美好生活的新期待为出发点和落脚点，以文化供给侧结构性改革为主线，根据城镇居民的文化需求和生活工作动态流线，构建“均等化、多层级、全覆盖、人性化、智能化”的公共文化服务网络，提升服务质量与供给效能，不断丰富居民的文化生活。例如青岛西海岸新区针对新区文化设施存在的用地不足、全区文化设施结构不明确等问题，在《青岛西海岸新区总体规划》中提出文化设施建设的四大原则，规划用地规模达到3.29平方千米，人均0.9平方米，规划建立四级公共中心体系结构，形成特色鲜明、结构合理、网络健全，满足不同群体需求的文化设施体系；舟山群岛新区按照“体系统一、无缝衔接、公平高效、共享发展”的理念，构建财政为主的多元文化服务投入机制和合理的利益平衡机制，推进建设高品质、均等化、共享化的公共文化设施和服务网络；浦东新区充分运用互联网等先进技术，通过“文化浦东云”将文化活动、文化场馆、艺术辅导、艺术市集等全部公共文化建设涵盖在内，实现数字公共文化服务全覆盖，增强公共文化服务能力。

## 四、聚焦发展文化产业潜力门类

在“互联网+”和人工智能的时代发展背景下，以大数据、云计算、虚拟技术等为代表的新一代信息技术广泛应用，为文化产业的内容生产、表现形式和商业模式都带来了深刻变革。如前所述，我国网民规模达8.02亿，普及率为57.7%；手机网民规模达7.88亿，网民中使用手机上网人群的占比达98.3%。在这种庞大网络人口基数的支撑下，网络空间已经成为产业竞争的主阵地，VR、直播、网剧、弹幕等新业态在近年来年以“迅雷不及掩耳之势”快速更新文化消费市场，大量高速成长的独角兽企业扎堆在网络数字文化领域出现。因此，新型城镇发展文化产业，需要着眼长远，着力打造数字创意、智慧媒体、虚拟现实等新型文化产业体系。同时，要大力扶持年轻文创人才和中小文创企业，通过采取一系列切实可行、操作性强的办法与措施，例如成立文化创意基金会、文创企业孵化器、中小企业中心，开设在线文创市场、实施文创教育培训项目等，帮助那些具有原创性和创新性的文创作品加速市场转化。

## 五、以重大创意性项目为引擎

重大项目是新型城镇建设的战略抓手，通过重大项目建设，可以迅速地树立新区形象，聚集新区人气。例如新加坡在推动城市文化建设中，打造了滨海艺术中心、圣淘沙名胜世界、滨海花园等重大引擎性项目；湖南湘江新区建设了由伊拉克裔英国女建筑师扎哈·哈迪德设计，国际一流、全国领先、湖南省规模最大、功能最全的梅溪湖国际文化艺术中心；哈尔滨新区建设了被 ArchDaily 评选为“最佳文化类建筑”的哈尔滨大剧院；浦东新区则拥有东方明珠电视塔、上海科技馆、东方艺术中心等标志性建筑。因此，新型城镇也需要利用数字、虚拟、共享等新技术特征，建设一批适合现代城市文化需求、与国际对标的公共文化基础设施，形成城市的代表性地标。同时更要通过引入顶级的数字文化企业和科研院所，通过建设国际一流的文化园区、数创基地、特色小镇等载体，发挥重大企业和项目的龙头带动作用。

### 六、以政策创新为核心构建支撑体系

由于我国的文化产业是从传统计划经济体制下的文化事业中脱胎而来，政府主导、政策推动是其主要发展模式。因此，创新构建符合我国文化产业发展内在规律的政策体系，事关我国文化发展的兴衰成败。就目前来看，政策创新是国家促进文化发展的第一动力。对新型城镇而言，文化政策也同等重要。各城镇应该根据自身发展定位和资源优势，积极参考和借鉴各地先进经验与有效政策，积极出台有针对性、可操作、能落地的财政、税收、人才、土地、知识产权等配套政策，特别是要出台关于人才引进和培育方面的政策。从根本上而言，文化产业是创意的产业，而创意的来源是人。没有人才，文化产业的发展就是空谈。从当前城市出台政策进行的“抢人”大战中，就可以看到人才的重要性。因此，新型城镇需要积极构建创新环境、创新机制和创新协同的网络，实现创意阶层、创新环境营造者的汇聚，并通过创新科技成果转化制度、留学制度、企业创投制度等系列制度，积极打造一个适合创新创业的城市生态体系，吸引顶级的企业、机构、创新人才的集聚，成为创客天堂，为文化建设提供持续的发展活力。

## 第五节　顶层设计案例——雄安新区文化发展战略研究

习近平总书记在党的十九大报告中指出，要“以疏解北京非首都功能为‘牛鼻子’推动京津冀协同发展，高起点规划、高标

准建设雄安新区”。37 个字，字字千钧，寄托了党和国家对雄安新区发展与建设的深切期望。“无文化传承，无雄安未来。”未来的雄安应是有色彩、有温度、有表情的文化之地，有底蕴、有情怀的幸福之城。文化是雄安新区建设不可或缺的组成，甚至在新区思想凝聚、创新引领和价值阐发中起到关键作用。

顶层设计是雄安新区建设的新理念、新模式与新路径的根本指南，直接决定着新区文化建设的总体布局和层次高度。根据国内外新城新区建设的成功经验，雄安新区的文化发展规划应与城市规划同步开展，通过全局性、系统性的文化发展战略研究，为文化领域顶层设计提供思路借鉴和路径参考，从而在整体规划和制度设计上防止许多新区文化建设中的“事后补课”问题，让文化在建设之初就成为城市总规划的有机组成。在这种背景下，受国家文化和旅游部有关部门的委托，我们对雄安新区文化发展战略进行了研究，为其制定文化顶层设计提供参考。

## 一、雄安新区文化发展概况

第一，居民文化思想状况。2017 年 4 月雄安新区成立以来，当地民众表现出欢欣鼓舞与忐忑犹豫并存的心理状态。一方面，人们对新区未来建设充满殷切期盼，作为雄安人民的自豪感与幸福感洋溢在谈笑之间；另一方面，随着时间的推移，人们的心中逐渐萌生出故土难离、乡情难去的复杂情绪。对此，雄安新区临时党委、筹委会高度重视群众工作，对认真做好 110 万群众的思想工作进行了全面安排部署，共有 1560 名驻村干部进村入户，557 个村实现了驻村工作组全覆盖。各级干部进村入户、走访企业，宣讲政策、了解诉求，合理引导群众心理预期，为新区人民投身新区建设做好了思想准备工作。但值得注意的是，雄安三县在地居民传统观念影响深远，移风易俗谈何容易。新时期，如何处理本地居民与未来入驻雄安的居民之间的关系，提升文化素养，重塑文化价值，迫在眉睫。

第二，民间艺术创作生产。雄安新区水乡文化悠久绵长，形成了当地淳朴的民风和民俗文化。以“荷花淀派”为代表的文学流派，以白洋淀文化艺术团体和组织为核心的群众艺术组织，以圈头音乐会为代表的民俗活动，诠释着白洋淀地区丰厚悠远的民俗文化风情。但当前文化发展方式传统，更多来源于民间自发保护与传承。特别是近年来由于大部分中青年外出打工，文创传承、文艺创作新生力量不足，文化发展后继乏力。

第三，公共文化服务体系。雄安新区公共文化服务体系建设处于初级阶段，城乡差异明显，受限于县级财力基础，大部分内容未达到国家相应的标准要求（见表 2-1）。例如雄县文化馆始建于 1948 年，建筑面积 450 平方米，人员编制为 11 人；图书馆建筑面积 418 平方米，人员编制为 4 人。安新县“农家书屋”形同虚设，乏人问津，剧团转企改制后，下乡公益演出活动也随之停止。

**表 2-1　雄安新区三县公共文化服务发展情况（2016 年）**

| 地区 | 文化事业费（万元） | 公共图书馆面积（万平方米） | 文化馆面积（万平方米） |
|---|---|---|---|
| 雄县 | 416 | 0.0418 | 0.045 |
| 容城县 | 127 | 0.2 | 0.15 |
| 安新县 | 481 | 0.03 | 0.019 |
| 国家标准（县市级） | — | 0.3（一级）0.2（二级） | 0.08—0.2 |

第四，文化产业和文化市场。当前雄安新区的主要经济指标在河北省处于中游水平。2016年雄安新区人均GDP为1.95万元，是河北省平均水平的45.77%（见表2-2）。随着京津冀一体化和雄安新区规划建设的启动，新区文化经济将进入快速增长期，但在文化发展中依然有许多亟待解决的问题。例如雄安三县文化产业发展不均衡，城乡文化产业差距较大。以白洋淀为核心的生态文化旅游是近年来安新县新的经济增长点，已经形成一定的发展规模，产业集聚效应出现，但文化旅游产品和服务供给的层级较低。雄县和容城县以历史文化为主题的文化旅游开发初具雏形，然而整体分布相对分散，尚未形成市场规模。以石雕、苇编、造船等为代表的传统手工艺，以橡胶、服装、制鞋为代表的工业产业，往往处于产业链中下游，缺少自主品牌且文化创意附加值不高，在产业转型中也面临着一系列挑战。

**表2-2　雄安新区三县经济发展数据对比（2016年）**

| 地区 | 生产总值（亿元） | 工业增加值（亿元） | 文化产业增加值（亿元） |
|---|---|---|---|
| 雄县 | 101.14 | 72.74 | ≤4.19 |
| 容城县 | 59.4 | 16.8 | ≤2.46 |
| 安新县 | 40.01（前三季度） | 9.98（1—11月） | ≤1.66 |

注：雄安新区三县文化产业增加值及占比情况，由于缺少统计数据，暂根据国家2016年全国文化及相关产业增加值占GDP的比重为4.14%进行估算。

第五，文物保护利用。雄安新区文物保护利用工作已经有序启动。三县拥有全国重点文物保护单位2处，省级文物保护单位7处，市县级文物保护单位40余处，登记在册的不可移动文物点140余处。雄安新区成立后，2017年4月7日起，在国家文物局组织指导下，河北文物部门开始调研、编制相关工作方案，至2018年5月底已经全面完成了雄安新区中期发展区200平方千米考古调查工作。目前，国家文物局已经批复了《雄安新区起步区2018年度考古工作方案》《雄安新区考古调查2018年度工作方案》《雄安新区环境考古工作方案》《雄安新区南阳遗址2018年度考古工作方案》，为推进雄安新区文物保护工作奠定了坚实基础。

第六，非遗保护传承与活化。雄安新区文物、文化遗产资源丰富。雄县共有非遗项目21项，其中国家级非遗项目2项，县级以上非遗代表性传承人23人；安新县共有国家级非遗项目2项；容城县共有市级非遗项目2项。2017年5月，河北省文化厅下发《关于加强雄安新区非物质文化遗产调查和保护工作的通知》，7月10日保定市文广新局召开普查工作动员会议。新区成立后，河北省开始筹备“河北大学非遗考察研究中心”，并成立“京津冀学者联合考察团队”启动对雄安新区三县的非物质文化遗产普查工作，共调查了213项非遗项目，其中211项为活态存在。

第七，乡愁与文化记忆。2018年以来，雄安新区组织开展了“记得住乡愁专项行动计划”，把与老百姓生产和日常生活密切相关，能够承载集体记忆的物质载体和非物质文化记忆列为普查和保护对象，分门别类建档“存根”。截至目前，共登记不可移动遗存592处，可移动遗存345件（套）。这些遗存是新区人民共同的历史记忆，对于雄安新区建设发展将是一笔宝贵的财富。此项工作是开放式的，不限制时间、不限制内容、不限制形式，随时发现，随时报告。新区将根据后续情况，对登记遗存及时调整补充，实现“乡愁”活态保留和传承。

第八，文化教育与文化人才。随着京津冀一体化战略的推进和雄安新区的建设启动，北京市文化人才优势和教育资源优势将加快向雄安新区转移，高水平的文化基础教育，高规格的文化人才，不仅能广泛提高劳动力素质、提升其就业技能，还将为高端人才的成长与高端产业的培育打下基础。当前雄安新区教育发展相对落后，基础教育中文化教育水平不高，文化人才严重不足并流失。新区成立以后，北京对雄安新区文化教育和公共服务等方面开展了对口支持，在京高校也从文化建设、文化产业发展等方面与雄安新区建立了合作关系，基础教育方面，北京第八十中学、中关村第三小学、朝阳实验小学、六一幼儿园对口支持安新县第二中学、容城县小学、雄县第二小学、雄县幼儿园，建立了对口帮扶名单。高校和科研机构方面，中国社科院、北京大学、中国传媒大学、北京服装学院等优质教育资源开始走进雄安。

## 二、雄安文化发展思路与目标设定

综观国外新区新城的发展，其做法和经验主要集中在几个方面。一是普遍重视文化发展的顶层设计。强调将文化作为一种核心发展理念来指导和影响城市发展与市民成长，并将文化纳入城市规划和建设全过程。二是注重城市历史文脉的有机延续，在城市更新和新城建设中，高度重视保护历史文化遗存、维护传统格局风貌、挖掘城市文脉地脉精髓，留下历史记忆。三是注重设计超前的文化发展空间布局和业态布局。许多新城新区均以文化艺术对人的影响作为出发点，根据自身区位交通、文化资源、生态禀赋等优势条件，因地制宜发展特色文化产业，塑造多样文化空间，并以文化之力提升城市的社会凝聚力和价值引导力。国内外新区新城文化发展的实践和经验，为雄安新区文化发展提供了良好的借鉴。作为千年之城，雄安新区应在吸纳国际经验的基础上，结合自身发展条件，形成独特的文化建设思路，为未来世界的城市文化建设提供中国智慧和中国方案。

**（一）发展思路**

一是坚持世界眼光，高点定位。立足全球视野和长线思维，根植中华文化，对标全球经典，大力塑造底蕴深厚、磅礴大气的中华民族文化复兴的“标志之城”，代表信息时代新文明特征与发展演进的“未来之城”，为全世界新区（城）文化建设提供极具参考价值和标杆意义的“示范之城”。

二是因地制宜，营创特色。植根中华优秀传统文化，在文化空间布局和文化场馆建设中，提出具有文化本底和时代特色的风貌要求。在文化产业布局和文化业态引入中，提出具有传统特色和科技方式的清单要求。

三是构筑生态，融聚资源。树立互联网思维和平台思维，在文化管理方式上全面创新，探索文化负面清单管理，减少行政审批流程，营造企业家健康成长环境，更好发挥企业家作用；在文化治理路径上开放创新，构筑开放共享平台，强化全球资源链接能力，推动京津冀文化要素向世界市场流动往来。

四是统筹布局，引擎带动。集中精力，重点突破，在文物保护与利用、公共文化基础设施、文化产业发展载体、文化艺术创作和文化对外开放交流等领域设计一批重大项目，实现以点带面，加速发展。

**（二）目标愿景**

目标 1：“活力硅谷”。充分发挥雄安新区在承接非首都功能中的创新价值和引领作用，集聚文化科技创新高端要素，培育文化科技创新动能转换，释放文化科技人才创新激情，打造战略性新兴产业的“活力硅谷”。

目标 2：“人才摇篮”。充分利用雄安新区高校科研单位集聚优势和战略性新兴产业集聚优势，同步加强新兴行业人才集聚能力，把雄安新区建设成为中国文化创新人才培养基地，打造创意人才集聚的“人才摇篮”。

目标 3：“创意云城”。充分依托雄安新区集聚 BAT 及互联网企业优势，利用科技手段阐发中华传统文化，阐释文化遗产的内涵，展现文化创意的活力，以智慧资源为构架网络，以共享理念为价值观念，打造智慧共享的“创意云城”。

目标 4：“文化故乡”。充分把握新型城镇化和乡村振兴战略的发展机遇，整体性保护城乡历史上的文化要素，创新乡村振兴范式，加强乡村共建共享，建设城乡一体、传承创新的跨界中心，打造开源开放的“文化故乡”。

**（三）阶段任务**

第一，谋篇布局与启动建设阶段（2018—2019 年）。做好雄安新区文化发展战略研究、完成文化发展顶层设计编制，布局好文化发展的“四梁八柱”。摸清家底，夯实基础，建立新区文化数据库，建成具有全球影响力的卓越文化之城规划框架，启动文化基础设施规划建设，完成文化行政管理部门大部制改革。

第二，全面建设与快速推进阶段（2020—2035 年）。根据人们对美好生活的新需要，从供给侧结构性改革出发，大力推动符合新区发展需要的文化传承创新体系、核心价值观传播体系、现代文化产业体系、现代公共文化服务体系、文化市场体系、国际文化交流平台等内容建设。让新区文化基础不断完善，文化规模不断壮大，文化服务不断丰富，人民对美好生活的愿望得到较好保障，社会文明程度达到新高度，文化成为新区建设的强大驱动力。

第三，文化繁荣兴盛和持续发展阶段（2035—2050年）。随着我国建设成为富强民主文明和谐美丽的社会主义现代化强国伟大目标的完成，新区各项功能将更加完善，辐射区域范围不断扩大，文化产业呈现大发展大繁荣的景象。充分发挥在信息技术、智能科技、数字创意等方面的优势，建设成为战略性新兴产业的“活力硅谷”，创意人群集聚的“人才摇篮”，智慧共享的“创意云城”和开源开放的“文化故乡”，为世界文化发展贡献“雄安样板”。

## 三、雄安新区文化发展的策略设计

根据中央七个方面的重点任务安排，雄安新区的文化发展应当立足于全球卓越的文化之城，围绕雄安新区建设的目标愿景，分阶段、有重点地实现精明增长、睿智发展、跨界创新、迭代升级。

第一，凝练文化价值，提炼城市精神，塑造城市文化形象。首先是要以坚定的决心构建雄安文化图谱。实施雄安村史计划，打造雄安文化学派，构建雄安文化图谱，建设有温度、有表情、有深度、有魅力的世界城市群中的示范新城。其次要以科学的精神剖析雄安文化的传承与表达。重点是以习近平新时代中国特色社会主义思想为指引，明确传承雄安历史文化的责任担当，克服内陆城市的封闭意识，突破县级城市的发展局限，从思想深处树立起全球城市的标杆追求，让创新创造的文化价值观在雄安人民心中入脑入心。再次是要大力提升雄安新区的人文素养。要以社会主义核心价值观为中心，发起雄安精神的征集与讨论，创造“文化传承、创新开拓、追求卓越”的城市精神。最后要以保持开放的文化姿态塑造立体雄安。实施“大外宣”工程，打造以彰显雄安文化特色为重点的“感知雄安”、以推进创业创新为重点的“创业雄安”、以突出“山水城林”融合共生为重点的“宜居雄安”、以提升雄安经济国际化水平为重点的“投资雄安”，通过多渠道、多形式、多手段宣传推介雄安，吸引更多的“国际族”集聚雄安。

第二，镌刻文化记忆，讲好文化故事，展示城市文化魅力。一是要挖掘利用好雄安新区丰厚的历史文化素材，繁荣艺术创作生产，围绕荆轲易水临别、公孙瓒与袁绍交战、杨六郎抗辽等故事，创作文艺精品。二是以红色传统镌刻文化记忆。围绕白洋淀的雁翎队、小兵张嘎、“神八路”杨铁等耳熟能详的革命人物，开展主题创作，讴歌英雄、讴歌时代。三是以自然生态赋予田园理想。围绕白洋淀水系耕作渔猎方式和手工匠人的故事，建设活态博物馆，保护传统生活生产生态方式，推进乡村振兴战略。四是以文化遗产展示历史风貌。把标志性文化遗产的保护、恢复和开发放在优先的位置，成为展示雄安新区历史文化的形象载体。围绕宋辽古战道、革命文化纪念地、农业遗产和工业遗产等文化遗存，建立历史文化风貌区，彰显城乡风貌特色。

第三，阐发文化风貌，打造文化场景，构筑城乡景观结构。首先要为新城发展注入历史文化元素。把具有传统风貌和雄安特色的历史文化形态、文化印记、文化符号等，充分展示在新区街区、公共场所、旅游景区、标志性建筑等城市形象载体上，让公共空间充满城市人文气息，让主体文化活动根植于城乡社区。其次积极建设文化地标。按照雄安新区城市功能分区，设计城市文化地标，在承载文化功能的城市建筑和景观设计中增加历史厚重感和国际开放性。再次是营造具有人性关怀的城市结构。以城市街景、城市雕塑、城市壁画等见证雄安新区的变迁、成长和发展，体现城市标志，展示城市风貌，传播城市形象，使雄安新区成为国内外公认的人居环境范例型城市。最后要创造富有宜居温度的乡村结构。实施乡村文化振兴战略，以白洋淀为中心开展文化蔓生计划，让生活在新区的在地居民享受到自然环境的优美、人文环境的和谐、生活环境的优质，使新区成为富有文化滋养、充满人情味的幸福家园。

第四，吸纳创新资源，集聚创新主体，发展“双高”文化产业。一是重点发展以数字创意为核心的内容服务类、文化装备制造类等产业。逐渐形成文化引领、技术先进、链条完整的数字创意产业发展格局，打造世界级数字创意高地。二是制定特色文化产业发展规划，引导温泉、雕塑、苇编等特色资源跨界发展，打造特色小镇实现文化引导的城镇化。三是要在创意设计、数字文化、共享经济等领域，构建10个左右有影响力的众创空间，吸引全球创意人才创新创业。四是积极引导文化创意和研发机构集聚，加快建设总部型文化企业基地，打造全球文化产业研发基地、文化出版物分销物流基地、文化交流基地、文化艺术培训基地，为“一核两翼”建设提供创新支撑。

第五，提供优质服务，创优服务模式，创新文化服务体系。首先要完善基础性公共文化服务。按照公益性、基本性、均等性和便利性的要求，扩大覆盖、消除盲点、提高标准、完善服务、改进管理，编制城乡“公共文化地图”“公共文化服务指南”，实现优质公共文化服务全覆盖。其次是强化增值性文化产品和服务。采取政府采购、项目补贴、定向资助、贷款贴息、税费减免等政策措施，鼓励各类文化企业参与公共文化服务。支持各种性质的公共文化服务供应商，积极创作具有雄安特色，反映优秀文化的文化精品，提供更多增值性精神食粮。再次是要建设多语种、多样化服务体系。顺应新区国际化发展趋势，针对全球族制定多语种、多样化产品和服务，提供适应人口结构变化的公共文化服务，以需定供全普惠、共享共治全参与、网络治理全方位，打造宜居宜业宜学宜游的国际文化社区。最后是要打造数字化、智慧化服务网络。把握新区智慧城市建设要求，从单体场馆建设到设施互联互通，从公共文化服务信息中心到移动终端软件开发，从公共文化服务的网络治理和智慧化应用到各类文化产品的数据库和云共享等，广泛应用前沿信息科技，构建具有科学性和引导性的公共文化服务数字化网络化体系，并形成具有参考性和建设性的行业示范标准。

第六，创京津冀标杆，建文化共同体，领航区域文化协同创新。一是积极建设领航发展的文化之城。结合区域文化、自然景观、时代要求，形成中华风范、淀泊风光、创新风尚的城市风貌；布局高效交通网络，落实职住平衡要求，形成多层次、全覆盖、人性化的基本公共服务网络，让新区有充足的承载容量和强大吸引力，保证新区通过充分承载北京非首都功能，不断增强对区域高质量发展的带动作用。二是积极打造京津冀文化"金三角"。以京津冀文化产业协同为核心，以文化要素流动和京津冀文化产业协同创新，与北京、天津构成京津冀发展的"金三角"，发挥雄安新区的引领、标杆和示范作用，补齐环京津贫困带发展短板，建立完善的文化交易系统。三是积极建设大运河文化带（京津冀段）创新高地。主动参与到大运河文化带的规划与建设中。连通白洋淀和大运河水系，构筑水网连通的文化传承体系，丰富"水城共融"的美丽景观和旅游休闲空间，推动区域文化协同发展，推进南北文化交流，将雄安打造为"一带一路"和"大运河"文化带重要文化节点城市。

第七，创新文化科教，建设文化智库，促进人才结构优化。一是创新文化科教工作。鼓励入驻雄安的高校围绕雄安新区文化发展，开设交叉学科新专业，定制培养专业文化人才，打造若干“学科（人才）特区”。健全以文化项目为导向的开发机制和以文化活动为载体的发现机制，集聚培养青年理论家、文艺家、新闻家、出版家、文化企业家、公共文化服务人才，加快形成一支与国际文化大都市建设相适应的文化紧缺急需人才队伍。二是推动文化人才国际化。加大文化人才（团队）海外引智力度，围绕雄安新区文化发展重大工程、重点项目、重点领域，大力引进高端外国专家。加快本土文化人才国际化转型，加强传统文化、手工艺和非遗人才艺术培训，通过重点项目、工程、艺术基金支持等方式支持本土文化人才创新创业。三是加速文化智库建设。支持国家部委直属研究机构在雄安设立分支教学研究机构，围绕雄安文化建设具体问题开展专项研究。支持实施国家文化艺术研究类项目专项支持雄安研究计划。支持高等院校与文化企业联合建设文化人才培养基地、文化研究院，营造文化发展的良好氛围。四是加强文化人才的服务与管理。创新文化人才服务机制，吸引聚集一批优质人才服务中介机构入驻雄安新区，构建专业化、国际化的文化人才市场服务体系。

# 第三章　新型城镇文化遗产的保护与活化

我国是历史悠久的文明古国。在漫长的岁月中，中华民族创造了丰富多彩、弥足珍贵的历史文化遗产。这些遗产是悠久华夏文明的结晶，是弘扬和传承传统文化的载体。习近平总书记在考察北京城市建设时曾说：历史文化是城市的灵魂，要像爱惜自己的生命一样保护好城市历史文化遗产。因此，坚持保护弘扬中华优秀传统文化、延续历史文脉，是新型城镇建设的基本原则。但随着我国城镇化进程加快，文化遗产主要是物质文化遗产的保护日益受到现代经济发展对土地需求的挑战。当下为数不少的城镇化仅仅是大拆大建、破旧立新，进行“千城一面、万楼一貌”的快速造城运动，这致使城市生活方式被解构、城市文明集聚功能被消解。[①] 因此，要处理好规划建设与文物保护利用之间的关系，让文物成为城镇发展的宝贵资源，为城镇建设增光添彩。同时，还应创新文化保护传承和活化利用的形式，让文化遗存融入当代生活中，让古代文明和现代文明交相辉映，形成城镇独特的文化品位和时代风尚。

---

① 王院成 . 新型城镇化中文化遗产的保护与传承 [N]. 河南日报，2014-09-02.

# 第一节　文化遗产在新型城镇建设中的价值

## 一、文化遗产是新型城镇的“历史乡愁”

文化遗产凝结了先辈的智慧，蕴含着沧桑的历史，寄托了浓浓的乡愁，承载着丰富的文化，代表了几代人、几十代人共同的回忆。传承文化遗产就是在守护历史、延续文化。文化遗产不是造假的古建赝品，而是居民的生活方式和心灵状态，是新型城镇化的历史记忆。这种文化精神的形成是复杂而缓慢的，需要漫长的成长期，是时间沉淀下的一种厚重的历史记忆。新型城镇和文化遗产的关系不言而喻。在新型城镇化进程中，文化遗产作为其深厚历史的记忆留存，是汇聚新城镇凝聚力、向心力的强有力的文化磁石。在新型城镇建设中，是需要历史传承的。不能因为建设新城，就割断了历史文脉，忘却了乡愁。例如当年国内某大城市为了推动新城镇建设，在主城区周边设计了 9 个功能小镇，按照引进不同国家城市和地区建筑风格的要求，确立了 9 个小镇的风貌特色，包括英国、德国、意大利、美国、荷兰、法国和澳大利亚等建筑风格，很多技术包括房屋外立面的涂料都是原汁原味照搬而来。但今天看来，这种模式并不可取，其建设也未达到预想的效果。

## 二、文化遗产是新型城镇的特色源泉

文化遗产是由经济与政治、自然生态与人文社会结合而成的复合型系统。文化遗产是新型城镇化的重要基点，它们以关注文化传承与创新为出发点，从文化景观到历史街区，到文物古迹，再到地方民居，从传统技能到社会习俗，大量的物质遗存和非物质文化遗产构成一个城镇的基本底色和区域特征。城镇文化建设的重要目的，就是要让文化走进人们的生活，成为人们身份认同的最深厚支撑。实际上，对于一个新城镇而言，让人们产生认同的不是它高大靓丽的建筑，而是其建筑背后蕴含的文化特色、精神与诉求，文化遗产具有历史教育、乡村情结维系、城市特色塑造等功能，并在此基础上，结合现代城镇功能和需求，生长出新的城镇或区域的文化生态系统，例如巴黎拉德芳斯新区。

## 三、文化遗产是新型城镇的驱动力量

文化遗产是广大民众为满足日常生产、生活需要而创造积淀的智慧结晶，文化遗产的保护、传承和创新，在一定程度上能够有效地推进城镇发展，加速以文脉延续为驱动的城镇进程，文化遗产体系中的文化线路就是其中典型的代表。文化线路作为一种文化遗产体系，一种文化遗产资源的集合，是拓展文化遗产规模和复杂性趋势的新成果，具有多维度的文化内涵和产业潜能。以丝绸之路和大运河为例，作为重要的历史文化线路和世界文化地带，可以更好地加强优势互补，推动产业要素有效配置，促进产业带的形成，推动沿线城镇文化产业的繁兴。

# 第二节　开发与保护的矛盾与原则

## 一、正在消失的文化传统

### （一）消失的传统村落与文化活动

传统村落是山水诗学、田园美学的生发地和品鉴对象，保护好传统村落，形成与城市文明互补互美的田园美学风景，事关国计民生，也关乎人们的文化传统、精神面貌、文明高度。伴随着我国城镇化建设的快速推进，不少传统村落遭受了不同程度的破坏，一些村落正面临着消解甚至消亡的困境。统计数字显示，我国古村落已从 2000 年的 360 万个减少到 2010 年的 270 万个，10 年内消失了 90 万个，相当于每天消失 300 个。[①] 除了数量大幅持续减少，尚存村落的现状也不容乐观。伴随着古村落旅游热潮的兴盛，对古村落的破坏尤为严重。各地一拥而上的仿古建筑、小吃一条街就是证明。一些传统村落的乡愁韵味被改造得不伦不类，这显然与我们对古村落的开发保护方向背道而驰。

文化活动是乡村传统文化中的重要组成部分，它在传承文化精神、塑造价值观念、娱乐人们生活等方面起到了不可替代的作用。但是随着城镇化的建设进程，农村劳动力涌向城市，城市文化侵入农村——农村面临着人口“空心”与文化失语的双重困境。传统村落中的文化活动正在消失，传统的道德与信仰正在解构，农村文化发展正走向一条令人担忧的不归路。例如我们在考察河北易县新东古县村的文化建设时发现，就像其村落原址被淹没在

---

① 阮仪三 . 呼吁传统文化村落保护办法 [N]. 人民日报，2016-03-18.

易水湖一样，传统文化活动在村落中也逐渐销声匿迹。村里没有古建筑，没有宗祠，没有传统活动。据村民们说，以前村里年轻人多，每年春节或元宵节都会耍龙灯、扭秧歌，现在年轻人都外出了，春节回家时间短，且时间基本用来走亲戚、打牌和搓麻将。梁漱溟先生曾说："如果中国在不久的将来要创造一种新文化，那么这种新文化的嫩芽绝不会凭空萌生，它离不开那些虽已衰老却还蕴含生机的老根——乡村。"因此，如何在推动新型城镇建设的过程中保护、传承和利用好乡村文化，是一个重要的课题。

**（二）正在消失的非物质文化遗产**

非物质文化遗产是依托人和人的生活而存在的文化遗产形式，如果没有传承人或人们生活中不再需要，非遗就失去了存在的根基。新型城镇的建设极大地改变了所在乡村或城区的面貌，通常使得非遗文化失去赖以生存的土壤，让非遗日渐式微乃至消失。正如全国政协委员、中国非物质文化遗产保护中心原副主任田青所言："传统文化绝大多数是农业文明的产物，几乎全部的非物质文化遗产都是乡土文化、地域文化，都跟农业社会的生产生活和农村密切相关。城镇化意味着和乡土文化的分离。"[①] 同时在非遗方面仍然存在一系列问题，例如政府重申报而轻保护。为了获得荣誉或补贴等功利性的目的，盲目追求非遗项目的数量，但是申报后对后续的支持和指导却非常有限。一些传承人重固守轻创新，不敢将非遗与现代生活有机进行对接，生怕失去了原汁原味，导致非遗文化与消费者的距离越来越远。有些则是因为技艺较为艰难，技法耗时耗力，在急功近利的年代，很少有人愿意潜心学习。

① 张茜翼 . 非遗专家：丢失文化传统会找不到"回家的路"[EB/OL].（2015-03-13）[2018-06-22].https：//www.sohu.com/a/142780680_488785.

例如杭绣被称为宫廷绣，是优秀的民族传统工艺，但技法高深，在南宋鼎盛时期，掌握技艺也只有区区300多人，传承到了今天，会这门技艺的只剩下一到两人。因此，在新型城镇建设中，应通过创新传承方式、融合现代生活、加大传播推广等措施，让非遗文化可以在新型城镇建设中得到较好的传承与活化。

**（三）消失的乡愁文化记忆**

中国是传统的农业大国，其文化根基在广大乡村。但是随着现代化的进程和全球化的浪潮，社会的自然生态与人文生态都发生了巨大变化：居民的生活居住空间在城镇化扩张中逐渐缩小，传统的鸡犬相闻、邻里互通的美好状态在消失。人们正在从一个“熟人”社会转向一个“陌生人”社会，即使是同住一个单元，门与门相对，可能两家也一辈子不认识。正如贾平凹在《秦腔》后记中感叹：城市化使亲人、熟人、老街和农村日渐消逝。这也就造成了今天社会中极大的信任成本和沟通成本。这样的城镇化建设，人们望不见山，看不见水，谈不上乡愁，有的只是陌生与疏离感。更为严重的是，随着第二代城镇居民的成长，由于他们生长在城市，生活在城市，相比父辈，他们基本没有对乡村故土的记忆，有的可能只是父母零碎的讲述。假如有一天父母故去，他们与乡村的纽带可能就此消失。随着城镇化率的提升，第二代城镇居民的不断增加，如果我们在新型城镇建设中不能提前谋划设计和有序地加以保护，乡愁文化将成为我们无法追忆的过去。

## 二、保护不力的重要原因

一是农村人口“空心化”导致文化“空心化”，最有创造活力的文化主体流失，使得文化生态严重失衡。快速的城镇化催动着乡村社会的解体。众多青壮年外出务工，农村被分裂为两个群体：一个是由老人、妇女和儿童组成的农村留守人群，另一个是在城市打工的城市农民工群体。曾经统一的农村文化生态已被生生割裂。虽然许多人过年前后都会回到村里，但返乡年轻人还是保持了他们在城市的生活方式。农村——他们曾经的家园如今成为了驿站，因此在文化上也缺少了长期经营的心态。春节忙着走村串户去拜年，元宵节前后，不知道哪天就去城里打工了。而以妇女、儿童、老人为主的社会，文化消费欲望和能力不强，致使看电视、打牌和搓麻将、串门聊天成为了他们主要的文化生活，文化活动空间日益萎缩。而对传统文化的保护、传承与利用，也就失去了核心主体，一些老人和妇女，即使有心也无力。

第二，急功近利的政绩建树意愿下的建设性破坏。随着中国经济的飞速前进与新型城镇化的过快发展，自 2000 年到 2010 年，我国自然村由 363 万个锐减至 171 万个，减少了约 192 万个，[①] 其中包含大量具有民俗文化遗产的传统村落。如果在城镇化进程中不注意加强保护，那么这些最能体现中国传统文化多样性的民俗文化遗产就会消失殆尽。当农村人进入城市，逐渐远离乡土文化，使得民俗文化遗产断了根，就再也无法传承下去了。同时，在城市老旧厂房、老旧建筑的保护中，过去很多城镇政府偏向于破旧和立新，在保护历史遗存、延续文脉等方面却重视不够。例如我们可以看到很多城市新区，高楼大厦鳞次栉比，但感觉“魂”找不到，特色不突出，很难看到历史在这里的沿革与演变，因为大部分的老旧房子、历史记忆，已经在挖掘机的轰鸣中消失。

① 周凡恺. 保护文化遗产重任在肩 [N]. 天津日报，2013-06-15.

第三，商业浪潮下的过度旅游开发性破坏。为了追求利润的最大化，一些地产或旅游企业常常对当地民俗文化遗产进行过度商业化改建和开发，把民俗文化遗产中不适合商业盈利的部分进行人为改变，致使这些民俗文化遗产面目全非。比如为迎合游客需求，在古城内大兴土木，修建与周边民俗文化环境格格不入的现代建筑，对古城造成严重的“文化侵害”。又比如剪纸、皮影、农民画等本来应该是纯手工制作的，但现在几乎都是机器压制。制作工艺的改变，完全使得剪纸、皮影、农民画等失去文化内涵，改变了其文化特性，使其不再具备民俗文化遗产的特征。

第四，保护经费缺乏，社会参与机制不够健全。国家文化相关规划提出要“保证公共财政对文化建设投入的增长幅度高于财政经常性收入增长幅度，提高文化支出占财政支出比例”。但由于是相对概念，没有量化指标，这种规划目标操作起来具有一定的随意性。同时文化建设包括很多内容，例如文化消费、公共文化服务、文化产业、文化园区等，真正用于保护的费用通常少之又少。在欧美等发达国家，主要是通过税收、补贴等方式激励社会力量参与文化保护工作。但是在我国，目前由于体制机制、政策等问题，保护工作主要由政府来完成，而政府经费和人力都十分有限，因此保护水平难免要打折扣。

## 三、新型城镇文化遗产保护的基本原则

2017 年 1 月，中共中央办公厅、国务院办公厅印发《关于实施中华优秀传统文化传承发展工程的意见》，指出：“加强历史文化名城名镇名村、历史文化街区、名人故居保护和城市特色风貌

管理，实施中国传统村落保护工程，做好传统民居、历史建筑、革命文化纪念地、农业遗产、工业遗产保护工作。”国家鲜明的态度和坚定的支持，为文化遗产的保护与利用提供了历史契机。在新型城镇的建设中，对于文化遗产的保护，应坚守以下四条原则。

一是“原真性”。这是保持文化遗产活态发展的重要基础。所谓原真性，就是保存文化遗产的本来面目，保护它所遗存的全部历史信息，而不是拆了“真遗产”，建设“假古董”，要修旧如旧，用原材料、原工艺和原样式。新型城镇建设中，应坚持保护优先，严格执行相关国际公约和国内法律法规，推出相关政策，在新型城镇中划定文化遗产保护红线。对每一处文化遗产、文物资源进行分类梳理，并对应宏观层面的保护政策体系，执行好文化遗产保护政策与措施的落地。要把现存历史文化遗址严格地保护起来，把部分损毁的重要文化景观修旧如旧地修复起来，再现文化遗产的丰富内涵和底蕴。

二是“整体性”。这是维护文化遗产不离本土地传承与创新的关键。文化遗产并不是空降落地的，而是与周边的环境有着千丝万缕的联系，受到周边环境的影响。因此，在保护文化遗产的时候，我们不仅要保护遗产本身，还包括周边环境与历史场景。特别对于城市、街区、地段、景区、景点，要从整体环境保护的高度出发，统筹各类文化资源要素，让区域更多呈现历史整体风貌。在数字网络条件下，应该以更好地满足市民了解文化遗产的需求为导向，积极建立权威、统一、动态的文化遗产数据库，并在此基础上打造集管理、研究、展示、监测等功能为一体的文化遗产数字公共服务平台。通过遥感技术、实地调研、文献收集等方式，全面摸底，建立起文化遗产的数据库和三维数字图景，进行整体性监测与保护。

三是“可读性”。这是实现文化遗产复活在当下、活跃在城镇的重要条件。一些文化遗存由于历史久远，与现代生活之间存在很大差异，因此普通民众难以解读。这就需要新型城镇加强与专家、智库机构合作，展开对文化遗产的研究，挖掘历史场景和故事传说，确立文化遗产的战略价值和历史地位，推动资源活化与场景塑造。第一，可在文化遗产周边设立明显的公示碑或公示牌。包括建立规范统一的历史文化遗存的文化标识，用界碑、名碑、史碑等方式，多层次全方位地介绍文化遗产，使得市民方便了解。第二，要做好网络地图的完善。在百度地图、高德地图等网络地图中丰富文化遗产的相关信息，由点带面，实现每次对文化遗产及相关元素进行搜索都可便捷地获得文化遗产资料，增强信息检索的准确性和便利性。第三，应积极邀请专家和相关机构，专业科学地为文化遗产建立完善的解说系统，并打通线上与线下的联系。

四是“可持续性”。这是文化遗产保护的基本准则。遗产的保护不是最终目的，重要的是通过文化传承和文化传播，形成以人为本的活态文化遗产，从而促进其可持续性更新。实现城镇化进程中文化遗产的可持续性保护，不能急于求成，要有历史责任感，一代传递一代，久久为功，有序传承。在保护中，需要不断创新理念、方式、技术与制度，积极推动文化遗存与现代生活的对接，根据时代的发展，开展与时俱进的阐释、解读和活化，实现继往开来，让文化遗产在不同的时代都能焕发出其独有的魅力。

# 第三节 文化遗产保护与活化思路及策略

## 一、保护与活化的基本思路

### （一）国际化经验与本土化特色实践的创新结合

“他山之石，可以攻玉。”国外特别是西方国家在文化遗产保护方面，经过漫长的探索，积累了丰富的经验，已经建立起文化遗产保护与活化的完善体系（见表3-1）。例如建立“遗址公园”进行遗产保护，这种方式很好地结合了遗产保护、知识普及、历史教育、文化体验等多种功能。通过遗址公园与城市社区的统筹发展，可以为文化遗产的当代保护寻求到多元创新的思路，丰富了遗产保护的路径，使遗产本身成为新型城镇的文化景观，提升了新型城镇的文化底蕴和历史厚度。

**表3-1 国外保护历史文化遗产思想的演进**①

| 序号 | 保护类别 | 原有保护思路 | 文化遗产保护思路的演进 |
|---|---|---|---|
| 1 | 内容范畴 | 保护建筑艺术精品，如宫殿、教堂、寺庙 | 保护与普通人生活密切相关的一般建筑，如乡土民居、工业建筑等的文化遗产保护体系。 |
| 2 | 文化生态 | 保护文物和保护单一要素的文化遗产 | 保护文物的环境和保护多种要素的综合性文化遗产，如保护包含若干城市的文化廊道。 |

① 据王景慧教授2009年12月4日在“中国武夷山世界遗产保护高峰论坛”上的发言内容整理，演讲标题为《国外文化遗产的保护理念对我们的启示》。

续表

| 序号 | 保护类别 | 原有保护思路 | 文化遗产保护思路的演进 |
|---|---|---|---|
| 3 | 文化观念 | 重视古代文化遗产 | 重视近现代的文化遗产，从保护与当今生活已无关联的古建遗址，到保护现在还有人继续生活、继续使用的建筑遗产、历史街区等。 |
| 4 | 保护对象 | 保护单体的文物古迹 | 保护历史地段、历史城市。 |
| 5 | 保护主体 | 专家保护 | 政府保护到民众保护、社会保护并重。 |
| 6 | 研究重点 | 保护物质文化遗产 | 研究保护物质和非物质文化遗产，并着重研究二者的关系，促进二者互动增值。 |

在新型城镇建设进程中，首先要深入借鉴国外经验，推动文化遗产保护基础理论的创新，探索文化遗产思想演进的基本规律，是文化遗产创新的基本要求。其次，深入认知我国历史文化遗产的系统性和网络化特征，使其与城镇化建设的文化乡愁相协调，与旧城改造和新城开发的基因传承相匹配，是文化遗产创新的核心任务。再次，要根据我国不同地域特征、文化特色、文化信仰、民风民俗等因素，不断探索实践，总结出一些典型案例和可供推广的保护模式，为各地文化遗产保护提供示范和参考借鉴。这既是对国际文化遗产保护体系的完善和发展，也是对本土文化遗产保护工作的创新和提升。

### （二）城镇发展规律与文化遗产演进规律的有效统一

文化遗产保护的未来，很大程度上取决于它与人们日常生活环境的整合状况。因为文化遗产尤其是活的历史城镇和古村落，在发展过程中不可能被当成博物馆一样保护和封存，它必然和社会、经济同步发展。[①]诸如历史文化名城、名镇、名村、历史文化街区这类活态的文化遗产，其保护和整治应充分尊重和研究城市发展的科学规律，从而改变以往用保护文物的手法来对待历史城市和历史街区、忽视其动态性和复杂性的做法。实现城镇发展规律与遗产演进规律的有效统一，首先要研究城镇的发展规律，将城镇看成是一个不断生长的有机系统，坚持“以人为本、有机更新”的发展理念，而非旧城改造、推翻重来的开发模式；其次要加强城市规划设计工具在遗产保护与发展中的作用，通过科学的设计，让文化遗产和谐融入城市空间格局中，成为新型城镇不可或缺的部分；最后是要深入研究文化遗产演进与活化的规律，让文化遗产在保持本真性的同时，滋生出时代新功能，形成新的生命体。

### （三）城镇顶层设计与遗产多元治理的双管齐下

坚持保护文化遗产、弘扬优秀传统文化、延续历史文脉，是新型城镇建设的重要原则。因此，要处理好新城镇规划建设与文物保护利用之间的关系，让文物成为新城镇发展的宝贵资源，为新城镇建设增光添彩。同时，还应创新文化保护传承与活化利用的形式，让文化遗存融入当代生活，让古代文明和现代文明交相辉映，形成新城镇独特的文化品位和时代风尚。因此，要将城镇顶层设计与遗产多元治理相结合。一方面将文化遗产保护纳入新城镇发展战略之中，从全局的高度出发，来协同好文化保护与经

---

① 张松 . 文化生态的区域性保护策略探讨——以徽州文化生态保护实验区为例 [J]. 同济大学学报（社会科学版），2009（6）.

济建设、社会发展、生态保护等各个方面的关系，促进互动共赢发展。另一方面要激发企业的积极性，政府通过财税政策、服务购买、资金补贴、土地置换、荣誉授予等形式，鼓励企业以捐赠、赞助等方式参与到文化保护中，增强文化保护力量。同时还应积极创新社会动员体系，鼓励社会组织参与文化保护，推动文化遗产保护与市民生活服务一体化发展。发挥基层群众性自治组织的作用，引导社区居民参与文化保护项目的规划、建设、管理和监督。扎实推进文化志愿服务，让更多人了解文化遗产知识，主动参与志愿服务活动。

## 二、保护与活化的主要策略

### （一）重视文化保护，延续历史文脉

中华上下五千年，文化弥漫各地。新型城镇虽新，但其历史文化亦非一页白纸，其背后通常有深厚的历史底蕴。因此，在新型城镇化过程中，一是要摸清文化家底，逐步完成城镇全域的考察调查工作，详细确定文物位置、分布范围、保存状况，了解文物年代和价值内涵，科学分类分级。同时建成新型城镇文物考古数字化信息管理平台，实现考古信息采集、录入、检查、验收电子化，建立详实、动态的基础数据库。二是贯彻我国《文物保护法》规定的“保护为主、抢救第一、合理利用、加强管理”的文物工作方针，编制《城镇文物保护与利用规划纲要》，指导各类历史文物的保护与整治工作，通过科学的规划，促进城镇文物的有效保护与有序利用。三是加快建设城镇历史与文物的集中展示空间，例如建设“文化遗址公园”和“历史文化动态展览馆”等，

让市民和游客可以体验城镇历史文化。四是逐步从行政保护转向法治保护。积极制定城镇文化遗址保护、历史风貌保护等领域的条例与法规，增强文化遗产保护中的法制观念，将新型城镇的文物保护纳入法制化管理轨道。

### （二）挖掘文化内涵，拓展文物利用

文物是历史文化的精华载体，要深入挖掘文物中的文化内涵，推动其与现代价值、精神、生活需求圆融对接，发挥文物资源在文化传承与创新中的重要作用。一是要积极从历史文物中提炼出典型性的文化要素，创新融入城市设计、建筑策划中，丰富新区文化内涵，彰显新区的文化特色。二是结合《“互联网+中华文明”三年行动计划》，积极利用现代数字科技、虚拟现实、互动娱乐、数字典藏等高新前沿技术，使文物遗址实体展示与虚拟呈现相辅相成；并鼓励文物与旅游体验、教育培训等产业相结合，让文物“活起来”，逐步培育出几个城镇的文物旅游品牌。三是积极开发文博创意产品。推动城镇文博单位以多种形式与相关企业和社会力量开展文化创意产品开发合作，特别是要吸引优秀的设计师或设计机构参与到文博产品的开发中来，提升开发的水平与档次。四是要推动与文博机构的合作，探索纳入区域性的文化创意产品开发网络中，借助优势资源和强势平台，提升城镇文化文物创意产品的知名度。

### （三）创新保护模式，推动非遗活化传承

新型城镇的规划与建设将极大地改变乡村的发展面貌，可能使非遗文化失去赖以生存的文化土壤。在这样的背景下，非遗保护工作更需要创新模式，需要以人的培养为核心，以融入现代生活为导向，推动有效保护与活化传承。一是要加大对城镇非遗项

目的保护与挖掘。在做好对国家级非遗保护的基础上，积极挖掘和收集散落在民间、还未被登记在册的非遗项目，不断丰富城镇非遗的项目库。二是要推动非遗文化传播。传播会丰富广大人群的文化遗产知识，从而提升群体对文化遗产的价值评估和深厚情感。同时，有效传播能够鼓舞、激励传承人群，提升社会对他们的尊重，为未来广大的传承人群提供后备力量。当前在传播中要注意传统媒体与新媒体的整合使用，事实上，如今 80% 以上的传播都是通过算法型的内容分发和社交链实现的。所以，必须研究非遗如何在算法型内容分发和社交传播中发挥作用，充分利用算法和社交力量实现有效传播。[①] 三是高度重视非遗传承人的培养，针对当前年轻传承力量出现断代的情况，出台相关政策，通过传承补贴、创业资助、授予荣誉、研修研习培训等方式，增加对年轻人从事非遗项目的吸引力。四是推动非遗项目与数字科技、旅游休闲、文娱活动等产业的有机融合，让非遗融入现代生活，形成自我造血的功能。五是振兴传统工艺，通过引入现代设计和生活美学理念，走高端化、精品化、特色化的道路，提高中国传统工艺保护、传承和发展水平。

### （四）讲好文化故事，传播传统文化魅力

在数字网络条件下，新型城镇需要充分利用好历史文化素材，通过创作艺术剧目、拍摄影视作品、设计文创产品等方式，讲好文化故事，见人、见物、见生活，塑造城镇文化形象，展现文化风格。例如，雄安新区建设的过程中可以讲好三个方面的故事：一是讲好雄安的历史故事。例如荆轲易水临别、公孙瓒与袁

① 根据喻国明在“2018 非遗传播专题研讨活动”上的发言整理。

绍交战、杨六郎抗辽等故事，无不彰显着新区历史上所洋溢的燕赵精神，至今仍让人津津乐道。二是讲好雄安的红色故事。例如白洋淀的雁翎队、小兵张嘎、“神八路”杨铁等，都是耳熟能详的革命人物，是雄安红色基因的象征。三是讲好人与自然和谐的故事。白洋淀是雄安地区的生态核心，历史上也是周边百姓的重要生活物质来源。长期以来，人与淀形成了良好的互动关系，这对未来新区的建设与可持续性也是至关重要的。同时，雄安新区作为“扩大全方位对外开放，打造扩大开放新高地和对外合作新平台”，也应积极“走出去”，推动文物保护与非遗领域的国际交流与合作，积极贡献雄安方案、雄安智慧和雄安样板。

## 第四节　文化遗产保护与活化的案例评析

### 一、万科良渚文化村

良渚镇位于杭州西北郊，地处余杭中部，距离杭州主城区约 15 千米，104 国道、杭州绕城高速、杭宁高速、宣杭铁路贯穿其中，交通便捷。良渚文化村是良渚规模最大的文化旅游项目，旨在建设一个集生态宜居、休闲度假、创新等功能为一体的功能完备的田园卫星城镇。

#### （一）杭州良渚文化村建设背景

2001 年 2 月，经国务院批准，杭州撤销萧山市和余杭市，将其改为萧山区和余杭区，二者成为促进杭州经济发展的两大新区。2002 年，杭州市第九次党代会提出了“一主三副六组团”的城市总体规划，位于良渚组团核心区的良渚文化村的建设是杭州城市规划“旅游西进”的重要项目之一。定位于将人居、休闲度假和创业等功能集为一体的良渚文化村的建设能够有效吸收容纳来自其他地区的人口，提升杭州的人口吸纳能力。

**（二）良渚文化村的发展思路**

第一，以可持续发展为导向，重视生态与文化遗产保护。自然环境是人类赖以生存的基础，也是新型城镇化发展的生命线。因此，良渚文化村的开发与建设需划定生态保护红线，以保障生态环境不因区域更新而遭到破坏。文化遗产具有整体性、脆弱性和不可再生的特性，因此尤其要重视对良渚文化遗址本体的保护，以良渚文化为底色，使其贯穿于文化村开发建设的始终。同时也需要把握好市场化运作的尺度，避免经济效益驱使下的盲目开发与过度开发。

第二，坚持以人文本，从人们的生活需要出发。特色小镇建设要以人为第一要义，将人的需求放在首位。良渚文化村的建设正是以人为本原则的生动写照，力图营造一种亲密和谐的邻里关系，倡导出行便利、文明友爱、绿色健康的生活态度和生活方式。通过设计合理的配套服务设施，结合空间功能布局，积极引入与周边区域联动的步行线路，将不同的居住单元相互联通，拉近村民之间的关系，增添文化村的人文关怀气息。

**（三）良渚文化村的构建路径**

第一，以文化为魂，重新定位区域功能。良渚文化村的功能包含以下几个方面。一是宜居生态功能。这也是良渚文化村的基础功能。依托良渚历史文化遗址，在尊重自然生态的基础上，打造宜居宜业的特色田园小镇。将建设功能混合型小镇作为建设目标，通过置入完备的交通、文化、娱乐等基础设施，强化小镇的综合服务功能，营造良好的创业和文化氛围。二是文旅休闲功能。这是良渚文化村的主要功能。良渚文化村与良渚文化遗址保护区相距仅 2 千米，作为新石器时代的代表性文化，良渚文化无疑是文化村发展旅游业最具特色和魅力的部分。三是产业孵化功能。产业是特色小镇的重要支撑，小镇不仅是一个创意孵化场所，更要提供系统完善的创业服务。作为全国唯一的乡村创意聚落，良渚文化村中的玉鸟流苏创意产业园已经成为文化村的创意高地。

第二，挖掘资源潜力，创新文化遗产活化与传承。首先，良渚文化村注重资源的发掘、整理与评估。依据客观性和可行性原则，以具有前瞻性的市场目光来审度文化资源，聚焦已经具备产业化开发条件的资源，研究其市场半径。其次，注重创新传承方式，善用现代表达。不论是文化遗产的传承，还是相关衍生品的开发，“创意”与“科技”都是关键。良渚文化村内建设的良渚文化博物馆就借助 VR、AR 技术，探索良渚文化遗产的数字化展示、保护与传播的新方式，为体验者带来强烈的在场感和参与感，让文化遗产“活起来”。

第三，以龙头项目为引领，强化小镇文化氛围。重大项目的引入往往能起到“四两拨千斤”的效果。良渚文化村通过归纳提炼小镇独具特色的文化气质，设计了具有带动作用、导向作用的项目，形成各有侧重又相互联系的项目体系。良渚文化村内建设有良渚文化博物馆、“良渚圣地”公园、“良渚不夜城”“良渚风情街”“玉鸟流苏”创意街区等重点项目，并通过合理的空间布局，实现了对小镇整体文化氛围的凝聚与提升。此外，良渚玉鸟艺术节、“中华文化高峰论坛”等重大文化活动的举办，不仅是文化村的艺术盛宴，更是向外界传播良渚文化的重要方式与平台。

第四，重点发展文化创意产业，提升产城融合水平。在新型城镇化的过程中，文化创意产业的集聚与城镇空间的演变和形成密切相关，产业集聚有利于产业空间的优化。位于良渚文化村中东部的玉鸟流苏创意产业园中涵盖了动漫制作、时尚发布、艺术设计等多个文化创意产业门类，与文化村内休闲旅游、餐饮娱乐、文化体验等功能形成了紧密的互动关系。

第五，创新管理方式，居民普遍参与。人民群众既是文化遗产的创造主体，也是文化遗产保和传承的主体。文化遗产保护不只是政府的事情，更需要全民的自觉参与。当地村民参与良渚文化资源开发的过程，实际上也是重新认识本传统文化价值与魅力的过程。良渚文化村于2011年通过了26条《村民公约》，居民遵守公约内容，自觉践行人与生态、人与传统文化、人与人之间无限尊重的可能。

### （四）良渚文化村建设的评析

良渚文化是我国新石器时代晚期著名的考古学文化，其文化的典型特征是精美的玉文化，其玉礼器（琮、璧、钺等）为后代中原王朝所继承，是中华文化的重要源头之一。良渚文化村从本质上而言是一个文化地产项目，它尝试通过良渚文化的概念为地产增值，实现盈利和可持续发展的目的。但文化村又不同于简单的房地产项目，它力图将区域文化底蕴的挖掘、文化传统的继承和弘扬、文化遗产的保护和活化等文化行为与地产开发的经济行为有机结合起来，通过新的商业模式的探索，来实现社会效益与经济效益二者之间的有机统一。所以我们在文化村的建设中，可以看到出自世界知名建筑设计师之手的良渚文化博物馆，以及与良渚文化相关的“良渚圣地”公园、“良渚不夜城”“良渚风情街”“玉鸟流苏”创意街区等重点项目。这些项目共同支撑了良渚文化这个主题，让人较为具象地感受到良渚文化。整体而言，良渚文化村不失为一种对传统文化进行继承与弘扬的有益探索。

## 二、容城县乡贤文化建设

容城县隶属于河北省保定市，北邻北京，东依天津，南接保定，总面积 314 平方千米，辖五镇三乡、127 个行政村。容城县服装加工业发达，2012 年拥有服装企业 920 家，年生产能力达 4.5 亿多件。2017 年 4 月 1 日，中共中央、国务院印发通知，决定设立河北雄安新区。这是继深圳经济特区和上海浦东新区之后又一具有全国意义的新区，容城成为新区的重要组成之一。

### （一）容城乡贤文化简况

容城境内有“磁山文化遗址”“宋八王衣冠冢”“杨六郎晾马台”“明月禅寺”“革命烈士纪念馆”等名胜古迹。同时容城人杰地灵，元初理学家、诗人刘因，明朝忠臣杨继盛，清初大儒孙奇逢，并称容城“三贤”。他们的诗文及事迹广为流传，享誉海内外。“容城三贤”作为历史名人，是容城传统优秀文化的代表，是乡贤文化的集中体现。为进一步弘扬以“容城三贤”为代表的传统优秀文化在城镇建设中的作用，容城县政府及乡镇各级单位积极建设三贤文化设施，研究传播三贤文化的精神价值，策划组织系列文化活动，丰富了容城公共文化服务的内涵，提振了当地的社会风气。

### （二）乡贤文化建设举措

第一，政府出资修建了三贤文化设施。容城县政府修建了三贤文化广场，成为了广大群众体验三贤文化及休闲健身的重要场所。杨继盛后人自发筹建的杨公祠受到了政府的高度重视，成为政府宣传本地优秀文化的重要窗口。北城村用村中征地补偿余留资金，出资修建了占地 6 亩的孙奇逢纪念馆，并于 2014 年建成占地 4 亩的文化园，为当地民众休闲娱乐提供了空间。

第二，建立了三贤文化研究机构。为了更好地挖掘三贤文化，政府支持成立了群体性社会团体“三贤文化研究会”，主要负责三贤文化的挖掘、整理、研究和宣传等工作。三贤文化研究会成立以来，策划和组织了各种主题性文化活动，传承和弘扬三贤文化的优秀精神，取得了良好的效果。

第三，不断加大三贤文化的宣我传和推广。容城县政府利用杨继盛故乡（八于乡北河照村）传统庙会的契机，邀请了保定市河北梆子剧团演出歌颂杨继盛事迹的剧目《万古丹心杨继盛》，举办了纪念杨继盛诞辰 500 周年书画展暨书法大家笔会活动，开展了三贤文化与社会主义核心价值观践行研讨会活动，出版了《容城三贤文化研究》及纪念杨继盛诞辰 500 周年系列活动专刊。随着雄安新区的设立，县委、县政府配合中央、省、市媒体开辟了多期三贤文化专版、专栏、专刊，重点打造了杨继盛戏曲品牌，举行了三贤文化进校园等活动，进一步提升了“容城三贤”的感召力和影响力。

### （三）乡贤文化建设评析

乡贤文化的传承与弘扬，贵在乡贤的示范带动作用。人是乡贤文化的主体，古之乡贤之所以受人尊重，就在于他们“好为德于乡”，为人正直、处事公道、急公好义、闻名乡里，是村庄的道德典范与精神领袖，也是村庄秩序的守护者、维护者。当下，乡贤的力量不应随着时代的进步而减少，要留住乡贤，激活乡贤文化。要保护与传承乡贤文化资源，多策并举培育新乡贤，通过乡贤文化，凝聚村民力量，联结乡村情怀，为提升乡村道德建设水平和精神文明发展程度注入新的活力。容城县以刘因、杨继盛、孙奇逢等三位乡贤为核心，积极弘扬他们的事迹与精神，取得了良好的成效。当前，容城的三贤文化已成为容城县最重要的文化符号，也成为了雄安新区整体文化版图中的一块重要拼图。随着三贤文化的深入挖掘与弘扬，未来将在弘扬社会正气、和睦邻里、增进共识等方面发挥更大作用。同时，在容城未来的建设中，也应加大对现代乡贤的塑造，发挥乡贤参与乡村发展建设的作用，使乡贤文化成为新城镇发展的助推器。

## 三、北京朝阳区老旧厂房保护与利用

北京是全国文化中心，也是寸土寸金、土地供应紧张之地，但老旧厂房却是一片可待开发的蓝海。近年来，北京在老旧厂房保护与利用上探索出了新模式，出台了新政策，走在了全国的前列。目前，北京总计腾退出约2500万平方米老旧厂房，已经转型利用的老旧厂房占地601万平方米。[①] 全国文化产业发展看北京，北京文化产业发展重镇在朝阳。同样，在老旧厂房的保护与利用上，朝阳区也是其中的先行者和佼佼者。目前朝阳区已经改造利用老旧厂房的建筑规模达到281.7万平方米，建成了798、郎园、铜牛电影产业园、西店记忆等近60家老旧厂房改造的文创园区，

① 魏薇．北京转型改造工业遗存七百多万平方米，老旧厂房里的“文创梦”[N]. 人民日报，2018-06-08.

形成了老旧厂房华丽转身的“朝阳模式”。

### （一）朝阳区老旧厂房改造概况

朝阳区为什么会有这么多老旧厂房，当下为什么要推进老旧厂房的改造和利用？这还需要从它的历史说起。新中国成立以来，朝阳区的发展可简要地归纳为四个时期。一是工农并进时期（1949—1978 年）。这一时期朝阳区的区域功能定位是首都的近郊区，负责全市的粮油计划供应和收购工作，是首都的“菜篮子”“米袋子”。到了 20 世纪 50 年代初，随着我国国民经济第一个五年计划实施，北京市先后在八里庄、酒仙桥、垡头、双井等地分别建成了纺织、电子、化工、机械制造、汽车五大工业基地，朝阳区一跃成为了当时全国最大的商品焦炭生产厂和北京市商品煤气供应的主要基地。二是工业鼎盛时期（1979—20 世纪 90 年代中期）。这一时期区属工业迅速发展，到 1995 年，朝阳区全区工业总产值达到 24788 亿元，年利税总额 371 亿元，其中五大工业区的工业年产值就超过 247 亿元，全区工业发展到达巅峰时期。三是科技兴区时期（20 世纪 90 年代中期—20 世纪末）。伴随着中国纺织业的痛苦转型与深刻调整，其战略重心开始大转移，由沿海和大都市中心地区向中西部扩散和转移。在这样的大背景下，以传统纺织工业为代表的朝阳区工业布局也随之发生变化。北京棉纺织业按照工业布局新规划淡出了朝阳区，其他工业厂房也陆续腾退。为了适应转型的需求，朝阳区开始大力发展电子信息、现代制造等高科技产业，以及国际商务等高端服务业。四是科技与文化双轮驱动时期（2014 年以来）。进入新世纪以后，特别是 2005 年北京决定大力推进文化创意产业以后，朝阳区出台了一系列补贴、奖励、贷款贴息等政策，引导工业厂房转型升级，发展文化创意产业。

2014年7月31日，以北京市朝阳区CBD-定福庄一带为核心承载区的全国首个国家文化产业创新实验区成立，将全区文化创意产业的发展推向了新的高度。在实验区管委会的推动下，老旧厂房的改造加速推进，并联合中国传媒大学文化发展研究院、国内老旧厂房保护利用先进城市（城区），搭建起了全国性的、行业性的老旧厂房保护利用与城市文化发展协同发展平台，积极引领和推动全国的老旧工业厂房、仓储用房及相关工业设施的“腾笼换鸟”。

**（二）朝阳区老旧厂房改造的主要特征**

在朝阳区老旧厂房的改造中，存在如下特征。第一，在保护的基础上创新利用，注重保护工业建筑和特色遗存，赋予存量建筑新功能，激活老厂房的新价值。例如莱锦文化创意产业园，其原来是20世纪50年代初筹建的北京第二棉纺织厂。该厂是我国第一个采用国产设备、规模最大的棉纺织厂，是新中国工业建设的缩影。但进入20世纪90年代后，随着首都产业结构的调整，京城纺织厂陆续停产外迁。此时的京棉集团二分厂该何去何从，面临着艰难的抉择。经过反复的论证，最终国棉公司决定要打造一个保存着历史记忆的文化创意产业园区，让旧建筑延续新生命，老厂房中树立新产业。为保证定位目标的准确实施，国棉公司聘请了国际知名的日本设计大师隈研吾先生。身为主设计师，他在充分保留原有建筑特色的前提下，采用结构分割、天然采光、立体绿化等措施，充分保留了老厂房锯齿式屋顶的建筑特色，同时发挥利用天窗天光的独特价值，将京棉二厂的旧厂房改造成为了46栋300—5000平方米独栋花园式低密度工作室，满足了文化创意企业的办公要求，让老厂房焕发出了新的生命。

第二，基于创意阶层的工作生活需求，注重办公、休闲、公共艺术等多元空间塑造，同时推动与周边社区融合，构建复合型、开放性的创意综合体。例如郎园 Vintage，其前身为北京万东医疗设备厂，建筑规模 2.9 万平方米，2009 年老工厂腾退以后，由首创置业接手进行旧工业遗址资源的保护与提升，改造为郎园文化创意产业园。从 2010 开始运营至今已有 8 年多，郎园 Vintage 已成为一处以“创意办公 + 体验式商业 + 艺展中心 + 设计型餐厅”为主要业态，同时涵盖多个孵化器 + 联合办公、多个高端定制设计品牌，以及丰富的文化艺术活动、品牌发布和社群活动等多元内容，集创意、时尚、人文、艺术、美食等多种元素于一体的文化创意产业园。

第三，综合区域位置、企业资源、人脉资源等，进行园区定位和招商引智，前期核心是通过招引名企、名家、品牌活动，快速扩大影响，降低出租压力。例如 751D · PARK 北京时尚设计广场，其园区原为北京正东电子动力集团有限公司（原 751 厂）下属煤气厂，始建于 20 世纪 50 年代，是我国“一五”期间重点建设的 157 个大型骨干企业之一。园区改造后，以吸引中国服装设计师协会入驻为重心，快速聚集了一批中国著名服装设计师、艺术家，如中国高级时装定制第一人郭培、知名时装设计师王玉涛、邹游，著名音乐人小柯、解晓东、张亚东等，举办了佳能、奥迪、兰博基尼等国内外知名品牌的发布及庆典活动。通过这些名人招引与活动举办，快速提升了园区的知名度和影响力。

第四，目前改造的文创园区收入主要有三大形式：瓦片经济（租金）、服务经济（物业费、增值服务费等）、战略经济（股权投资、品牌输出、管理输出、标准制定等），但目前主要还是以第一种形式为主。例如铜牛电影产业园原是北京铜牛京纺物资公司库房，总建筑面积约为 2.5 万平方米。产业园始终坚持做“国内最专业的电影产业园”，建立以“一站式”服务为原始支点的全产业链电影产业集群，目前出租率达到100%，入驻相关企业50余家。虽然电影行业的全产业链已在园区初步形成，已具备了整部电影的出品能力，但是在服务经济和战略经济层面的收益还不明显。

第五，文创园区基于特色定位，积极塑造较高识别度的品牌和项目，包括特色景观、艺术氛围、产业门类、标志建筑和服务平台等。塞隆文化产业园就是其中典型的例子。园区前身为北京胜利建材水泥库，曾是亚洲最大的水泥筒仓群和粉料仓储基地，先后承担了1990年北京亚运会场馆、2008年北京奥运会场馆建设等重大项目的水泥料储存的任务。当时随着水泥的供应量加大，工厂做了32个筒仓，后发展至46个。如何在改造中处理好这些筒仓？园区创新利用筒仓的独特性，将所有的筒仓“两大夹一小”成规模呈现，即按照两个大仓筒夹一个小仓筒的方式排列，形成绵延500米长的筒仓群带，形成极具震撼力的视觉效果，也成为了园区最具识别度的特色标志。

### （三）朝阳区老旧厂房保护与利用评析

整体而言，朝阳区老旧厂房保护与利用取得了一系列成绩，成为了城市更新的重要探索和新型城镇建设的重要路径。但是从更高的期望来看，未来还有许多可以提升之处。

第一，推进园区内业态的调整。未来应积极构建文创生态网络，推进各个园区主题化业态调整，逐步实现园区间的差异化和业态互补。鼓励园区在空间使用上突破物理空间限制，积极对接周边办公区域，鼓励园区空间的使用性质从办公租赁向消费体验、娱乐休闲、教育培训、餐饮等多功能转化，增加公共文化服务的空间面积占比。积极配合非首都功能疏解工作，推动非核心、低端型企业的腾退，更多吸引总部型、科研型、创新型、国家化企业入驻，着力发展数字创意、高端制造等高端产业，推进入驻企业的转型升级。

第二，推动园区运营的迭代发展。着力改变园区仍以收取租金和提供物业配套的初级服务为主的现状，引导园区提供更多的产业服务和增值服务，例如文创企业金融服务平台、文创产品及品牌推广平台、文化交流平台等，并且重点强化产业的培育与孵化功能。同时在园区中积极推广“共享办公”模式，鼓励园区建立共享办公空间，降低园区内文化企业的办公租赁成本。引导和支持建立一批共享空间，为园区内的企业提供交流和合作平台，营造共享办公的社群交流氛围。

第三，建设数字化智能型实验区。完善新一代信息技术（物联网、云计算等）、计算机仿真技术（VR 等）以及人工智能技术等新科技在园区基础设施建设和生活中的应用，用新科技推动园区内的资源共享和管理。推动全面数字化，推进无线互联网（Wi-Fi）全覆盖和第五代移动通信网络（5G）的应用，缔造一个信息和创意可以自由流动的数字世界，实现知识与内容更大范围的开放与共享，推进“U（ubiquitous）式工作”，以人为本，让创新创业者可以在园区内随时、随地、随性地工作学习，真正实现老旧厂房保护与利用的与时俱进。

第四，总结模式，提升引领和示范力。充分利用工业化过程中遗留下的老旧工业厂房、仓库等设施，加强工业遗产的保护利用和改造升级，发展文化创意、科技研发等高附加值产业，并积极总结出一套具有可复制、能推广的发展经验、发展模式、政策架构、服务体系等，逐步向全国辐射和拓展，为将朝阳区打造成为全国文化创意产业引领区提供战略支撑。

# 第四章　新型城镇公共文化服务建设研究

## 第一节　公共文化服务与新型城镇的关系

“十三五”时期是中国现代化建设进程中的关键时期，是推动经济提质增效与促进社会可持续发展的战略攻坚期，是实现全面建成小康社会和“第一个百年目标”（1921—2021 年）的最后冲刺期。在此期间，稳妥、扎实、有序地推进以人为本的新型城镇化，是加快产业结构转型升级的重要抓手；而建设现代公共文化服务体系，是弘扬社会主义核心价值观、增强发展凝聚力与向心力的根本保障。二者的协同统筹建设与发展，是事关亿万人民福祉的国家工程，是新时代下解决我国社会主义发展主要矛盾的重要渠道。

新型城镇化对公共文化服务体系建设起着重要的促进作用。城镇化建设作为新时期我国重要的发展规划，必将从经济、文化、科技和社会建设等方面带来质变和飞跃，也将对我国进行现代化公共文化服务体系建设带来前所未有的机遇。首先，优质公共服务是增强新型城镇承载力、集聚力和吸引力，打造宜居宜业可持续发展现代化新城的重要基础。公共文化服务是公共服务的重要组成部分，建设现代公共文化服务体系，对丰富城镇人民群众精神文化生活，传承中华优秀传统文化，弘扬社会主义核心价值观，助推新型城镇高质量可持续发展具有重大意义。在新型城镇化进程中，将有2亿左右的农村人口转换身份成为城镇居民，给中国经济发展带来巨大的内需潜能。以政府为指引、社会力量积极参与的多元城镇建设主体将会不断地改善和更新公共文化基础设施和公共文化产品建设，推动形成融合新科技、符合新时代的公共文化服务现代化网络。其次，新型城镇化的快速发展，有利于推进公共文化服务建设均等化水平。在新型城镇化进程中，许多农村居民将转变为城镇居民，城乡公共文化服务差距将逐步缩小，更多人能够享受到公平均等的公共文化服务。

## 一、公共文化服务体系简析

公共文化服务体系建设是新型城镇建设过程中的题中之义。首先，公共文化服务体系建设是国家和政府寻求文化治理方面的有效途径，有助于在城镇化转型过程中实现社会治理体系现代化的目的。其次，公共文化服务体系是新型城镇化切实满足人民美好生活需求的文化保障。在新型城镇化进程中，人民对社会的需求不仅局限于物质经济层面的，文化层面的需求同样与日俱增。要使人民群众切实享受到公共文化服务的产品、设施及服务，就要在新型城镇化进程中不断构建与完善现代化公共文化服务体系。

### （一）公共文化服务内涵

根据《中华人民共和国公共文化服务保障法》第二条，公共文化服务是指由政府主导、社会力量参与，以满足公民基本文化需求为主要目的而提供的公共文化设施、文化产品、文化活动及其他相关服务。[①]《国家基本公共文化服务指导标准（2015—2020年）》具体指出，我国基本公共文化服务项目包括读书看报、收听广播、观看电视、观赏电影、送地方戏、设施开放及文体活动；硬件设施包括文化设施、广电设施、体育设施、流动设施、辅助设施；其人员配备标准主要包括人员编制和业务培训两个方面。[②]公共文化服务通常具有非竞争性和非排他性的典型公共产品特征，服务对象是全体国民，其大部分内容关系到经济社会发展和国民素质的提高，是国家的一项基础性投资。

### （二）现代公共文化服务体系构成

公共文化服务体系是政府主导、社会参与形成的以满足人民群众基本文化需求，保障公民基本文化权益为目的，向公民提供的各种公益性的设施、产品和服务及与之相适应的制度体系的总和。国家将公共文化服务体系概括为公共文化设施网络覆盖体系、公共文化产品和服务供给体系、公共文化服务组织支撑体系、公共文化服务配套保障体系、公共文化法律法规体系五大体系。

第一，公共文化设施网络覆盖体系。公共文化设施是保障人民群众基本文化享受权、参与权、创造权、展示权的基础，也是部分文化享受权实现的基础，是开展公共文化服务的基本硬件和前提条件。基础文化设施是基本公共文化服务实现其价值的首要载体，要走在其他要素建设的前面。在数字网络背景下，公共文

① 中国人大网．中华人民共和国公共文化服务保障法 [EB/OL].（2016-12-25）[2018-06-20]. http：//www.npc.gov.cn/npc/xinwen/2016-12/25/content_2004880.htm .

② 中国政府网．国家基本公共文化服务指导标准 [EB/OL].（2011-01-14）[2018-06-20]. http：//www.gov.cn/xinwen/2015-01/14/content_2804250.htm .

化设施的建设要注意突出层级性、智能性和效能性，因为当前文化消费者主要是通过手机等移动终端进行消费，所以设施建设也应与时俱进，根据新时期人们的需求进行科学合理的调整。同时，在功能性城镇转向文化性城镇的大趋势下，文化设施建设需有大局观，一些核心的文化设施应该建成为城市的地标，彰显出一个城市的文化特色与气质。

第二，公共文化产品和服务供给体系。随着我国社会主要矛盾的转变，人民对公共文化服务供给的数量与品质提出了更高的要求，需要生产出更多的文化产品来满足人们对美好生活的期待。过去公共文化服务供给主体主要是政府部门与事业单位，单一的供给主体限制了公共服务的数量、质量与效能。因此，在建设现代公共文化服务体系的新时期，政府是公共文化产品和服务的主要承担者，但不是唯一的供给者。政府需要有意识地把“总量型”需求管理和“结构型”供给管理相互结合，确定“理性供给管理”的数量和质量标准，然后以市场机制为杠杆，通过多种方式调动公共部门、私人部门、社会组织参与，在竞争中完成文化产品和服务的有效供给。通过文化立法、市场监管等基本手段，让不同主体根据群众的文化需求，通过市场竞争在不同环节上发挥自己的能量，逐渐构建起多元主体的公共文化服务供给体系。

第三，公共文化服务组织支撑体系。完善公共文化管理体制和运行机制是保障公共文化服务组织实施的基础与前提。一方面要加大大部制改革步伐，通过制定相关法律和制度规范，明晰政府和各个文化事业单位部门具体的权力和责任，明确制定文化管理程序和职责，理顺明晰文化管理运行机制。同时，文化管理体制机制的改革完善要从实际出发，与目前经济体制相适应，加快完善文化管理体制，将政府职责从“管办人”转为“协调者”，为公共文化管理营造宽松的动态成长的外部环境。另一方面，加强社会组织建设，充分发挥文化志愿者的智慧力量，调动群众参与积极性。

第四，公共文化服务配套保障体系。资金、人才、技术等保障体系的建立完善是推动公共文化产品与服务切实发挥实际效用的重要保障。其中，稳定的资金投入是保障公共文化服务体系运行的坚实后盾。政府等行政部门作为主要的资金渠道，需要通过一般财政预算、补贴等形式为公共文化服务提供建设资金；公共文化人才队伍是根本支撑，各地都需要大力培养一支专业化程度高、文化素养高的复合型文化人才队伍；基于数字网络的科学技术是重要动力，能够使公共文化服务的内容更贴切人民群众的需求，更符合人民群众的需要。

第五，公共文化法律法规体系。科学合理、执行有效的法律制度体系是公共文化服务建设科学化的需要，也是公共文化服务常态化和制度化的保证。一切社会政治经济文化活动都要在法律制度的规范下进行，严格依法办事。法律制度的生命力在于其符合社会发展需要，法律制度的有效性很大程度上在于其执行力度。另一方面，还必须有一套完善可靠的制度执行机制，而执行与否还在很大程度上取决于法律制度是否适应当时当地社会发展的实际。公共文化服务体系建设中要根据政治、经济、社会和文化的发展变化，不断制定与完善相关的法律法规与制度。

## 二、新型城镇构建公共文化服务体系的意义

第一，构建公共文化服务体系是落实新型城镇化“以人为本”

的核心精神，保障人民群众基本公共文化权益，提高城镇居民素质与幸福感的必然要求。以人为本的新型城镇化，其根本旨向是要以实现人的全面发展为目标，不断满足人民群众美好生活中的文化需要，让发展的成果惠及全体人民。因此，新型城镇化在实现户籍改革、财政改革、经济发展的同时，更要关注文化民生，构建起覆盖城乡、便捷高效、保基本、促公平的现代公共文化服务体系。通过深入研究新型城镇化进程中人民的文化需求新特点与趋势，为广大公民提供多样的文化生活和健康向上的精神食粮，提高城镇居民的文化素质和幸福感。

第二，构建公共文化服务体系是抢占新型城镇思想文化阵地，传播社会主义先进文化，增强发展凝聚力与向心力，促进社会和谐与稳定的强大保障。社会主义先进文化是新时代中国特色社会主义的精神支柱，是形成全民族奋发向上的精神力量和团结和睦的精神纽带。现代化、城镇化的进程对传统的生活方式和价值观念带来了颠覆性的改变，如果缺乏必要的价值引导和文化服务活动，转变身份的“新市民”对城市生活易产生严重的边缘感和疏离感。因此，在新型城镇化中，要充分发挥公益性文化设施服务等在人民群众中潜移默化的熏陶影响作用，深化文化事业“文以化人”等功能和作用，坚定在社会主义先进文化指导下推动现代化公共文化服务体系建设，为新型城镇的壮大提供强大的精神动力支撑。

第三，构建公共文化服务体系是传承历史文脉，丰富发展内涵，塑造新型城镇特色和提升文化软实力的重要举措。新型城镇化的实质是人口和生产要素的集中过程，它不仅是物质层面“破旧立新”的发展过程，更是城市文化价值凝练的萃取过程和城市文化特色升华的推演过程，是文化基因的传承、文化记忆的存留和文化历史的延续。[①] 公共文化服务是城市文化建设的重要内容和载体，是衡量一个城市是否有文化、有温度、有内涵的重要支撑。在新型城镇建设发展进程中，应从文化基础设施、文化特色活动、文化精神风貌等角度出发，发掘城镇文化资源，强化文化传承创新，将城镇建设为风格独树一帜、能代表和体现当地历史文化传统的新型美丽城镇。

## 第二节　城镇化进程中公共文化服务的机遇与困境

### 一、公共文化服务的战略机遇

新型城镇化是推进全面建成小康社会的重要一步，其中蕴藏着发展的大机遇。对建设现代公共文化服务体系而言，机遇主要体现在以下四个方面。

第一，新型城镇化中促进城乡一体化和区域协调共建共享，将有利于完善我国公共文化服务的整体布局，形成均衡协调的发展格局。改革开放以来，由于经济发展水平不均衡，国内各个地区间发展不平衡，导致我国公共文化服务地区间、人群间的差距仍然较大，公共文化服务均等化水平较国外发达国家仍有较大差距。随着国力的提升，让全体公民都能公平地获得大致均等的基

① 范周．赋予新型城镇化以文化内涵 [RB\OL].（2013-10-16）[2018-06-20]. http：//theory.people.com.cn/n/2013/1016/c40531-23224577.html.

本公共文化服务成了当务之急。要以基层以西部不发达地区为重点，提升基本公共文化服务均等化水平。李克强总理也提出：在“十三五”时期，新型城镇化基础建设的重点要向中西部倾斜，做大做强中西部中小城市和县城，提升人口承载能力，逐步减少大规模人口“候鸟式”迁徙。[①] 这些新型城镇化的战略部署，无疑为公共文化服务均等化带来了机遇。文化部门应积极借势，核心是要加强“基本公共文化服务保障标准”建设和确立“新型城镇文化发展指标”。保障标准就是要统一规范、定下刚性要求、推进标准化，明确各级政府负责提供什么服务，服务到什么水平，怎样来保障。“新型城镇文化发展指标”就是要建立一套文化发展衡量指标体系，确定统计和考量口径，从而便于对城镇文化发展的整体把握和宏观管理。

第二，智慧新城镇的建设，将有助于推进文化与科技的融合，使公共文化服务的产品形态、服务形式和传播状态更满足人的需求。云计算、物联网、人工智能等新技术的应用，正深刻地改变着群众对基本公共文化服务的需求方式，数字化、移动化的内容正成为热潮。国家新型城镇化规划中提出，要推动建设“智慧城市”，利用信息技术，创新发展城市公共文化服务模式，推动其改革创新、开放共享。因此，要抓住智慧城市的发展机遇，以科技为加持建设现代公共文化服务体系。从当前看，可从三个方面着力：一是结合智慧城市、数字文化产业、人工智能建设、海绵城市等国家重大信息工程建设，加强公共文化机构信息化设备配

① 摘自李克强在2014年9月16日主持召开的“推进新型城镇化建设试点工作座谈会”上的讲话。

置和软件更新，不断加大公共文化资源信息透明度与公开共享度，建设按需供给、动态成长的智能公共数字文化供给端和服务端；二是推动博物馆、公共图书馆、美术馆、文化馆（站）等对馆藏产品进行数字化加工，实现馆藏资源数字化。三是鼓励更多社会主体提供丰富多样的数字公共文化产品与服务。

第三，新型城镇化建设引发的体制机制改革、政府职能转变，将为公共文化服务体制转变带来重大契机。公益性、基本性、均等性、便利性是现代化公共文化服务体系的重要特征。要坚持社会参与、发挥人民群众的积极性。然而受意识形态的影响和体制机制的束缚，过去很长一段时间，公共文化服务具有很强的计划性、封闭性。例如政府以资源导向、本位导向布局文化设施和提供文化服务，而人民群众真正的文化需求却缺少有效的反馈渠道和途径，常常造成“供非所需、需无所供”的困局。同时，建设主体单一，没有建立起国家、市场、社会和群众自我等主体间的良性互动机制，制约了文化服务的发展。新型城镇化建设过程，实质上也是一场体制机制改革的过程。一是与过去不同，新型城镇化强调“市场在资源配置中起决定作用”，通过简政放权、深化改革，积极鼓励各种社会力量的参与；二是改革具有系统性，将涉及人口管理、土地管理、资金管理、住房建设、生态环境保护、组织协调机制等一系列的改革。这种重大而全面的改革进程，将为文化服务体制机制的改革提供助力。首先，文化服务部门可以依托流动人口居住证制度，充分掌握流动人口的基本信息和文化需求情况，提供有针对性、导向性的公共文化服务；其次，拓展文化服务社会化范围，通过政企合作、PPP、BOO、BOT 等多元方式，鼓励社会多元主体参与，创造共建共享的生动局面。再次，将公共服务考评结果纳入各地政府和文化部门的政绩考核体系中，并实施严格的责任追究机制，提高各级政府的重视程度。

第四，乡村振兴战略为新型城镇构建公共文化服务体系带来政策福利。乡村振兴的核心是产业振兴，关键是城乡要素自由流动。新型城镇化最根本的作用就是促进城乡产业融合，直接结果就是实现城乡产业要素自由流动。因此，从这个层面来看，乡村振兴战略与新型城镇化的最终目的都是为了缩小城乡差距，实现全面建成小康社会。正如习近平总书记所指出的："城镇化要发展，农业现代化和新农村建设也要发展，同步发展才能相得益彰。"无论是乡村振兴还是新型城镇化，其主要核心要义都是以人为本，在城镇与乡村经济发展满足人民物质生活需求的同时，能否真正满足人民的精神文化需求才是衡量一个地区发展软实力的重要指标，而公共文化服务就是一个地区文化软实力体现的重要支撑。因此，在新型城镇发展的过程中，借助乡村振兴战略的政策红利，大力推进现代化公共文化服务体系的建设是坚持以人文本、文化先行的必然举措。

## 二、公共文化服务的现实困境

新型城镇化是中国现代化发展进程中具有全局性、战略性的重大布局。它既为构建现代公共文化服务体系带来了机遇，同时也提出了发展挑战。从当前公共文化服务发展的挑战来看，一是目前亟须解决的老问题，二是伴随着新型城镇化而来的新挑战。

第一，政府主体责任不明晰。对于公共文化服务而言，政府无疑是提供服务的主体。然而在实际执行中，由于缺少标准的刚性约束，政府在文化服务供给中并没有清晰的尺度，随意性比较大。一些城镇，因为经济发达、党政领导对文化工作比较重视，其投入就较大，文化服务就做得较好；而一些城镇，领导认为文化建设投入多、周期长，不如抓经济发展和社会稳定那样利于政绩体现，因此常是“说来重要、干来次要、忙来不要”。

第二，财政投入缺乏硬指标。尽管《中共中央关于深化文化体制改革推动社会主义文化大发展大繁荣若干重大问题的决定》中提出要“保证公共财政对文化建设投入的增长幅度高于财政经常性收入增长幅度”，《国家“十三五”时期文化改革发展规划纲要》提出“完善公共财政文化投入机制，多渠道筹措资金支持文化发展改革”“加大政府性基金与一般公共预算的统筹力度”，但它们提的都是一个模糊或者相对的概念，没有刚性、量化的指标，操作起来具有一定的随意性。

第三，人员和队伍建设不足。高素质的人才队伍是提升基本公共服务的重要保障，但由于各级地方政府对文化重视程度不一，以及上级文化局对下一级文化局人员缺少人事权，这直接导致基层服务人员的配置、素质和管理达不到服务需求。在城镇建设初始时期，农村地区文化人才队伍极度匮乏。一方面，乡村精英流失严重使得农村空心化，村庄逐步萎缩的现象迫在眉睫，大批青壮年离开农村，农村文化建设缺乏高学历、高知识人才。另一方面，留守在农村的基层群众干部、文化建设者受教育程度较低，缺乏创新意识，还有一批基层干部重经济轻文化观念严重，对文化建设重视程度不足。面对这一情况，培育和建设高素质人才队伍是解决新型城镇公共文化服务问题的根本。

第四，供给与需求的严重错位。由于基础公共文化服务资金主要依靠国家财政投入，而群众真正的文化需求缺少有效的反馈渠道和途径。因此，当前文化服务的产品和内容往往由行政主管部门决定，而且服务信息传播又不够，这就常常造成“供非所需、需无所供”的尴尬局面，严重影响文化服务效率和效能。例如，许多文化设施虽然设备配齐，但利用率却不高，究其原因是农村劳动力大部分外出务工，农村常年是老人、学龄儿童和部分丧失劳动力的人员驻留在家，他们因文化程度普遍不高，最喜欢的是在家看电视和参加喜闻乐见的当地文娱活动。

第五，考核和评价体系缺乏。虽然国家相关规划或决定提出了“明确服务规范，加强绩效评估考核”“加强对市县级政府的绩效评价和监督问责”，但实际执行中，一直缺少科学、统一、权威的指标和衡量的标准，并且没有纳入政府领导的考核内容。因此，相对于经济、社会、就业等事务，文化服务就很难引起地方政府的重视，造成地方基本公共文化服务发展的迟滞。

## 三、公共文化服务的政策导向

面对我国公共文化服务础设施薄弱、服务效能较低、城乡发展不均衡等问题仍然存在的现状，中共中央办公厅、国务院办公厅于 2015 年 1 月 14 日印发《关于加快构建现代公共文化服务体系的意见》，这是党和国家保障人民公共文化权益坚定意志的体现，是指导我国未来一段时期现代公共文化服务体系建设的纲领性文件，也是我国新型城镇文化服务建设中的基本政策导向。该意见是在中央正式提出“现代公共文化服务体系”之后的首个政策文件，在全面总结过去经验的基础上，为构建现代公共文化服务体系、改善文化民生提出了新导向和新要求。

第一，在服务宗旨上，彰显人民性。在公共文化服务建设中，要坚持以人民为中心的工作导向，以社会主义核心价值观为引领，从人民群众的文化需求出发，切实保障人民的基本文化权益。为了谁的问题，是构建现代公共文化服务体系的首要问题和价值基础。在过去很长一段时间，受意识形态和计划经济的影响，公共文化服务更多是政府本位、资源本位，缺少以人民群众为中心的意识，缺少深入细致地了解他们文化需求的主动性，这从根源上导致了供需错位、服务效能不高等现象，也导致社会主义核心价值观难以在人民群众中广开阵地。这必然要求在未来发展中，切实将全心全意为人民服务贯穿到公共文化服务建设的始终，真正实现文化发展为了人民、文化发展依靠人民，文化成果由人民共享。

第二，在服务对象上，彰显普惠性。要通过均等化和标准化建设，保基本、促公平，确保公共文化服务能惠及全体人民。改革开放以来，我国公共文化服务在地区间、城乡间和不同群体间的差距日益拉大，严重影响了文化惠民的效果。随着国力的提升，消弭鸿沟、推进公共文化服务的均等化成为当务之急。所谓均等化，就是在立足于现有国情基础之上，让全体公民都能公平地获得大致均等的基本公共文化服务，而标准化是实现均等化的重要路径，离开了标准化，均等化就没有尺度，失去了准绳。要推动均等化和标准化，重点是要“反弹琵琶”，服务重心要向中西部倾斜、向农村倾斜、向弱势群体倾斜，在普惠中有特惠，在支持中有侧重。

第三，在服务主体上，彰显开放性。要促进公共文化服务社会化，鼓励企业、社会组织和基层群众等主体参与，创造共建共享共治的生动局面。从事业体制向现代服务体制转型是我国公共文化体系建设的重要任务。这意味着要改变政府大包大揽的传统模式，建起国家、市场、社会和群众自我等主体间的良性互动机制。特别是要通过政府购买、项目补贴、定向资助等方式，大力推进社会力量的参与，形成竞争机制，丰富文化产品和服务；同时要创造条件鼓励非营利机构、志愿者、群众自我等主体的积极性，让更多力量加入文化建设中来，推动形成现代公共文化服务共建共享共治的格局。

第四，在服务内容与形式上，彰显时代性。要以为人民群众提供便利高效的服务为方向，推动公共文化服务与科技融合，丰富服务内容、服务渠道和服务形式。移动互联、云计算、物联网、大数据等新型信息技术的应用，正深刻地改变着人民群众对基本公共文化服务的需求方式，以数字为载体、以网络为渠道的内容服务正成为热潮。这就要求政府顺应形势，为人民群众提供更快捷、丰富的数字文化资源服务，生产和供给符合时代精神、为公众喜闻乐见的优秀公共文化产品。例如搭建统一公共数字文化服务平台，构建覆盖城乡、互联互通、便捷高效的公共数字文化服务网络，提供具有地域特色的“公共文化服务包”等，都是具有时代特点的重要安排。

第五，在服务管理与运营上，彰显创新性。要以推动文化立法为基础，以整合资源、统筹推进为重点，畅通供需对接渠道，探索群众参与式管理，提升文化服务效能。法治化是国家治理体系现代化的核心，当前我国公共文化服务管理正处于以政策指令为主向法治规范为主的转型过程中，这需要国家通过法律，明确政府职责，保障公众的基本文化权益；同时，在运营上，必须创新思维，例如建立公共文化服务体系和协调机制，加大公益性文化事业单位的改革力度、创新基层公共文化管理机制等，切实提升服务的效率和效能。

## 四、公共文化服务需创新突破

创新是发展的第一动力，不仅是新型城镇发展的动力所在，也是公共文化服务建设的应有之义。必须以创新发展作为新型城镇的公共文化服务建设的第一要义。这就要求在新型城镇公共文化服务建设布局过程中以创新驱动、按需供给为引领，全面推动公共文化服务社会化，实现公共文化服务在新型城镇全场景覆盖、文化产业在公共文化服务中全业态供给、文化资源在城市建设中全要素流动，推进新城镇现代化公共文化服务体系形成。

### （一）创新公共文化服务供给体系

首先，坚持外联与内生并重，着力推动新型城镇优质文化产品和服务的生产供给，满足居民多样化、个性化、品质化的文化需求。一方面，大力引入国内外优质文化资源，积极吸引国内外各类文化艺术机构落户该城镇，实现新型城镇公共文化服务高起点发展。另一方面，深入挖掘新型城镇本地的文化资源、加快本地文化内生动力，不断通过创新政策环境、提供财税支持等大力培育文化创意企业和文化类社会组织，丰富文化产品和服务生产主体。

其次，高度重视数字文化基础设施建设。新型城镇的建设要区别于普通城镇的建设方法，在海绵城市、智慧城市建设的背景下，众多前沿信息基础设施及应用将在新型城镇率先全面布局。作为公共服务的重要内容之一，新型城镇的公共文化基础设施建设应顺应智慧物联科技发展趋势，充分抓住第四次工业革命的科技红利，重视数字基础设施的硬件建设，重视大数据、5G、物联网、云计算、人工智能、虚拟现实等新一代信息技术的研发和应用，为未来提供多样化、多载体、多形态、多渠道、多方式的公共文化服务和产品。

此外，建立公共文化服务场景端与公共文化服务数字端两端全覆盖的公共文化设施体系，为不同年龄、不同群体的居民提供公共阅览、文物博览、艺术鉴赏、科普教育、艺术培训、文化娱乐、视听服务、群众文艺等线上线下的优质公共文化产品和服务。保障公共图书馆、博物馆、文化馆等各类公共文化设施免费向居民开放的同时提供多语种无障碍智能化服务。

### （二）创新公共文化服务供给方式

实现居民"自主选择、按需供给"。基于居民个人数据账户建立"文化消费卡"，鼓励居民在各类公共文化机构、经营性文化艺术机构进行文化消费。对居民进行文化消费补贴，根据文化产品和服务的提供主体、提供内容执行不同额度的补贴优惠，将文化价值引领与按需供给相结合，将公共文化服务与文化消费相结合，实现公共文化服务的精准化，切实增强新型城镇居民的文化获得感。全面推动政府向社会力量购买公共文化服务，实现"能买即买"，鼓励各类社会主体提供丰富优质的公共文化。

着力打造社区文化生活圈，大力推动社区企业、事业单位、居民成立文艺团体，推动社区居民自我服务。搭建社区文化活动平台，培育社区文化品牌建设，鼓励和支持社区形成"一区一品"的特色文化，形成"人人参与文化、人人享受文化、人人创造文化"的社区文化发展格局。

### （三）创新公共文化服务运行管理

在现代公共文化服务的运营管理模式上，建议采用多元主体参与、现代网络治理、协同开放的模式，取代传统自上而下单向度的科层制管理模式，以进一步提升服务效率，提高治理水平。

第一，引入公共文化网络治理模式，形成共给共治、协商合作的结构格局。相比传统科层管理模式，网络治理模式对多元群体的公共文化需求和内在诉求更具包容性和响应性，更强调社会力量的参与协作，更适应网络信息化时代的技术应用。要打造新型城镇的公共文化服务改革先行区，建议在治理模式上引入网络治理模式，有效转换政府职能，将企业、社会组织、公民纳入公共文化服务供给主体范畴，同时提升多元主体在公共文化服务中的表达权、选择权、使用权和评价权，从而提升社会公众的参与度和满意度。

第二，打造公共文化内容配送平台，有效整合服务项目资源。为保障与硬件设施相适应的公共文化内容供给，在新型城镇公共文化服务建设过程中，有必要建立一个枢纽型的公共文化内容配送平台，上承教育、出版、影视、文艺、民俗、科普等公共文化服务供给端，下接市、区（县）、街（镇）、社区四级公共文化服务需求端，有效整合优质文化资源和服务，优化各级联动机制。

第三，推进社会化运作，全面提升公共文化服务的专业化水平。在构建现代公共文化体系的总体任务中，政企合作共建公共文化服务是其中的重要内容之一。一方面需要进一步调整政府和社会的关系，促使两者形成良性互补，使政府和社会的权力责任边界清晰明了，形成体制内事业单位与体制外社会力量的竞合关系。另一方面要进一步完善公共文化服务招标采购制度，建立健全群众文化需求的表达机制；同时还应鼓励扶持文化类社会组织发展，使其具有更加规范的治理结构和管理运行能力。在公共文化基础设施和服务产品供给上引入 PPP 模式，同时积极调动社会民间资本，提高项目开发和运营能力。积极借鉴现行 PPP 模式的经验，加强制度协同性建设，强化政府和社会资本的平等协商和契约合作精神，保障国家和社会资本在公共文化建设项目中的有效使用、合理分配和投资回报。

**链接：PPP 与公共文化服务项目建设**

PPP 模式（Public-Private-Partnership）是指政府部门和私营资本在基础设施及公共服务领域建立起的一种“利益共享、风险共担、全程合作”的利益共同体关系。对新区文化建设而言，积极采用 PPP 模式，吸引私营资本进入，具有重要意义。

（1）PPP 模式下新型城镇的主要职能。PPP 典型运营结构为：政府部门或地方政府通过特许经营权招标等形式，与中标单位组成特殊目的公司（SPV，一般是由政府法人代表、中标运营企业、战略投资者等组成，通常为股份制公司），然后由特殊目的公司负责筹资、建设及经营，并通过运营中的“使用者付费”、政府补贴或者周边商务等形式，获得合理的投资回报。因此，在 PPP 模式下，新区的主要职责是强化公共文化的整体规划、吸引私营资本合作，然后负责进行协议条款制定、设施和服务质量监督、服务价格监管等工作，在保障运营商合理收益的基础上，实现社会公共效益的最大化（见图 4-1）。

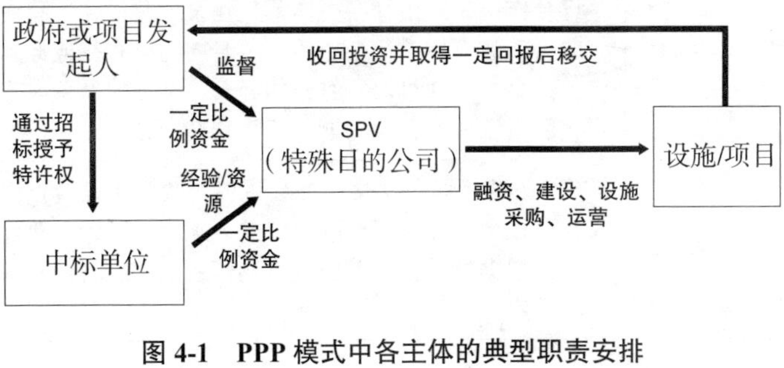


**图 4-1　PPP 模式中各主体的典型职责安排**

（2）创新私营资本参与的PPP类型。依照世界银行对PPP的分类，根据企业介入程度由低到高将PPP分为外包类、特许经营和项目股权企业部分持有的三类业务形式。在具体的实施中，国际上目前流行的主要是五种合作形式，包括TOT（移交-运营-移交）、BTO（建设-移交-运营）、BOT/BOOT（建设-运营-移交/建设-运营-拥有-移交）、ROT（扩建/改建-运营-移交）、BOO（建设-拥有-运营）（见表4-1）。新区可以根据实际需要和各类型的优缺点，进行合理的选择。

**表4-1 PPP模式的五种主要类型**

| 类型 | 基本含义 |
| --- | --- |
| TOT | 移交-运营-移交：政府部门与社会资本签订协议，通过有偿或其他形式将公共设施运营权转交给社会力量，协议到期后，政府再无偿收回设施运营权。 |
| BTO | 建设-移交-运营：社会主体与政府签订合作协议，由社会主体筹资建设，设施完工后将所有权交予政府，政府再授予社会主体长期运营权；或者项目建成后，政府根据协议回购，然后再将公共设施的运营权授予社会力量。 |
| BOT/BOOT | 建设-运营（运营+拥有）-移交：社会主体与政府签订合作协议，由社会主体筹集建设公共设施，建设完成后，政府授予社会主体一定时期的所有权或经营权，社会主体通过对所有权的经营、设施的经营等方式收回投资成本，合同期满后再移交给政府。 |
| ROT | 扩建/改建-运营-移交：社会主体与政府签订合作协议，由社会主体筹集对既有公共设施进行扩建、改建等，并根据特许权对设施进行运营，期满后将设施移交给政府。 |

续表

| 类型 | 基本含义 |
| --- | --- |
| BOO | 建设–拥有–运营：社会主体与政府签订合作协议，由政府授予社会主体进行建设，社会主体将一直拥有该设施的所有权与运营权。 |

（3）PPP 模式下的具体策略设计。PPP 模式中，私营资本主要承担建设、运营、维护基础设施的大部分工作，并通过“使用者付费”及必要的“政府付费”获得合理投资回报。为了调动私营资本的积极性，让 PPP 模式有效运用到新型城镇的公共文化设施建设上，新型城镇需要在制度设计、回报渠道等方面进行积极创新。一是要评估公共文化设施的公益性程度，是纯公益还是准公益。例如公共图书馆基本是免费进入，而文化娱乐综合体则是收费服务，二者在产生经济效益方面的能力差异巨大，因此需要分别考虑。二是要评估实施 PPP 模式的经济性和可行性，如果综合成本更高、效率却较低，就没有必要强行推行 PPP 模式。三是要合理设计社会主体的回报方式。例如一些不存在“使用者付费”条件的设施，新型城镇可以通过“政府服务购买”的形式，支付项目建设与运营成本。同时，在招商引资的时候，要对企业进行评估，掌握其进入意图和运营能力，要研究企业的发展战略，考察其参与 PPP 的目的是为了盈利、现金流还是为了延长价值链条或履行企业社会价值；再则，要评估其综合实力，包括专业运营能力、资金筹措能力和资源整合能力等，考察其是否能够胜任建设与运营任务，从而确保 PPP 模式能顺利开展和持续运行。

### （五）创新公共文化服务保障机制

第一，加大财政支持力度，坚定政府主导和规范监督作用。让人民群众公平平等地享受基本公共文化服务是政府为人民服务的题中之义。新型城镇的现代公共文化服务体系建设，应该将现代化公共文化服务体系构建的最新理论成果贯穿于城镇化建设中，以物联网、人工智能等科技在公共文化服务建设中的最新应用为依托，将城镇的公共文化服务建设成有当地文化特色、满足人民群众文化需求的高效便捷的现代化公共文化服务体系。这就要求政府加大财政投入，通过采取专项拨款、转移支付、税费补贴等形式发挥好财政资金的杠杆效用和投资引导作用，支持新型城镇公共文化服务的建设和发展。同时要加大对公共文化服务社会化体系的规范监督，牢牢掌握公共宣传阵地的主导权。

第二，广纳优秀文化人才，重视专业人才和文化志愿者队伍建设。高质量的人才队伍建设是提升城市文化发展活力的重要前提之一。新型城镇的发展需要面向海内外广纳英才，积极培养和吸纳公共文化服务领域的技能型、管理型和复合型人才。另外，加强培养文化志愿者队伍，广泛团结文艺骨干，提供活动条件，充分调动群众文化热情和参与积极性，把志愿者队伍发展成为公共文化服务的受益者和生力军。

第三，有效应用前沿科技，构建公共文化服务数字化网络化体系。互联网时代的技术变革也带来了文化领域的颠覆式发展。从单体场馆建设到设施互联互通，从公共文化服务信息中心到移动终端软件开发，从公共文化服务的网络治理和智慧化应用到各类文化产品的数据库和云共享等，各个环节都要充分考虑对前沿信息科技的合理架构和有效应用，逐步构建具有科学性和引导性的公共文化服务数字化网络化体系，并形成具有参考性和建设性的行业示范标准。

## 第三节　新型城镇公共文化服务建设的五大要点

### 一、确保围绕以人为本展开建设

一个缺乏文化的城市就等于没有灵魂，就会失去吸引力。新型城镇化进程中，要有效防范和解决错误文化观念引发的、影响人们身心健康的个人主义、消费主义、享乐主义等问题，必须大力开展文化建设，不断满足人民群众日益增长的精神文化需求，以推动人的全面发展。[①] 简言之，文化建设应为城镇化提供价值体系和人文关怀。这就要求新型城镇化进程中的公共文化服务建设要以人为本，消除城乡差距，实现文化普惠；通过充分发挥人的主观能动作用，激发和调动群众参与建设和发展的积极主动性，实现全民共建共享；以城乡居民真实的文化需求为着手点，在激发群众参与的积极性前提下，真正让新型城镇的公共文化服务需求从群众中来，发展成果到群众中去。

### 二、合理布局公共文化设施网络

《国家新型城镇化规划（2014—2020 年）》中提出要推进城乡

① 程东金 . 城市文化：城镇化的灵魂 [J]. 文化纵横，2016（1）.

一体化建设，加快形成政府主导、覆盖城乡、可持续的基本公共服务体系，推进城乡基本公共服务均等化。因此，新型城镇化不仅将推动各种文化因素相互渗透，丰富城乡文化内涵，同时也将引发公共文化服务网络调整，进而为促进城乡基本公共文化服务均等化提供良好的契机。文化部门应积极借势，通过落实“基本公共文化服务保障标准”、加强城乡公共文化设施建设等措施，推进城乡公共文化服务网络的合理布局。

以雄安新区公共文化服务建设为例。雄安新区作为未来城市的样板区与示范区，应当充分考虑到我国当前公共文化服务需求，并能够对未来文化服务需求导向与趋势做出科学性的研判。这就要求雄安新区应当在数字网络环境下，构建以金字塔式三级公共文化服务设施体系为支撑，公共文化场景端和公共文化数字端全覆盖的立体设施网络格局。

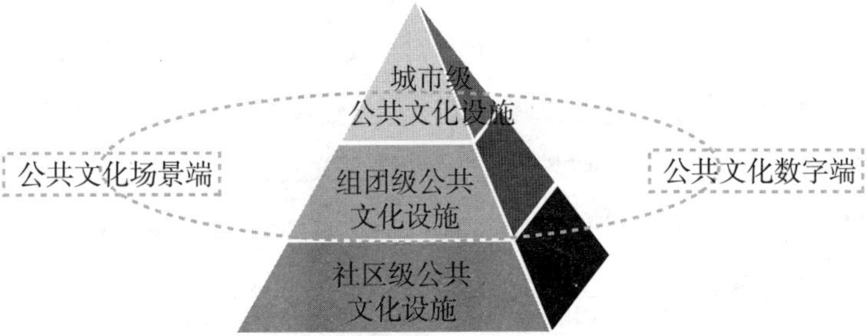


**图 4-2 “三级两端”示意图**

第一，金字塔式的三级公共文化服务设施体系。按照不同级别规模和服务半径，在雄安新区的起步区建设“城市—组团—社区”三级公共文化服务设施体系：（1）城市级文化设施：服务人口 150 万—250 万人，以新区居民及外来游客为主要服务对象，能代表和体现城市文化特质的大型文化设施，主要承担国际文化交往功能，承办国内大型文化活动，积极打造城市文化地标、雄安文化艺术思想的策源地；（2）组团级文化设施：服务人口30万人，以组团居民为主要服务对象，能代表和体现各组团文化特色的中小型文化设施，承担区域综合文化服务功能，发挥区域文化枢纽作用；（3）社区级文化设施（包括15分钟生活圈级、5分钟生活圈级两级设施）。15分钟生活圈级文化活动中心服务人口3万—5万人，服务半径约1000米，为社区居民服务的中小型综合文化设施；5分钟生活圈级文化站服务人口0.8万—1.2万人，服务半径约300米，满足社区居民就近开展文化活动的小型便民文化设施。

第二，公共文化场景端和公共文化数字端两端全覆盖。按照应用情景不同，建设公共文化场景端和公共文化数字端，构建“全域、全时、全龄”的现代公共文化服务体系。一是公共文化场景端：除三级公共文化设施体系之外，在交通站点、广场、公园绿地、健身廊道、商业体、地下空间等城市空间设置公共文化场地和设备，建设漂流书屋、流动美术馆、流动科普屋等公共文化设施，在城市全域空间营造文化场景，提供阅读、艺术展览、科普教育等文化服务（见表4-2）。二是公共文化数字端：建设“雄安文化云”公共文化智能服务平台，在城市公共文化设施、文化场景端设置数字智能终端，实现数字孪生公共文化设施。通过建立公共数字文化服务统一规范标准、连接线下设施、统筹线上服务、全域数字化管理与运营，实现公共数字文化服务全覆盖。

**表 4-2　公共文化场景功能规划**

| 序号 | 公共文化场景端 | 功能设置 |
|---|---|---|
| 1 | 轨道交通站点 | 设置书店、艺术展廊 |
| 2 | 公交站点 | 设置漂流书屋、流动美术馆 |
| 3 | 公园 | 设置露天剧场、漂流书屋、文化科普展廊、流动美术馆 |
| 4 | 健身廊道 | 设置漂流书屋、流动美术馆 |
| 5 | 商业综合体 | 设置小剧场、影院、书店、艺术展廊、小型博物馆、艺术馆 |
| 6 | 地下空间 | 设置小剧场、影院、书店、艺术展廊、小型博物馆、艺术馆 |
| 7 | 产业园区 | 设置书店、露天剧场、艺术展廊 |
| 8 | 医疗机构 | 设置书店、艺术展廊 |
| 9 | 写字楼宇 | 设置漂流书屋、流动美术馆 |
| 10 | 教育机构 | 设置漂流书屋、流动美术馆、文化科普展馆 |
| 11 | 公共交通工具 | 设置文化互动显示屏 |

## 三、改善公共文化服务治理方式

近年来，随着城镇化快速发展，很多破坏社会和谐的问题不断涌现，而文化建设对破解城镇化不和谐问题具有重要作用。因此，在城镇化进程中，要重视公众文化成长，强调让人民群众对公共生活有所参与。通过集成和宣扬大众参与社会服务和公共事务的主动性，提升公众社会品质；通过影响力和感召力来实现文明与志愿精神的传播，进而起到提升公众品质的示范作用。

第一，在文化领域实行大部门制和扁平化管理。在新型城镇的公共服务行政部门下设立文化发展中心，实行企业化管理，承担城镇公共文化服务、文化事业发展、文化产业发展、文化遗产保护、文化市场监管、对外文化交流、文化志愿者服务和管理等综合管理职能，提升文化管理效能。文化发展中心依法委托社会机构运营管理各类公共文化设施，对各类公共文化机构履行指导监督、绩效考核等职能。发展中心建立以理事会为主要形式的法人治理结构，吸收有关方面代表、专业人士、居民参与，建立以公益目标为导向，激励机制完善、监管制度健全、规范合理的现代公共文化机构运行机制。社区级公共文化设施在文化发展中心指导监督下委托社会机构运营。

第二，构建文化参与社会动员体系。深入探索多元协调治理模式，在新型城镇、社区二级建立文化议事会制度。新型城镇的文化议事会为城镇的文化决策性咨询机构，由文化发展中心代表、各类文化专业人士、文化志愿者组成，具有决策建议和监督职能，承担城镇建设的重大文化项目和决策的前期调查研究、民意舆情预判、咨询论证和评价反馈、跟踪评估等工作。社区文化议事会为社区自治组织，由社区单位、企业、社会组织和居民代表组成，对社区公共文化服务项目进行规划、建设、管理和监督，培育社区特色文化，营造社区人文环境，形成资源统筹、多元联动格局。要积极引导和鼓励支持居民、法人和其他组织依法成立文化类行业协会、基金会、民办非企业单位等社会组织，使其成为公共文化服务建设的重要力量，推动公共文化服务专业化发展。也应探索建立“文化志愿服务时间银行”，打造文化志愿时间存储记录、管理交换平台。将志愿服务与政府服务、市场服务相衔接，建立健全各级文化志愿服务组织，完善文化志愿者招募、注册、培训、管理、考核、激励等方面制度，广泛动员居民参与文化志愿服务，建立文化志愿服务队伍。

## 四、提升公共文化服务管理效能

随着城镇化的不断深入，文化建设所依赖的人力、财力、物力等资源都快速集中到城镇，特别是大中型城市。文化建设很大程度上有赖于城镇提供的工作场地、设施设备等基础设施。在城镇化快速扩张及对公共服务设施提出更高要求的背景下，建设城乡一体化的现代公共文化服务体系，更要走集约化、内涵式发展之路，对经济、社会建设与管理效果提出了新的评估考核标准，即公共文化管理和服务要保障文化民生的有效推动，保障公共文化消费得以最广泛的实现，使新市民能享受和城市居民同等的公共服务水平，实现决策、执行和监管的完善体系。

管理效能的提升离不开科学的效能评价体系机制。主要可从以下几个方面提升效能评价的真实性、可靠性。一是以“城镇文化云”为技术支撑，及时收集居民文化需求信息、公共文化服务效能、居民文化消费信息反馈，研究制定公众满意度指标，建立群众评价和反馈机制，动态调整公共文化服务内容供给。二是以效能为导向，制定公共文化服务绩效考核指标和绩效考核办法，纳入经济社会发展综合考核体系。建立公共文化机构绩效考评制度，加大对文化产业发展的资金、效能、服务等的考评与监督。积极引入第三方机构参与评价考核，提升公共文化服务评价的公平公正、科学全面。三是完善政府购买公共文化服务制度，实行购买承接主体评级管理和购买项目绩效评价机制，规范各类文化艺术机构成为合格的公共文化服务供给主体。

### 五、实现公共文化服务的融合化

城镇化要体现生态文明、绿色低碳、节约集约等要求，就要实现公共文化服务的现代化。这就需要以新型城镇化为载体，推动在文化服务与文化产业，以及其他产业的深度融合。充分利用现代数字化公共文化服务平台和资源库等整合各类文化资源，为其他产业发展赋能。同时要积极构架多元文化融合机制，鼓励博物馆、美术馆、文化馆等公共文化机构与城镇在地的教育机构合作，推动艺术普及、非遗传习等活动进学校、进社区、进园区、进企业，实现以文化人。

## 第四节　新型城镇数字公共文化服务建设趋势与要求

### 一、数字网络时代下的思维变革

文化科技的融合为文化事业的革新发展带来了突破口。数字化时代下，以碎片化、社交化、移动化、实时性为特征的新型文化信息接收方式日趋受到大众的关注与喜爱，而传统的信息、报纸媒介逐渐与现代社会的快速发展不相适应。数字网络背景下的文化服务体系，既是公共文化服务供给侧改革的必要举措，也是使数字文化服务成为推进公共文化服务现代化发展的必要之举。

### （一）树立万物互联的大数据思维

工业4.0即智能化时代，公共文化服务体系必须依托“互联网+”，向着信息化和数字化形态转型升级。无论是抖音还是今日头条，其大数据算法精准推送正不断受到用户们的青睐。公共文化服务信息化、数字化趋势也符合公共文化服务对象的“更新换代”趋势，公共文化服务的主体对象逐步向新生代过渡，网络空间的原住民逐渐成为消费主体，其文化接受习惯、文化心态也促进了信息技术产业的发展。建设数字时代的公共文化服务体系，需要融合下一代通信网络、物联网、大数据、云计算、人工智能、工业互联网、网络安全等信息技术产业，搭建新一代的人工智能公共文化服务开放平台，用大数据实现精准的供需对接。

### （二）树立跨界融合的大服务思维

媒体大融合趋势下的公共文化服务平台不断升级，“云”时代开启。随着新兴传播技术不断发展，新媒体空间不断拓展，各种媒体不断融合，加速了公共文化传播平台的升级换代。新时代下媒体融合发展趋势催生了公共文化服务供给平台的更迭换代，网络时代的迅速发展也使得人们的文化消费习惯、支付方式、阅读方式等发生了巨大变化，这就要求文化服务要有跨界融合的大服务思维，要突破自我局限，与金融服务、科创服务、智慧教育等现代服务相融合，从而更好地提高城镇公共文化服务的广度与深度。

### （三）树立开放共享的大平台思维

基于开放共享理念的数字网络云平台的建设，有助于促进文化资源的优化重组和效率提升。单从国家数字公共文化建设方面说，国家数字文化网已经建立了相对完善的全国公共文化信息共享体系工程，比如公共数字资源平台、文化共享超市、国家公共文化数字支撑平台、公共电子阅览室、公共图书馆、公共文化馆、数字学习港和文化共享大讲堂等板块内容。[①] 地方服务平台也正在抓紧建设。截至 2018 年 3 月，全国已建成的 33 个国家公共文化数字支撑平台省级平台，基本具备了资源共享、应用集成、网络分发、评估管理、互联互通等功能，可为当地公共数字文化服务提供云平台环境支撑。可以说，公共文化服务云平台已经实现了从小平台到大生态的转变，正在颠覆文化服务的消费方式和消费场景，未来将更高效精准地为人们提供公共文化服务。为解决当前公共数字文化平台重复建设、资源不能共享、功能不够完善等突出问题，国家精心筹备的“国家公共文化云”于 2017 年试运行。该平台具有共享直播、资源点播、活动预约、场馆导航、服务点单、特色应用、大数据分析七项核心功能，用户可通过多种终端获取一站式数字公共文化服务。

## 二、数字公共文化服务的建设要求

数字公共文化服务是信息技术、数字技术、网络技术等现代科学技术在公共文化服务领域应用而产生的新形态，这些对城镇

① 范周．公共数字文化迎创新，如何促进知识产权保护与开发 [J]. 人文天下，2017（7）.

公共文化服务建设提出了新要求。

### （一）构建普惠精准的文化智能网络体系

整合公共文化服务网络、公共文化数字资源，是解决当前公共文化服务机构服务平台分散、公共文化数字资源分散的路径之一，也是推进服务普惠和精准的重要手段。在数字网络时代，公共文化服务网络体系建设应当体现在以下几方面。一是融入智能城市建设。结合全域智能环境建设，推进云计算、物联网、人工智能、虚拟现实等技术在文化设施中的创新应用，制定一套切实可行的文化设施智能化标准或指南，指导文化设施建设。采用与智慧城市相统一的数据标准、服务标准和技术标准，构建文化设施物联网统一开放平台，实现文化感知设备的统一接入、集中管理、远程调控和数据共享。推进 Wi-Fi 全覆盖和 5G 大规模商用，打造高速率、大容量、低延时的泛在无线服务网络，有序构建包括电视、电脑、手机、可穿戴设备和车载娱乐系统等在内的文化智能终端体系，推动数字公共文化服务全媒体、多终端覆盖，实现新型城镇居民全时全域可享受文化服务。二是搭建文化智能服务平台。以提升公共文化服务效能为导向，运用大数据、物联网、区块链等先进科技，打造覆盖新型城镇公共文化服务的智能平台——“城镇文化云”，实现文化资源共享、文化服务精准、文化监管高效、文化互动活跃、文化交易透明，全面提升新型城镇的公共文化服务智能化水平。三是实现精准高效的智能服务。推动建立透明的全量文化数据资源目录和文化消费大数据分析系统，不断强化智能云平台的深度学习能力，实现根据用户消费喜好，快速响应、按需推送、精准服务。建立数字文化资源更新机制，根据居民反馈进行动态采购，提高数字文化资源服务效能。

### （二）公共文化服务设施建设数字化、智能化

《文化部“十三五”时期文化发展改革规划》明确提出要推动公共数字文化建设，加快数字图书馆、文化馆、博物馆、美术馆建设，统筹实施重大公共数字文化建设工程，加强数字产品和服务的开发，提高优质资源供给能力。因此，在数字网络时代，新型城镇要在公共文化设施、文化场景端积极设置数字智能终端，实现数字孪生公共文化设施。通过建立公共数字文化服务统一规范标准、连接线下设施、统筹线上服务、全域数字化管理与运营，实现公共数字文化服务全覆盖。强化全媒体、多终端的服务能力，打造以“城镇文化云”手机应用（APP）为主导，云平台网页版、微信公众号等为辅助的数字公共文化信息服务矩阵。建成“15/5分钟文化生活圈”电子地图，为居民提供场馆地图、活动预约、社群建设、互动交友等各类服务。推动线上平台与线下文化体验、实体配送、便民服务等场景的互动，形成线上线下融合发展格局，实现文化设施的数字化与智能化。

### （三）公共文化服务产品供给平台化、个性化

在数字网络时代，基于大数据、云端技术、移动互联网、物联网等大融合环境，对分散异构的公有或私有文化资源进行有效整合，使其实现“云聚合”，有利于快速而精准地进行大规模个性化服务。其中，国家数字文化网是数字化建设的重要探索，是集中体现文化信息资源共享工程文化传播、社会教育和基层信息服务等功能的综合性公共数字文化服务平台，也是新型城镇文化服务资源的重要来源。2017 年，国家数字文化网通过设置“视听空间”，以社会大众为服务对象，提供电影、讲座、文化专题片、少儿、农业科技等资源共计 1024 部 / 集、500 小时；通过“心声 · 音

频馆”，以视障人群、老年人和社会大众为服务对象，打造音频类数字公共文化品牌产品；通过设置“天天微学习”视频库，以大中学生及社会大众为服务对象，倡导“微学习”理念，以培养学习兴趣、提升文化修养、提高专业技能为定位，视频资源总计26700部/集、2352小时；通过设置“知识视界”科普视频库，以青少年及社会大众为服务对象，内容包括地球科学、历史文化、生命科学、天文航天、体育探险等，视频资源总计3945部/集、1842小时；通过设置“中小学自主学习辅导课件”，以中小学生为服务对象，分为小学、初中、高中三个部分，共1717节课时；通过设置“少儿智趣数字乐园”，以学龄前儿童为服务对象，内容包括动漫绘本、动画、益智游戏等，视频资源总计7094部/集、1183小时，多媒体课件1439个，互动游戏15个。因此，要逐步加大数字公共文化服务平台建设，让城镇居民能够享受更丰富与便利的文化服务。

### （四）公共文化服务管理运营智慧化、社会化

在数字网络发展时代，要大力创新公共文化服务管理运营的合作模式，通过开展相关政策和机制试点，以提升公共文化服务效能为导向，运用大数据、物联网、区块链等先进科技，打造覆盖起步区公共文化服务的智能平台，融入“智慧城市”“智慧社区”和“智慧社会”的发展进程之中，实现文化资源共享、文化服务精准、文化监管高效、文化互动活跃、文化交易透明，全面提升新型城镇的公共文化服务智能化水平。同时要塑造“创新引领、按需供给、动态成长”的公共文化服务体系，创新型城镇公共文化服务建设模式，全面推动公共文化服务社会化，实现公共文化服务在新型城镇区域内全场景覆盖、文化产业在公共文化服

务中全业态供给、文化资源在城市建设中全要素流动，推进新型城镇现代化公共文化服务体系形成。

## 三、新型城镇数字公共文化服务案例分析

提供优质公共服务是雄安新区建设的主要任务之一，是增强雄安新区承载力、集聚力、吸引力，打造宜居宜业、可持续发展现代化新城的重要基础。基本公共文化服务是基本公共服务的重要组成部分。建设基本公共文化服务体系，对丰富新区人民群众精神文化生活、传承中华优秀传统文化、弘扬社会主义核心价值观、助推新区高质量可持续发展具有重大意义。“雄安文化云”是雄安公共文服务体系的重要支撑，它通过实现文化资源共享、文化服务精准、文化监管高效、文化互动活跃、文化交易透明，全面提升起步区的公共文化服务智能化水平。

### （一）建设雄安文化云的必要性

第一，有利于提升公共文化服务的效能。通过推动建立透明的全量文化数据资源目录和文化消费大数据分析系统，有利于不断强化智能云平台的深度学习能力，实现根据用户消费喜好，快速响应、按需推送、精准服务。方便推动线上平台与线下文化体验、实体配送、便民服务等场景的互动，形成线上线下融合发展的格局，全面提升公共文化服务的效能。

第二，有利于强化数字文化资源的管理。通过构建以设施层（IAAS）、平台层（PAAS）、应用层（SAAS）和用户端为核心构件，以智慧城市信息、国家文化云、第三方服务为主要技术与内容支撑，打造集内容存储、预约服务、数据采集与分析、辅助

决策等多功能于一体的公共文化智能服务平台，构建起城市文化服务的数字内容中心和管理中枢，将极大方便对数字资源的统筹管理。

第三，有利于与更广阔的文化资源连接。以“雄安文化云”为资源承载体，能够有效对接“国家公共文化云”、国内外大型数字文化资源平台（库），汇聚艺术鉴赏、经典图书、慕课讲座等各领域的全球性优质公共文化资源和服务。同时，通过与“15/5 分钟文化生活圈”电子地图等服务 APP 融合，可以为居民提供场馆地图、活动预约、社群建设、互动交友等丰富多样的公共服务。

第四，有利于提高数字文化的运营安全。数字文化云可以利用法律手段和区块链技术推动知识产权保护，确保数字内容生产者的合法利益。可以优化大数据应用安全保障，建立数字文化资源灾难备份系统。可以形成全时、全域、全程的网络安全态势感知决策体系，加强文化网络安全相关制度建设，确保网络系统、文化内容和用户数据的安全。

### （二）雄安文化云的建设内容

第一，搭建好文化智能平台基础设施。将“雄安文化云”纳入雄安智慧城市的整体规划与建设，采用统一的数据标准、服务标准和技术标准，打造城市文化感知设施系统，构建文化物联网统一开放平台，实现文化感知设备的统一接入、集中管理、远程调控、数据共享和发布，构建起“雄安文化云”的设施层。利用大数据、信息可视化、数字账户识别、人工智能等技术，建立起平台层和应用层。同时通过用户端媒介形式，打造包括手机、电脑、可穿戴设备等在内的智能终端体系，实现数字公共文化服务全媒体、多终端覆盖，打造泛在无线服务网络，让居民可以全时、全域享受公共服务，全面提升数字公共文化服务效能。

第二，合理设计文化智能平台逻辑结构。“雄安文化云”是以便捷应用为设计原则，横向包括信息服务（活动公告、场馆位置、赛事报名、培训指导等）、预约服务（场馆预约、设备预约、培训预约等）、交易服务（门票购买、版权交易、文化众筹等）、政务服务（政府服务购买、业务审批等）、虚拟场馆服务等功能板块，纵向涵盖数据采集与分析、运营监管（内容管理、智能安防等）、意见反馈、志愿管理、辅助决策等多种内容，通过业务、数据与技术的融合，打造功能完善、高效便捷的文化智能服务平台。

第三，汇聚海量优质文化云资源。制定并实施公共文化数字精品创作工程，通过政府服务购买等形式，大力引导和支持数字影视、数字出版、网络动漫等文化企业和社会机构创作艺术性与思想性相统一、彰显雄安城市精神、适应居民需求的高品质数字文创产品。鼓励新区各类文化机构采用现代数字技术，加大对新区文化资源进行数字化整理、制作、存储，建立雄安特色文化资源数据库和创作素材库。支持新区图书馆、文化馆、美术馆、博物馆等文化单位实现馆藏资源数字化，打造网上虚拟文化场馆。促进公共文化与体育、教育、旅游、金融等行业的融合发展，数据共享，拓展文化内容，增加服务供给。

第四，营造智能文化安全环境。坚持以社会主义核心价值观为引领，加强对数字文化资源与内容的审核，确保其符合社会主义先进文化发展方向。建立个人与企业文化数据账户，实现“身份认证即服务”，建立文化诚信体系，形成全过程信用管理。同时将加强文化数据的版权、网络安全和容灾管理，全面提升文化云的安全性和可靠性。

## 第五节　新型城镇公共文化设施社会化运营案例

### 一、无锡新区图书馆社会化运营

#### （一）社会化运营探索背景

无锡新区是在无锡高新技术产业开发区、无锡新加坡工业园的基础上成立的，由于原先以工业园区为定位，主要突出生产和经济功能，一直没有区级的图书馆、文化馆等公共文化设施。随着园区定位的转变，产城融合的推进，以及常住人口的增加（常住人口 55 万人），建设公共文化设施，提供公共文化服务成为了必然的要求。从新区财政实力而言，建设文化设施并不是难事，但是要设立事业单位、增加编制、有效运营却非常困难。因此，无锡新区借鉴国外成功经验，决定采用政府购买服务的模式，引进专业公司来运营。

#### （二）社会化运营基本做法

第一，公开招标、社会化购买。无锡新区建立了以新区管委会为主导，以新区公共财政为依托，以政府购买公共文化服务为主要方式，以社会力量为服务提供者的社会化发展模式。在项目初期，配合招标公司，根据图书馆建设的国家标准、建设要求、服务内容等制定了服务外包的招投标文件——《无锡新区图书馆项目服务外包合约》，由招标公司向全社会公开采购，经过政府采购程序，由艾迪讯电子科技有限公司中标。这种公开透明的社会化运作，不仅让政府能够找到好的管理团队，而且也避免了腐败现象。

第二，双轨制运营。所谓的双轨制管理，即通过公开招标的方式，将图书馆设计、日常的运营委托给专业的企业进行管理，以利用其丰富的人力资源和技术服务，新区管委会只派出馆长负责行政事务及对管理过程进行监督。中标企业按照签订的合同，全面承担设计、运营、管理等工作，同时还要履行合同内规定的考核及合同外的工作协商配合。这种运营模式有效地避免了政府将社区文化建设外包后便甩手不管的弊端，使企业和政府的职能更加明确，同时又能够保障居民真正享受到高质量的文化服务。

第三，制度化评估。因为采取双轨制的运营模式，管委会需要对企业的运营状况进行监管。新区制定了一个系统的评估制度来对企业进行考核，评估结果直接决定着双方的合同关系是否能继续。新区成立专门的文化、纪检、财政联合考核小组制定考核表，从队伍建设、公共服务、管理规章、群众满意度等几个方面对企业的服务质量进行考核。满分 100 分，若低于 80 分将责令企业进行整改，若整改达不到要求则终止合同关系，减扣相应款项。[①] 在这样的监管制度下，才能够保证公共文化建设能够落实到位，真正做到让群众满意。

### （三）社会化运营主要成效

无锡新区图书馆的实践突破了传统公共文化服务模式的瓶颈，开拓了公共文化设施建设和运营的新路。首先，提升了新区公共文化服务能力。通过服务外包的形式，引进专业化的图书馆运营公司，既创新了供给主体，同时也提升了供给能力。其次，解决了新图书馆单位编制、人才缺乏、经营经验不足等问题，让新图书馆可以正常运营，满足新区市民的阅读需求。最后，提高了文

① 孙军．无锡新区公共文化服务社会化实践分析 [J]. 文化艺术研究，2014（4）.

化设施的运营效率。艾迪讯电子科技有限公司拥有多年的图书馆设计、建设、配套设备生产、管理运营全链条服务能力。新区图书馆从设计之初就邀请该公司进入，因此从功能设计、配套设施等方面就为后期运营打下了良好基础，例如高度重视图书馆的数字化、人性化等。多年来的实践也证明，其服务质量受到了读者的高度评价，新区图书馆也成为全国社会化运营的典范。

### （四）社会化运营案例启示

第一，社会化发展需要数量足够多的社会主体，如果主体不够，就难以发挥社会化运营带来的竞争优势，反而有可能让政府陷入被动的境地，大力培育社会主体，是当前推进社会化的重要任务，例如现在无锡新区图书馆就只有艾迪讯一家企业来竞标运营，如果艾迪讯因为企业战略调整而放弃运营，谁来接盘就成为首要问题。

第二，企业（集团）运营公共文化服设施，不管是经济效益还是社会效益，其本质上统一于企业效益，其轻重权衡植根于企业战略。例如艾迪讯参与新区图书馆运营，其中很大一部分原因是为了展示企业产品和运营能力，树立企业品牌。

第三，公共文化社会化要转变思维，尊重市场规律。“一分钱一分货。”如果只是为了省钱和节约成本而去做社会化，很可能导致服务质量下降，在文化领域招标中，最低价者得之的陈规，是值得探讨的；例如无锡新区图书馆其相对传统的成本并不低。

第四，公共文化服务设施社会化运营，其本身也是一种产业行为，因此，运营企业也理应享受到文化产业的优惠政策，特别是图书馆、文化馆这种劳务输出型的服务行业，改为增值税后，由于没有太多的税前抵扣，因此税负是相当重的（大约17%）。

## 二、嘉善魏塘街道文化中心社会化运营

### （一）社会化运营探索背景

魏塘街道位于浙江省嘉兴市嘉善县，由于城区已经拥有县图书馆等县级文化设施，为辐射更多的农村群众，政府最终决定将文化中心选址定在位于街道北侧的中心村——魏中村，该村集聚有本地居民 5000 人、新居民 50000 人，群众精神文化生活的需求较为强烈。新中心建设之初，就面临着运营管理的问题。因为根据文化中心的体量，至少需要 8 位以上的工作人员，每年的人员经费就需要 25 万多，那么如何克服文化中心运作供给不足、成本过高、效率低下的问题呢？街道文化结对单位——上海闸北区临汾路街道通过民办非企业组织经营管理文化中心的案例拓宽了街道领导层的思路，决定与民非企业嘉善众悦文化服务中心合作，尝试社会化运营，并于 2014 年 5 月 23 日正式向社会开放。①

### （二）社会化运营基本做法

第一，合同管理，规范双方职责。魏塘街道经过多方比较，与嘉善众悦文化服务中心（民非组织）签订了试运行合约，尝试以部分免费和部分公益性收费相结合的方式向社会提供公共文化服务，所收费用全部用于维持中心正常运作的必要开支；而人员经费则由街道财政保障。经过近 3 个月的运营与合作实验期，最后街道与众悦正式签订了服务合同，明确了双方职责与权利，规范了管理运行。合约规定服务购买总经费 30 万元（按 10 个人工

---

① 嘉善文化馆 . 镇级文化活动中心的社会化运作方式 [EB/OL].(2015-02-27)[2016-10-13]. http：//www.jswhg.net/article.asp?id=3264.

计算），其中，基本报酬为24万元，按季度拨付，剩余6万元按年终绩效考核情况一次性拨付。合约除了定性描述任务外，还列出了具体的约束指标，即众悦每年要完成大型公益活动48个，活动150场次（不包括电影放映），服务18万人次。①

第二，通过激励机制激发运营主体积极性。合约中规定，如果众悦如期完成合作规定的指标数，年终由政府财政奖励中心负责人1万元；超标或不达标的，按照2000元/万人次进行奖罚。同时，众悦内部成立了理事会，根据文化中心的功能与服务项目，进行了管理与服务岗位的梳理，制定了详细的职位说明书，明确各岗位的职责和相应的待遇，为科学管理、激发工作积极性奠定了基础条件，确保了文化服务质量的提高。

第三，通过项目吸引群众参与。众悦通过"各级项目配送"+"中心自主策划项目"的"两条腿走路"方式，努力拓展服务内容，吸引更多的群众走进文化中心。在各级项目配送方面，例如县级宣传文化部门将全国"微散文"大赛颁奖典礼等项目派送到文化中心。②在接受各级配送的同时，中心积极策划各类公益活动项目，如开展"众悦杯"桌球赛、征文比赛、讲故事比赛、"电影天天放"等活动，力争用丰富多彩的活动项目，满足不同人群对文化活动的多元需求。

### （三）社会化运营主要成效

一是延长了服务时间，中心服务时间是每天9：00—20：30，每周周一休整，全年无其他节假日，每天开放时间长达11.5小时，

① 林理.每一次提速都为了前方更美的风景[N].中国文化报，2015-06-17.

② 孔越.公共文化服务外包的"魏塘模式"[N].嘉兴日报，2016-08-07.

每周为 69 小时。二是文化中心公益性社会效益提升。在委托运行的 6 个月时间里，共接待群众 11.7 万人次，图书分馆接待 9.3 万人次。三是文化活动丰富多彩，开展文艺演出、电影放映、培训等多种活动，满足了多元的公共文化需求，让群众享受到层次不同、类别不同的文化套餐，丰富了群众文化生活。

**（四）社会化运营案例启示**

嘉善魏塘街道文化中心是社会化运营较为成功的案例。其成功给予了我们以下思考和启示。第一，相对于图书馆、大剧院等具有一定标准化的公共文化设施，文化馆或文化服务中心的社会化运营较难，因为其涉及的内容多而杂，费用弹性很大，政府如何制定出合理可行的经费标准、评价体系等，是购买管理的重大挑战，也是委托效果好坏的关键。第二，公共文化服务社会化是手段而不是目的，不能因为社会化而社会化，要因地制宜，综合考虑区域经济社会发展阶段、居民文化消费需求及社会组织发育等因素。魏塘街道能借鉴上海闸北区的经验，采取社会化运营形式，与其发展基础是分不开的。第三，社会化本质上是要从供给侧出发，运用社会力量来提升文化供给的质量和效率，弥补政府能力的不足。社会化最大的优势是在政府的引导下，团结尽可能多的各方力量，形成一个以公共文化消费者为核心，“政府 + 社会力量 + 民众”组成的公共文化服务生态圈。例如，众悦文化服务中心就有意识地加强了资源的整合。

# 第五章　新型城镇文化产业发展研究

十九大的胜利召开带领人们步入决战全面建成小康社会、全面建成社会主义现代化强国的中国特色社会主义新时代，中国特色社会主义文化被正式列入党章，与制度、道路、理论、体制放在并列位置，体现出党和国家对文化的经济价值与社会价值的认知程度与重视程度迈上新台阶。十八大以来，我国文化产业的增加值始终保持两位数的快速增长。据国家统计局初步测算，2017年文化及相关产业增加值比2016年的30785亿元增加了4677亿元，增长15.2%，占GDP比重4.29%，比2016年占比4.14%增加了0.15个百分点，继续向成为国民经济支柱性产业的目标迈进。[①] 整体而言，我国文化产业的发展正逐渐从数量增长向质量增长转变，文化产业体制机制不断完善，产业转型升级增势强劲，整体发展态势良好。

---

① 张玉玲 . 2017 文化产业最新“成绩单”：增速保持两位数增长 [N]. 光明日报，2018-05-30（10）.

# 第一节　我国文化产业发展整体趋势

## 一、新时代中国特色社会主义思想确定了根本发展方向

马克思曾在《〈黑格尔法哲学批判〉导言》中指出："理论一经掌握群众，也会变成物质力量。"历史经验表明，任何一项伟大的事业，都是理论与实践的生动统一。理论具有本质性、纲领性和引领性的特质，指引着实践的发展方向，关乎着事业发展的成效乃至成败。我国现代意义上的文化事业和产业发展起步较晚，缺少原创性、集成性的本土理论，主要还是借鉴和运用西方的文化理论、话语体系和方法工具，这也在一定程度上制约了我国文化实践的深入。习近平总书记在十九大报告中提出的新时代中国特色社会主义思想这一伟大理论，系统地回答了我们在新时代应坚持和发展什么样的中国特色社会主义、怎样坚持和发展中国特色社会主义的问题，是马克思主义中国化的最新成果，是全党全国人民为实现中华民族伟大复兴而奋斗的行动指南。落实到文化领域，该理论则是指导新时代文化发展的"元理论"。有了这一根本的理论遵循，在众多文化专家、学者和实践工作者的努力下，文化理论就能在此基础上生发、成长、壮大、成熟，形成具有中国特色、时代特征、实用特点的社会主义文化理论体系，将为我国新时代文化的实践与发展提供前所未有的强大理论支撑。

## 二、社会主要矛盾变化指引了文化产业发展方向

党的十九大报告中指出，新时代社会的主要矛盾是“人民日益增长的美好生活需求和不平衡不充分发展之间的矛盾”。相较于“物质文化需求”，“美好生活的需求”有着更加广泛且深刻的含义，它不仅包含着客观的、物质的硬性需求，更代表着主观的、精神的软性需求，标志着人们的消费需求从“吃穿住用”向“安享乐知”转变。正如十九大报告所指出，“满足人民过上美好生活的新期待，必须提供丰富的精神食粮”。从产业角度来看，人民对美好生活的需求成为促进文化产业转型升级的核心动力，将为新时代中国文化发展提供巨大的机遇。例如，2017 年我国人均教育文化娱乐消费支出中，相较于文化教育与文化耐用品支出，文化娱乐服务支出所占比重有明显提升。以“互联网 +”为核心的新媒体和新技术，促进了人民文化消费方式的变革。更让人充满期待的是，按照党的十九大报告所描绘的宏伟蓝图，到 21 世纪中叶，我国将建成富强、民主、文明、和谐、美丽的社会主义现代化强国，全体人民共同富裕基本实现，我国人民将享有更加幸福安康的生活。可以想象，14 亿人民对美好生活的新期待，将催生出一个多么庞大的文化消费市场，将为文化发展提供一股多么强劲的发展动力。

## 三、网络空间正成为文化产业发展与竞争的主战场

全球化进程、科技创新和城市化进程是广泛影响全球发展与人类生活的三大主导力量。纵观人类历史，文化的发展始终与科

技紧密相连。20世纪以来，文化产业变迁的每一个过程，科技创新都起着助推器的作用。当前，新一轮信息技术革新浪潮在世界范围内蓬勃兴起、方兴未艾。在“互联网+”和人工智能新时代到来的背景下，以大数据、云计算、虚拟技术等为代表的新一代信息技术广泛应用，为文化产业的内容生产、表现形式和商业模式都带来了深刻变革。网络空间正成为产业竞争的主阵地，基于数字的创新创意成为文化产业发展的价值根基与核心竞争力。我国是世界上互联网用户最多的国家，占到全球网民总数的五分之一。这为数字经济的发展奠定了基石。专家估计，未来数字创意产业在我国文化产业中的占比会超过70%。网络文学、数字动漫、数字影视、游戏（包括电竞）、创意设计、VR、在线教育等新兴产业，将成为信息时代文化产业发展的核心门类。当前许多大型公司正在这个领域发力，例如腾讯积极推进数字科技研发与数字创意产业的深度跨界融合，研发了大数据分析技术、视频互动直播技术等。①

## 四、文化跨界融合将不断扩展产业潜力空间

在生活审美化的时代潮流下，文化产业正跳脱自身发展局限，进入国民经济大循环，融合跨界、行业赋能，拥有了更广阔的空间与发展可能。生活审美化这一命题是英国诺丁汉特伦特大学社会学与传播学教授迈克·费瑟斯通（M.Featherstong）最早提

① 范周.文创发展的下一个风口：数字创意产业 [EB/OL]. (2017-07-03) [2018-06-22].http：//collection.sina.com.cn/wjs/jj/2017-07-03/doc-ifyhrxsk1605698.shtml.

出来的，指的是审美活动超出所谓纯艺术、文学的范围，渗透到大众的日常生活中的一种现象。从当前来看，“文化 +”的融合发展态势正成为中国文化产业的显著特征，文化艺术向社会生活、实体经济全面渗透，文化产业可以独立存在，更多时候却表现为“魂”，为其他产业之体赋予能量，用文化带动其他产业发展。未来，“文化 +”将更具深度，从内容、形式、生产方式、消费方式全方位的“文化化”，从“浅度融合”到“深度融合”，更全方位、多角度、深层次地融入社会生活和产业发展的方方面面。2018 年 4 月 8 日，新组建的文化和旅游部正式挂牌。文化和旅游部的组建，表明未来的工作重点不是只抓“文”或者重视“旅”，而是融合发展，实现产业升级与消费升级。这意味着传统意义上文化的“边界”正在逐步消融，文化创意产业目前已不再是过去所聚焦的媒体、艺术等品类，而是成为各产业间“互融”“互促”“互生”的重要发展力量，文化产业将突破自我循环而走进国民经济的大循环。

## 五、文化改革的成就为文化繁兴提供了基本保障

党的十八大以来，我国文化体制改革更加注重系统性、整体性、协同性，更加注重把“双效统一”作为制度设计的关键环节和评价考核的重要标准，积极改革创新，在文化发展理念、文化体制机制、文化政策法规等方面取得了重要成就。正如中宣部孙志军副部长在十九大举行的第二场记者招待会上所言，目前我国文化领域具有“四梁八柱”性质的改革主体框架基本确立。在体制机制上，理顺了内外宣体制、互联网管理体制，推动建立了国有文化资产管理体制，建立了有文化特色的现代企业制度；在文

化政策上，先后出台了双效统一、媒体融合发展、高端智库建设、文艺评奖改革、扶持戏曲和影视业发展等 70 余个文件和有关政策；在文化法规上，全国人大常委会先后审议通过了《网络安全法》《电影产业促进法》《公共文化服务保障法》《国歌法》，以及《关于加强网络信息保护的决定》这 4 部法律和 1 部决定，出台和修订了一大批文化行政法规和部门规章。在改革创新的推动与法律法规的护航下，我国文化企业的发展热情高涨。例如截至 2017 年 10 月底，沪深两市文化传媒板块有 119 家企业上市，总市值近 1.6 万亿元。其中，2016 年 7 月以来通过 IPO 登陆资本市场的文化传媒企业有 52 家，占比超过 40%。文化产业成为创新创业最活跃的领域之一。[①] 面向未来，相信随着改革的持续深入和“四梁八柱”架构的不断稳固，我国文化发展将拥有更优越的发展环境，人民创新创造活力将得到进一步迸发。

## 六、中国文化产业国际化发展将迎来重大的机遇期

随着中国国力强劲的崛起以及“一带一路”建设的持续推进，我国的发展道路、价值理念、制度模式在国际上的影响日益增强，国际社会对创造“中国奇迹”的中华文化的兴趣与日俱增，赴中留学生和在中文化投资项目快速增加，对外文化贸易也形势向好。2013 年至 2015 年，我国文化产品进出口总额均保持 1000 亿美元以上，文化贸易连续实现顺差，文化“走出去”的道路越走越广阔。可以想

① 2017 年中国文化建设成果：坚持中国特色社会主义文化发展道路 [N]. 人民日报，2018-01-02.

象，到了21世纪中叶，当我国建成为综合国力和国际影响力领先的国家，当中华民族以更加昂扬的姿态屹立于世界民族之林的时候，相信中华文化一定会再次成为世界青睐的热点，走向世界文化舞台的中心。中华文化必将为全球贡献出更多的中国创意、提供更多的文化精品；将与其他文化携手同行，共同创造人类更美好的未来。

## 第二节　文化产业在新型城镇建设中的作用与挑战

### 一、文化产业的战略作用

第一，文化产业在塑造城镇特色、推动产业发展、满足人们生活的新需要等方面，作用愈加凸显。当前许多城镇（新区）领导跳脱经济与产业的狭隘视野，从大历史观角度和全球化高度重视文化发展的重大意义，制定文化发展战略，让文化完整、科学、艺术地融入城市发展的规划、设计和建设的各个方面。如德国的鲁尔、英国的格拉斯哥等城市和地区就通过文化振兴和文化产业的带动，成功地完成了产业结构调整和城市经济腾飞。而新加坡的文化产业发展则更值得深入研究。1997年亚洲金融危机的出现，让新加坡认识到发展文化产业的重要性，提出了“创意新加坡”计划，将文化产业作为推动经济增长的引擎之一。2000年，新加坡制定了《文艺复兴城市计划》，提出要将新加坡发展成为“有特色的全球文化城市”，并在2002年发布的《创意产业发展战略》中明确要以文化艺术、设计和媒体三大重点产业为核心，打造“文艺复兴城市”“全球文化和设计业中心”“全球媒体中心”。经过努力，到2010年，新加坡创意产业增加值由 2000 年的 29.77 亿新币增长到 118 亿美元，占 GDP 增长率的 3.8%，从业人员增长到 14 万。[①] 整体来看，新加坡在文化艺术、传媒和设计产业等领域已经达到了世界一流水平，每年承接的国际演出展览会规模及次数为亚洲第一，世界第五。2012 年新加坡艺术与文化策略检讨指导委员会在一份报告中指出，迈入下一阶段发展期，文化艺术应成为新加坡人生命和生活的一部分，并提出新加坡的文化艺术愿景是要到 2025 年建立一个有文化素养、文明而优雅的社会，人民不仅熟悉自身文化历史，还对新加坡人的身份认同引以为豪。同时希望到 2025 年，参与文化艺术活动的新加坡人能从目前的 20% 增加到 50%。报告认为，当务之急是普及文化艺术，把文化艺术带进每个人的生命，让艺术无所不在，让艺术氛围充满每一天。当前，新加坡正通过艺术教育、文化旅游、文化活动等方式，推动文化艺术的推广与普及，并通过国际性的文化交流，不断扩大文化影响力。正如新加坡的发展所揭示的那样，文化产业可以深刻重构城市经济、文化的各个层面，其发展对于塑造城市特色、促进城市产业结构升级、完善城市各种服务功能等方面具有相当重要的作用。

第二，文化产业为新型城镇注入多元动力。文化产业是极具发展潜力的朝阳产业，可以为新型城镇注入多元的动力源泉。从产业价值看，其与相关产业的关联辐射性强，并具备区域差异性、土地集约性、资源可持续性的发展特点，是新型城镇化可持续发展的重要经济模式。从社会价值来看，文化产业建设是提高农民文化自觉和文化自信的重要依托。新型城镇化的重要指标和目的

① 庞英姿 . 新加坡文化产业发展的经验及启示 [J]. 东南亚南亚研究 .2013（4），75—79.

是农民市民化，使城镇常住人口——农民市民群体在生产收入、生活条件、文化水平等方面得到全方位的提升，从而使全社会素质得到大幅度提升，为构建和谐社会奠定重要的人文保障。从市场价值来看，文化产业建设是新型城镇化发展中实现投资主体多元化和维护农民市民化利益的重要动力。非公有经济是推动中国转变经济发展方式和新型城镇化发展创新的重要力量，也是消除城镇内部二元结构矛盾的重要平台。文化产业是最具投资主体多元化发展空间的产业类型之一，对协调城镇投资发展关系具有积极作用。同时，文化产业的投资参与度和解决就业能力较强，对公共服务和社会事业发展具有显著的促进作用。①

第三，文化产业是推进产城融合的战略抓手。产城一体化发展是指“产城融合、产城一体”，即把城镇的产业功能、城市功能、生态功能融为一体，构筑宜居宜业的产城融合发展格局。产城一体的核心是产与城的相互支撑、和谐共存。② 产城一体化发展在于利用产业形成的基础，推进土地开发、交通建设、基础设施建设，形成人口聚集，配套发展公共服务，结合商业化服务，形成区域城镇化发展的整合，实现产城一体化发展。文化产业推动新型城镇产城融合主要有三条路径：第一，推进新型城镇内生文化融合发展。例如雄安新区通过推进红色革命文化、白洋淀生态文化与雄安历史名人、民间传说等其他优秀传统文化的融合发展，打造雄安记忆工程，推动雄安内生文化在新时代的创新成长。第

① 连舫．以文化产业建设促进新型城镇化发展 [EB/OL]. (2013-03-13) [2018-06-20].http：//www.cet.com.cn/dfpd/bwdqzg/792949.shtml.

② 良浚．新型城镇化背景下产城一体化发展思路 [EB/OL]. (2014-08-05) [2018-06-22].http：//www.hrtv.cn/zt/jinliangjun/113.html.

二，构建新型城镇与外来文化协同发展机制。以政府牵线搭桥的方式，引导地域文化资源向新型城镇流动，推动新型城镇与周围地区的文化企业、文化产业园区及文化产业项目的沟通对接，实现互利共赢。第三，促进文化与其他公共事业的融合发展。鼓励城镇居民依托当地自然人文资源举办特色体育活动，鼓励博物馆、美术馆等公共文化机构推动艺术普及、非遗传习等活动进学校、进社区、进园区、进企业。

第四，文化产业是满足新型城镇文化需求的主要来源。城镇化发展与消费增长存在着非常紧密的互动关系。一方面，城镇化的推进可以创造更多就业机会，转移大量农村富余劳动力，从而提高城乡居民收入水平，增强其消费能力。具体而言，由于传统的二元对立，农村文化消费理念薄弱、文化设施建设落后、文化活动手段单一。随着新型城镇化的推进，文化将进一步融入农村向城市转化的各个环节，通过城市与农村的对接，先进的消费理念、消费形式、文化设施等逐渐融入区域建设中，使得广大农村区域的文化消费潜力大幅提升，形成新的文化消费热点，将极大地助力文化产业的发展。另一方面，城镇人口、财力、资源聚集和消费规模扩大，能够刺激城镇经济增长和发展繁荣，为城镇化的进一步推进创造条件。对于城市居民来讲，随着收入水平的不断提高，对医疗保健、交通通信、教育文化、娱乐休闲、旅游等服务型消费的需求会越来越高，消费水平和消费结构将随之不断提高。对于农村居民来讲，随着城市化的不断推进，城乡联系越来越密切，原本在农村看不到的产品和服务会不断进入他们的视野，当然也会使他们产生消费的欲望，并随着收入水平的提高，使农村消费领域不断拓展，消费结构不断升级。当前满足城镇文化消费的来源有公共文化服务和文化产业。通常而言，公共文化服务是保基本，核心是满足人们的最基本的文化权益。但随着人们消费水平提升而产生的多元化、个性化、增值性的文化服务与产品，主要是通过文化产业来满足的。例如新型城镇居民的文化休闲旅游、数创产品应用等，都是以文化产业的方式来满足不同需求的。

第五，文化产业是提升城市形象与魅力的重要力量。美国社会学家、城市规划师刘易斯·芒福德说："城市是文化的容器。"在文化产业快速发展的今天，发达的文化产业已经成为繁荣城市文化形象的"催化器"、改善城市环境形象的"优化器"、城市口碑形象的"传播器"。一个城市文化产业的发展，不仅能够产生较强的资本集聚、效益放大效应，还能够产生巨大的文化传播力。文化产业的发展对城市经济的提升、城市文化的培育、城市形象的传播及城市人居环境的改善起着显著作用。例如，杭州富阳区深入挖掘文化底蕴特别是《富春山居图》所蕴含的东方人文智慧，结合富阳山水特色，提炼出"秀润、灵动、逸致、归真"的文化内涵，塑造出城市独特的气质和人文智慧，积极打造东方画境城市，让富阳区的形象与魅力得到大力提升。

## 二、文化产业发展面临的挑战

当前，新型城镇化进程中文化建设面临的重大挑战来自文化变迁。改革开放至今，经济、科技等方面的迅猛提升使得中国经历了翻天覆地的快速城镇化过程。美国社会学家威廉·奥格本提出"文化决定社会变迁"的观点，认为文化变迁是社会变迁的主要表现形式，肯定了文化在社会发展中具有的重要作用。文化作为软实力是城镇化发展的重要支撑，国家统计局数据显示，到 2016 年，我国常住人口的城镇化率已经达到 57.4%，快速城镇化带来了社会的巨大文化变迁。

第一，城乡二元结构导致文化断层，产业发展价值取向迷茫。

改革开放以来，随着工业化与城镇化进程的不断加快，城乡二元结构差距明显。据国家统计局数据，2017 年上半年，城镇居民人均可支配收入为 18322 元，农村居民人均可支配收入为 6562 元，尽管城乡居民收入比由上年同期的 2.80 下降为 2.79，有缩小趋势，但是 2.79：1 的城乡居民收入差距仍然明显。城乡差距使得城市日益繁荣，农村则日渐衰落，导致越来越多的农村居民去城市谋求生存发展。民政部 2016 年 11 月 9 日数据显示，全国农村留守儿童数量高达 902 万。乡村的“边缘化”“荒芜化”“空心化”现象严重，农村的文化认同感、农村文化向心力与凝聚力也日渐衰弱，农村的精神文化建设迫在眉睫。

在发展相对分割、互动机制缺乏、体系严重失衡的城乡二元结构下，我国乡土社会正处在由传统性、封闭性向现代性、开放性的转变过程中，乡村的本土社会与农民精神文化生活正在传统性与现代性的夹缝中求生存。首先，工业文明的迅速发展在吸纳大量农村人口外出务工的同时，也将现代城市文明的精神渗透给了务工人员，而留在农村的以传统种地为生的农民的思想仍然是传统的文化思想，这种矛盾和冲击使得农村固有的传统思想文化受到冲击与转型，传统的乡村文化不断流失。“看得见山，望得见水，记得住乡愁”是习近平总书记的嘱托，城镇化的建设绝不能以乡村空壳化为代价，因此重新建构传统乡村文化对于凝聚乡村竞争力、留住乡愁迫在眉睫。其次，农村的乡土精英流失、农村“空心化”使乡村文化传承与发展动力不足。乡村作为中国传统文化与价值观念的一道留守防线，也在全球化和现代化的轮番影响下走向衰落，乡村文化认同在现代化进程中日渐式微，乡村社会秩序在现代化的形变之中被打破。

在现代化浪潮与城乡二元结构的多重夹击下，尽管我国城镇化发展迅速，但随之付出的惨重代价就是本土文化的丧失，原本的地方特色一去不返，取而代之的是大同小异的城镇标配风格，乡土秩序随着城镇化的进程而打破了原有的平衡，原有的传统文化活动、文化特色逐渐衰减，转型中的乡村社会面临着文化断层、文化消解的困境。

第二，居民结构和文化需求的多样化要求文化供给更具创新性。

新型城镇化最重要的是实现人的城镇化。首先是农民的市民化。主要有两种情况，一方面是乡村居民的就地市民化，使乡村居民在城镇化过程中在当地发展中转为市民。另一方面是让农民离开乡村，在其他已率先发展起来的城镇中转为市民。其次是外来人口的多样化。城镇的迅速发展会不断地吸引外来人口进入城镇，成为城镇中的流动人口或是常住人口。这些外来人口的生活起居、文化风俗都与本地人口有着较大的差异，其文化需求与本地人口也不尽相同。以深圳为例，据相关数据统计，2015 年深圳市户籍人口为 354.99 万人，占常住人口的比重为 31.2%。也就是说深圳有将近 70% 的外来人口，是名副其实的移民城市，多种人口的不同文化共同造就了深圳包容、多样的城市文化。

总的来看，无论是农民的市民化还是外来人口的多样化，从某种意义上来说，这两种人群都属于城镇中的“新移民”。从我国城镇化发展经验来看，在农民、外来人口等“新移民”融入城镇的过程中往往存在着例如“适应性困境”“角色混乱”“文化缺失或是消解”等问题。只有满足不同人群多样化的文化需求，在统筹文化发展的前提下，建立包容性强、多样化的文化供给，切实让不同人群在城镇发展过程中切实享受到他们所需的文化成果，既能够确保新城留住人才、激活人气，也能够在相互融合、包容发展中形成新型的具有新城特色的地域文化。以雄安新区为例，未来雄安新区的居民将包含多种类型的居民，预计将包括原有居民、城市新民（重点是北京转移过来的人口）、国际人士，他们对文化的需要差距较大。因此，如何进行系统科学的设计，让各类人群都能获得所需服务，满足人民过上美好生活的新期待，是一个必须面对的挑战。

第三，城镇地域文化资源难以有效地转化为现实文化生产力和竞争力。

2017 年 1 月，中共中央办公厅、国务院办公厅印发《关于实施中华优秀传统文化传承发展工程的意见》，强调要注重需求与供给、形式与内容相结合，把中华优秀传统文化内涵更好更多地融入生产生活各方面。核心即是要让文化实现“创造性转化，创新性发展”。但是从各城镇的实践来看，由于对历史文化资源创新性传承和创造性转化不足，很多优势文化品牌还没有形成现实的文化生产力和竞争力。例如杭州富阳区的造纸文化传承千年，是富阳传统文化产业、非遗保护性开发的重点领域。但目前富阳对“元书纸”等地域文化品牌的挖掘不够，目前境内主要的竹纸相关产业企业大部分为家族式经营，生产规模小、资本积累少、产品档次低、技术装备差、竞争能力弱，呈现出“低、小、散”的特点。这些企业基本都聚集在传统制造业，无论是有一定规模的生产企业还是品类繁多的小作坊式制造点，文化创新能力都较为薄弱，让本应具有更广大市场和文化价值的竹纸制造工艺品牌比不上安徽红星，价格优势竞争不过四川夹江等地。

第四，优秀文化人才的短缺制约了新型城镇文化创新创意能力。

人才聚，企业聚；人才兴，产业兴。如果说农业是大地经济，工业是大厂经济，文化产业无疑是大脑经济。文化产业是以人的创意为源头的产业，其繁荣兴盛的核心在于人才。人才的集聚，是产业集聚和企业集聚的根本。美国学者佛罗里达就在他的《创意阶层的崛起》一书中，强调了创意阶层对于文化产业的极端重要性。他认为，从根本上看，文化创意产业的高速发展依靠的就是文化创意人力资本的投入产出和文化创意阶层的崛起。但是在新型城镇建设中，除了北京、上海、深圳等超一线城市的文化人才较为丰富之外，其他城市与城镇由于城市能级、产业基础等问题，从事文化产品开发和文化产业经营的人才数量较少，随着新媒体、虚拟现实等新兴文化业态的发展，人才问题更加凸显。虽然一些城镇也采取了大量政策和创新做法，试图吸引更多海内外优秀人才和创业团队落户，但效果不明显。这就需要各类新型城镇能创新更多的办法，吸引文化人才集聚。

## 第三节　思考：注重三个关系与五大战略

新型城镇化与文化产业发展是一个系统的复杂工程，涉及经济社会文化发展的方方面面。新型城镇化文化产业的发展，既要遵循文化产业发展的一般规律，也要注重结合新型城镇化的新特点与新机遇，充分发挥文化产业的绿色经济功能，推进新型城镇化的健康发展。

## 一、统筹好文化产业发展的三个关系

### （一）社会效益与经济效益的关系

文化产业不同于其他产业的地方在于，文化产品除了具有商品经济属性，还兼具意识形态属性和公共产品属性，在社会发展中发挥着道德价值规范的特殊性。所以，文化产业发展必须坚持把社会价值功能放在文化发展原则的首位，需要以社会效益优先，促进社会效益与经济效益的有机统一。因此，文化产业在新型城镇化建设中，一是要以社会主义核心价值观为引领，以“包容性增长”为前提，实现城乡经济社会发展与文化发展同步，顺应人民对理想城市和幸福生活的向往，推进注入人文关怀、关注人文精神、融入人文内涵的城镇化。要从文化使命出发，“去除”有悖社会核心价值塑造的文化垃圾，“去除”不具备鲜明文化社会价值功能，“去除”仅依靠政府补贴维持空转和基本生存的文化产品和企业，进而突显文化产品在提高人民素质、传承民族文明、引导精神向上的社会意义。二是要基于城镇特色文化资源的优势，以市场机制和现代金融手段为杠杆，以满足个性化、多样化的文化需求为方向，扩大有效和中高端供给，提升文化产业发展的市场空间和经济效益，推动文化产业的繁荣兴盛。

### （二）“有形之手”与“无形之手”的关系

综观城镇化的历史进程，社会主义市场经济特征让城镇建设中政府牵头指导功不可没。但是，政府发挥作用有一个合理界限问题。

由于国家目前并无统一的城镇公共文化服务建设的指导标准、指导章程与管理权责清单等，加之地方政府领导为了彰显自身政绩，总是或急于求成而造成建设设施粗制滥造、服务内容供需脱节，或追求个人领导主义，一个领导有一个领导的建设主张与思路，最终导致城镇的公共文化服务建设成“四不像”，想要“一张蓝图绘到底”基本成为遥不可及的奢望。这是传统城镇化中的极端案例。①

因此，在新型城镇化建设中，一方面，要克服城镇化进程中市场失灵的缺陷。以曾经奉行自由经济理论的美国为例，在城镇化过程中将市场的作用发挥极致而完全忽视了政府调控作用，最终出现城镇结构失衡、无序扩张、土地浪费、环境破坏等问题。这些传统城镇化中暴露出来的政府与市场之间的问题值得反思。在新的经济形势下，随着我国新型城镇化全面铺开的历史时刻的到来，政府管理与市场问题在这个领域里亟须加以解答。另一方面，要在城镇化进程中防止政府失灵的弊端。政府牵头规划能够加快城镇建设进程，保障公共文化服务建设有质有序实施，而市场经济能够激发社会多元主体的建设活力，保障公共文化服务建设多元协同治理。因此，在城镇公共文化服务建设过程中，政府与市场就是一个硬币的正反面，二者缺一不可，只有相互协调、互补互促才能让新型城镇的建设规划稳步向前。那如何才能处理好二者的关系呢？首先，需要打破地方政府在一级土地市场中的排他性地位，将政府的行为由“主导”转为“引导”，使其决策更加客观和因地制宜。其次，在政府引导下，合理配置市场资源、遵循市场规律，将新型城镇化的主导权交给市场。再次，在市场

① 马宏伟．城镇化：处理好政府和市场的关系 [N]. 人民日报，2013-08-08.

的主导下，大力扶持，将企业作为新型城镇化的主要运营者。只有充分理解中国的“边缘革命”现象，发挥“边缘力量”的作用，才能真正完成由“政府主导”转为“多方参与、政府引导”。这是迈向城镇化新路的核心之举。

### （三）科学规划与落地实施的关系

制定科学的规划，根据文化生态、文化资源和文化环境承载能力构建合理的空间布局、产业业态，以及营造创意氛围，是推动城镇文化发展的重要手段。正是因为规划非常重要，所以我们不能掉以轻心。根据国内外城镇在文化建设中的规划实践，主要存在如下问题。第一，规划与时俱进的调整问题。文化建设的本质任务是更好地满足人民对美好生活的需求，文化发展要随着人们需求的不断变化而进行调整。例如拉德芳斯发展到20世纪90年代后，随着创意阶层的崛起、对互动交流空间的大量增加，原有规划带来的出行不便和公共空间浪费问题就凸显出来，后来通过重新定义了人与城市的关系，打开大型基础设施（快速路、高架桥等）阻隔的封闭空间，促进城市功能混合，才更好地满足了人们的现代需求。但是很多新城并不能像拉德芳斯那样进行合理的调整，要么规划滞后于现实的需求，要么受到利益或行政意志的驱使而随意变动规划。第二，新型城镇文化特色塑造的问题。一个城市独特的气质和风格最终是通过文化塑造的。新城建设过程中，更深刻的内涵应是文化特色萃取和文化价值升华的过程。在城市文化特色方面，国内新区的问题更加突出，目前我国的新区主要是引入国际团队进行规划，借鉴西方规划和建筑设计，体现西方城市发展的理念，对区域文化底蕴挖掘和文化传统活化继承不足，常常造成城市面貌的雷同。第三，规划在建设中的执行问题。虽然新型城镇的规划属于法定规划，但是在建设中，常常因为各种利益的驱使，不能做到“一张蓝图绘到底”，通常是换一届领导修改一次规划。

因此，新型城镇文化发展，要做好规划并处理好规划与落地建设的关系。一方面要科学制定新型城镇文化发展规划，把以人为本、尊重自然、传承历史、绿色低碳理念融入城市规划全过程。在城镇规划中，特别要注意适应农村人口转移和村庄变化的新形势，在提升自然村落功能的基础上，保持乡村风貌、民族文化和地域文化特色，保护有历史、艺术、科学价值的传统村落、少数民族特色村寨和民居。另一方面要统筹文化建设的各个相关部门，明确各个部门之间的组织协调与合作。明确规划的实施主体，加强新型城镇的文化产业促进与相关工作之间的协调与沟通，建立文化产业发展协调机制。例如由实施主体部门牵头，每月定期召开推进会，协调推进重大项目，提升各部门联动开展工作效率。要逐步建立民主决策机制、专家咨询机制、群众监督机制、目标管理责任机制、考核奖励机制等工作机制，着力提升新型城镇文化产业发展中政府的领导能力和促进能力。

## 二、促进文化产业发展的四大战略

### （一）融合发展战略

颠覆性的技术革新正在溶解着传统的产业边界，产业融合成为时代趋势。在新型城镇化背景下，首先要注重文化与城镇的融合，注重发挥文化产业的空间再造能力。在城市规划和建设中要重新认识城市的功能，要强调文化与文化产业的空间特性。通过建设文化产业园区与基地，再造城镇空间，使产业园区走向文化城区。文化产业推动新型城镇化，必须结合城镇化向低碳节能、集聚智慧、生态环保发展的潮流，推动新型城镇的空间再造。从世界的潮流来看，产业布局与城镇的空间发育相对应，文化产业对产业升级的拉动力越强，对城镇空间进行合理再造的要求也越迫切，由此推动产业的空间形态，从产业园区走向创意社区和文化城区。其次，要推动文化产业与其他产业的融合。重要的是要推动文化产业与旅游、休闲体育、数字科技、金融服务等产业的深度融合，在此基础上逐步构建文化产业的新业态、新产品与新服务，特别是数字创意、虚拟现实、人工智能等业态，形成“文化+”的大文化格局，铸就城镇经济转型升级的强大动力。再次，要打破地区和所有制壁垒，实现不同地区、不同所有制和不同行业市场主体的融合。以雄安新区为例，其主要思路就是在突破行业壁垒的前提下，深入挖掘雄安优秀传统文化内涵，积极通过文化构建鼓励创新的社会氛围，推动新区创新发展。

**（二）创新发展战略**

城镇化是为适应产业结构调整和经济发展需求做出的战略调整，其本质是人的城镇化。这要求改善居民的居住和生产环境，不但要建立宜居、人性化的城镇，而且还要创新地满足居民的多样化需求和灵活的就业，使其有充分选择的空间。从这一维度看，新型城镇化需要以文化产业的多元化发展实现城镇文化功能的集约化、城镇资源配置的高效化、城镇空间布局的科学化。这是新型城镇化进程中文化产业科学发展的重要思路。第一，优化城镇产业功能，推动城镇化集约发展。集约就是优化政府文化管理职能，进行全方位的文化治镇，就是要进一步深化文化管理体制，转变政府职能，提高政府的文化服务意识，将“文化服务”纳入政府行政中。要简政放权，将更多的文化管理权限下放给基层，下放给社会组织。政府集中力量办大事，做好全民需要的公共文化管理工作，保证全体百姓的基本文化需求。要创新观念，相信群众，要发挥社会特别是文化组织的作用，以文化人，提升文化治理的效率与层次，提高新型城镇化中居民的人文素质。第二，创新城镇空间布局，以文化网络推动城镇化快速发展。在市场经济环境下，每个城镇都是一个独立的利益主体，城镇的分工必须要有一个专属于自己的城镇定位。根据对全球50万个城镇的分析，发达国家专业镇已占其总数的60%以上，而中国尚不足15%。美国的芝加哥有204个小城镇，洛杉矶由88个小城镇组成。因此，建构合理的差序化城镇网络化格局，[①] 以新型文化产业为引导，形成城镇专业化、创新化发展模式，是一种新型城镇推进的重要路径。

**（三）特色发展战略**

植根城镇的地域文化底蕴，弘扬区域文化特色，构建区域文化创新生态，打造区域特色文化产业体系，正成为新型城镇文化产业发展的重要方式与经验。自2002年11月党的十六大上提出要发展文化产业以来，文化产业在全国的关注度和重视度不断上升，文化产业成为很多区域谋求转型升级，带动区域发展的“VIP”产业。但随着各地文化产业的迅猛发展，地区间在文化产业发展上各自为战、缺乏协调，导致发展思路单一、产业结构雷同，缺少差异化的发展战略，因盲目发展造成的重复建设、资源浪费等问题也开始凸显。在2012年2月发布的《文化部“十二五”时期文化产业倍增计划》中，优化产业区域布局就具体为“差异化的区域文化

① 张鸿雁．中国新型城镇化理论与实践创新[J]．社会学研究，2013（3）．

产业发展战略”。2017 年 4 月发布的《文化部“十三五”时期文化产业发展规划》中着重强调，要引导各地根据资源禀赋和功能定位，走特色化、差异化发展之路。规划提出要实施特色文化产业发展工程，即支持规划实施一批特色文化产业项目，支持地方培育特色文化企业、产品和品牌。当前各地已经充分认识到，越是深厚根植于自身文化及资源禀赋所培育出的文化产业，就越是具有生命力和竞争力。在推动新型城镇文化特色化发展中，第一是要因地制宜地将文化创意与地域文化有效对接。特色文化产业发展应以城镇为主阵地，逐渐拓展到特色城市群或特色文化区域。在产业发展资源挖掘、主导产业选择和消费市场定位等方面充分实现本地化，大力培育和发展本地文化消费市场，要突出地域特色。将地方标志性文化遗存与城镇公共空间建设有机结合，精心设计公园景区、文化广场、特色街区、重要城市节点等，高品质建设一批城市雕塑、文化设施等人文景观，串联起城镇多元空间，形成文化景观网络，进而铺陈出新型城镇的文化底色和特色，拓展城镇文化产业空间。第二是要促进特色文化资源与现代消费需求有效对接。坚持外联与内生并重，着力推动新型城镇特色文化产品和服务的生产供给，满足居民多样化、个性化、品质化的文化需求。

**（四）协同开放战略**

在国家区域协同、要素协同、产业协同的经济发展大背景下，立足文化要素，完善产业链条，多资源、多主体、多元素共同协作、相互补充，才能更好地实现文化产业兴旺。因此，推动区域产业协同发展成为各城镇（区）文化产业发展的重要选择。例如南沙新区从区域创新的角度去规划文化产业的发展，系统、科学地规划产业布局和重点项目，与粤港澳共同发展。哈尔滨新区利用与俄罗斯的地缘和历史优势，大力推进文化交流和贸易，积极谋划建设成为中俄全面合作的重要承载区。同时，互联网时代是一个共享经济的时代，是一个发展模式从价值链到生态圈变革的时代。所以，在新型城镇的文化产业发展中，我们要跳脱出自己"一亩三分地"的局限，顺应时代新趋势，培育和践行互联网思维和生态圈思维，推进协同开放。这就是说，新型城镇应以文化创新源（创新创业者、文化科技企业等）为核心，在充分利用自身资源构建服务平台的同时，协同和整合最广泛的外部资源（包括金融机构、大型企业、媒体中介等），共同参与到为文化创新创业者服务的过程中来，将城镇打造成一个众多利益相关者共同创造和分享价值的有机生态系统，实现文化产业发展的协同效益与开放价值。

## 第四节　构建新型城镇文化产业体系的三大建议

### 一、创新发展理念

理念决定高度，思路决定出路。在新型城镇文化产业的发展中，首先就要创新理念，拓宽思路。具体而言，一是要树立人民的中心观。文化产业发展的根本目的是满足人们不断增长的精神文化需求，因此需要警惕"文化 GDP"导向，避免将文化作为新的政绩工程。要积极改变现有的文化政策话语体系，更强调与民众获得感和满意度直接相关的评价指标。二是树立大文化观。新型城镇的文化发展，需要从全局、系统、战略的高度出发，围绕城市的发展定位、原则和任务，统筹布局，发挥文化建设在引领当代价值、提升公众素养、提高生活质量、推动经济发展、优化社会氛围、塑造新区形象等方面的积极作用，助推城镇高品质高效率发展。三是树立特色发展观。国家统计局颁发的《文化及相关产业分类（2018）》，按照管理需要和文化生产活动的自身特点，将文化产业分为9个大类、43个中类、146个小类。从当前城镇的实践来看，产业选择主要定位在中类甚至大类，很少定位到专精、特色的小类，这也导致各新区产业的区分度不足，例如很多新城镇都提出了要发展动漫游戏、影视传媒、创意设计、文化旅游等，但真正植根自身资源优势、具有核心竞争力、具备较高知名度和首位度的产业门类很少。因此必须根据自身基础和优势，聚焦特色产业，实现特色发展。

## 二、优化治理手段

新型城镇的文化产业创新发展需要优化文化治理手段，大部门、扁平化、参与式、法制化将是新型城镇文化治理体系的重要创新。

大部门：文化领域的大部门改革呼声已久，在新型城镇建设中更显急迫。要革除现有体制机制壁垒，统合文化领域资源，必须推动文化的大部门治理。新型城镇的发展应当率先打破体制束缚，实现文化大部门制，将文化、广电新闻出版、旅游等文化职能部门进行整合，提高文化治理效率，为协调发展提供制度保障。

扁平化：目前我国多行政级别的城市体制直接造成了资源配置不均，从而导致了发展不均衡的局面。新型城镇的发展不能走上大城市无限扩张的老路，成为另一个“大城市病”患者。因此，文化治理中要弱化行政系统的资源配置作用，应以社区为单位实现多中心文化治理。一方面可以节省资源层级分配的损耗，另一方将文化治理下沉到城市社区，深度介入居民日常生活。

参与式：城镇化发展是一个庞大的人工系统，而文化治理的自组织功能不容忽视。过去我国文化领域的改革发展主要以政府意志为导向，因此社会动力不足。从我国过去四十余年的改革开放经验可以看到，成功的改革不是政府的意志而是社会主体成为核心动力。因此新型城镇的文化治理必须重塑政社关系，政府分权给社会，政府权力进一步缩小并受到制约，充分吸纳调动各个社会主体参与文化建设，使文化治理自身不断优化。

法制化：随着我国依法治国理念的不断深入，文化领域的立法工作不断深入，《公共文化服务保障法》已经出台，《文化产业促进法》正在制定中。文化法制的不断健全将从制度层面有力保障文化的发展。但法律制度需要细节，只有细节完善的法律才能真正实现法律的规范功能，否则也将沦为“水中明月”，可望而不可即。新型城镇的文化治理在制度建设中应当从细节入手，推动文化法制化。

## 三、完善政策体系

第一，政策基调：在坚持“双效统一”的基础上，兼顾基础性和突破性政策，在政策设计上要突出“两手抓”。要实现由支持单纯产业部类发展的政策，转向推进基础环境提升和专项突破性政策的双重建构，在坚持经济效益与社会效益有机统一的基础上，构建具有原创性的特色政策支持体系。在政策设计上必须“两手抓”：一是完善文化发展环境建设，出台针对性政策，促进高端生产要素向区域集聚，为文化发展提供优越的基础条件；二是要针对具有时尚性、国际性、文化与科技融合性的现代文化产业门类，特别是数字创意产业，坚持问题导向和需求导向，推出具有突破性的政策，包括特殊的土地政策、人才政策、招商政策、金融政策、准入政策等，让政策成为新型城镇文化发展的强大动力。

第二，政策效能：逐渐完善政策制定程序，不断提升政策的科学性、开放性、协同性和实效性。针对当前大量政策难以落地、存在“空转”现象的问题，建议采取以下措施：一是提升政策制定的科学性，从制定主体、制定程序、大数据支撑等方面出发，不断提升政策制定的科学性；二是要提升政策制定的开放性，充分利用文化智库的力量，积极推动企业与广大民众参与；三是要提升政策的统一性和协同性，加强文化领域与其他国民经济部门的沟通与协作，强化国家顶层设计与地方创新间的双向对进；四是要强化政策实施的监督与激励机制，推进发展政策的效果评估、问责与退出机制。

## 第五节　新型城镇文化产业发展参考——以国家级新区为例

国家级新区是由国务院批准成立，以相关行政区、特殊功能区为基础，承担国家重大发展和改革开放战略任务的综合功能区。在带动区域经济发展、引领全面改革开放、推动体制机制创新、促进产城融合和城乡一体发展等方面发挥着重要作用。相比普通新区（如省级、市级），其功能定位、发展目标、产业布局、主要任务等方面都是根据国家重大战略部署和区域总体布局的考虑和要求制定，其发展规划、优惠政策及管理权限等需由国务院统一审批。新区可以在体制、模式、职能、产业等方面先行先试，实现更大的突破与创新。可以说，国家级新区寄托了国家极大的期望，是我国新一轮改革开放的排头兵，科技创新高地和经济增长的重要引擎，肩负着全面探索改革开放、体制创新的历史使命。

文化建设是国家级新区建设的重要组成部分。文化建设不仅增添了新区的文化氛围，丰富了文化产业的供给，也成为新区经济社会发展的重要驱动力。在文化建设过程中，各新区顺应移动互联、大数据、人工智能等新技术背景下文化发展的新特征与新趋势，结合自身的发展基础与需求，因势利导、因地制宜，积极探索新区文化发展的新模式、新路径，在文化战略规划研究与编制、文化资源保护与传承、产业门类选择与发展、公共文化服务建设与提升、"文化 +"融合与共进、文化创新与创业、文化政策探索与实施等方面，取得了较好成绩。"他山之石，可以攻玉。"虽然目前各新区的文化发展远非完美，但对许多新型城镇而言，仍有重要的参考价值与借鉴意义。根据对全国 10 余个国家级新区的研究发现，其基本做法和经验如下。

## 一、重视顶层设计，整体谋篇布局

顶层设计是新区文化产业建设的指南。各个国家级新区积极从顶层战略上确定文化产业的地位与建设目标，谋求推进文化快速发展。例如，陕西西咸新区提出要打造"彰显历史文明、推动国际文化交流的历史文化基地"；湖南湘江新区提出要打造"创新创意产业聚集区"；黑龙江哈尔滨新区提出要打造"科技、信息、金融、国际贸易、文化旅游等高端服务和要素集聚平台"。一些新区虽然没有在定位上得到明确，但是大部分都制定了新区的文化发展规划或者发展意见，对文化产业发展进行指导。例如大连金普新区制定了《金普新区文化产业“十三五”发展规划》，争取到2020年，初步建设成为大连文化产业发展的旗帜区，东北文化产业优化升级的引领区，东北亚文化交流合作的中心区。

## 二、植根自身优势，聚焦特色产业

因地制宜，根据自身区域、文化资源等优势，发展特色文化产业，是各个国家新区文化发展的重要特点。例如，哈尔滨新区依托“冰城”的美誉，提出“冰天雪地也是金山银山”，大力发展冰雪文化产业，成为了全球冰雪爱好者的重要旅游目的地。甘肃兰州新区以丝路文化项目为重心，以产业跨界融合为载体，开发建设了丝绸之路文化遗产博览城、丝绸之路大数据产业园等重大项目，形成了良好的品牌效应。南沙新区充分挖掘岭南传统文化的优秀资源，结合新形势条件下文化的新观念、新做法、新需求，谋求打造为新岭南文化中心的样板和标杆，成为华南地区融通港澳、辐射全国的文化核心区。贵安新区围绕“山地公园省、多彩贵州风”的资源特色，发展“七型旅游”（教旅型、工旅型、农旅型、文旅型、会展型、欢乐度假型、休闲观光型），积极推进文化旅游业发展。浦东新区依托区域科技与人才优势，积极推动科技含量高与文化含量丰富的产业融合发展。着力打造数字内容等产业繁荣发展，使其成为浦东文化产业的重要增长点。西咸新区依托地下文物资源富集优势，通过现代数字媒体制作云平台技术和媒体产业数字化经验，建设数字文化创意产业基地，形成完整生态系统和全产业链。

## 三、打造引擎项目，以点带面发展

通过地标性文化建筑或重大的文化活动或龙头型企业，引擎带动，以点带面实现高效发展，快速树立新区的文化形象，优化新区的文化氛围，提升新区的人气，是新区文化发展中的通常做法。例如哈尔滨新区致力于“音乐之都”的建设，重金打造了哈尔滨大剧院，被ArchDaily评选为“2015年世界最佳建筑”之“最佳文化类建筑”，成为了哈尔滨的标志性建筑和市民的骄傲；浦东新区通过兴建东方明珠电视塔、上海科技馆、东方艺术中心、浦东图书馆等标志性文化设施，迅速提升了区域的文化形象；南沙新区通过举办妈祖诞文化旅游节、水乡文化节等国际化文化活动，已成为展示和体验中国文化和岭南文化的窗口和文化交流的重要平台。重庆两江新区通过吸引华侨城、华谊兄弟等大型文旅和影视企业，发挥龙头作用，快速推进新区文化的发展。

## 四、重视文化交流，推动国际贸易

文化产业贸易作为国际服务贸易的重要组成部分，成为了国家新区推动国际交流与合作的重要内容。不少新区借助区域或者交通的便利，通过建设保税港等多种形式，推动文化国际化发展。例如两江新区成立了重庆两路寸滩保税港区对外文化贸易基地，发展文化产品展示交易、体验、加工产业链，成为连接国内外文化艺术交易的重要桥梁。哈尔滨新区利用“中俄纽带”的特殊战略区位，打造“中俄全面合作重要承载区”，并吸引了中俄金融联盟总部基地入驻，建立哈尔滨金融资产交易所、俄罗斯青年双创基地等合作载体。福州新区利用地处21世纪海上丝绸之路核心区的优势，主动融入“一带一路”倡议，依托（福建）自由贸易试验区及海关特殊监管区域等平台，加大对外开放力度，构建起了立足周边，辐射“一带一路”、面向东盟国家的自由贸易之路。大连金普新区充分发挥与日、韩、俄、朝、蒙等国相邻的地缘优势，立足国家战略高度，抢占开放合作高地，力图打造区域链接东北亚乃至世界的战略枢纽。

## 五、创新体制机制，优化发展环境

体制机制与政策创新是促进新区文化快速、健康和可持续发展的重要推动力，由于新区拥有许多可以先行先试的优越条件，因此，创新体制机制与政策，推动文化发展，成为了新区的重要手段。例如，南沙新区抓住南沙自贸片区建设的战略机遇，先行先试，通过政策引导、项目对接、信息服务等方式，促进文化与金融发展，积极在南沙自贸片区创建国家级文化金融合作实验区；浦东新区出台了《浦东新区加快文化创意产业发展的扶持办法》，在扶持资金、财政税收、规划用地、人才引进和市场准入等方面进行了全面突破，推动文化产业在“十二五”期间成为了浦东新区的支柱产业，贡献了高达10%的GDP；金普新区在其文化产业“十三五规划”中，提出了促进产业集聚、发展文化金融、推进土地利用、吸纳优秀人才、健全奖励机制、落实交流合作六大方面的政策创新，力图全面优化金浦新区文化发展环境。

# 第六章　新型城镇文化消费研究

在美好生活的感召下，城镇居民的文化服务消费意识逐渐增强，文化服务消费总量也在不断提升。另一方面，文化消费总量得以提升的同时，我国文化消费的结构也发生了重要变化，2017年，我国人均教育文化娱乐消费支出中，相较于文化教育与文化耐用品支出，文化娱乐服务支出所占比重有明显提升。以“互联网+”为核心的新媒体和新技术，促进了人民文化消费方式的变革，不断推进文化消费结构的优化与调整。

十九大报告指出，要“完善促进消费的体制机制，增强消费对经济发展的基础性作用”。文化消费的高低一方面取决于居民的消费能力和消费意愿，另一方面取决于文化产品的供给。事实上，文化消费需求正形成一种“倒逼”，促进文化产业及相关产业的加快发展，推动艺术创作与生产的发展繁荣。因此，在促进和完善文化市场消费机制的过程中，必须以拉动城乡居民文化消费为导向，将文化消费培育成为经济转型升级的新支撑点。

## 第一节　文化消费概念与内涵

在文化消费研究的早期，学者们较多使用“精神文化消费”

的提法。如消费经济学的创始人尹世杰教授首次提出消费力也可以分为物质消费力和精神消费力，而所谓“精神消费力”，就是消费者为了满足自己的精神文化需要而消费精神文化消费品的能力。米银俊等依照马克思对个人消费的理解，认为文化消费应理解为人们为了满足文化生活的需要对物质和劳务的消费或者是人们为了自身发展的需要而对消费资料的消耗。这种文化生活需要或自身发展的需要主要包括对教育培训的消费需求、对娱乐休闲的消费需求，以及对文化、艺术、精神追求的消费需求。文化消费有广义和狭义之分。较早时期，有学者倡导研究狭义的文化消费。但随着时间的推移，更多的研究者更倾向于采用广义的文化消费概念，表述也渐趋一致，即文化消费是指人们为了满足自己的精神文化生活而采取不同的方式来消费精神文化产品和精神文化服务的行为。[①]

具体而言，文化消费主要包括六大类。

一是阅读与视听类，包括图书、报刊、广播影视、音像制品等，这是最常见、最广泛的文化消费方式。例如电影，2017 年我国城市院线观影人次超过 16 亿，票房消费达 559 亿元，相比 2016 年增长了 18%。

二是文娱演出类，包括音乐、舞蹈、戏剧曲艺等。外出观看各种文娱演出，仍是消费者主要的文化活动之一。例如，2017 年全国艺术表演团体共演出 293.77 万场，国内观众 12.49 亿人次，比 2016 年增长 5.7%。[②]

① 翠珍 . 文化消费研究述评 [J]. 经济学家，2010（3）.

② 文化和旅游部 . 中华人民共和国文化和旅游部 2017 年文化发展统计公报 [N]. 经济日报，2018-06-01.

三是旅游休闲类，包括旅游、公园游览等。旅游活动近年得以迅速发展，2017全年国内游客50亿人次，比上年增长12.8%；国内旅游收入45661亿元，增长15.9%，占国内生产总值的比例达到了5.5%。[①]

四是艺术鉴赏与收藏类，包括摄影、书法、绘画等。随着生活水平和消费水平的提升以及国家艺术的快速推进，人们的艺术素养和对艺术消费的需求也在不断提升，越来越多的人喜欢参与艺术活动，收藏书籍、字画、钱币和其他文物等。

五是棋牌休闲类。作为增强智力和娱乐消遣的方式，棋牌休闲是老少喜爱的普及性消费活动。例如四川的麻将甚至成为了一种标志性的文化符号。

六是新兴消费类。随着文化与互联网、大数据、人工智能、VR等技术的融合，出现了大量新型的文化消费，例如基于VR的沉浸式体验等。

## 第二节　城镇文化消费的现状与趋势

### 一、城镇文化消费的总体现状

改革开放以来，我国经济发展逐步驶入快车道，城镇居民的消费水平和层次也不断提升，中国经济继续成为全球关注的焦点，

① 国家统计局．中华人民共和国2017年国民经济和社会发展统计公报[EB/OL].（2018-02-28）[2018-06-25]. http：//www.stats.gov.cn/tjsj/zxfb/201802/t20180228_1585631.html.

尽管目前消费增速轻度放缓，但消费增长仍在一个惊人的上升轨道上。据预计到2020年，中国的消费市场将扩大约50%，达到6.5万亿美元的规模。在消费创造经济发展新动力的同时，文化消费成为不容忽视的重点领域。文化产业的快速发展为文化消费市场个性化、多元化发展提供了更加有利的市场环境，文化产品和服务供给成为满足老百姓文化消费需求和拉动经济增长的双引擎和新亮点。

**（一）我国城镇文化消费的当前形势**

第一，文化消费受当前经济形势的影响较大。居民消费虽然具有刚性，但增长速度与经济增长呈现出正相关性。当经济增长较快时，居民增加消费的意愿也比较足，消费增速也较快；当经济增长较慢时，人们会节衣缩食应对经济困难，消费增速也会下降。近些年来，随着我国经济的较快平稳发展，消费也水涨船高，2017年全国居民人均消费支出18322元，比上年增长7.1%，教育、文化、娱乐方面的消费支出达到了2086元，占到了总支出的11.4%。

第二，文化消费升级受居民收入和文化惠民的双重影响。居民的收入水平是其文化消费能力的主要支持性因素。首先，收入水平越高，文化消费能力也就越强，文化消费量也就越大。其次，文化消费属于与物质消费相对应的精神消费领域，与居民的总体生活水平和消费层次也存在着很大的关系。根据马斯洛的需求层次理论，人们只有在满足了低层次的基本生理需求后，才能产生社会、情感、尊重和自我实现等更高层次的需要。国家统计局数据显示，截至2017年年底，我国人均GDP为59505元（约合8756美元）。从世界主要国家的经验数据来看，当人均GDP

达到8000美元标准后，都出现了消费升级的趋势。[①] 居民收入的提高使文化消费产品和服务不断向中高端升级，而文化惠民又在确保文化基本权益的基础上，不断培养居民的文化消费习惯，使文化消费成为一种经济活动的新常态。随着我国人均收入水平逐步提高，品质生活成为必需品。同类产品中，品牌、质量、安全性、服务、个性化等综合评价更好的中高端产品消费量占比越来越高。麦肯锡《2016年消费者心理调查报告》显示，消费升级势头正旺，中国消费者对品牌的忠诚度正在不断提高，以服饰品类为例，愿意选择非备选品牌的消费者从2011年的约40%降至2015年的不足30%。诸多的数据都表明，中国消费者已经走过了唯“低价是从”的阶段，对品质、个性化商品与服务的需求正在迅速增加。

第三，供需错位的问题仍然制约着文化消费规模的壮大。据专家推算，2013年底我国文化消费潜在规模为4.7万亿，而实际消费规模刚刚超过1万亿。[②] 究其根源，主要还在于文化供需的结构性错位，主要表现在低端文化产品存在过剩，中高端优质文化产品相对缺乏，同质化产品过多，而差异型产品相对较少。以电视剧行业为例，2015年全国生产电视剧16540集，但播出的只有8000集左右（占总数的48%），大量产品刚“出生”就“入库”，成为了“僵尸产能”。而反观韩国电视剧，以《太阳的后裔》为例，该剧在我国播出后，微博话题阅读量超过120亿，爱奇艺播放总量突破27亿，收视率达到34.8%，每集转播权达到

① 薛华.我国文化消费的非均衡性及其发展路径[J].文化产业研究，2014（4）.

② 马春玲.深挖首都文化消费潜力[J].北京观察，2015（5）.

23 万美元，消费者不惜付费追剧。这种反差说明，我国不缺乏消费的热情和能力，问题还是在于供给侧的疲软与乏力。未来文化发展需要提高供给质量和效率，切实推动文化需求升级与供给升级协调共进。

## （二）我国城镇文化消费亮点与新特征

第一，新兴业态和消费方式蓬勃发展，助推文化消费快速增长。伴随着居民消费结构升级、专业化分工程度深化、新技术的突破和信息化的推进，我国生活性服务领域涌现出一批快速发展的新兴行业和新兴业态。其中文化与科技融合已经成为我国近年来文化产业发展的一个突出特色和重要趋势，创意设计、网络文化、新兴电视媒体、数字广播、数字电视、数字电影、网络游戏、动漫、流动多媒体及手机媒体等新业态领域的文化企业，开始成为文化消费领域的引领企业，这些企业及其主要业态的文化产品和服务，不仅为文化产业自身的发展带来了新机遇，也为我国扩大内需创造了新的消费增长点，更为我国转变经济发展方式、实现产业转型升级提供了重要支撑。以深圳市福田区的“文化服务数字化”试点为例。福田区通过高标准建设“福田文体通”，为市民提供了更为精准、便捷、整合的服务，破解了公共文化供给与需求对接难题。同时，福田区借助被评选为数字文化馆国家试点单位的契机，积极先行先试，探索“互联网 + 公共文化服务”新模式，通过打造 PC 端、手机端、数字电视“三平台”，组建“四个中心”“五大资源库”“六个体验空间”，开展线上线下互动结合的文化馆数字文化服务，努力实现“让文化服务唾手可得、让文化管理运筹帷幄、让文化体验融入生活”三大目标。同时，福田区还在全国首创实施依托网吧提供公共电子阅览服务的模式，由政府委托行业协会牵头，依托社会网吧现有场地和设施，植入公共文化服务内容，通过在合作网吧中安装数字图书馆系统和文化活动宣传展架等，将网吧打造成为公共文化服务的新平台。

第二，消费群体呈现结构化增长特征，多样化消费需求逐渐旺盛。当前，老年人和青少年消费市场正呈现出强劲的增长趋势，服务这两类消费群体的文化产品和服务越来越受到关注。一方面，随着人口寿命的延长，老龄化是全世界许多国家面对的严峻挑战。围绕50岁以上老年人研发出的新型文化产品服务正在蓬勃发展，针对老年市场的文化旅游、文化康体、娱乐项目成为市场新的增长点。同时，儿童对家庭消费决策的影响能力越来越显著。在年轻的中等收入家庭中，父母希望培养一种平等的亲子关系，因而赋予孩子更多权利。电子商务的发展也带来了更多青少年购买的机会。这一代儿童在更小的年纪就融入互联网社交平台的使用，这也使得商家的营销更加瞄准这些青少年。例如哈尔滨的“松松小镇”2015年被列为黑龙江省重点文化产业项目，并被评为国家AAAA级旅游景区。他们开发和研制了一系列具有自主知识产权的卡通人物，以及小镇原创歌曲、舞蹈、绘本、报纸、儿童剧等文化衍生产品，以“向上、向善、崇尚自然”为理念，取得了寓教于乐的良好社会效益。同时，该小镇以科技为载体，将4D环幕、3D涂鸦、科学实验、松鼠历险记、机器人、行走的恐龙等高科技项目融入文化产业，获得业内人士好评。自2015年5月投入运营后，当年8个月就接待游客200万人次，至今热度不减，成为国内儿童娱乐产业的典型范本。

第三，国家文化消费城市试点的实施有力促进了文化消费。

我国文化主管部门高度重视文化消费，文化部（现文化和旅游部）在2013年便开展了拉动城乡居民文化消费的研究与设计，2015年联合财政部在东中西部典型地区进行了政策试点，2016年决定进一步在全国范围内开展试点工作，并确定了第一批第一次26个城市，包括北京市、天津市、石家庄市、沈阳市和长春市等。2017年公布包括山西省太原市、江苏省苏州市等19个城市在内的第二次国家文化消费试点城市名单。截至2017年年底，全国范围内共有45个城市被确定为国家文化消费试点城市。试点工作开展以来，各城市因地施策，围绕优化文化消费发展环境、加大文化消费扶持力度、加强文化消费金融服务、强化文化消费权益保护、支持文化消费项目建设、深入开展文化消费宣传等重点工作，有力地激发了人民群众的消费热情，壮大了城市文化消费规模。

## 二、城镇文化消费的发展趋势展望

在新时期社会主要矛盾变化的强力推动下，我国文化消费正处于数量扩张和观念嬗变期，它的逐步成熟将开拓出巨大的消费市场，文化消费将成为我国新世纪最具前途的市场空间。未来我国文化消费将呈现出消费需求多元化、消费内容融合化、消费主体分层化、消费方式移动化等诸多特征，并在新型城镇化的过程中逐步缩小城乡差距和地区差距，形成国际化与本土化相互交织渗透的格局。

### （一）文化消费需求多元化

受到经济发展、居民收入、人口增长、文化水平等因素影响，文化消费在总量上可望有较快增长、质量上有较大提高，文化消费市场在可预见的将来空间巨大，文化消费需求将进一步呈现出多元化发展趋势。而近年来我国市场经济的发展和科学技术的进步，特别是在文化产业快速发展的大背景下，文化产品领域不断拓宽，文化传播手段不断丰富，文化市场体系不断完善，满足了文化消费需求多样化和文化消费产品高科技化的发展趋势与发展要求。另外，随着公共文化服务体系建设的不断完善，必将进一步推动和支撑文化消费市场向多元化方向演进。通过政府购买、企业赞助等方式，广大群众可以支付少量费用甚至免费享受到更多更好的文化服务和文化产品。在消费需求呈现越来越明显的细分化之后，只有能够找准定位、提供有针对性服务的文化企业才能得到更好的发展机会。

### （二）文化消费内容融合化

我国文化产业与传统产业的联姻，实现了文化消费的超常增长。未来，文化旅游、教育培训、体育健身将成为文化消费的热点领域，充分表现出文化消费与旅游、教育、体育等其他行业的深度融合趋势。经济发展到一定水平后，旅游需求的必需程度很高，对旅游的需求具有刚性特征。随着经济社会的进一步发展，城乡居民收入水平的提高和闲暇时间的增多，对旅游消费特别是以文化体验为核心的潜在需求将越来越快地转化为现实需求。教育投入一直是我国一般居民家庭开支的重要内容。但是与过去作为校外辅助培训手段不同，如今围绕文化艺术领域进行的全龄化教育培训活动日渐成风，未来还将获得快速发展。

### （三）文化消费主体分层化

有关未来消费趋势的报告表明，中国日益壮大的中等收入人群将把更多的钱花在文化休闲、旅游和美食上。而诸如情感消费、公益消费、儿童教育消费的增长，也都体现出文化消费势不可挡的魅力。此外，中等收入人群的成长，以及他们所受的文化教育，将成为消费的动力。高端文化消费将呈现出大众化和个性化趋势，特别是在以“90后”年轻人为主导的消费市场，人们更喜欢网络消费和文化、情感类消费，这极有可能改变整个文化消费结构。另外，与传统文化消费方式受到挑战相应，在新技术、新观念推动下，便捷式、家庭式的文化消费成为快速扩张的新兴市场，文化休闲游、实景演出、主题公园等新的文化消费方式也将得到长足发展。

## 第三节 文化消费城市试点中的经验、问题与启示

### 一、试点城市文化消费促进情况

根据对全国第一批第一次26个文化消费试点城市的调研，同时结合各试点城市报送的《引导城乡居民扩大文化消费试点工作方案》，总体来看，各城市积极推进文化消费，在制度设计、模式创新、内容建设、引导培育和社会参与等方面都取得了较大进展，呈现出以下特点。

第一，制度设计先行，强化组织领导和系统布局。从调研情况来看，各市对文化消费试点工作高度重视，基本都建立了由市长牵头任组长、主管副市长任副组长、相关部门负责人为成员的领导小组，并形成了由领导小组办公室为主导的日常运行协调机制；同时各市积极出台文化消费相关的意见、规划、方案和办法，

强化系统布局，推进实施保障。例如，北京市出台了《北京市人民政府关于促进文化消费的意见》，上海市印发了《上海市促进新消费发展发挥新消费引领作用行动计划（2016—2018年）》，沈阳市提出设立1亿元的文化消费专项资金，为试点工作提供保障。

第二，推动模式创新，谋求发挥示范和辐射作用。文化和旅游部开展试点工作的核心目标即是要“形成若干行之有效、可持续和可复制推广的促进文化消费模式”。目前来看，各地正因地制宜，积极探索特色的促进文化消费模式，谋求成为典型样板，引领带动区域发展。例如，天津市武清区提出打造“互联网+文化”的普惠文化消费模式，探索东部地区涉农区（县）扩大文化消费的经验；丽江市提出“文化引领——文化与旅游深度融合发展”的试点模式，探索西部地区文化消费拉动经济增长的路径；武汉市提出政策引导型的文化消费模式，探索利用激励政策刺激公众的自主文化消费；哈尔滨市则提出以奖代补的消费补贴模式，借以提升居民的文化消费积极性。

第三，明确建设内容，不断加大实施和推进力度。从调研情况来看，各市建设内容主要包括五个方面：一是加快大型文化消费设施建设。在西部基础设施较为落后的市（区），这种需求比较突出，例如青海省黄南州即规划建设文化体育项目110个，在“十三五”期间基本建成文化消费的设施网络体系。二是加大文化产品和服务的有效供给。例如广州市积极扶持文化精品的创作，全年计划投入5800万元支持粤剧《岭南人家》《南越宫词》等优质剧目创作。三是积极构建文化消费活动平台，重点是以打造大型品牌文化活动为载体，促进城市文化消费。例如成都市举办“金沙太阳节”，石家庄市举办“吴桥杂技艺术节”，天津滨海新区举办“社区文化艺术节”，鄂尔多斯市举办“国际那达慕大会”，南昌市举办“南昌文化消费月”等。四是推动文化消费信息平台建设。这也是试点城市探索的重要内容，目前各城市正在积极推进。例如重庆市建设了全市公共文化物联网，建立了“1个市级总平台+40个区县分平台+960多个基层服务点”，已累计服务群众达305万人次；南京市正在研发和搭建“国家文化消费试点城市（南京）智能综合服务平台”。五是完善文化消费环境。例如宁波市以创建“文化市场综合执法规范化示范区”为抓手，规范文化市场秩序，保护知识产权，打击假冒伪劣，引导文化消费需求。

第四，加强培育引导，提升市民文化消费的热情。从调研来看，各市（区）积极通过丰富多彩的文化惠民活动，不断培育市民文化消费习惯，提高消费热情。例如天津武清区开展了“乐享武清”文化消费季惠民活动，2016年发行文化惠民卡5000张，2017年达到10000张；成都市投入1500万元购买社会服务，开展了文化惠民演出，吸引市民近100万人次；宁波市实行高雅艺术演出政府补贴制度，累计发放政府补贴6000多万元。同时各市加大文化消费的宣传力度，营造良好的消费氛围。例如贵州遵义市选定了四大类十三个消费品种文化消费产品，通过在电视台及遵义日报上对招项目合作商户进行了公告。武汉市充分利用户外屏幕、文化广场、社区宣传栏等途径，加大对优质文化产品和服务的宣传推介。

第五，鼓励社会参与，增强文化消费的多元动力。四川泸州市积极建立文化消费试点企业预备库，预计两年间将全市60%规模较大的文化企业纳入试点范围；成都市激发社会组织参与“书香成都”建设，上半年全市较大规模实体书店开展阅读活动共130

项（场）；鄂尔多斯市单独设立文化类民办非营利组织扶持专项资金，每年 1000 万元，重点用于扶持民办非营利组织实施的项目和民族文化项目；青海黄南州成立了“热贡唐卡协会”“热贡文化协会”“热贡艺术品鉴定中心”等，通过协会优势，增强文化产品的市场竞争力；洛阳市推动文化智库参与，邀请其作为战略咨询专家，对相关工作给予指导支持。

## 二、文化消费试点城市的基本经验

### （一）以惠民活动激发城镇文化消费活力

以文化消费试点城市为例，各试点城市试图积极通过多种多样的文化惠民活动引导市民树立文化消费意识，提高消费热情。在首批第一次国家文化消费试点城市中，北京市探索了“惠民文化消费季”等鼓励活动，调动市场积极性。而在第二次试点城市中，杭州市积极举办“文化消费节”，评选出文化消费最佳园区、最佳企业和文化消费工作促进奖，以激励文化企业参与文化消费试点工作；同时开展“免费体验周”，推出文化消费惠民政策，开展演出、阅读、艺术品鉴赏、电影等各种内容的文化消费免费体验活动。可以说，以“惠民”为前导，拉动文化消费热情，培养城乡居民的文化消费习惯，是国家文化消费试点城市目前的主要经验与重要工作。而不同的试点工作各具特色，概括起来有如下几方面特征。

一是惠民为主，文惠卡与公共文化服务体系并重。“文惠卡”是北京市探索出来的刺激文化消费的重要经验，相关试点城市也都有不同程度的借鉴和实施。如乌鲁木齐市制定了《乌鲁木齐市文惠卡项目工作方案》，向全市发放 10000 张面值 500 元的文惠卡，市民可通过网络、门店等花 100 元购买，用于市属专业院团和指定演艺单位举办的演出消费；淄博市在积极参加山东省文化惠民消费季活动之外，还由各区县自行探索，临淄区发放购书消费卡 1000 张和折扣绿书签 10000 张。宜昌市的“文惠卡”实行实名制，纳入市民卡功能运行系统统一管理，不单独制卡发行，其消费按个人负担和财政补贴 1∶5 的比例分担，首次发行 10000 张。而惠州市则推出国内首张文化消费补贴型的惠民卡，以优抚对象、低保家庭、五保供养户、城镇“三无”人员、家庭经济困难学生、在惠务工人员等社会困难和特殊群体为对象，实施精准文化惠民，实现公共文化服务均等化。部分试点城市的文惠卡还在探索之中，如新余市计划年底前发放“文化消费惠民卡”。文化惠民与公共文化服务体系有着内在的关联，而把握这一关联的区别是培养市民文化消费意识与习惯的关键。如惠州市免费开放市县区公共文化场馆，并为市民提供乐器、书法、朗诵等文艺培训，仅市文化馆公益文艺培训就已累计达到 2500 人次。这些民众在培训过程中树立的文化欣赏和消费习惯，包括购买文化用品、参加文化活动等所产生的文化及其他相关领域消费也是由文化惠民与公共文化服务所带来的。

二是构建文化消费数据平台，推动服务评估与效能改善。对文化消费试点工作是否有效进行准确评估，必须有赖于文化消费数据的收集和分析。目前全国层面尚无全面的数据支持系统，但各文化消费试点城市在各自区域内都进行了一定的探索和实践。如济南市、淄博市依托山东省文化消费惠民季“一卡一券一平台”的运行体系展开消费，通过关联银联卡（包括银联钱包 APP），发放文化消费券，并在山东省文化惠民消费信息服务平台下设文化消费数据平台，进行数据收集。由于省一级的文化惠民消费季开展早于济南和淄博，所以这两个试点城市具有良好的数据支持和基础。郑州市也是依托郑州城市一卡通有限责任公司的“绿城通”市级互联网大数据平台开展文化消费试点工作的。这样的形式不仅可以保证在试点工作推广之初就有较大的用户基础，保证已有大数据平台的抓取和分析，也避免了资源浪费，降低平台建设运营成本。苏州市也依靠苏州市民卡有限公司开发建设了“苏州文化消费大数据平台”。而惠州市则自行建设惠州市文化云服务平台及第三方平台，进行数据统计、检测；牡丹江市计划与互联网企业合作，展开平台构建和数据采集；淄博市还与武汉大学国家文化发展研究院合作，通过其提供技术支持的微信公众号平台“e文齐韵”进行数据监测。

三是创新理念，增强文化系统发展活力。扩大文化消费，其主要方式是激活整个文化市场的创新活力，使文化企业、文化机构和文化资源都能以创新者的姿态投入生产过程之中。如株洲市利用政府向文化企业购买服务的举措，在全国率先推出“韵动株洲”综合文体服务云，将2个公共体育场、4个公共文化场馆、12个社会文体场馆、50个文体社团、99位文体名师纳入统筹，吸引微信公众号粉丝达15万人，累计使用次数超过2000万次，大大提高了文化场所的使用效率。而新余市通过对文化试点企业的有效引导，帮助其树立自身形象，极大地增强了试点企业的参与热情，带动了整个文化消费市场的活力。

### （二）线上线下融合带动文化消费全覆盖

目前线上线下互动已经成为试点城市促进文化消费的基本手

段之一。由于“互联网 +”技术的广泛使用，文化消费的补贴、积分等都可以采用线上的形式进行，而其实际消费则往往发生在线下。通过线上辐射线下，形成广泛、良好的社会文化互动，吸引文化企业参与其中，是一种行之有效的文化消费模式，其特征包括以下几点。

一是广泛覆盖，长链延伸。以芜湖市为例，其线上文化消费模式可以辐射市区近 200 万人口、40 万个家庭，参与活动的市民除了利用手机、电脑以外的交互方式，还有数字电视大屏，形成了“政府专项 + 多屏互动 + 电商平台 + 文化消费”一体化长效运营模式。电视端、电脑端、手机端、微信端等都可以使用线上文化消费平台，提高了市民接触和使用平台的频率。而线上模式中的数字文化现实展示、手机实时兑现支付等的深度开发，也为线上文化消费样式的丰富提供了探索。此外，试点城市的文化企业和商户征集，也可以视为实现文化消费广泛覆盖的必要条件。济南市共征集活动 117 项，文化企业和商户 106 家，实现了“济南电视家居节”“中华老字号特色商品销售季”“济南艺术品博览会”“泉城美食文化节”“夏季婚博会”“创意集市嘉年华”等活动统一进入文化消费平台的管理与使用过程之中。

二是多端融合，文化共享。杭州市在线上利用国家文化消费服务平台，促进文化消费信息化、集成化，在线下建立和完善文化类消费信用体系，通过市民卡优惠、信用卡积分、打折等方式探索文化消费新模式。杭州市以“文化共享”为主题，联合杭州文广集团，推出了“五个一”：一个微信服务号、一张文化通卡、一份电子文化指南、一个文化消费节和一份文化消费大数据；还与《杭州日报》社合作，推出月度纸质版的《杭州文化消费指南》，以实现文化消费宣传渠道的多端融合。位于太原市的山西省图书馆也以自身为终端，探索公共文化服务与文化产业协调发展的新模式，实现公共文化资源的共享。包括建设文创产品展示基地、非物质文化遗产少儿传习体验基地、3D 打印文化创意公共服务平台和省图众创空间，分别为市民和中小文化企业提供切实、有用的文化资源，逐步提高公共文化服务效能和市民文化参与的广度、深度，在带动新兴文化消费的同时，也带动创业创新社会行动的进步。

三是形式多样，强化参与。由于“互联网 +”技术天然具有的互通互联属性，文化消费的线上线下结合模式也具有多种不同渠道、关联不同企业，形成多种社会力量共同参与的局面。如牡丹江市仅以市文化广电新闻出版局网站、微信公众号“文化惠”和“文化消费 APP”三端为基础，就可以实现公共文化服务评价、文化活动信息分享、“文化惠”每日签到、动态消息带图片转发，以及参与公共文化服务等 5 种渠道获得积分，在试点企业消费可等同现金优惠。廊坊市通过开辟文化在线预约演出门票、古玩城网城、冀派微雕微店、景泰蓝网上商城、尚尚一号通网络平台等网络销售模式，结合文化企业实体店及各大商场商圈实体销售，推动文化消费进社区，也取得了很好的反响。

**（三）运用金融杠杆来撬动城镇文化消费**

文化消费必然涉及金融杠杆。一方面，金融业可以为文化企业，尤其是小微企业提供必要的资金支持，弥补政府财政引导基金的不足，实现“社会参与、互利共赢”的“小投入，大撬动”；而另一方面，银行掌握大量优质客户资源，可以为开发文化消费市场，促使市民更具文化消费热情提供非常好的引导作用。

一是借力金融手段，支持文化企业生产更多优质文化产品。

杭州市在2013年即于全国率先成立杭州银行文创支行、省建设银行文创专营支行和杭州联合银行金融服务中心，探索城市文创产业融资的风险共担机制。截至2017年9月底，仅杭州银行文创支行已向300余家文创企业客户累计发放近50亿元贷款。杭州市文创办还相继与多家合作银行发起成立了总规模达5800万元的文创产业风险池基金，未来三年将为杭州文创企业提供不低于38亿元的授信支持。此外，杭州市还大力完善文创产业融资配套服务体系，组建全国首个文创产业转贷基金，目前也已经为140余家中小文创企业提供了5.7亿元转贷支持。而苏州市对文化与金融融合发展创新机制的探索也具有很强的代表性，先后建立了“苏州市文化产业投资引导基金”“苏州市文化产业中小企业信贷风险补偿专项资金”和“苏州市文化产业企业贷款担保基金”等金融产品，加大对文化消费领域投融资的支持力度，体现出文化消费金融杠杆作用的政府主导属性。盘锦市也相继出台《盘锦市人民政府关于进一步提高金融服务实体经济质量的实施意见》和盘锦市人民政府办公室《关于推进企业利用资本市场加快发展的实施意见》《关于印发盘锦市推进普惠金融发展实施方案（2017—2020年）的通知》等政策措施，鼓励各金融机构结合国家文化消费试点，针对文化企业（尤其小微企业）的发展特点，推出多种文化金融产品和服务。

二是创新金融服务，激发群众文化消费。通过以金融手段为杠杆的“文化+”拉动效应，实现文化消费与金融手段的密切关联，是部分试点城市的重要经验。如淄博市与建设银行合作，以建设银行“慧兜圈”环境打造为依托，通过整合各类可供居民个人进行文化消费的企业和商户，由建设银行对参加活动的企业和商户予以一定补贴，开展各种让利于民的优惠活动；目前已有 120 余家文化企业和商户加入“慧兜圈”，相关谈判还在进行中。而苏州市创新文化消费金融服务则打造了“书香银行”、推出了“文化艺术金融”信用卡等金融手段。仅 2017 年上半年，“文化艺术金融”信用卡就发行了 5000 余张，带动相关文化消费达 5 亿元。杭州市也正在积极探索通过发挥文创支行的优势和市民卡、阿里巴巴等支付平台建设，创新文化消费支付模式。

**（四）借势新型城镇化，促进文化消费升级**

一是促进文化消费与特色小镇建设相结合。培育特色小镇是国家住建部、发改委、财政部联合推出的全国性城乡规划建设目标，是新型城镇化进程的阶段性任务，也是统筹城乡发展、促进扶贫攻坚的关键。不少试点城市都将扩大文化消费与特色小镇规划相结合，实现以小镇经济带动文化消费的目标。如盘锦市作为“鱼米之乡”，依托其丰富的农业文化资源，近期将重点打造盘山太平特色旅游小镇、赵圈河湿地度假小镇、疙瘩楼稻艺文化小镇、鼎翔辽河口湿地小镇、兴隆台区东部文旅小镇、二界沟渔雁文化小镇、金帛海滩爱情主题小镇、荣兴朝鲜族风情小镇及田庄台历史文化小镇等特色小镇，带动乡村文化旅游产业发展。而乌鲁木齐市已开始建设的“冰雪风情”“文化休闲”“浪漫爱情”3 个主题特色小镇，也是促进文化消费的重要内容。

二是促进文化消费与智慧城市建设相结合。重视“互联网 +”的消费模式，加快推进文化产品和服务生产、传播、消费的数字化，推动文化消费与信息消费融合，是当前试点城市的重要工作经验，而这一工作（文化消费信息大数据库建设）与“智慧城市”建设之间有着密切的关系。宜昌市自行开发的“文化 e 家”公共文化数字服务平台以“智慧宜昌”为基础，有效整合和深度对接文化供给单位、文化服务项目、文化适用场所、文化消费主体等，实现了文化消费的智慧化管理。另外，苏州、郑州、惠州等试点城市的文化消费信息采集与处理系统，或自主开发或依托基础，都与智慧城市建设有着密切的关系。

三是促进文化消费与城市战略发展方向相结合。扩大文化消费是城乡经济结构转型升级的重要路径和目标，其地域性和形象性原则必然要求文化消费的发展方向与城市本身的未来定位相吻合，以形成统筹合力，减少资源浪费。如杭州市政府提出“城市国际化”作为城市发展的重要方向，围绕“世界名城”的建设目标，促进国际文化消费，就成为杭州市促进文化消费的重要内容。因此，应加强对外文化交流与合作，发展对外文化贸易，创造开发一批能够体现杭州“独特韵味、别样精彩”的文化产品与服务进入国际市场；支持各类文化企业拓展对外文化贸易渠道，推荐优秀文化项目参与国际性文化展会，提升杭州文化产品的对外影响力和竞争力，就是杭州扩大文化消费的努力方向。郑州市作为地处中原的国家中心城市，其立足自身文化资源，挖掘传统文化精髓，塑造“中国文明发源地”的基本形象，乃是其城市发展的目标。因此，利用“黄帝故里拜祖大典”“中国郑州国际少林武术节”“郑州炎黄国际马拉松赛”等重大节会契机，吸引外来城乡居民的文化消费，提升市民参与文化消费的积极性，就是其主要发展理路。

四是促进文化消费与强化文化产业发展相结合。这主要表现在中西部文化产业相对不发达的城市中。虽然有的试点是旅游城市，但由于其所处的地理位置较为偏远，文化内容生产领域较为薄弱，需要通过力推文化产业来丰富文化消费内容。如昆明市每年安排市财政专项资金3000万元用于扶持文化产业发展和文艺精品创作，着力打造园区经济，培育和壮大文创产业集群，为文化消费增加供给。目前，全市已建成以金鼎文化创意产业园、重工871文化创意工场为代表的文创园区18个、在建6个、规划建设11个，已建成园区共有入驻企业约700家。而石河子市积极推进现代文化旅游项目，仅2017年5月就签订“永康想入非非影业有限公司楼兰女王影视基地”项目、“石河子市玺萌文化艺术交易有限公司”项目、“石河子西域棋牌”项目、“VR城市名片”项目等涉及数十亿元的大型项目。这都可以体现出以优质的文化产业内容增强文化供给，促进和刺激文化消费的思路。

## 三、文化消费试点城市存在的问题

第一，各城市积极性较高，但对文化消费的概念内涵、统计标准、发展路径还不太清晰。一是相对于物质消费，文化消费还是较新的概念，目前无论是学者还是城市领导，对文化消费还缺少共识。从调研来看，很多城市抓文化消费还参照抓文化产业的思路，把文化产业发展当作城市文化消费。二是概念上的模糊也导致了统计的难度，文化消费到底应包括哪些产业门类，哪些消费数据应纳入文化消费统计范畴，目前国家和地方还缺少相关统计标准。更为重要的是，认识和统计的问题也让试点城市在制定进一步发展路径时陷入窘境，抓工作时亦感觉无从着手。三是与相关工作混淆。一些城市主管部门将试点工作与之前开展的公共文化示范区建设、第一轮国家文化消费试点混为一谈，将以前的工作成绩计算到文化消费试点工作中；也有的城市将试点工作视为一项全新的工作，不知如何向前推进。

第二，各市都提出了促进模式，但距离文化和旅游部要求的发挥示范和辐射作用还有较大差距。从目前调研的情况来看，虽然各试点城市都有关于文化消费促进模式的表述，但大部分城市阐述模糊，概念宽泛，在实践中难以落地。对文化产业、公共文化服务、非遗保护、融合发展等也都在抓，但整体上缺少聚焦和创新突破，没有形成文化消费的鲜明特征和特色模式。同时，在推进手段上，目前来看，各试点在促进公共文化服务体系建设上的办法较多，但是在如何推进供给侧结构性改革、如何促进经济转型升级等方面，缺少有效手段。但事实上，我国文化消费的结构性问题严重。在产品结构上，低端同质化文化产品存在过剩，中高端个性化产品相对匮乏；在产业结构上，传统类文化产业比重较大，新兴文化业还需培育等，这些结构性问题很大程度上制约了文化消费的提升与扩大。因此，在新时期，各试点城市亟需加大推动文化供给侧结构性改革，增强供给结构对需求变化的适应性和灵活性。①

第三，促进机制还有待健全，特别是要不断完善领导、运行、指导、培训、交流等促进机制。从国家层面上看，目前在指导机制上，文化和旅游部主要通过年度考察对试点城市进行指导，缺乏常在与长效的指导机制。在培训机制上，虽然目前已经开展了文化消费试点城市数据统计工作方面的全国性培训，但培训内容和体系还有待进一步完善。在交流机制上，还没有在全国层面建立起试点城市间相互交流与学习的机制。在资金支持上，许多试

① 范周，周洁．正确理解文化领域供给侧结构性改革 [J]. 东岳论丛，2016（10）.

点城市文化部门认为，文化和旅游部《引导城乡居民扩大文化消费试点工作实施方案》中关于“中央财政通过中央补助地方公共文化服务体系建设专项资金，按照有关规定，对扩大文化消费试点工作统筹予以资金支持”的表述，由于缺少文化消费资金的具体比例或额度，让相关单位在申请和使用文化消费资金中缺少依据。从试点城市层面看，在领导机制上，由于是应申报要求而临时组建的机构，缺少考核指标等硬性约束，往往象征意义大于实质内容；在运行机制上，虽然有委办作为成员单位，但由于文化行政部门统筹协调能力较弱，因而难以有效整合各方资源。

第四，资金落实存在困难，亟待金融创新政策。从文化消费试点城市考察指导的情况看，各试点城市无一例外都反映财政资金落实有难度，主要源自两个方面。一是中央财政拨付给试点省份的文化消费试点专项资金，是以公共文化服务专项资金以奖代补方式提供的。但是，财政部并没有明确各省的具体资金额度或者比例，这就需要试点城市与本省财政系统沟通协调。省级财政系统的相对强势，再加上部分试点城市方案不够完善，难以打动省级财政，这就造成试点城市从省级财政协调到的资金有限。例如，重庆市协调获取市财政 700 万元，丽江市协调获取省财政 400 万元，泸州市协调获取省财政 37.7 万元，而上海市和成都市没有协调到资金。二是地方财政配套也较难落实。由于试点城市推进方案确定时间较晚，以及部分试点方案不够成熟，再加上省级财政协调的资金不到位，导致地方财政配套落实也有难度。此外，在企业层面，许多企业家反映目前文化企业还不能享受与高新技术企业同样的税收优惠，文化企业的所得税率依然为 25%，而高新技术企业的所得税为 15%，随着增值税的实行，作为轻资产的文化企业，税前允许扣除额少，将变相提升文化企业成本。同时，文化产品价格较高也是制约其文化消费的重要原因之一。对于一些高品质的精品消费内容，即便补贴比重已经较大（部分补贴可达到 20%），但由于整体消费较高，低收入家庭仍难以承担补贴后的价格。因此，文化和旅游部有必要从国家层面加快出台文化消费激励政策，为企业提供更好的发展环境，为居民文化消费降低门槛。

第五，试点城市内部及城市之间缺少交流协作。从文化消费试点城市考察指导的情况看，我国试点城市之前仍处于各自探索，间或借鉴性参考阶段，而文化消费试点工作涉及面较广，要求工作人员不仅要服务好广大消费者，还要协调企业及工商、税务、银行等服务部门。除了制定工作方案、落实工作任务之外，还要对试点工作进行调研、指导、协调，发布文化消费项目、活动、文化消费优惠信息等。但目前来看，内在协调合作还存在一定问题。一是内部协调机制欠缺协调。有限的人力资源与较大的工作量矛盾凸显，直接导致试点工作困难较多，成效不显著。应鼓励试点政府向社会力量购买服务，执行层面的工作尽量由社会机构完成，政府主要做方案设计、统筹协调、监督统计等工作。二是城市之间经验交流相对较少。搭建城市间的交流合作平台，能促进试点城市之间加强互动交流，少走弯路，相互学习先进的经验做法，共同推进文化消费试点工作。然而目前，各试点城市的工作还在摸索中前进，对文化消费的概念、内容、实施方式的理解有一定偏差，也没有太多的现成做法可供借鉴。而不同试点城市虽然禀赋、特色不一样，但是在某些共性层面仍有一定借鉴意义。例如北京惠民文化消费季启动并取得成效后，许多城市借鉴该方式进行模仿式或突破式创新，但试点城市之间缺少经验借鉴、模式呼唤，更缺少基于区域文化消费一体化的交流合作。

第六，城乡和区域间的差异化政策路径有待探索。从文化消费试点城市考察指导的情况看，我国东中西部文化消费层次不一，尤其是城乡差别较大，城乡文化产业和公共文化服务供给不均衡，限制了农村人口素质的提升，也与中央提出的消除贫困、全面建成小康社会的宏伟目标存在差距。对于农村地区和经济欠发达地区的文化消费试点工作，可以考虑为低收入群众发放公共文化券，利用该券可以看电影、进图书馆、上网、听戏等，公共文化服务的购买主体从行政机关逐步转为群众，变代替群众选择购买为群众自主选择购买，以确保人民真正得到实惠。

## 四、文化消费试点城市建设的启示

### （一）发挥顶层设计与地方创新的两个积极性

在国家层面，文化和旅游部应更加注重顶层设计，制定促进文化消费的基本原则、整体框架和制度体系，推动建立全国性的文化消费统计标准和管理规范，加大对消费试点城市的指导与培训，突出顶层设计在文化消费发展中的宏观管理作用。在试点城市层面，要鼓励其发挥积极性和主动性，实现创新突破。在地方层面，文化部门应当加强试点工作系统培训和引导，一是针对文化消费展开专题理论培训，从根本上认识文化消费的意义及文化消费同文化产业、文化服务的关系，提高各级文化部门对文化消费试点城市工作的重视程度。二是针对文化消费数据统计开展专题培训，各地统一口径，统一标准，从而更好地为文化消费试点城市建设工作提供全国性分析依据，为下一步优化政策提供素材。三是针对文化消费试点城市建设中优秀的案例和模式、经验，进行专项培训，解剖新模式，学习新范式，对本地文化消费工作有所启发和借鉴。

### （二）根据特定消费群体的文化需求精准服务

文化消费群体结构的复杂性、偏好的多样性导致试点城市很难设定大一统、满足所有消费者偏好的试点政策或举措。因此，在试点工作推进过程中要对目标消费群体进行精准定位，以准确发挥政策效应。

一是以市场细分理念进一步扩大文化消费群体。市场经济是消费者主权经济，文化设施经营主体只有以文化消费为中心，细分消费群体，并注重研究其消费特点，才有可能有针对性地引导和激发各群体的文化消费。例如，要定位好内需和外需群体。以丽江市为例，丽江有 126 万常住人口，其本身的需求和偏好可能更侧重公共文化服务的满足，但是，仅满足这 126 万内需是远远达不到丽江自身的定位和目的的。因为丽江文化消费的外需庞大——每年超过 3000 万人次游客，这部分庞大消费群体主要集中在文化产业消费上，因此针对这两种不同需求，政策和举措可能完全不一样。此外，还要定位好不同年龄结构的消费偏好。以上海市徐汇区为例，在面向老年人进行公共文化服务消费直补工作中，消费者积极响应，效果良好；但是在博物馆专区面向青年消费者提供美术展览直补时却遭遇冷门，可见不同年龄阶段的消费者对补贴方式和渠道的需求也不同。二是以精准定位建设文化消费场馆。要遵循现代人吃、喝、玩、乐一条龙的消费习惯，通过对周边消费人群、消费特点、消费能力、交通配套等情况进行细致的前期调研，科学规划文化设施布局。城市建设规划要提前预留影剧院、图书城等文化设施的位置，将城市综合体、城市中心区等人流密集地区也建设成具有辐射力的文化消费中心。

## （三）提升财政资金的示范引导力和使用效能

文化和旅游部应进一步与财政部沟通协调，尽量明确拨付各省文化消费试点城市专项资金的额度或比例，降低财政资金落实难度。但更重要的是，如何让有限的财政资金真正既有效、又安全地发挥效用。要实现有效，需要发挥财政资金的杠杆作用，用激励、用引导、用平台撬动社会资金进入，花小钱办大事，在形成较好效果的同时，探索扩大文化消费的自我造血、自我循环机制。另外，如果财政资金有涉企补贴、居民补贴部分，容易出现补贴冒领、造假等道德风险，因此，需要利用技术手段，搭建科学的财政资金监管监测机制，规避上述风险，保证财政资金安全使用。另外，衡量文化消费工作推进效果，关键是客观、准确地采集数据。例如，《文化消费试点数据采集表》里涉及的53个数据字段分为全面、抽样和统计局三种方式获得，但传统的产业统计根本无法满足试点数据采集需求。因此要积极借助现代科技，依托文化消费O2O服务平台等全新的技术方式实时监测、抓取、统计和分析核心数据，切实反映试点工作的实施效果。

## （四）建立健全促进城镇文化消费的长效机制

文化消费长效机制的构建既包括培养居民文化消费习惯等长期效应，也包括文化促进经济增长的短期成效，可以从文化热点培育、常规项目规划、公共文化滋养三个方面着手。具体而言，要处理好以下三个方面的关系。

一是处理好文化消费与文化惠民、文化消费与公共文化服务、文化产业之间的关系。文化产业核心是满足市民多样化、个性化的文化消费，提供更高品质的文化享受。二者要有机结合，相互促进。特别是对于一些中西部试点城市而言，在积极培育文化产业的同时，要更加注重公共文化服务的发展，只有不断提升市民的文化消费热情，逐渐形成文化消费的习惯，才能为文化产业提供更坚实的基础和更良好的发展氛围。与此同时，也要注意推动文化产业与其他产业的融合，促进相关产业转型升级，拓展文化消费新空间，让市民享受到更多的文化福祉。

二是处理好文化消费与科技、金融之间的关系。以移动互联、大数据、物联网、VR、虚拟增强技术、可穿戴设备、人工智能等为主的新兴技术，正改变着人们传统的消费模式，各试点城市要顺应时代新趋势，关注文化消费中的新趋势、新技术、新业态，加强对新兴主流文化消费群体和文化消费业态的引导，特别是在中西部地区，在文化消费发展中要有前瞻意识。同时，文化消费离不开金融的助力，要通过创新文化消费的金融服务模式为消费扩大与提升提供支撑。例如宁波市探索发行了“金融文化卡”，一张卡绑定了全城主要的文化机构和企业，持卡消费可打折，目前已经签约的文化机构和企业近400家，发卡36余万张，有效激发了广大群众的消费热情。

三是处理好线下与线上、实体与虚拟消费的关系。文化消费试点面向的群体是本地消费者，规模庞大、结构复杂，需要有一个覆盖面广、黏性高的窗口或平台来链接消费者、企业和政府。目前来看，随着“互联网+”的发展和手机终端的进一步普及（目前有13亿多移动终端），手机成为最合适的链接载体——它比任何一家本地的媒体、商场的覆盖面都高，用户的依赖程度更强。更为重要的是，从滴滴出行到大众点评，从交通到饮食，互联网入口和平台已经融入各行各业，然而在文化领域却一直缺少统一的、有影响力的、用户黏性较高的互联网平台。因此，搭建手机端文化消费平台显得尤为必要，可以作为地域性特色文化消费（与地域性特色文化消费相对应的是全国市场的文化消费，如电影、电视、游戏、动漫等，这类消费一是已有成熟的市场化平台，二是大部分都能在线上体验）入口，引导消费者进行本地特色线下文化消费体验。

## 第四节　新型城镇促进文化消费的对策建议

随着人民群众文化生活水平的提高和现代信息技术的发展，城乡社会文化需求的多元化、个性化、智慧化趋势愈加凸显。如何将文化消费工作与新型城镇化建设、智慧城市建设、推动文化产业成为国民经济支柱性产业相结合，探索一条中国特色的城乡居民文化消费提升路径是当务之急。结合国际文化强国的发展经验和国内先进地区文化产业的创新路径，应从以下几个方面推动城镇文化消费。

### 一、推动文化供给侧和需求侧两端发力

文化产品的供需矛盾是制约目前文化消费的绊脚石，要坚持需求引领，供给创新，提高文化供给的质量和效率，形成文化需求升级与文化供给升级协调共进的高效循环。在文化消费侧，首先要进行大规模的消费调研，分析和发现市民的文化需求，并依

托文化消费信息平台建立大数据库，持续跟踪文化需求变化；其次要通过补贴等形式提升城乡居民文化消费的支付能力，并通过行之有效的措施让其转化为实际的文化支出。在文化供给侧，要瞄准三大主攻方向：一是要提高文化产品供给质量，增强有效供给；二是要淘汰过剩供给，减少低端供给；三是要以“文化 +”和“互联网 +”为主要融合路径，创新文化供给的产品、渠道和方式，形成新兴文化业态，从而创造文化新市场，引领文化消费新需求。

## 二、发挥政府引导和市场主导的互补优势

首先，推动新型城镇文化消费城市试点需要处理好“看得见的手”和“看不见的手”之间的关系，充分发挥好政府和市场的作用，实现社会效益优化和文化资源配置效率升级。从政府引导而言，要把握发展底线，划好发展红线，始终坚持把社会效益放在首位，实现社会效益和经济效益相统一；要营造公平的竞争环境，搭建好文化消费的平台。从市场主导而言，即是要充分发挥市场在文化资源配置中的积极作用，激发市场主体活力，特别是要注重激发当地文化企业家的热情，着力培育一批本土企业和本土企业家，发挥其在产品创新、资源整合、市场开拓中的示范引领作用，构筑起试点城市推进文化建设和消费的引擎力量。

其次，鼓励新型城镇发展过程中将激发居民文化消费融入城市相关发展战略，形成政策之间的互联互通。文化消费本身即是一个覆盖面广、影响范围大的概念，与诸多政策之间都有密切的关系，试点城市要在工作中善于挖掘文化消费与其他发展战略之间的关联，探索立足当地的政策互通效益。如廊坊市要充分发挥其区位优

势，作为非首都功能疏解的重要承载地、北京行政副中心和北京第二国际机场的重要辐射地，推动大运河文化带、长城文化带、西山永定河文化带的相关建设，通过“借势”的方式推动自身发展。杭州市要利用好后 G20 时代、前亚运会时代的契机，借力“互联网 +”产业的优势和基础，积极创新营销理念和运营模式，做好制度设计，树立文化消费的“杭州模式”。此外，强调文化消费与“大众创业，万众创新”的关联，利用青年群体的创新活力和消费特点，结合现代科技与金融手段，推动和培育新型文化消费业态与消费模式；强调文化消费与“继承和发扬中华优秀传统文化”的关联，借助社会各界对传统文化的关注和支持，推动培训业、旅游业，以及动漫影视产业、农业与传统文化建立市场化合作关系。

最后，鼓励社会力量参与文化消费试点城市工作，以减轻政府负担，增强文化市场活力。社会力量参与文化消费试点城市工作，除了作为供、需两端的市场主体之外，还应该与地方政府一起探索具有鲜明中国特色的文化消费新模式、新道路。突出表现在两个方面：一是在试点工作的顶层设计、政策咨询、平台建设、效果评估等方面，地方政府可以考虑与高等学校、科研部门、民间智库等第三方社会机构合作，如济南市与山东大学合作、淄博市与武汉大学合作，进行总体方案、统计口径、推进路径的设计，以及模式归纳、经验总结、第三方评估和培训等方面的合作，共同探索地方特色的扩大文化消费试点城市模式；二是在试点城市工作的具体执行和推进过程中，尤其是数据收集、信息发布等事务性工作，可以考虑鼓励试点城市政府向社会力量购买服务，把执行层面的工作尽量交由社会机构完成，而政府则集中力量主要做方案设计、统筹协调、监督统计等工作，以缓解基层人手不足的困境。尤其是通过与第三方的合作，为国家进一步提出具有全国意义的城乡文化消费统计口径和相关标准提供经验。另外，在移动互联、大数据、物联网及 VR、虚拟增强技术、人工智能等新技术相关联的文化消费业态方面，社会力量比政府部门的反应更快，可以通过对文化消费中新趋势、新技术的关注，对政府部门提出建议，而政府部门应对此保持渠道和信息的畅通。

## 三、加强文化消费的精准归类和具体引导

文化消费具有覆盖面广、辐射力强的特征，不同地区、不同年龄、不同社会阶层的文化消费需求大不相同。因此，非常有必要对文化消费进行分层引导，突出地方特色、民族特色，将区域文化与新兴业态相结合，丰富文化供给市场，增强消费主体力量，扩大文化消费存量，提升文化消费增量。

一是细分文化消费群体，激发潜在消费意愿。随着中国特色社会主义进入新时代，人民对文化消费的需求不断提升，城乡居民的文化消费意愿进一步呈现出多元化、个性化的趋向。与公共文化服务体系作为社会基本保障不同，文化消费具有很强的针对性，需要对消费群体进行细分，研究其消费特点，才有可能分层、分群地引导和激发民众的文化消费意愿，促进高雅文化与民俗文化、国家文化与地域文化、大众文化与边缘文化、主流文化与个人趣味的共生共荣。这突出表现在旅游城市要统筹本市与外来群体的文化消费需求，在将扩大文化消费的试点工作着眼于吸引游客的基础上，高度重视本地城乡居民的文化消费需求，塑造地方文化品牌，提高本地文化产品和服务的输出质量。因为本地居民

和外来游客的文化消费需求是不同的，针对其不同，地方政府扩大文化消费的政策和举措就应有所区别。另外，对不同年龄、性别、民族、行业的民众也应有不同的促进措施。

二是规范特约商户，创造个性化与公平取向并存的文化消费市场。特约商户是当前我国文化消费试点工作的主要市场主体，对特约商户的管理关系着整个文化消费试点工作的进程，因此试点城市应制定一套明确、科学的特许商户准入标准，促进试点工作规范进行。具体来说，这包括明确纳入消费试点的文化产品和服务的范围，要求特约商户自愿加入以最大限度地保证市场公平，规范特约商户的合法性与社会信誉，对特约商户要建立退出机制，加强管理、定期评估，避免政府公信力在背书中受损，同时推动文化消费长效机制的建立。此外，对于部分中西部城市的特约商户数量较少的现象，尤其需要充分发挥行业协会、商会和金融机构的作用，积极鼓励中小型民营文化企业的广泛参与，以满足不同社会群体的文化需求，创造个性化与公平取向并存的文化消费市场，提高参与试点工作的文化单位占全市文化产业法人单位总数的比例，以引导文化消费群体提升消费层次和频次。

## 第五节　城镇文化消费的案例剖析

### 一、杭州市促进文化消费发展的经验

#### （一）发展情况

杭州市是浙江省政治、经济和文化中心，国家历史文化名城，

有着非常深厚的历史渊源和文化底蕴。2015 年，杭州实现地区生产总值 10053.58 亿元，成为全国第十个 GDP 总量跨越万亿元的城市；全市居民人均可支配收入为 42642 元，其中城镇居民和农村居民人均可支配收入分别为 48316 元和 25719 元。随着杭州经济的快速发展和市民收入的不断提高，市民的整体消费结构发生了很大的变化，文化类消费比重加大，个性化需求突出，教育、娱乐、休闲、文化旅游、健身、收藏、博览（会展）、演出以及工艺品、纪念品等市场潜力巨大，进一步推进了杭州市的文化发展。目前全市共有 23 家文创类上市企业，19 家挂牌新三板。2012 年和 2014 年，杭州市共有 8 部文艺精品荣获全国“五个一工程”奖，连续两届在全国同类城市中排名第一。全市积极促进旅游演艺业发展，打响“宋城千古情”“印象西湖”“西湖之夜”等演艺品牌。“十二五”期间，华策影视、中南卡通等近 30 个企业和项目入选“国家文化出口重点企业、重点项目名录”；博彩传媒、翻翻动漫等百余个企业和项目入选“浙江省文化出口重点企业、重点项目名录”。

杭州市的文化资源优势和特色明显。杭州是五代吴越和南宋两代建都地，有极具特色的良渚文化、吴越文化和南宋文化遗址，63 个国家级、省级重点文物保护单位，163 个市级、县级重点文物保护单位；有胡庆余堂、奎元馆、楼外楼等老字号名店，龙井茶叶、张小泉剪刀、毛源昌眼镜、都锦生织锦、王星记扇子等传统名品；全市现有图书馆 13 个，文化馆 14 个，剧院 12 个，科技馆 2 个，博物馆（含纪念馆）65 个，青少年活动中心 6 个（2 个在建），街道（乡镇）综合文化站 189 个，社区（行政村）级文化设施 3036 个，农村文化礼堂 450 余个，深受青少年喜爱的“第二课堂”活动基地数目前已达111家，文化设施在全国同类城市中位居前列。杭州市有浙江大学、中国美院、浙江传媒大学、杭州师范大学等众多名校及文化专家和名人作为指导文化发展和研究的技术支撑；杭州市创新成立国内首家文创支行及相关促进产业发展和文化消费的举措，被中宣部文化体制改革发展办公室作为典型事例进行情况介绍。

### （二）主要做法

#### 1. 实施多措并举，繁荣文化消费市场

首先，大力发展消费型文创产业。顺应消费结构升级趋势，结合杭州市实际情况，积极推动影视、动漫游戏、数字娱乐、数字阅读、数字出版、艺术品、演艺娱乐、创意生活等消费型文创产业。一是积极发挥杭州市7家国家文化产业示范基地、1家国家数字娱乐产业示范基地、5家国家动画产业基地和国家数字电视示范城市等“金字”招牌的龙头作用，在有条件的区、县（市）和相关文化产业园区开展各类国家级示范基地拓展区的建设，延伸和扩大文化类优质企业（园区）的规模，提高产能、推进发展。二是发挥影视、演艺、文创等上市公司、省级文化产业示范基地等优质文化企业的先导、引领作用，打造一批演艺、艺术、动漫和文创品牌。为这类企业提供杭州市相关文化产业（创意）的优惠政策，并通过各种相关平台和展会进行大力推介。三是扶持和培育一批传统文化与互联网技术、人工智能相融合的潜力企业及新兴的文化服务业，由市文创办牵头，各区、县（市）文创办实施，由各文化类相关实体企业以项目方式申报，经专家评审、公示后，纳入文化消费项目库，项目结束后经考核、审计，达到立项目标的享受文化创意扶持资金。四是充分发挥杭州银行文创支

行、省建设银行文创专营支行的作用，拓展影视传媒、动漫游戏、艺术品、剧场演出、休闲旅游、教育培训、体育健身等方面的消费信贷业务。

其次，扩大文化产品供给。鼓励内容原创，推进文化与科技融合，打造各具特色的原创文化精品，鼓励专业中介服务机构积极引进世界文化艺术精品，为消费者提供更好更多的文化消费选择。一是支持文化设施运营单位与文化创作、服务机构开展多种形式的合作，提供“一站式”文化服务。整合市级文创园区（楼宇）、文创特色小镇、农村文化礼堂、博物馆等资源，继续办好文创及动漫体验之旅，打造一批创意生活体验点。整合图书馆、博物馆、科技馆及青少年活动中心、杭州大剧院、杭州工艺美术馆等文化场馆资源，办好“第二课堂”；丰富杭州学习节、西湖读书节、“壹加艺”杭州艺术节、市民摄影节、杭州美术节、西湖创意市集、溜达街、COSPLAY文化节、“我是动漫王”创意大赛、动漫萌宝秀等活动的内容和形式，带动相关文化衍生产品和服务的体验与消费。

二是实施文化惠民工程。创新推出“我送你秀——百家社区文化行”活动。自2016年起，杭州市文广新局每年选取不同的100家社区免费送200场的特色文化活动，每个社区自由选择2场，并组织参与活动的社区居民“秀文化”——通过参与市文广新局组织的相关艺术作品的评审和文艺表演竞赛，展示城乡居民的艺术和表演才能，引导城乡居民自觉地参与文化活动，释放消费潜力；低价位推出“老年人优惠观影”“特殊人群观影日”“农村文化礼堂电影放映专场”“音乐评析音乐会”等优惠活动，培育文化消费理念、提高百姓对文化艺术的欣赏水平；免费推出“万场文化进农村”活动和继续进行公益性农村电影放映活动，丰富农村居民生活。

三是做好杭州G20峰会后的文化旅游。充分利用杭州“双世遗”的城市影响力和杭州G20峰会中所涉及的场馆、场所、演艺节目等G20峰会的特色文化，与杭州特有的良渚文化、吴越文化和南宋文化及西湖、运河、良渚、西溪等文化遗产、遗址相融合，进一步挖掘和利用文化旅游元素，开发新的文化旅游产品。包括打响“杭州G20峰会文艺晚会演出再现（暂用名）”“宋城千古情”“印象西湖”“西湖之夜”等与旅游紧密结合的演艺品牌；开发和完善以“南宋序集”——杭州南宋御街文化生活综合体为城市新符号的多个文化生活特色街区，作为杭州特色文化产品的集散地，方便居民和游客的购买和消费；通过挖掘、打造和宣传，将杭州目前未开发或开发不全的众多历史文化遗址、宗教场所如杭州跨湖桥文化遗址、杭州良渚文化遗址、杭州高丽寺、余杭径山寺等作为旅游项目加以推出，增加游客的消费选择；加强旅游纪念品的市场调研和设计开发，提高旅游纪念品的品质、附加值和市场需求。

四是加大对文化消费项目的支持力度。充分利用市文创资金对文化消费项目库入库项目的扶持政策，鼓励专业中介服务机构积极引进国内外文化艺术精品；完善政府采购制度，扩大文化产品和服务采购目录；加大对农村文化消费市场的培育，培育新的消费增长点。支持社会力量兴办具有公益性和准公益性特点的读书社、书画社、乡村文艺俱乐部等。鼓励民间资本通过招投标等方式，参与公益性文化产品和服务供给、重大公益性文化活动和其他公共文化服务。

**2. 积极整合资源，搭建文化消费平台**

一是搭建支付平台。按照“分步实施、方便快捷、多方共赢和自愿”原则，吸引电影院线、剧场演出、书店书吧、体育健身等经营性文化单位加盟，推出“剧院演出市民卡日”“特殊人群观影日”“博物馆消费季”等活动，实现企业有效销售和消费者有效消费。充分利用“创意天堂”“杭州文博会”等微信公众号，接入微信支付功能，定期推出文化消费促销活动。

二是打造互联网文化交易平台。发挥杭州电子商务产业优势，促进文化与电商的融合。引进“支付宝”第三方资金监管、确认支付的网络安全支付理念，采用线下实体体验、线上购买及线下实体教育、线上演示指导的互联网文化产品和艺术教育的交易方式，做大“拍卖会·杭州文创馆”“博艺网”“中国动漫交易网”“文易网”等一批文化艺术品交易平台。支持“一元艺品汇”“艺易拍”等艺术品移动拍卖平台规范发展。运用“互联网+”思维，加快提升杭州文化产权交易所功能，建设全国一流的专业化文化市场平台。

三是提升展会平台。积极推介在杭优质文化企业和文化精品参加国内外各类重大文化展会，打造和推介杭州的文化品牌，实现杭州文化企业和精品走出杭州、走出中国的战略；继续办好中国（杭州）国际动漫节、中国（杭州）工艺美术精品博览会、杭州文化创意产业博览会、杭州艺术博览会、杭州国际设计周、杭州工艺美术博览会、杭州西博会等本土大型重点文化类展会项目，并充分利用杭州独特的人文环境和自然优势，大力引进国际、国内高端文化企业和文化精品一起参与相应的展会，提升杭州文化展会的集聚度和品牌效应，丰富杭州城乡居民的消费选择，提高参与度和获得感。

**3. 促进融合发展，拓展文化消费空间**

一是促进文化和科技融合。扎实推进杭州国家级文化和科技融合示范基地及国家数字出版产业基地建设，聚焦虚拟现实/增强现实（VR/AR）等重点领域和共性关键技术，重点支持一批具有示范性的文化和科技融合项目，围绕 VR/AR 等新兴产业，加快整合资源，大力推进 VR/AR 在教育、医疗、生产、娱乐等领域的应用。围绕数字游戏、数字动漫和数字影视等行业，充分发挥龙头企业的引领带动作用，大力发展数字娱乐业。围绕数字电视、数字报业、新媒体广告、移动通信媒体和网络视听等行业，大力促进传统媒体与新兴媒体融合，塑造数字传媒业新优势。拓展和深化杭州国家数字出版基地，进一步推动和完善杭州数字出版和数字阅读跨市、跨省发展，加强文化创意元素的数字化采集、整合、加工与利用，重视文化创意衍生产品的创新性开发。

二是促进文化和健康服务业融合。鼓励发展多种形式的体育健身组织和赛事活动，开展好运动休闲、健身培训、健身指导咨询等服务。结合“杭州市休闲基地”“风情小镇”和“三江两岸”生态景观的保护与建设，培育发展符合杭州地域文化特色的体育休闲基地。充分发挥杭州市在电子电器、信息技术等领域的产业优势，鼓励引导企业开发移动终端、穿戴式智能设备等时尚健康终端产品。深度挖掘中医药文化，推广和传承科学的养生、保健和中医药理念，提供有效服务。

三是促进文化和生活融合。引导大型商业购物中心、宾馆饭店、体育文化场馆等引入特色文化资源，打造一批商业服务与休闲文化高度融合的综合消费场所。深度挖掘杭州市独特的文化资源，围绕女装、丝绸、茶叶、陶瓷、铜雕及伞扇剪等传统优势行业，鼓励特色文化元素、传统手工技艺与创意设计、现代科技、时尚元素相结合，积极引导企业和广大市民设计、制作、生产创意产品，融文化创意、深度体验及生活美学于衣、食、住、行、游、购、娱等领域，大力发展创意生活业，提升居民生活文化品质。

## 二、青岛市促进文化消费发展的经验

### （一）发展情况

第一，文化消费总量不断扩大。在经济快速发展和居民收入稳定增长的背景下，青岛市群众文化消费热情不断高涨，消费规模逐步扩大。青岛市统计局资料显示，近年来，青岛市城市居民对演艺娱乐、影视戏曲、艺术文化、教育培训、文化旅游、体育健身、娱乐休闲等文化消费需求显著增多，城镇居民人均教育文化娱乐支出由 2011 年的 1930 元增长至 2015 年的 2264 元，年均增长 4%。

第二，文化消费层次逐步提高。随着整体收入和消费能力的提升，青岛市居民的文化诉求及文化消费内容进一步呈现出多元取向。除报纸杂志、电影电视等传统大众文化消费外，科技含量较高的数字娱乐、互联网、手机阅读等逐渐成为居民文化消费的重要内容。高端和特色文化消费方式不断增多，艺术品消费、高雅演出、艺术教育、个性书店、创意集市等消费方式蓬勃发展。以电影院线为例，2010 年至 2015 年，青岛院线数量由 14 家增至 47 家，增长了 2.4 倍；2015 年，票房收入达到 3.99 亿元，同比增长 47%，居山东省首位，占山东省总票房的 23.4%。

第三，公共设施网络逐步健全。2013 年，青岛市被命名为全国首批“国家公共文化服务体系示范区”，是山东省唯一获此称号的城市。市政府制定了《青岛市国家公共文化服务体系示范区后续建设规划（2014—2016 年）》，进一步加大了建设力度，使公共文化服务体系更加完善。青岛市目前已经形成门类齐全、覆盖城乡的四级公共文化设施网络，截至2015年年底，全市共拥有公共图书馆13处，档案馆12处，博物馆60处，文化馆（站）152处，农家书屋5774个，影剧院47处，艺术表演团体8个，广播电台8座、13套节目，电视台10座、15套节目，全市有线电视用户达到217.54万户。“千万平米”社会事业公共设施文化项目不断推进，目前已完成施工面积9.5万平方米，新建了市南、市北、崂山4处24小时自助图书馆，完善了以图书馆、文化馆（站）、博物馆、大剧院为核心的15分钟文化圈。市、区（县）、街道（镇）、社区（村）四级公共文化设施总量达6500余处，每千人拥有公共文化服务设施的面积达到200平方米，居山东省第一位。

第四，文化消费产品供给能力不断提升。随着各级政府对公共文化产品和服务的支持力度不断加大，青岛市经营性和公益性文化消费产品和服务的供给能力都得到了较大幅度的提升。2015年，青岛市文化广电新闻出版局以项目带动突破，全面实施了“三一四一”文化发展战略，促进了文化的繁荣发展。高水平举办了市民五王才艺大赛，推出“微演艺”“六进”等活动；制作并播放了电视纪录片《1914，青岛永不能忘》《海路》等，推出了大型音乐情景剧《誓言》，启动历史舞剧《法显》创排工作；2015年度的“青岛惠民院线”，组织完成了文艺演出140余场；青岛市博物馆推出公益文化“微商”平台，将博物馆展览、讲座和馆藏“搬到”线上。

**（二）主要做法**

**1. 构建文化消费移动O2O平台“文惠青岛APP”**

该平台汇集了青岛市各类优质文化单位，包括公共文化场馆及文化企业，为居民提供企业信息、消费点评、消费优惠、文化资讯、文化产品团购等一体化服务。该平台的优势体现在以下几方面：第一，可以帮助居民随时随地观察文化产品动向，及时下单，免去时空限制，有效规避了由挑选产品到付款之间出现的时间脱节等问题，为文化消费节约时间成本；第二，充分利用了移动互联网跨地域、无边界、海量信息、海量用户的优势，同时充分挖掘线下资源，进而促成线上用户与线下商品与服务的交易，大大提高了文化消费的兴趣；第三，可以对商家的营销效果进行直观的统计和追踪评估，规避了传统营销模式推广效果的不可预测性，线上订单和线下消费结合，所有的消费行为均可以准确统计，进而吸引更多的商家进来，为消费者提供更多优质的产品和服务，深入挖掘了居民的消费潜力；第四，该模式打通了线上线下的信息和体验环节，让线下消费者避免了因信息不对称而遭受的"价格蒙蔽"，同时实现线上消费者"售前体验"，使居民在享受文化消费的同时，获取切实的价格优惠。该平台一方面通过手机 APP 实现"文化消费优惠"和"文化消费顾问"功能的结合，达到培育居民文化消费习惯、扩大文化消费、促进文化事业与文化产业的交融共生与共同发展的目的；另一方面通过分析青岛市文化消费特征及居民文化消费行为模式，巧妙地实现本地文化消费与国家文化消费信息数据库平台对接，为国家文化消费信息数据库建设贡献力量。

**2. 发行文化消费信用卡"文惠青岛一卡通"**

青岛市文化广电新闻出版局携手商业银行共同推出面向市民的文化消费信用卡。该卡是一张二合一的高科技接触卡，集合读者证、消费支付、结算管理和服务评估功能。首先，在青岛市范围内加入统一服务的所有公共图书馆享受阅览文献、借还文献、查阅数字资源等图书馆服务；其次，消费者无需提前储值，便可以在市域内文化景观、影院剧场、书城书店、教育培训、旅游度假、体育健身等领域刷卡消费，并享受政府补贴、专属折扣和优先服务等叠加优惠。该卡的优势体现在以下几方面：第一，以“文惠青岛一卡通”为依托，收集市民文化消费的种类、数量、满意度等大数据，免费向社会公布，激励文化企业加大研发力度，创新商业模式，推动文化类电子商务平台与互联网金融开发新型文化消费金融支持服务模式；第二，该卡鼓励居民提前进行文化消费，更好地培养居民的文化消费习惯，有效提高城市的文化氛围；第三，该卡不但考虑到了在服务终端上的推广力度，而且也考虑到要做好文化服务工作，必须要对文化服务的供应者和创造者进行考核，要让更多优秀的文化企业脱颖而出，展示自我、提高自我，在竞争激烈的文化市场中占得一席之地。

### 3. 积极构建社会文化消费与家庭文化消费指标体系

科学的文化消费指标体系不仅是衡量青岛市文化消费情况的重要晴雨表，更是为其他城市更好地检验、审度本地城市文化不足之处的科学标杆。青岛市在研究国内外文化消费指数的基础上，全面考虑影响文化消费的各种因素，从社会和家庭两个维度分别构建文化消费指标体系，并不断修整完善，为新型城镇促进文化消费提供良好的借鉴意义。

一是社会文化消费指标体系。建立社会文化消费指标体系，包含文化消费环境、文化消费时间、文化消费支出、文化消费水平、文化消费满意度五个方面，具体指标如表 6-1 所示。

表 6-1　社会文化消费指标体系

| 一级指标 | 二级指标 | 三级指标 |
| --- | --- | --- |
| 文化消费环境 | 文化产业地位 | 文化产业增加值 |
| | | 文化产业比重 |
| | 经济发展水平 | 人均 GDP |
| | | 居民人均可支配收入 |
| | | 居民人均消费 |
| 文化消费时间 | 文化消费时间占用统计指标 | 文化消费时间占用总量 |
| | | 文化消费时间占用率 |
| | | 人均文化消费时间占用量 |
| | 文化消费时间分配统计指标 | 文化消费内容时间分配结构比 |
| | | 文化消费年龄时间分配结构比 |
| | | 文化消费职业时间分配结构比 |
| | 文化消费时间利用质量统计指标 | 文化消费质量系数 |
| 文化消费水平 | 文化消费质量统计指标 | 高雅文化消费率 |
| | | 高雅文化与通俗文化消费比 |
| | 文化消费成熟度统计指标 | 家庭收入文化消费率 |
| | | 家庭收入文化消费增长率 |

续表

| 一级指标 | 二级指标 | 三级指标 |
| --- | --- | --- |
| 文化消费支出 | 文化消费支出量统计指标 | 文化消费支出总量 |
| | | 文化消费支出比例 |
| | | 文化消费支出增长量 |
| | | 文化消费支出增长率 |
| | 文化消费机构统计指标 | 每类文化消费支出占全部文化消费支出比重 |
| 文化消费满意度 | 文化消费满意度调查 | —— |

二是家庭文化消费指数。根据目前家庭消费的主要方面与目前文化相关消费特点进行制定，分为“在线”文化消费、“在地”文化消费和“在场”文化消费三类。权重原则以三种类型文化消费产值比例和对促进“互联网 +”和供给侧改革所带来的周边价值进行均衡加权（见表 6-2）。在此基础上，重点突出青岛本地文化产业重点推动的产业——网络、电影、文化旅游等相关产业，从而形成具有青岛地方特色的家庭文化消费指数的权重模式。

**表 6-2　家庭文化消费指数体系及权重**

| 项目 | 内容 | 权重 |
| --- | --- | --- |
| “在线”文化消费 | | 30 |
| 有线付费电视 | 地区付费电视消费 | 10 |
| 网络支付文化服务 | 包含文化相关在线购票、在线文化产品购买 | 10 |
| 付费网络、网吧 | 包含根据身份识别码形成的家庭网络、手机 3G、4G 网络、商业网络消费 | 10 |
| “在地”文化消费 | | 30 |
| 旅游文化相关 | 包含本地旅游景区文化相关消费 | 4 |

续表

| 项目 | 内容 | 权重 |
| --- | --- | --- |
| 美术馆、画廊 | 门票和产品、相关衍生品消费 | 4 |
| 博物馆 | 门票和产品、相关衍生品消费 | 4 |
| 游乐场、广场文化活动 | 门票和产品、相关衍生品消费 | 4 |
| 文化中心 | 参加相关文化活动的门票和产品、相关衍生品消费 | 4 |
| 文化创意产业园 | 参加相关文化活动的门票和产品、相关衍生品消费 | 4 |
| 文化节庆、民俗活动 | 参加相关文化活动的门票和产品、相关衍生品消费 | 4 |
| 文化沙龙 | 参加相关文化活动的门票和产品、相关衍生品消费 | 2 |
| “在场”文化消费 | | 40 |
| 电影院 | 电影及电影相关在场消费 | 10 |
| 剧院 | 戏剧及戏剧相关在场消费 | 5 |
| 摄影、摄像 | 摄影、摄像相关文化活动消费 | 10 |
| 文化讲座、文化培训 | 文化讲座、文化培训及相关文化消费 | 5 |
| 图书、音像制品 | 实体书店在场消费及实体书店周边衍生品 | 10 |

## 三、天津市滨海新区文化消费发展经验

### （一）发展情况

第一，经济总量增长带动文化消费供给提升。滨海新区建区以来，通过招商引资和聚集发展，世界500强企业集聚，GDP快速增长，2015年新区GDP达9270.31亿元，占全市比重为56%，城镇居民人均可支配收入39268元。目前滨海新区共有文化娱乐消费场所设施1000余个，文化消费整体趋势良好。

第二，高素质人群聚集带动高端文化消费需求强烈。滨海新区是国家级战略新区，特别是国家自贸实验区挂牌成立后，新区政府非常重视人才引进工作，结合各个功能区的定位，正在构筑多个人才高地，为加快新区发展提供有力的人才和智力支撑。2015 年，滨海新区引进各类人才 4 万余人，优秀人才的集聚带动文化消费需求持续增长，文化消费进一步多元化，文化消费层次得到有效提升。

第三，便捷交通扩大文化消费半径。滨海新区位于京津城市带和环渤海湾城市带的交汇点，滨海新区海陆空立体网络交通发达，通过京沈、京沪、京九、津秦等国家主干铁路与全国铁路网相连，通过京津塘、京津、津晋、唐津等高速公路与国家干线公路网沟通，滨海国际机场是我国重要的干线机场。于家堡高铁站的建成，更是使滨海新区形成了以滨海站、于家堡站为主要枢纽站，以滨海北站和塘沽站为辅助枢纽站的“两主两辅”高速铁路客运枢纽格局，极大促进了滨海新区与周边省市的客运联系。2015 年，滨海新区外来游客数量达到 1700 万人次，本区居民出区域旅游数量超过 500 万人次。

第四，五大机遇叠加增强消费动力。滨海新区汇聚着开发开放国家战略、京津冀协同发展、自贸区建设、国家自主创新示范区建设、“一带一路”倡议五大机遇叠加。这为滨海新区扩大文化消费提供了前所未有的发展机遇。滨海新区正在将机遇优势转化为发展优势，进一步加强文化 + 科技、文化 + 旅游、文化 + 金融、文化 + 贸易和文化 + 互联网等的融合，大大增强了文化消费动力，为有效扩大文化消费提供多维度的发展支撑。

### （二）主要做法

#### 1. 完善文化消费市场环境

建立完善的文化消费市场体系，建立新区文化投资集团，采用并购、重组、上市及跨地区经营等多种方式，逐步成长为资产规模达 50 亿元以上的新区龙头骨干文化企业。扶持、吸纳、引进一大批文化企业，完善市场主体资源。从文化消费领域的消费供给、消费能力、消费意愿、消费习惯、消费行为、消费业态、消费空间和消费氛围等多维度入手，立足滨海新区的战略定位，全方位、立体化地对滨海文化消费的环境加以完善。搭建突破地区、行业和所有制局限的"大文化消费市场平台"，瞄准群众多样化需求，改革创新，调动市场力量，增加有效供给，促进文化消费扩大和升级。

**2．拓展文化消费空间**

实施大型商业购物中心、宾馆饭店、体育场馆设施等场所引入特色文化资源战略，打造一批商业服务与休闲文化高度融合的综合消费场所，每年扩大 10 万平方米以上。推进有条件的文化资源向旅游产品转化，支持大沽口炮台、滨海航母、极地海洋世界、方特乐园、邮轮母港等重点旅游景区增设文化消费项目，开辟特色文化旅游新线路，支持企业开展跨地区文化资源整合，扩大文化消费资源渠道。建设文化产品和服务进出口交易平台，搭建国际营销网络，推动文化企业、产品和服务走出滨海，走向全国，走向世界。

**3．引导文化消费行为**

搭建"文惠滨海"线上文化消费服务平台，将参与试点的公益场馆、文化企业和商家的服务内容和产品统一在平台上展示发布，同时编制滨海新区文化消费指南。充分利用移动互联网的技术及时向消费者提供最新最全面的滨海及京津冀周边文化消费信息，逐步打造文化品牌权威发布。创造条件，开通"文化惠民卡"，实现网上精准消费支付功能。通过积分和折扣的方式激励消费者扩大文化消费。

**4．通过文化产业项目转化扩大文化消费需求**

出台《新区文化产业规划》，优化文化产业发展布局，构建文化产业发展体系。多层次、多渠道加大文化消费项目配套基础设施建设的投入力度，推进建设文化贸易基地和国际艺术品展示交易中心、艺术衍生品基地、滨海院线、文化产权交易平台等一批重点文化产业项目。充分发挥现有及新建文化设施基础作用，开发和提升文化设施产业功能，提升文化消费转化及供给能力。拓展文化旅游、教育培训、体育健身等方面的消费信贷业务，支持文化企业进行信用融资。做好非物质文化遗产的展示与传承，鼓励培养后继人才。积极探索非物质文化遗产的开发与利用，探讨新模式、新思路，推进有市场前景的非文化遗产项目产业化，扩大文化消费。通过项目带动促进文化消费年均增长 15% 以上。

**5．借助文化传播拓展京津冀文化消费市场**

深入落实京津冀文化协同发展战略框架协议，在演艺、展览、文学、舞蹈、戏剧、文博、人才培训等方面加强与京津冀地区的文化交流与融合，吸引京津冀人群来新区互动，拓展京津冀文化消费市场。积极参与推进京津冀文化消费市场一体化建设，扩大与北京、河北的文化消费互动。京津冀地区到滨海新区参与文化消费的人数年均增长 15% 以上。

**6．加大文化场馆设施建设**

新建和改扩建一批区级和功能区街镇文化设施，大大提升文化消费载体功能。重点建设天津滨海新区文化中心项目。该项目地处自贸试验区内，一期文化场馆部分占地面积约 12 万平方米，总建筑面积 31.6 万平方米，总投资约 48.69 亿元。该中心由滨海图书馆、滨海美术馆、滨海城市与工业探索馆、滨海市民活动中心、滨海演艺中心及文化长廊组成，通过智慧科技手段打造“活”的文化中心，成为新区文化惠民、娱乐创新、提升科教的重要阵地。

**7. 丰富文化产业消费业态**

选取批量具有代表性的文化企业和商家参与试点，丰富文化产业消费业态。有效实施文化+制造、文化+科技、文化+旅游、文化+金融等工程，提升文化软实力和产业竞争力。结合新区特点，优先发展动漫游戏、文化娱乐、数字影视、数字出版、创意设计等内容；进一步扩大航母主题乐园、方特乐园、极地海洋馆、东疆湾沙滩、游轮母港、电影院线等文化娱乐消费；充分发挥国家动漫园、广告园、3D影视园等文化产业园区作用，广泛聚集文化企业，提升文化消费供给功能；高规格办好滨海国际文化创意展交会和国际“双创”设计大赛等赛事，逐步打造全国和国际一流展会和赛事品牌，拉动文化消费；通过举办“滨海文化消费季”活动，包括“文创会”“设计大赛”“惠民电影展映”“秀场表演”“主题乐园节”“音乐节”“图书节”“戏曲节”等，聚集大批文化企业和商家，经过遴选，逐步扩大优质试点文化企业范畴，进一步丰富文化产业消费。

**8. 精准供给公共文化服务内容**

根据滨海新区公共文化服务整体部署，先期选取优质公益性文化场馆参与试点，涵盖图书馆、美术馆、文化馆、收藏博物馆和具有教育意义的纪念馆，将这些场馆打造成汇集原创文化精品的重要载体，丰富内容、提升服务、打造各种文化消费专题，两年提升阅读率、参观率、参与率20%以上。同时，推动文学、书画、歌舞、音乐等各种文化艺术创作、成果转化、产业经营一体化运作，促进文化资源跨地区、跨行业结合，提供综合性、多样性、精准性文化服务。支持文化设施运营单位与文化创作、服务机构开展多种形式的合作，提供“一站式”文化服务，逐步向域内有关场馆全覆盖。

# 第七章　新型城镇文化治理研究[①]

新型城镇化的核心是人的城镇化，新型城镇化发展的目的是实现人的全面发展，建设包容性、和谐式城镇。党的十九大提出："加强社会治理制度建设，完善党委领导、政府负责、社会协同、公众参与、法治保障的社会治理体制，提高社会治理社会化、法治化、智能化、专业化水平。"今天，城镇化已经进入以文化、生态、特色等为主要特征的新型城镇化阶段，在治理理念和治理方式上都比传统的城镇化有了较大的转变，特别是党的十九大在新的背景形势下提出治理体系和治理能力现代化建设，需要新型城镇化在理念上的提升和转化。

总体来看，新型城镇化相较于传统政府管理体系，更加强调政府的治理理念，由政府作为单一管理主体向"政府+"范式转变，其治理体系由政府和社会两套具有不同性质、目的和行动逻辑的治理体系耦合而成。社区、企业、政府、非政府组织、媒体、学校等都成为社会治理的重要的组成部分，社会治理依靠社会联合行动来实现。这就要求政府不能再靠强制管理来推动社会和平稳定，而是要依靠文化的软作用来凝聚社会共识，提升各种社会

① 此章部分内容参考范周主编的《新型城镇化与文化发展研究报告》（光明日报出版社，2014年第2版）中《新型城镇化的"新治理"》一文。

力量自治和自觉的积极性，强化社会治理的内在力量和外在品质。可以预见，“文以治镇，以文化城”的“文化治镇”将成为新型城镇化阶段的新治理模式。

## 第一节　当前城镇治理的问题与成因

### 一、城镇治理中存在的主要问题

#### （一）不断增加的城镇管理成本

目前，城镇政府职能的全能性表现为严重的政事不分。我国数量庞大的事业单位及其不断扩张的趋势，导致行政管理支持规模和行政成本一直居高不下。根据财政部在2012年发布的《2009年地方财政统计资料》数据，“到2009年年底，全国不包括中央的地方财政供养人口为5392.6万人。这些都是有公务员编制或者事业单位编制的体制内人员，除此之外，中国还存在大量的准财政供养人员，包括现有60余万个村委会及8万余个居委会”。来自民政部基层政权和社区建设司的数据显示，“2007年年底，全国居委会人员总数约41.6万，全国居委会和村委会总人数约为275万。加上这部分准财政供养人口，到2009年年底，中国财政实际供养人数超过5700万人，并且还以每年超过100万人的速度递增。从地域分布来看，财政供养人员300万以上的省份共有四个，分别是江苏、山东、河南和广东。财政供养人口规模处于200万到300万之间的省份也有四个，分别为河北、湖北、湖南和四川，其余省级行政区也大部分处于100万到200万人之间。中国财政供养规模的问题不仅仅是存量巨大，而且其加速增长的趋势更加令人担忧。从 1998 年到 2009 年，中国财政供养规模从 3843 万人飙升到 5393 万人，11 年间增加了 1550 万人，年均增加 141 万人”。[①] 事业单位数目的不断扩张，导致从事政府行政服务的人员数量不断增加，与之相应的便是巨额的行政人员管理经费支出，这也成为我国大部分地方政府在管理支出中的一项重要成本项目。

这种计划经济时期延续下的事业单位行政化制度，导致严重的“政事不分”“政社不分”现象。虽然十八届三中全会中提出了关于事业单位的改革内容：“加快事业单位分类改革，加大政府购买公共服务力度，推动公办事业单位与主管部门理顺关系和去行政化，创造条件，逐步取消学校、科研院所、医院等单位的行政级别。建立事业单位法人治理结构，推进有条件的事业单位转为企业或社会组织。建立各类事业单位统一登记管理制度。”但目前这方面的改革尚未有实质性的进展。政府与社会组织之间在权力上和职能上的含混模糊，不仅导致在社会管理上的职能错位、缺位，而且也增加了行政管理成本和相关费用支出，政府的行政成本依然处于较高的局面。同时，在处理社会公共事务上，程序的冗杂、烦琐，也造成了政府服务和行政效率不高，有限资源得不到充分发挥，资源空消耗和负消耗现象较为突出，浪费了大量国家资源，加重了财政负担。

**（二）量质不足的公共服务和产品**

在传统的城镇化过程中，为了加快推进工业化进程，我国长期实施城乡二元结构体制，导致了我国城乡之间公共服务的不均

---

① 熊剑锋 . 中国财政供养规模调查 [J]. 凤凰周刊，2013（10）.

衡。城市是国家公共服务保障的重点，城市的公共服务大部分是由国家来承担，而农村地区的公共服务则相对匮乏和短缺，主要靠农民自身来承担。从客观上讲，我国对于公共服务和公共产品的支出得到快速的增长。“如果把社会文教、行政管理费和国防费三项合计，则公共产品支出占财政支出的比重由八五时期的 8.93%增加到九五时期的 51.16%，这意味着国家提供的公共产品总量在增加。但是公共服务的投入大多集中在城市，各级政府在农村供给的公共产品则相对较少，许多应由国家提供的公共产品供给不足，部分公共产品的供给责任落在了村委会的头上。”[①] 大部分村镇相对城市而言，公共产品与服务的提供缺位现象严重，具体表现在公共设施投入明显不足，开办学校相对较少，医疗卫生网点不多、设备设施相对落后，基层工作人员服务意识不足。即纯公共产品提供的运营成本过高、效率低下。从公共产品的供给质量来看，农村与城市相比不仅在相对数量上差了一大截，并且供给产品的结构、质量、层次、多样性、优化度等相对较低。这自然与我国社会发展的阶段性特征相关，在我国改革开放、大力推动工业经济发展的过程中，城镇作为工业化的成果体现，自然获得政府过多的关注和重视。除历史原因之外，农村公共产品供给责任划分不清，乡村两级负担过重等农村自身或外部相关因素也是影响公共产品供给不足和质量不高的重要因素。

**（三）流于形式的社区（村民）自治制度**

目前最基础的乡镇管理统一采用村民自治制度，但传统的村

① 李羚．公共绩效考验政府服务的质量——从农村公共产品供给不足谈起 [J]. 经济体制改革，2004（6）.

民自治模式自治主体单一，自治能力非常有限，并且流于形式。在当下的中国农村，召开村民代表会议存在困难，决策和执行不分，且权力过分集中于村委或“两委”，甚至集中于村主任或村支书一人，村民对于利益诉求的表达机构和机制不畅通。

村民自治是我国在充分吸收人民公社的具体实践教训的基础上改革创新的一项制度，是适应农村联产承包责任制探索的治理方式和治理模式，主要目的在于调动广大农村地区广大农民生产生活的积极性，让农民在村庄治理中拥有更多的参与权、自主权和自决权，以此来提高国家对乡村社会的合法性建构。但是村民自治建设跟其设想的目标仍有很大的差距，往往流于形式。这主要在于：一方面，作为村民自治组织的村委会，承担了很大一部分来自乡镇及上级政府的任务，因而从村民对乡村公共事务管理的授权代理人转变成为政府的代理人，发生了代理角色错位，直接影响了治理效果；另一方面，自治过程不全、监督乏力。从选举开始到管理过程中，应当有的监督和评议机制，都存在着种种问题。很多乡村存在贿选问题，更不用说村委会干部利用公权为自己谋取私利的问题，这严重影响了农村的自治制度，影响了村干部的公职形象和实施农村自治的权威性。部分村委会、村干部不合规、不合法的行为之所以难以有效地进行制约，在于对其监督和评议的手段方面尚没有构建起合理的机制和制度。

**（四）缺乏合作的区域协同模式**

由于受当下中国传统政府政绩考核方式和升迁制度的影响，某些地方政府存在严重的急功近利思想，城镇合作共赢的意识缺乏，同质化竞争严重。尤其是相邻的城镇，由于地理区位、经济和社会文化特点相似，城镇的功能定位往往非常相近，存在产业重合与同质化竞争。由于政府的短期化行为和部分公务员片面追求任期政绩的现象，大部分地方政府往往无视国家整体的战略规划，无视地方财政的承受能力，无视本地自身的条件和特色，强行发展各类文化产业园区，引进高污染产业，兴建高楼大厦、大型广场或公园等形象工程。这种没有长远规划和综合规划的城市建设行为和管理行为，使得目前中国城镇发展中存在严重的设施建设功能重复、产业间未能形成好的协同模式等同质化无序竞争现象，造成行政成本和公共资源的严重浪费。

## 二、城镇治理问题的成因分析

### （一）理念认识障碍

目前，中国的广大城乡尚未形成现代化的城镇治理理念，传统的治理理念、治理机制依然占据主导。虽然党的十八大以来，在构建新的治理理念上有了一定的突破，但长期以来形成的理念定式和机制模式很难尽快转变，需要很长一段时间的调整期。经济发展依然是城乡主政者关注的重点，文化在城乡发展中的重要功能作用未能得到应有重视，依然处于城镇发展的边缘。同时，在广大城乡还存在着严重的小农意识和小市民意识。小农意识就是农民为了满足个人温饱，在自己的土地上生产经营、自给自足，相对约束较少，久而久之形成的一种思想和行为习惯，具体表现为小富则安，追求较低；缺乏自律，相对懒散；宗派亲族观念严重。而小市民意识指的是一般城市居民社会阶层所拥有的道德原则与思想意识，具体表现为思想上较为自私自利、政治上不坚定，害怕社会的不稳定，追求安逸闲适的生活，目光短浅、斤斤计较、相对浮躁。基于这种小农意识和小市民意识，在利益处理上，这一群体更多关注的是亲朋好友和自己眼前的利益，以家庭或自己家族的利益为先。基于利益博弈的思想与社区和村民自治权力行使与利益分配扭缠在一起的时候，将导致家族政治和关系政治的产生，这种畸形的资源分配结构必然导致治理的低效，阻碍村民自治权力的真正实现。现代化问题的实质就是如何实现人的现代化的问题，特别是左右人的价值理念、思维习惯、文化心理等。否则，传统的思维惯性和行政弊病继续延续和存在，必将会对社区和农民自治制度和自治权力的行使造成阻碍，贿选、家族势力、公权力谋私等问题难以破除，自治制度也将难以真正实现。

### （二）管理机制障碍

在城镇治理中，不同管理主体间缺乏有效沟通协作依然是突出问题。一方面，地方政府对同一事务采取交叉管理和多头管理模式。各管理部门间各自为政，缺乏沟通，没有建立起联动模式和沟通机制。这种碎片化的管理和交叉管理，导致行政资源严重浪费，管理成本不断增加，而往往由于缺乏沟通，还容易造成管理的真空地带，“缺位”“越位”等管理问题依然突出。因此，很多国家强调整体性治理、无间隙政府，就是为了防止出现成本的浪费和管理的真空。这种缺乏统筹、影响长远发展的碎片化管理模式还会降低行政效率，影响政府权威，并引发恶性竞争。另一方面，政府与村民自治团体、民间组织也缺乏沟通。这导致政策的上传下达不畅，公共管理事务的实施和执行的细节透明度不够，这也往往影响了群众、企业与政府部门的关系，进而可能对政府的权威性和公正性产生怀疑。

### （三）政策法规障碍

在我国推进城镇化的进程中，政府的大力推动、政策促进、投资带动在一定程度上推动了城镇化的快速推进。从推动模式上来看，我国传统城镇化主要采取自上而下的运行模式，政府通过政策激励、行政管理来推动，政府是城镇化的重要主导力量。政府通过自上而下的行政管理体系，将行政管理应用遍及城镇化进程的各个领域和众多环节，通过规划、政策、法规等行政手段来推动城镇的发展。“从城镇的设置、规划、建设选址，到土地使用的审批、土地功能的改变、改造拆迁等，都离不开政府严格的审批，也正是因为这些严格的审批权使得政府完全主导了城镇化的进程。”① 从短期来看，这种单一的、自上而下的强力推动模式是易见成效的，能够推动城镇化快速、规模化地发展，但是也造成片面注重土地的城镇化、人口的城镇化，而城镇化的深度和质量并没有得到科学保障。社会不协调、交通拥堵、环境污染严重、规划建设缺乏特色等问题不断涌现，一些社会矛盾不断加剧。城镇化的过程中，政府的作用是必不可少的，需要政府进行统筹资源、规划引导，但并不意味着政府可以依靠行政命令和权力主导一切，政策法规等法治化、制度化建设的缺失和作用发挥的弱化，都为城镇化的可持续、科学化的发展埋下了隐患。同时，一些地方在短期利益的驱动下，无视法律法规，习惯于大拆大建、强拆强建，难免会造成各种社会矛盾与冲突。群众集体上访、钉子户、强拆伤人等事件一度成为社会焦点，严重影响了社会稳定和政府的公

---

① 朱进芳．“法治”背景下新型城镇化治理模式的转变及实现机制 [J]. 天津行政学院学报，2015（1）.

共形象。

### （四）运营模式障碍

与我国快速发展的城镇化不相匹配的是城镇开发路径的单一和运营模式的简单化。在城镇化的运营中，政府受短期利益和形象政绩驱使，往往采取“短、平、快”的城市运营思路，不注重城镇发展的自身实际和长远利益，注重一些大项目、大工程的大包大揽，在短期内看似成果显著，但长远来看实则对城镇的生态环境、交通、居住等留下后患。例如在城镇发展定位上，往往给城镇扣上高高的帽子，不从城镇的特色和个性出发，盲目照搬西方和大城市的经验模式，好高骛远，建高楼大厦、水泥森林、玻璃幕墙、音乐喷泉、大型广场等，破坏了城镇的文化文脉，使城镇丢失了特色和传统，不中不洋，在城镇化的浪潮中迷失了方向。在产业发展上，不顾城市产业基础、经济条件、社会条件等，盲目崇拜新技术、新业态、新模式，大规模投资，招商引资，不仅因水土不服造成大批项目夭折和流产，而且造成资源浪费及国有资产流失。在地理、人文等相近的地方，常常因抢夺资源，搞同质化竞争，造成城市功能重复和资源浪费。在公共产品供给方式上，主要以政府和国家财政为主。虽然随着经济的发展，我国已经基本具有了一定的财政基础。但单纯依靠国家财政来完成居民对各类公共产品的需求显然是不可能的。还需要积极拓展其他的筹资方式，如向社会团体、个人等的有偿筹资；政府购买服务等；另外，加快发展村级集体经济，放大村级在公共产品提供中的自我投入，也是资金来源的一个重要方面。但目前由于地方政府在公共产品供给上的垄断地位，长久以来民众形成了对政府提供公共产品的依赖心理，公共产品的有偿化观念相对滞后，同时民众作为公共产品和服务的被动接受者，也无法对政府进行有效监管。这就形成了一个民众一方面对政府提供的公共产品不满意但又没有监管和反馈的渠道，另一方面又不愿意接受公共产品有偿使用的观念的怪圈。

## 第二节　文化治理的理论与实践

### 一、文化治理的研究和主要观点

“治理”一词在中国古文献中早已有之，最早见于《荀子·君道》:“明分职，序事业，材技官能，莫不治理，则公道达而私门塞矣，公义明而私事息矣。”但这时的治理多指统治和管理之意，与现代的治理意义不同。现代的治理理论作为一种新的公共管理和国家治理方法，是 20 世纪 80—90 年代在西方社会兴起的一种理论学说，是社会管理发展到一定阶段在管理理念和管理方式上的一次变革和提升。法国社会学家福柯“权力观”和由此发展形成的“治理术”是治理理论的重要思想源泉和理论基石。关于治理概念的界定，中外学界、组织机构等有过许多界定，虽未达成共识，但是“治理”作为新的国家、社会管理理念已经逐步得到广泛认同，达成共识。例如美国学者、治理理论的主要创始人之一詹姆斯·N. 罗西瑙在其代表作《没有政府的治理》和《21 世纪的治理》等文中将治理定义为“一系列活动领域里的管理机制，该机制虽未得到正式授权，却能有效发挥作用”。学者王志弘指出，“某种程度上，对‘治理’的定义是个迟来的承认，因为复杂社会体系的整合和社会发展的操控，从来就不是国家责任，而总是涉及各种国家和非国家行动者”。[①] 全球治理委员会在《我们的全球伙伴关系》研究报告中认为：“治理是各种公共的或私人的个人和机构管理其共同事务的诸多方式的总和。它是使相互冲突的或不同的利益得以调和并且采取联合行动的持续过程。这既包括有权迫使人们服从正式制度和规则，也包括各种人们同意或以为符合其利益的非正式的制度安排。”治理相对于传统管理，更加注重人本思想、服务理念和多元多中心的管理方式，相对于“僵化治理”更显柔性，相对于“政令治理”更突出善治。

《易经》有云：“刚柔交错，天文也；文明以止，人文也。观乎天文以察时变，观乎人文以化成天下。”文化蕴含风土人情、传统习俗、文学艺术、行为规范、思维方式、价值观念等，具有传续、导向、维持秩序等功能。文化治理不仅是“文化”与“治理”的简单组合，更是文化功能与治理理念的深入耦合。20 世纪 30—40 年代的法兰克福学派坚守“文化精英”立场，对社会日益兴起的“大众文化”持否定态度，进行了尖锐的批判。而出身工人阶级的霍贾特等英国伯明翰学派学者则在扬弃的基础上，对法兰克福学派的思想进行了批判，肯定了文化实践与生活、社会整体实践的密切关系，霍贾特认为：“文化是人们对日常生活的理解和把握，是大多数人的事情”[②]，赋予了文化生活、大众的概念范畴。后期伯明翰学派围绕文化与现实生活是怎样一种作用与反作用关系，形成“文化主义”与“结构主义”之争，将文化与经济、社会、

---

① 毛少莹 . 文化治理成为社会治理的重要部分 [J]. 人文岭南，2012（19）.

② 刘婧 . 伯明翰学派早期领军人物文论研究——以霍贾特、威廉斯、汤普森为例 [D]. 南昌：江西师范大学，2011.

人的实践等问题的讨论推向深入。伯明翰学派后期代表人物本尼特在“文化主义”与“结构主义”二元对立之争的基础上，通过对葛兰西“文化霸权理论”“文化唯物主义”的吸收，福柯“治理术”理念的引入，提出并形成了其“治理性文化理论”。本尼特认为：“如果把文化看作一系列的历史特定制度所形成的治理关系，目标是通过审美智性文化的形成、技术和规则的社会体系实现广大人口的思想行为的转变，文化就会是更加令人信服的构想。”[①] 本尼特将文化与治理有机结合起来，对文化与治理的关系有了更加深入的认识，认为文化既是治理的对象，同时治理也是文化的一种功能属性，赋予了文化功能更加全面的定义，倡导要把“政策引入文化研究之中”，促进了治理领域的“文化转向”，打通了“文化”与“治理”间的耦合关系。

廖世璋（2002）在其发表的《国家治理下的文化政策：一个历史回顾》中认为，文化治理是“一个国家在政治、经济或社会的特定时空条件下，基于国家的某种发展需求而建立发展目标，并以该目标形成国家发展计划而对于当时的文化发展进行干预，以达成原先所设定的国家发展目标”。[②] 林坚（2015 年）在《文化治理在国家治理体系中的地位和作用》中，结合中国经济社会发展实际，在中外“文化治理”理念的研究基础上，对“文化治理”的概念进一步进行了丰富拓展，提出：“文化治理包含两个方面。一是对文化领域进行治理；二是以文化的方式进行治理。文化既是治理的对象，又是治理的手段和工具。文化治理包含文化管理、

① 托尼·本尼特 . 文化与社会 [M]. 桂林：广西师范大学出版社，2007：163.

② 廖世璋 . 国家治理下的文化政策：一个历史回顾 [J]. 建筑与规划学报，2002（2）.

文化改革与发展等内容，应纳入社会系统工程的视野，整体观照，系统把握，全面推进。国家治理体系是一个复杂系统，包括经济、政治、文化、社会、生态文明和党的建设等各领域体制机制、法律法规安排。文化治理是国家治理体系的重要组成部分”。[①] 将文化治理纳入国家治理体系之中。

总结前人的研究成果，中国特色社会主义发展进入新时代背景下，文化治理已经成为我国推进国家治理体系和治理能力现代化的重要内涵之一。我们认为，文化治理具有两个层面的内涵，一是微观层面国家对文化领域的治理，二是宏观层面通过发挥文化功能实现和促进社会的治理与文化的治理。

党的十八大以来，我国在政治、经济、社会、文化等各方面发生了深刻的社会变革和历史性的变化，不断推动中国特色社会主义发展进入新时代。党的十八届三中全会决定将推进国家治理体系和治理能力的现代化作为全面深化改革的总目标。党的十九大报告中进一步明确新时代实现中华民族伟大复兴，解决人民日益增长的美好生活需要和不平衡不充分的发展之间的矛盾，必须坚持以人民为中心的发展思想，实施“五位一体”的总体布局和“四个全面”的战略布局，坚定道路自信、理论自信、制度自信和文化自信，促进人的全面发展，实现共同富裕。要不断完善和发展中国特色社会主义制度、推进国家治理体系和治理能力现代化。文化作为一个国家、民族更基本、更深沉、更持久的力量，已经被纳入国家“五位一体”“四个全面”的总体战略布局之中，提升文化治理体系和治

① 林坚．文化治理在国家治理体系中的地位和作用 [J]. 人大国发院系列报告，2015（6）.

理能力的现代化，推动社会主义精神文明和物质文明协调发展，推动文化繁荣复兴，让人民在发展中更多共享文化改革发展成果，建设文化强国成为新时代重要命题。关于文化治理的学术研究、路径探究、模式总结和实践探索都不断推向深入。

微观层面文化领域治理。这一层面的文化治理更加突出的是“治理＋文化”的逻辑，“治理”是手段，“文化”是治理的对象，主要包括意识形态、社会主义核心价值观、公共文化服务、文化产业、文化遗产保护传承、文化开放（国际合作交流）等。例如祁述裕提出的“国家治理体系和治理能力现代化建设需要完成健全现代市场体系、构建现代公共文化服务体系、推进文化管理体制机制创新三大任务”。[①] 周笑梅、高景围绕公共文化治理转型提出“重视治理环境培育，平衡多元治理结构，深层次把握公共文化与文化产业、网络技术、教育直接的关系”[②] 等路径。徐平围绕国家意识形态建设，提出在“大文化”背景下整体推动，以“中文化”为重点，以“小文化”为抓手的国家意识形态建设方案。景小勇认为，推进国家文化治理能力提升和现代体系建设，最根本的是要实现管理主体由管理式理念模式向参与式模式转换。丁丽娟从文化治理的宏观要旨方面提出“文化治理现代化应以培育和践行社会主义核心价值观为主导，以实现中国梦为基本方向，以增强国家软实力为关键，应注重吸收传统文化之精华”。[③]

宏观层面文化化的治理。所谓文化化，即通过发挥文化功能

① 祁述裕 . 国家文化治理建设的三大核心任务 [J]. 探索与争鸣，2014（5）.

② 周笑梅，高景 . 公共文化服务视阈下的国家文化治理转型 [J]. 社会科学战线，2015（5）.

③ 丁丽娟 . 文化治理现代化的要旨略析 [J]. 中学政治教学参考，2014（7）.

实现和促进社会的治理，突出“文化＋治理”的治理理念，文化是治理的工具和手段。文化化的文化治理方式，更加注重对文化网络的认同、接纳、利用和协同，将当前治理的单向维度变成多维度，使得文化网络的社会性权力与行政权力在协同作用下形成强耦合的治理结构，将当前治理主体从传统的“内部参与”的单一政府主体转换为“内外共同参与”的复合主体。同时通过机制创新和模式创新，使得这一治理结构能够有效运转。使得新型的权力的文化网络成为人们“自治自立、自觉自为、自我发展”本质属性的最基本载体。相对于微观层面的文化治理，宏观文化化的治理研究较少，社会实践也较为单薄。例如，吴理财提出文化治理“三面孔”的观点，他认为文化治理具有“政治面孔、社会面孔和经济面孔”三张不同的面孔。“文化和文化治理往往具备政治的面孔，因为一定时期的文化观念总是服务于统治阶级的利益，并为阶级统治提供合法的意识形态支持。进入现代以后，文化治理的社会面孔越来越重要，并日渐渗透于社会的每一角落乃至意义和价值领域。如今，文化治理又日渐深入产业发展之中，常常以其经济面孔示人。在实践中，文化治理的几副面孔总是交融在一起，展现多样形态。在不同的历史时期，政治、社会、经济面向的文化治理各自所起的作用具有相似性，其实质都是透过文化和以文化为场域达到治理的目的。”三张面孔都超出文化本身，强调了文化对于不同时期更好治理国家的重要功能。胡惠林认为：“文化治理是国家采取一系列政策措施和制度安排，利用和借助文化的功能用以克服与解决国家发展中的问题的工具。其对象是政治、经济、社会和文化等，主体是政府和社会。政治治理、经济治理、文化治理是中国国家治理的三个发展阶段。中国在经历了政治治理（以阶级斗争为纲）、经济治理（以经济建设为中心）之后，正在走向文化治理（建设社会主义文化强国）。文化治理是中国当代发展的重要特征和国家治理的目标追求。”[①] 刘忱认为：“文化治理，需要以文化来塑造现代社会，要靠文化的力量培育良好的道德氛围和公共秩序，在每位公民个体内心深处筑牢积极正面的价值大厦。这个大厦还需要渐进的、温和的、理性的社会精神和社会共识作为支撑，建设起一个理性成熟的公众共同体，使得社会转型得以相对平稳理性地实现。”“国家治理不仅需要文化来摇旗呐喊，而且需要文化为国家治理导航引路。这套思路决定了文化治理在国家治理体系中占据崇高地位。”[②]

## 二、文化治理的内涵和特征

文化治理不同于简单的文化管理，相较于传统的管理模式，文化治理更具有较强人文性、系统性、多中心化的特征，需要硬管理向软治理的思路转化，需要政府“自治”与“他治”的协调推动，需要更加协调公正的环境营造。一方面要注重文化治理不局限于政府机构本身，应充分发挥和调动社会组织的网络功能；另一方面，必须关注文化治理权利、政府和知识形式的复杂结合。其核心在于：政府要加强治理机制和治理方式创新，转变政府职能，简化行政审批手续，下放行政审批权限，通过制度安排、法制健全，社会力量协同合作，实现政府主导作用发挥，有效解决

① 胡惠林 . 国家文化治理：发展文化产业的新维度 [J]. 学术月刊，2012（5）.
② 刘忱 . 国家治理与文化治理的关系 [J]. 党政论坛（干部文摘），2014（12）.

各类文化的发展和管理问题，实现广泛社会主体参与的“文化共治”。从其内涵来看，可归纳为：突出文化引领、注重文化行政、兼顾统筹协调、发展文化经济、文化生态。

### （一）突出文化引领

文化是一个国家的精神支柱，是推动国家繁荣富强的重要精神力量。实现中华民族伟大复兴中国梦，全面建成小康社会，必须把文化建设作为重要内容，增强文化自觉、坚定文化自信，充分发挥文化价值引领、社会风尚引导、文明素质提升等的重要作用，提升国家文化软实力和竞争力。这充分说明了文化在社会各个层面中的重要作用。文化治理要高竖社会发展的方向旗帜，凝聚思想价值，传播正能量，塑造时代新风尚，充分调动群众的热情和创造性，引领社会不断承前启后、继往开来。一是价值观引领。意识形态是文化的价值凝练，决定文化前进方向和发展道路。核心价值观是人们思想的集中体现。文化治理以文化人，以文化为驱动力，通过凝聚人民的思想价值共识，促进文化自觉和文脉传承，增加社会“温度”，为社会发展赋予精神力量。二是舆论引领。通过加强对传媒和舆论的监管与引导，弘扬正气，向社会传播正能量，为社会发展提供良好的舆论环境，不断化解社会发展过程中出现的各类矛盾、问题等，塑造社会新形象。三是组织引领。以各种社会组织建设为基础，加强文化服务功能，通过形式多样的活动，营造良好的文化形态。四是寓教于文。通过不断加大公共文化服务力度，打造符合群众文化趣味和时代要求的文化精品力作，丰富百姓的日常文化生活。依托各种文化艺术院团等文化机构充分释放“文艺教育”的功能，通过具有鲜明的文化与时代特色的文艺作品鼓励人、激励人，实现文化引导。

### （二）注重文化行政

文化行政不仅仅是监管文化活动，更重要的是服务文化，“善治”文化。文化作为社会治理的重要内容，有其自身的特殊性。由于文化兼具经济效益与社会效益，经济属性与意识形态属性的双重内涵，我国对于文化监管是相当严格的，长期以来“办文化”和“管文化”一直是政府治理文化的主要思路。官办文化和管文化有利于对文化内容的监管，但是在新的发展形势下，由于人们对于文化多样性、多层次、多元化的需求，简单化的管理已经不符合文化发展的需求。特别是进入21世纪以来，各国都对文化的重要性予以高度重视，文化作为一种软实力竞争更加激烈，已经成为国家治理、凝聚社会共识、铸就国家精神力量、促进产业结构升级、城市品牌塑造、创新发展等的重要驱动力量之一。政府对于文化的管理应在实践发展基础上，切实转变职能，遵从文化发展的新规律、新特征，实现由“管文化”“办文化”的思路向“治文化”的理念转变，由单一行政直接监管向由经济手段、法律手段等进行宏观调控、方向引导的方式转变，推动文化企业科学合理的生产创作和经营管理。二是尊重文化自身规律，按规律行政。政府文化行政管理部门要正确处理好文化的商品属性和价值属性、社会效益与经济效益之间的关系，始终坚持以社会效益为先，坚持以人民为中心的创作导向，推动文化产业与文化事业的融合发展及社会效益与经济效益的统一。当经济效益与社会效益发生冲突时，经济效益必须服从社会效益。三是实施分权和简政放权，政府要深化体制机制改革，进一步下放文化审批职能，简化审批程序，释放传统的行政束缚，鼓励创办文化企业、开办文化会展、举行文化交流活动等基层文化活动，特别是在文化市场管理中，要切实发挥市场的决定性作用。同时，鼓励各类文化行会组织进行自我管理与自我运营。四是推行文化法治建设。中国地域辽阔，情况复杂，文化建设要从国家层面在顶层设计上构建起完善的法治体系，做好文化立法和文化执法，各级政府根据法律做好相关的文化法规的制定与完善，营造一个良好的法治环境，以“法”行政，以“法”执法。

**（三）兼顾统筹协调**

文化治理是国家治理体系的重要组成部分，文化治理不能独立于其他领域之外而独善其身，没有与民生、财政、社会、农业等各领域的统筹协调也不可能独善其身。一方面，是文化内部的统筹协调。文化是个系统，要注重价值观念、道德体系、文化产业、公共文化服务、传统文化保护传承、国际文化交流的统筹，以及文化与经济、社会、民生等其他方面的统筹。首先，体现在文化发展的群众化。群众是文化的创造者，也是文化服务的对象，文化从群众中来，也要到群众中去。加强公共文化基础设施建设，丰富公共文化服务内容和形式，是保障和满足人们基本文化需求的需要，也是保障人们基本文化权益的需要。公共文化基础设施建设要深入推进均等化、便利化，兼顾城乡之间公共文化服务的平衡，推动公共文化服务资源更多地向社区（乡村）和基层倾斜，让文化发展成果更多普惠于民。其次，体现在文化传承的互动化。文化的沉淀积累、生生不息，得益于历史各个时期、各类文化精英的不断创新传承，更不可或缺的是人与文化的交流与互动。而只有基于后者，文化才能真正展现其独特的魅力、活力和竞争力。第三，体现在文化产业的效益化。在推进文化传承创新的同时，注重提升文化的经济价值，努力把文化资源转化为效益。另一方面，是文化与其他事宜的协同解决。譬如对于文化资金的问题，要出台具体措施吸纳企业、个人和各种社会组织捐赠或投资文化场馆，确保新型城镇化中文化设施建设的资金充沛。又如对于文化基础设施的管理，一方面要完善相关制度建设，明确各部门的职责；另一方面要充分调动社会组织、团体、群众的积极性，依托广大社会群体力量，加强公共文化基础设施的自我管理和服务，形成文化设施管理的长效机制。

**（四）发展文化经济**

文化经济是实现产城一体、优化经济结构的重要抓手。政府的一项重要文化职能就是大力发展文化经济、繁荣文化市场。一是大力发展文化艺术、创意设计、广告会展、动漫游戏、广播影视、新闻出版、演艺娱乐、旅游休闲、数字文化等文化产业，培育一批骨干文化创意企业。二是依托各地特色文化资源，大力发展特色文化产业。充分挖掘区域民风民俗、名人故事、地域风情等特色文化，加大整合创新，依托科技转化、市场运作等手段，全力打造具有鲜明地域特色的文化产业园区（基地）和文化产业集群，开发具有鲜明地域特色的文化符号、符合当代审美的特色文化创意产品。加强文化旅游项目开发，将文化旅游产业与区域城镇化建设、经济发展、民生建设和社会发展等有机结合起来，促进文化与旅游、科技、农业等的融合发展，培育新业态，探索新模式，推动区域文化产业发展，拓展文化发展空间。三是推动传统文化行业与高科技行业的融合，提升文化产品与服务的科技含量与附加值。加强文化科技创新能力建设，通过科技优化提升文化产品形态，打造新式文化体验，延伸文化产品链条。四是着眼增强城市活力，加大文化行政领域的“放管服”改革和开放力度，降低社会资本参与文化建设的门槛，完善文化激励政策，加强市场监管，培育文化消费，营造良好的文化市场环境，激发城镇文化发展活力。

### （五）构建文化生态

构建文化生态是文化治理的重要目标。社会发展的最终结果，不是出现一堆钢筋水泥，而是要形成一个文化生态。不同地区、不同城镇拥有自身不同的文化特色。这就要求政府在履行文化职能时必须注重对文化生态环境的维护。在社会发展、城镇建设中需要增加文化因子，传承城市文脉，留住文化乡愁，在旧城改造中需要凸显文化重生，在农村进行城镇化过程中确保历史延续，文脉不中断。首先，注重铸魂延文。在社会发展和城镇建设中，必须将文脉视为城市建设的魂，以这个文化魂为核心来开展各类城市生态圈的建设。其次，注重历史文化遗产保护。在社会发展和城镇建设中，要注重历史文化的传承创新，将文化遗产保护纳入县（市、区）各级领导责任制加以考核，并对在城市建设过程中造成历史文化遗产损毁的各级领导追究领导责任。建立文化遗产保护专家咨询制度及公众和舆论监督机制，大力提高城乡建设过程中的文物保护意识，加大对文化遗产保护的监督约束力度。再次，注重推动文化科技的方式优化城市景观和品牌宣传，实现城镇景观的数字化提升，营造特色数字化文化生态群落。最后，注重区域特色文化培育。有计划地举办各类文化活动，打造城镇文化品牌，凸显本土文化特色，逐步构建特色的本地文化生态圈。

文化治理是一个系统工程，要注重把握文化的属性特征和功能优势，充分理解社会发展和城镇建设的文化诉求，积极探索并总结出新型城镇化的文化发展新模式。中国地域广阔，文化种类繁杂，经济基础各异，新型城镇化与文化发展势必面临着因地制宜、因时制宜的现实问题。不论是文化建设的新内容，还是新型城镇化的新指标，毋庸置疑，“以人为本”才是关键，也只有“以人为本”才是最终衡量新型城镇化与文化建设成功与否的首要标准，这也是最终实现中国梦的必然之路。

## 三、文化治理的基层探索与基本经验

### （一）主要探索类型

文化治理水平和治理能力在很大程度上决定着城镇文化建设的发展水平，文化教育教化功能对于提升城镇文明素质，维护社会稳定，优化治理方式，具有重要意义。我国地域广阔，文化地域特色多样，各地结合实际发展优势，积极探索并形成了系列文化治理的鲜活的、本土化的模式经验，主要概括为文化传承创新型、文化创意引领型、特色文化发展型和文化化管理型等几种类型。

#### 1. 文化传承创新型

文化传承创新型即以城镇核心价值文化的传承创新作为文化建设发展的纽带，将其作为连接过去、开启未来、激发创新活力、凝聚城镇人文精神的纽带，从而构筑城镇的精神与气质。浙江省嘉兴市秀洲区以传统文化为宝，在新型城镇化建设过程中非常注重保护文化遗产，确保地域文化的活力传承，通过文化载体的合理布局，营造独具特色的文化氛围，使其成为地域经济可持续发展的基石和城镇建设中不可或缺的灵魂所在。秀洲区是浙江大地上文化的重要聚集区，在秀洲区的土地上流传着槜李之战、西施学绣、王逵梅里种梅开埠、王江泾抗倭大捷、朱彝尊藏书曝书等历史典故，有世界文化遗产长虹桥，省级文物保护单位王店曝书亭、皇坟山墓葬群、吴家浜遗址、鱼池汇桥、王店粮仓群等，这些宝贵的文化遗产不仅是城镇发展的历史见证，也成为造福当下城镇发展的重要精神力量和文化资源。自 2016 年秀洲区全面开展小城镇综合整治以来，秀洲区因地制宜，注重强调文化的力量与小城镇综合整治融合统一，提出了“水清村美景醉人、小镇处处有故事”的文化治理理念。在这一理念的指导下，秀洲区采取了四项重点治理举措，盘活了文化富矿。一是加强文化资源梳理，建立文化资源档案。秀洲区对小城镇传统民居、历史古迹和小城镇周边的自然风貌、村落格局肌理、文物保护单位、非物质文化遗产、生产生活方式等，进行全面深入调查、拍摄、建档并分类管理。全区共梳理出 1 处全国重点文物保护单位、5 处省级文物保护单位、12 处市级文物保护单位、87 处市级文物保护点，3 个省级历史文化街区，5 处名人旧居故居，4 个革命旧址，37 项各级非遗项目等作为全区小城镇综合整治与文化遗产融合点。建立了完善的小镇文化档案库。二是加强规划指导和保护管理。秀洲区结合小城镇保护规划，对重要的历史建筑坚持“修旧如旧”，积极落实文保单位修缮、保护，并在保护中合理开发利用。比如省级文保点王店粮仓群的改造提升就是对整个粮仓群进行系统规划整改，在保持原有建筑风格的基础上，修整霉烂漏水的屋檐，改造粮仓的附属房屋，将王店粮仓改造成了“王店城市客厅”，让粮仓群旧貌换新颜。王店镇在老街增设了“梅溪八景”，重新修葺了文昌桥，打造了塘桥街仿古牌楼，绘制了《王店记忆》长卷，切实还原了江南名镇风貌，在展现深厚历史文化底蕴之外，更是唤醒了故乡记忆，激活、传承了地方文化精神。三是深入挖掘乡贤文化，唤起市民文化自觉。秀洲区油车港镇充分挖掘地方名人乡贤，在马库历史街区设置的农民画景墙中，开辟了“马库文化展示馆”，充分展示油车港当地的名人乡贤印迹，打造了融历史名人、文物保护于一体的历史文化街区，为油车港留下属于自己的记忆传承。四是加强策划宣传，提升文化凝聚力。邀请专家智库，对秀洲区文化符号进行挖掘设计，深度提炼，并赋予其新时代下新的内涵意义，使传统文化成为连接城市历史，塑造时代精神的重要举措。

**2. 文化创意引领型**

文化创意引领型即以文化创意作为驱动城镇经济社会发展的重要引擎，带动城镇转型发展和高质量、高品质发展。在治理方式上更加注重文化创意的引领作用，通过政策、财政、税收、服务等各方面给予文化创意以重点支持，保障其快速健康发展和辐射带动相关领域发展。例如，北京市朝阳区 2006 年在北京市最先提出发展文化创意产业的战略，经过十多年发展，目前文化创意产业已经成为引领朝阳区未来发展的四大高端产业之一。历史上朝阳区曾是首都的“米袋子”和“菜篮子”，后变成北京市电子、纺织、机械、化工、汽车五大工业基地所在，再一跃成为现代服务业发达区，正在迈向文化发展强区。新世纪之初，朝阳区依托奥运、CBD 和绿化隔离地区建设三大历史机遇，积极统筹区域、城乡、经济社会发展，同步推进农村城市化、城市现代化、区域国际化建设，形成了CBD、电子城和奥运三大功能区带动全面发展的格局。这一时期，朝阳区的发展速度加快，发展质量提升，发展成就显著，城市功能、产业结构加快转型，第三产业比重超过90%，实现了由农业大区向综合经济强区的转变，加快了由城近郊区向现代化、国际化城区的转变。朝阳区已经进入更加注重融入全球化，更加注重产业结构的优化提升，更加注重经济发展的质量效益，更加注重社会和谐与满足人民精神文化需求的新的发展阶段。大力发展文化产业，推动文化内容创新发展，不断提升文化软实力和竞争力，更好地满足人民群众多样化、多层次的精神文化需求，推动国际文化交互交融与合作创新，成为朝阳区发展文化创意产业一个重要的“内在需求”。在新的发展形势下，朝阳区依托区域服务经济发达、人才聚集、国际资源富集等优势，在“十一五”初期（2006年）在全市率先提出文化创意产业发展战略，把文化产业作为促进区域经济转型和引领新经济发展的重要引擎力量。朝阳区历届区委、区政府将这一战略不断深化、强化，文化创意产业在朝阳区的战略地位不断提高，先后提出了加快推动文化创新，文化引领、创新驱动，“文化强区”，文化引领发展等提法和思路。进入“十三五”时期，朝阳区提出了“建设‘三区’、建成小康”的发展目标，其中“三区”之一就是“文化创新实验区”。进一步强化了文化对朝阳区新时期发展的重大战略意义。2014年，北京市在全市范围内规划建设20个文化创意产业功能区，朝阳区北京CBD–定福庄国际传媒产业走廊、潘家园古玩艺术品交易区、奥林匹克公园、大山子地区等13个片区被纳入其中，占全市文创功能区总面积的

32.3%，位于各区之首，文化创意产业已经成为朝阳区经济社会发展和城市转型发展的重要引擎和首都全国文化中心建设的核心承载区。

**3. 特色文化发展型**

特色文化发展型治理模式即以城镇独具的特色文化资源的挖掘和创意转化利用来推动城镇文化建设，提升城镇文化影响力。河北省张家口蔚县作为全国剪纸之乡，依托剪纸特色文化资源，不仅做强做大了剪纸品牌，更围绕剪纸打造了产业链，促进了城镇经济社会发展。蔚县剪纸是一种以阴刻为主、阳刻为辅的点彩剪纸，为国家级非物质文化遗产。近年来，蔚县在传承和保护剪纸艺术的同时，积极扶持剪纸产业化发展。据统计，“目前该县剪纸从业人员 3.8 万人，全年生产剪纸 600 多万套，年产值 2 亿多元”。文化底蕴颇为深厚的蔚县，充分发挥城镇剪纸特色文化资源优势，确定了“人文蔚州、绿色蔚州”的发展思路，具有典型区域特色的剪纸文化成为蔚县经济发展的重要主导产业，实现了蔚县特色文化资源的创造性转化和创新性发展，将文化资源富矿转化为经济发展优势，促进了区域特色文化产业发展。蔚县在文化治理方面主要采取了三方面措施，一是挖掘剪纸特色文化资源，打造特色文化产业。在剪纸文化产业上，蔚县通过重点培育剪纸特色文化产业园区（基地）、集聚区、特色街区、特色乡村、博物馆、培训院校、活化馆等项目，推动剪纸特色文化资源的市场化、产业化、产品化转化，依托科技手段、市场资源和创意人才，促进剪纸产业的创意研发、培训教育、展览展示、传承保护、体验休闲等全方位的布局优化，将剪纸产业不断做大做强。二是依托特色文化资源，提升城镇建设水平。实施以文化振兴城镇的发展策略，以蔚县剪纸作为产业支撑，以蔚县古城作为文化城镇建设的亮点工程，以“修旧如旧”的方式，重点恢复了古城北城墙、真武庙、灵岩寺、常平仓、文蔚书院，复建了蔚州署，建成了古寺庙壁画等 18 个村级博物馆。通过剪纸这一特色文化资源优势，带动了整个城镇的建设发展。三是文化旅游节庆融合发展，提升城镇文化知名度。蔚县充分挖掘本地区独特的民俗文化资源进行民俗节目创作，推动民俗文化的节目化，推出了《火树金花》《蔚州风情》《天下第一堡——树花情》等民俗节目，使特色民俗文化资源活了起来。据统计，“仅 2016 年第六届蔚县民俗文化旅游节期间就吸引接待游客 64.6 万人次，旅游收入达到 4.5 亿元”。

**4. 文化化治理型**

文化化治理型即充分发挥文以化人、文以育人的功能，将文化作为进行城镇社会治理的手段，提升社会文明程度，优化治理方式。例如浙江枫桥镇。20 世纪 60 年代初，浙江省诸暨市枫桥镇干部群众创造了“发动和依靠群众，坚持矛盾不上交，就地解决。实现捕人少，治安好”的“枫桥经验”。因此，1963 年毛泽东同志就曾亲笔批示：“要各地仿效，经过试点，推广去做。”“枫桥经验”作为枫桥镇宝贵的精神财富和发展经验，不断创新发展，在新时期围绕文化治理提出新的“枫桥经验”。总结其发展经验，主要概括为四个方面：一是注重文化治理与城镇治理的理念融合。城镇文化在地域、价值、规范、符号与语言上具有独特性和内在性。枫桥在城镇治理中注重文化在城镇治理中的价值导向和精神指引作用，通过文化扎牢文化根基，不断培育和增强城镇居民的文化自觉、社会公德、家庭美德、群众主体意识和法律道德意识，以文化纽带将枫桥居民紧紧地凝聚在一起，实现地域共同体、文化共同体和行为共同体。二是注重社会参与的多元治理体系。扁平化、多元化的治理理念是新型治理的重要方式，枫桥在文化治理和城镇治理中，充分体现了多元主体在整个治理系统中的作用和功能，通过多元主体参与机制、多元主体治理模式和治理方式的创新，将群众、社会团体、政府、社会乡贤、志愿者等多方力量的积极性充分调动起来。尤其是新乡贤文化的建设，吸引和鼓励大批成功的城镇乡贤回乡创业和项目投资、参与公共基础设施建设，投入家乡公益事业建设，有力地推动了枫桥城镇化的建设步伐。同时，枫桥在多元化的治理体系中，不断健全和完善城镇自治机制建设，以文化建设作为重要抓手，建立起枫桥的民主选举、决策、管理、监督等自治制度及民主恳谈会、议事会、听证会等制度，以文化纽带串联起城镇自治体系，激发群众主动参与城镇文化建设和城镇治理的主人翁意识。三是注重治理载体创新。在信息技术、互联网、移动互联网技术不断发展和更新迭代的新的时代背景下，枫桥镇紧跟时代形势，依托互联网平台，构建起了“互联网＋基层社会治理”的线上治理新模式，搭建了枫桥的线上信息共享和治理平台。依托互联网的信息平台，加强法律文化普及、传统文化弘扬传承和党的理论教育、加强社会主义核心价值观的普及与传播，健全完善乡规民约、家庭美德、社会公德和学生守则，将文化建设打造成为引领城镇发展的精神指引，把公民道德建设融入城镇经济社会发展的各个领域。

## （二）探索基本经验

### 1. 文化治理要注重人本思想

现代化治理体系建设和治理能力的提升目的是更好服务人民对美好生活的向往。文化治理作为现代化治理体系的重要组成部分和提升治理能力的重要手段，其核心是以人为本。以人为本的文化治理，要求政府要正确处理好“管理”与“治理”之间的本质区别，管理更加强调政府的监管职能，通过监管保障人民享受文化的基本权利和基本服务，保障文化的正确价值导向和方向，维持文化市场秩序。而文化治理是对文化管理的一种提升和优化，更加尊重文化本身的发展规律，注重以人为中心的发展导向，强调发展导向和服务导向，管理是基础，强调对文化发展的规范、提高、传承和创新。文化治理的目的是在保障人民基本文化需求的基础上，为人民提供更好、更丰富、更多元的文化服务、文化产品，满足人民高质量的文化需求。在管理对象方面，政府由之前的监管者转变为服务者和指导者。

### 2. 文化治理要发挥多元主体作用

文化治理已不再将政府作为单一的管理主体，而是更加注重对社会多元主体作用的发挥，充分尊重行业协会、民间组织、社会团体，甚至文化工作者和受众的主体治理功能价值。“群团组织是创新社会治理和维护社会和谐稳定的重要力量。文化类群团组织代表着文化领域和广大文化工作者群体的愿望和诉求，具有群众组织优势、行业管理优势、专家人才优势，有较为广泛的人才和群众基础，涵盖了行业门类的资源优势和跨部门、跨地域的系统优势，联系和凝聚了一大批高层次、高素质的优秀文化人才。”[①] 文化社群团体作为一种桥梁和纽带，连接起政府和社会各方面的联系，在凝聚社会共识、加强行业自律、社会自我管理、开展公益活动、扶优济贫等方面发挥着重要的文化治理功能，在维护社会和谐、弘扬社会正能量方面发挥着独特的作用。

### 3. 文化治理要注重与社会治理结合

文化治理是社会治理的重要组成部分，也是社会治理的新理念。随着我国社会经济发展，人们的经济生活水平不断提升，但是同时新的社会矛盾也不断激化，生态环境、自然环境不断恶化，大气、水污染严重影响着人们的日常生活，劳资冲突、城乡教育不均等、不公平严重影响着人们的幸福生活，人们的幸福指数并没有伴随经济收入的增加而获得应有的提高。社会心理深层积聚着不满和忧愤情绪，存在巨大的不安、不信任、不友好、不和谐的因素。众多社会矛盾，一方面需要国家继续加强政治、经济、社会各领域的改革，同时另一方面也需要国家在加强硬性指标发展的同时，加强文化软指标功能发挥，将文化的教育、教化功能润物细无声地融入政治、经济、社会治理的理念之中，以社会核心价值凝聚社会共识，凝聚民族精神，通过文化产品、文化活动、文化理念来提升社会文化素质、文明素养，维护社会秩序和道德良俗，服务友好型社会和和谐社会的建设发展。

### 4. 文化治理要注重新载体的创新应用

近年来，文化在内容、形式、传播、消费等各个环节和各个

---

① 刘忱. 国家治理与文化治理的关系 [J]. 党政干部论坛，2014（10）.

行业都在技术的发展变革下不断地进行了迭代更新，新业态、新模式、新产品成为文化建设发展的新现象。新形势下，进行文化治理必须适应新技术发展的趋势，在治理手段和载体上要适时而变，不断创新。以互联网技术为载体的新兴文化业态，其载体特点的去中心化、多元主体、扁平式、互动性，与文化治理的思路理念有着高度的契合。由此可见，互联网平台既是文化治理的重要载体平台，也是文化治理现代化的重要渠道。尤其是当下文化与互联网技术、互联网思维等的深度融合，更是将文化治理与互联网紧密地拧合在一起。“互联网作为一个重要的思想文化平台，其信息传播的广度与深度已经对经济平稳发展、社会秩序安定、青少年价值观塑造产生了巨大的影响。同时，随着全球化一体化的逐步推进，互联网更成为国家文化输出、塑造国家形象、维护国家文化安全的主要阵地。”①

## 第三节　新型城镇文化治理的推进策略

2013 年 12 月，中央城镇化工作会议强调，新型城镇化建设要注重“传承文化，发展有历史记忆、地域特色、民族特点的美丽城镇”。新型城镇治理不仅要保山保水保自然，更要留得住乡愁，传承住文脉，既强调“人本”，也注重“人文”。让城镇不仅有青山绿水，更有道德人文，舒适且有温度，构建“记得住乡愁”的“文化城镇”。传统城镇化可以说是一种典型的政府主导型城镇化，

① 王虹 . 互联网时代的文化治理：融合与创新 [J]. 治理之道，2016（9）.

政府是推动城镇化的主要力量，主要通过行政干预、政策刺激来推动，从来不完全是市场化的行为，是在市场与政府的相互交织和制衡中推进的。显然，在新型城镇化中，既要发挥政府的主导作用，又必须充分发挥社会的共同治理能力，通过文化提升新型城镇化的素质，因此，“文化治理”在新型城镇化中的意义重大。

## 一、树立“文化治镇”的创新理念

文化城镇是一个文化的综合系统。“文化城镇可以视为形象空间、功能空间和意象空间的复合体：第一层级的形象空间是城镇景观，它是真实的、具象的，可由经验来描述，街道上所看到的物质、物理的自然空间即属此类。第二层级的功能空间是产业集聚，人们往往将一个城镇空间视为功能体，具有提供服务与功能的场域。第三层级的意象空间是文化空间，结合消费情境与过程，消费者在物质、功能空间内进行欲望生成、消费和想象，从而建构起意象，它是依存物质空间与功能空间而产生的。”①

从文化城镇三重空间出发来推动文化治镇，就要求在形象空间上要使得城镇的城市景观设计、物理设置要适度、舒适，适合城镇居民的生理、心理需求和承受能力；在产业空间上要注重城镇的发展规模、产业形态和功能优化；在意象空间上要注重城镇文化内涵打造、文化保护传承、社会和谐稳定、地域特色特点，提升城镇居民文化的认同感和归属感（见图 7-1）。

① 刘江红 . 新型城镇化的文化与生态意蕴 [N]. 光明日报，2014-8-11.

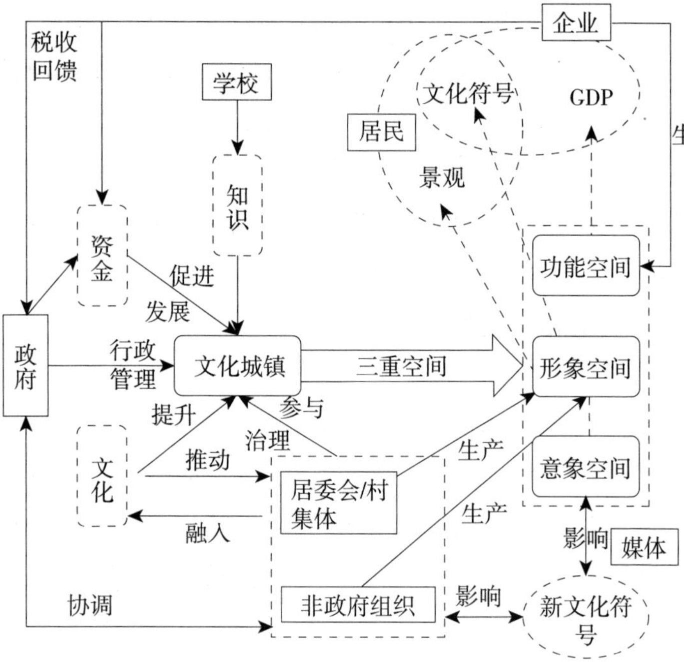


**图 7-1　基于三重空间的文化城镇的治理流程**

如图 7-1 所示，基于“文化城镇”的三重空间概念，可以从文化网络包含的各主体参与城镇治理的流程中探索各相关主体的作用和关系。在新型城镇化进程中，在新社会阶层随之诞生的同时，法律规范、道德标准、建筑样式、市井民风等方面也发生了相应变化。旧的文化网络中的地方政权、宗族、宗教、民间组织等权力主体中宗族、宗教和民间组织的强连接关系已经逐步减弱，而新的大众组织、大众媒体，与城镇利益相关的知识群体如学校、科研机构也逐步加入权力的文化网络的权力主体中来，这些主体也是弱连接的关系。从传播学上看，强连接关系带来的是信任，而弱连接关系则传递的是消息。这种弱连接的关系与组织中的象征与规范依然包含着相互感情与亲戚纽带，包含着利益相关者们理应给予承认并自觉受其约束的是非标准，还包含着共同的价值观和消息的传递。

## 二、提倡公私并重的治理方式

回顾过去 30 年的中国城镇化发展历程，推动城镇化发展的主体主要是政府。这种资源垄断和强行政干预，直接导致了资源开发、土地资源配置和利用方面的不合理，在一定程度上造成了土地资源浪费，拉大了城乡发展差距，带来一系列不稳定的社会因素。现在中国进入新型城镇化阶段，随着中国进入高质量发展新阶段，新型城镇化发展可以引入“公私并重”的治理模式。

“文化治镇”就是要提倡这种多元主体参与、公私价值并重的治理思路，逐渐将目前的管理或者统治思维模式转向治理思维方式，将地方政府的重心从单纯注重经济利益的增长转到并行重视最大限度地增加公共价值。这就要求首先要在理念层面重视公共价值。公共价值是同个体或私域价值相对应的范畴，是指同一客体或同类客体同时能满足不同主体甚至是公众需要所产生的效用和意义，它主要是由政府或社会团体设计、开发、制造、组织、治理，提供、分配给公众进行消费和享受的公共产品和公共服务。但在区域的治理框架下，一些私人部门也会参加到公共价值的创造和提供过程中。公共价值具有广泛的社会参与性、规模更大、层面更宽，具有公共性的特征。因此，在区域的治理中，需要鼓励股东、政府、公众、非政府组织重视公共价值的实现，并确定他们首先想要实现的重要公共成果，在价值观及目标上达成共识。

公私价值并重的治理理念要求打破传统政府统治的思维模式，要求政府承担更多的服务职能。使政府不是从管理主体角度考虑如何治理城镇，而是站在民众、企业和一些非营利机构的立场，考虑如何提供公共产品，进行各种制度创新。这种治理理念也要求更加重视公众的力量，给予其应有的地位。目前我们需要积极宣传公私价值并重的治理理念，给各利益相关方更多平等对话的机会，让更多的社会主体参与到公共治理体系中发挥作用，促进区域和谐友好的发展，实现多元化的发展需求，并促进社会经济发展。

## 三、养成“行政文化化”思维模式

文化不仅是社会治理的对象，同时也是社会治理的重要手段和方式。通过推动行政手段的文化化，以文化价值观来影响和引导人们的生活方式、思维习惯、价值理念等，从而带动和反作用于社会发展，能够更好地推进城镇治理由单一政府强管理、强干预转化为“内外共同参与”的复合主体。这就要求我们借鉴“行政文化化”的思维模式。“行政文化化”即让大部分行政工作能实实在在地对文化生活进行服务，将文化思维内化到行政体系，成为一种普遍的行政管理思维。同时，明确行政机关自己的政策边界，除文化部门以外的部门都需要花力气落实文化责任，实施以人为本的城镇管理。并且从更宏观的角度讲，“行政文化化”要求行政部门工作人员坚持心中某种“价值”和“秩序”。行政管理部门对这种共同的“价值”和“秩序”的坚持，也使得行政管理部门能更好地与新型的权力文化网络相融合，使得“文化治镇”模式能步入良性运作的轨道。

## 四、建立科学分权的治理机制

一方面，新型城镇化发展需要加强城镇之间的联动与协作，要再造以协同为特征的行政流程。注重创新各机构、各区域之间的协作机制，使得不同区域在产业经济发展上相互协调，使区域内政府部门之间的合作更加紧密、整合能力更加明显，并提高整个区域的竞争力，从而促进区域经济、社会、文化、生态的发展。另一方面，城镇发展要打破条块分割的管理现状，要形成以共享为特征的信息运行机制。要注重地方政府不同部门之间的协作沟通机制，避免部门职能划分存在的缺位、错位问题，以及不同行政机关之间的信息流通不畅等。再一方面，要推动政府与企业、非政府组织、社区无缝对接，促进新型城镇化可持续发展。进行有效区域治理的关键在于促进各主体的参与和密切配合，必须建立有效的多元主体互动沟通的机制。可建立政府、社会组织、行业机构、社会团体、公众等多元社会主体共同参与的全方位社会合作网络，为将社会各利益相关者连接在一起，为他们提供信息沟通的渠道和相互协作的可能。

## 五、健全多元主体参与的社会治理结构

基于“文化治镇”的理念，新型城镇的治理结构应当是基于各种权力相关者间自主网络架构上的多中心交互式的结构。有效划分参与治理过程的各主体间的权责利关系，是促成公共治理多

元主体之间合作互动的基础，是网络型治理结构基本的激励机制和策略空间的构成基础。城镇多中心治理结构中每一行为主体都处在社会网络之中，围绕公共利益这一中心，在“多中心秩序”下追求一种静态的平衡。①

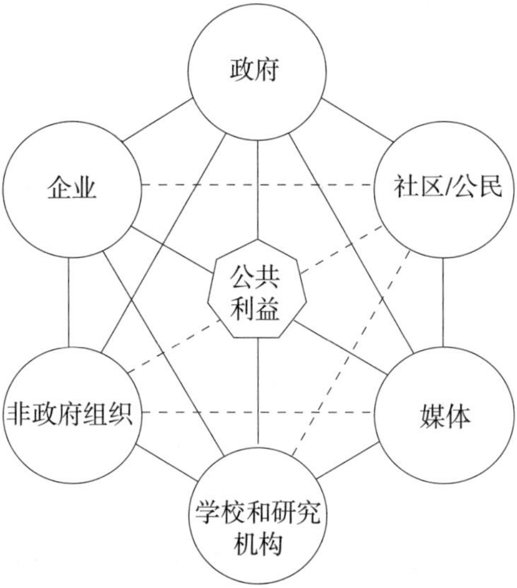


**图 7-2　区域多中心治理网络架构图**

如图 7-2 所示，在区域多中心治理网络架构中，政府是整个治理结构框架中的核心要素，与非政府组织、学校和研究机构、企业、媒体、社区群众等都具有较为密切的关联，是强联系的关系；而非政府组织、学校和研究机构、企业、媒体彼此之间则是相对较弱的一种关联关系，是整个网络框架中的重要支撑点，具有网络框架的重要构建功能；而社区 / 公民是社会治理的对象，也是治

① 根据波兰尼的“多中心”概念，主体间的链接关系是负重的六边形，框架上各顶点的相互移动形成了“多中心秩序”。

理结构的重要组成部分，要充分鼓励公众参与城镇治理的积极性。

具体来说，政府是区域多中心治理结构的核心主体，但是并不是治理结构的唯一主体。政府作为社会治理制度的制定者和主要管理者，应该充分发挥宏观指导和引领作用，而不是全权执行主体，要做“掌舵人”而非“划桨人”。一是简政放权，减少行政审批，释放改革红利，激活市场主体，促进经济增长，增强改善民生的基础；二是限权分权，增强市场主体和社会主体参与区域治理的主动性和创造性；三是营造公平竞争的市场环境，发展中小企业，加强市场监管，提高民众生活的满意度；四是对公共事务的产权边界和交易费用进行界定，创新公共服务提供方式，推动公共服务的社会化进程；五是促进城镇间的协同发展，推动外部效益内部化的有效实现。“促使政府成为规模小、富有效率、人员精干、以人为本的新型现代组织，彻底实现组织转型，从传统的官僚科层制向网络型的多元模式转变。”①

企业在城镇治理结构中的主要职能为：参与提供公共产品和服务，参与建设公共企业，为公共部门决策提供咨询；通过竞争机制的引入，推动公共部门激励约束机制的变革。企业的主要实现模式如下。一是承包模式。主要是通过拟订契约、承包、招标和租赁等方式，把先前由政府承担的公共事务授权给私营企业，由企业提供公共服务产品，建设和管理公共项目，政府主要制定建设标准和细则。二是合作模式。通过市场机制的引入，通过政府的合理授权与分权方式，让政府与市场、政府与企业、企业与

① 王贺元．转型期企业参与城市治理的实践研究 [J]. 宁波大学学报（人文科学版），2011（1）.

市民之间形成良性互动合作模式。政府的主要职能在于质量监督。三是志愿模式。企业为彰显社会责任感、提高品牌知名度，通过赞助、许可协议或者直接捐赠的方式与政府共同参与市政管理；或者通过与政府合作的方式，无偿介入公共性的教育和体育、社会福利、城市改造和生态环保等有关政府管理服务项目。这种基于公益性目标的自愿合作模式，效果明显、影响深远，是未来企业参与城镇治理的发展方向。

行业协会和非政府组织等中介机构在构建多中心治理体系上有着不可替代的位置，在治理结构中主要承担进行均衡分权的中介作用。非政府组织在城镇发展中的作用是贯穿始终的，他们在资金筹备、信息服务等方面都发挥了极大的作用。一是在政府的引导和建议下，对区域产业促进、人才培养、市场推广、信息服务提供资金支持；二是在政府制定的法律基础上，协助社区居民获得对该区域发展的重要发言权，推动社区自治的实现；三是协助街区获得政府的政策倾斜；四是促进城镇发展中产业的合理布局和利益共享。

公民既是新型城镇化建设的受益者，也是参与者。因此，要以社区为单位发挥公众的力量，在新型城镇化的治理网络架构中，积极参与城镇规划与战略决策，对公共服务和产品的质量进行监督，并志愿利用社区内积聚的资源解决经济和社会问题。

媒体在城镇治理中的作用除了对其他主体尤其是对政府的监督外，更为重要的是对复杂多变的社会关系、群体情感进行的一种文化协调与整合，不单包括对城镇文化意象的塑造，也包括对城镇居民身份的重新构建。其核心要意在于缓解社会性的认同危机，因为强有力的城镇形象具有凝聚市民精神的力量。

学校为城镇化发展提供科教支持、人才培育与输送，是源源不断的“造血器”。学校作为城镇化发展的治理主体之一，是最具创新能力、最具鲜活力的发展要素。研究机构提供科研支持，是政府和企业的智囊团。科研机构既可以以其自身的专业科研力量为政府决策提供理论研究和实证分析，也可以为企业难题提供解决方案和技术支持。

## 六、促进多元社会资本的参与

现阶段中国的城镇化发展依然主要聚焦在经济建设上，经济发展更多的是遵循资本逻辑。所谓资本逻辑是指，资本作为占支配地位的现代生产关系，即按照“资本基本主义”原则，以资本为中心构造的一种社会基本组织和经济权力。因此，为使城镇的多中心治理结构在保持前瞻性的同时还更符合现行逻辑，还需创新多元资本入股的方式。在多中心网络型的治理结构中，组织结构从科层式自上而下的管理结构转变为灵活的有机式结构，多以项目为合作纽带。组织成员身份具有多样性，组织形式也更加灵活，可以是自由论坛、会议研究，或是网上虚拟。这也为多元资本参与城镇建设提供了更为合法的机制。资金来源渠道可以是包括政府拨款在内的城市运营商投资，可以是金融服务机构贷款，可以是非政府组织基金支持，也可以是企业赞助或是其他组织和个人捐赠等集体筹款。一是设立村镇银行，重点支持公共服务相关行业，发行小额贷款。二是利用城市运营商的资金注入带动完成大规模基础设施的建设。三是充分吸收民间资本、外资等集体筹集的资本，这些资本带来一定资金支持，同时由于其逐利性更强，能够增强城镇特色产业活力。四是发展公共服务基金，以政府投入为主，充分吸纳企业集资、个人捐资，促进区域的公共服务、管理体制和形象推广工作。

## 七、夯实多中心治理模式的信任基础

通过构建区域委员会、专门委员会、城市联盟和专题项目合作等不同形式的组织模式，并逐步将其制度化和规范化，来奠定多中心治理模式的信任基础。在国内，这种网络关系组织模式主要有经济协商办公室、党政联席会议、市长联席会议、专项工作小组等。同时，市场组织和社会组织在区域治理的规划决策和执行过程中也不断显示出自己的影响力，通过这种基于平等基础上的网络治理模式来加强各主体间的合作关系和信任基础。

## 八、推动网络化智慧化文化治理

随着互联网、移动互联网、大数据、云计算等信息技术的发展，网络平台成为文化创作、生产、传播、消费的重要平台和媒介。网络视频、网络音乐、网络文学、网络游戏、动漫、直播、微博、微信等文化新业态、新模式、新理念已经注入人们日常生活的各个领域。互联网思维作为一种新的发展理念，已经对广播电视、新闻出版、影视、广告会展等文化传统行业及农业、工业、零售业、金融业等相关行业带来重大变革，既对其形成重大冲击，也促其转型升级。加强网络治理尤其是网络文化治理，成为当下面临的重要课题。互联网平台相对于传统媒介，具有自媒体、去中心化、多元传播、融合发展、生态塑造的时代特征，在丰富人们精神文化需求、提供丰富的文化产品的同时，一些粗制滥造、低俗、庸俗、媚俗的文化内容也严重消解了社会正确的价值观，对社会的健康发展造成重大冲击，其在监督管理上较传统媒体也更为复杂。据统计，目前我国网民规模达 8.02 亿，手机网民规模达 7.88 亿。同时，我国拥有最庞大的互联网信息传输平台，目前我国拥有网站 482 万家，微信公众号 2800 万个，APP1800 万个。网络新闻、网络视频、网络直播、网络游戏、网络文学、网络音乐用户规模都达到 3 亿以上，用户使用率超过 45%。互联网已经成为人们文化消费娱乐的重要平台。如此庞大的用户群体及其多样化、个性化的特色文化内容，给文化治理带来了重大挑战，同时也为文化治理开辟了新的领域。传统的简单的政府审批、市场执法等手段已经不适应互联网大发展背景下的文化治理。

关于互联网文化治理，一是要注重社会多元主体参与的政府主导与社会自治的治理方式。互联网文化创作和生产、消费群体广泛，创作、生产者同时也是消费者，消费者也是创作、传播者，具有主体与客体的统一性，所以互联网文化治理很难依靠政府一家独自管理，政府有限的人力、物力、财力也难以维持。因此，政府应充分发挥行业协会、网络平台及网民的积极性，加强行业监管、平台监管以及网民的自治监管，实现“政府 + 协会 + 平台 + 网民”的网络化管理网络。依靠政府前期审批、平台维护、协会自治、网民监督的前期、后期、常态化的动态监管模式，加强网络文化治理能力。二是注重科技监管能力。互联网应信息技术而生，应信息技术的发展而发展，网络文化治理就不能再依靠简单的行政手段来进行网络监管，治理主体应充分加强大数据、云计算、网络监管平台等新技术、新手段来进行科技化治理。三是加强互联网文化法制建设。结合互联网文化的特征和发展趋势，加强互联网文化监督管理和规范制度、法规的建设，以制度法律为依据，实现管理过程中有法可依，依法执法，营造良好的网络文化环境。同时加强相关政策引导，促进网络文化向着健康有序的方向发展。由于网络文化发展速度快，新产品、新业态更新迭代日益常态化，固式的制度法规具有一定的滞后性，此时在政策方面应积极予以配合，加强政策激励和引导作用，实现规划管理和促进发展的灵活性。

## 第四节　城镇文化治理案例分析——以北京市朝阳区为例

北京市朝阳区是国家有关部委认定的文明城区、公共文化服务体系示范区和全国首个国家文化产业创新实验区所在地，是北京文化中心建设的重要承载区及连接京津冀文化协同发展的重要纽带，在城区精神文明建设、公共文化服务和文化产业发展上都做出了积极探索和实践，展现了较高的文化发展水平和服务水平，在全国文化治理方面具有较高的示范意义。朝阳区在北京市各区中面积最大、人口最为密集，是北京市的经济大区、文化强区，也是北京市城乡结合最为显著的区，经济建设、文化发展都与新型城镇化建设紧密相关，具有较高的典型性。本文撷取朝阳区作为典型案例分析也是基于这一方面的考虑。

## 一、朝阳区基本情况介绍

朝阳区是首都功能的重要承载区和国际交往的重要窗口，是连接核心区与城市副中心的重要廊道地区。辖区总面积470.8平方千米，下辖24个街道、19个乡，常住人口379.8万人，主要经济指标位居全市前列。2016年，GDP突破5000亿元，占全市的20%，经济社会保持平稳较快发展。朝阳区历史上是北京市的“菜篮子”，后是北京纺织、机械、汽车、化工、电子五大工业基地，随着北京“退二进三”城市发展转型，朝阳区逐步向商业大区、文化强区转型发展。尤其是在文化建设上，近年来朝阳区展现出非凡的实力，在全国文明城区建设、公共文化服务、文化产业发展上都取得了骄人的成绩，在示范引领全国文化发展，服务全国文化中心建设方面的作用日益显著。

历年来，朝阳区始终把文化建设摆在战略位置，突出文化对城区发展的引领作用，建设“文化强区”，形成了文化资源丰厚、文化氛围浓厚、文化特色鲜明、文化人才聚集、文创产业集聚发展的良好态势。朝阳区的文化建设呈现出以下特点：一是文化底蕴深厚。辖区内有华北最大的道观东岳庙、京城名胜五坛之一的日坛等17处文保单位，北顶娘娘庙、元大都遗址等106处不可移动文物，聚元号弓箭制作技艺、北京点翠等111个非遗项目。有象征汉藏人民友谊的西黄寺，有“燕京八景”之一的“金台夕照”。通惠河、坝河、萧太后河河道、神木厂址及神木谣碑、八里桥等运河文化遗产丰富。东岳庙庙会、十三档花会等民俗文化荟萃。二是文化资源丰富。现有博物馆（美术馆）54个（国家级7

个，民办21个），图书馆（室）560个，文化馆（室）579个，驻区艺术院团（校）56家，影剧院55家，各类书店千余家。聚集了刘兰芳、戴玉强、李光羲、林岫等一批知名艺术家。辖区有鸟巢、水立方等重要场馆设施，《人民日报》社、中央电视台等知名文化企业。有文化企事业单位8万余家，文化主体类型多样。三是国际化、市场化特色明显。区内国际资源和市场要素高度集聚，集中了几乎100%的驻华使馆，以及全市90%的驻京国际传媒机构、80%的国际组织和国际商会、70%的跨国公司地区总部、60%的国际金融机构、50%的国际会议和展览活动，具有开展国际交往的突出优势。有798艺术区、三里屯时尚街区、蓝色港湾、欢乐谷等文化地标，奥林匹克公园文化体育融合功能区、大山子时尚创意产业功能区、潘家园古玩艺术品交易功能区等各类文创产业园区，形成多点集聚、协同推进的空间格局。同时，还有路透社、美联社等国际新闻机构，国际风情节、中俄文化年等品牌文化活动，是首都国际文化交流最密集、现代都市时尚文化发展最活跃的地区之一。四是基层文化品牌丰富。各街乡形成“一街（乡）一品牌、一社区（村）一亮点”。培育农民自办“文化大院”11家。涌现出“兵马俑灯彩”“潮流音乐节”“北京民俗文化节”“社区一家亲”“书香朝阳全民阅读活动”“东岳书院”“悦动高雄”等亮点品牌。五是改革创新动力强劲。区文化馆成为第一个全国文化体制改革试点单位，实行差额拨款。建设“文化居委会”，建立基层文化自治组织运行机制。建设北京首个数字文化社区，推出文化朝阳云平台。分别于2011年、2013年成功创建全国文明城区、国家公共文化服务体系示范区，2014年全国首个国家文化产业创新实验区落户朝阳区。

同时，朝阳区在发展中也存在着城乡文化服务设施不均衡、体现区域特色的功能性大项目缺乏、文化资源统筹力度不够等问题，需要在工作中不断完善。第一，文化融合发展的意识有待强化，亟需进一步解放思想、统筹兼顾，强化事业产业双轮驱动的发展意识。第二，文化融合发展的体制机制有待优化，相应的工作协调机制有待在实践中不断创新。第三，文化融合发展的保障措施有待完善。政策、资金、人才、评估等相关保障措施有待进一步完善和落实。第四，文化融合发展的品质有待提升。融合发展的成效还未充分显现，具有影响力的成果不多。

## 二、朝阳区文化治理主要做法

朝阳区委、区政府都高度重视文化建设，将“文化强区”建设作为驱动全区经济发展和城市转型升级的重要动力。朝阳区文化发展始终坚持“大文化”理念，注重文化事业和文化产业双轮驱动，融合创新发展。作为全国首个国家公共文化服务体系示范区和唯一的国家文化产业创新实验区，朝阳区“更加注重文化引领”，突出文化在促进城市更新转型、提升城市文明素质、推动乡村城镇化等方面的功能作用。聚焦全国公共文化服务体系示范区的核心区和国家文化产业创新试验区的引领区建设，探索推进文化事业与文化产业深度互动，促进跨要素、跨行业、跨平台、跨区域融合，拓展文化发展空间。不断抢占文化创新制高点，激发动力、增长活力、释放潜力，为朝阳区域全面发展提供有力的文化支撑。

### （一）坚持大文化格局，促进产业事业融合发展

文化事业与文化产业是文化建设的两翼。当前人民群众精神

文化需求日益增长并呈现多层次、多样化的趋势。文化事业实现服务的精准化、专业化、便捷化，需要文化产业的优质内容和服务予以支撑；文化产业发展有赖于文化事业培育人民群众的文化消费习惯，也需要文化事业作为市场蓝海。两者边界日渐模糊，文化跨要素、跨行业、跨平台融合的趋势更加明显。朝阳区勇担社会责任，坚持以文化产业助推事业发展，实现事业产业双效统一。我们知道文化产业是一种特殊的新兴产业，具有经济和意识形态的双重功能，在经济全球化背景下，文化产业已成为意识形态领域交流、交融和交锋的重要载体。朝阳区文化园区主动作为，示范引领，加强公共文化服务，弘扬传统文化，促进区域文化文明提升。一是文化园区承载公共文化服务功能。通过美术馆、画廊等公共空间展示优秀艺术作品，开展古玩鉴赏，举办 798 艺术节、六一国际儿童艺术周、朗园国际创意文化节等公益性文化活动，在取得经济效益的同时也提供公共文化服务及弘扬传统文化。二是政企合作共促文化文明。闽龙陶瓷集团艺术馆、佐特陶瓷艺术活动中心成为朝阳区爱国主义教育基地，在开展爱国主义教育、培育和践行社会主义核心价值观中发挥重要作用。三是文化企业参与公共文化建设积极性不断提升。越来越多企业参与北京文化惠民卡项目，合力打造惠民惠企新名片；越来越多文化团体参与“周末大舞台”“百姓周末场”等公益性演出；越来越多民办博物馆加入免费开放行列。四是社会企业赞助公益性文化活动，实现公共文化服务提供主体和提供方式多元化。

### （二）创新公共文化服务思路，丰富公共文化服务供给

自 2013 年朝阳区成功创建国家公共文化服务体系示范区以来，政府积极探索公共文化服务体系建设的新路径、新模式、新方法，

在逐步完善“3+1”四级服务网络的基础上持续加大文化事业投入，不断提升公共文化服务能力，加快构建现代公共文化服务体系。一是全方位、多领域实现公共文化服务的标准化。加快推进区级文化设施和文化服务规范标准制定，研究出台公共文化服务评价考核指标体系，明确文化设施运行管理、服务内容、服务标准和服务规范的内容，系统科学地评价全区公共文化服务建设情况。二是保基本，对需求实现公共文化服务的均等化，加快推进文化领域供给侧结构性改革，实施“以需定供”机制，搭建基层图书配送中心、基层文化辅导中心、传统文化传承中心三个配送平台，依托这些平台，年均组织街乡文艺骨干人才培训、文化活动几千场。三是广覆盖、搭平台实现公共文化服务的社会化，统筹区域文化资源，成立街乡文联，邀请文化名人参与社区公共文化服务。创新基层公共文化设施管理模式，吸引有实力的社会组织和企业开展社会化、专业化运营。推进流动美术馆和城市书房建设，实现了公共文化资源集约高效运转。四是汇资源、促融合实现公共文化服务的数字化，公共文化数字服务网络实现全覆盖。建设覆盖全区的数字文化社区，建成数字化物流配送体系。打造文化朝阳云平台，为群众提供精准的服务及海量信息。创新传播手段，通过文化活动的在线直播，实现了线上线下联动，扩大了活动影响力。

### （三）加强政策服务创新，建设文化产业示范引领区

为更好地服务首都全国文化中心建设，近年来朝阳区以国家文化产业创新实验区为重要抓手，以政策创新、文化金融、知识产权、人才服务、服务平台等作为持续优化文创产业营商环境的重要着力点，不断加大改革创新力度，积极构建文化创意产业领

域改革创新体系，进行了一系列探索实践。一是加强政策体系创新，出台了北京市首个《文化创意企业申请高新技术企业认定指南》，促进文化科技融合发展；落实“政策十五条”，扶持带动了一批创新能力强、发展潜力大的文创企业；积极推动北京市服务业扩大开放文化创新政策落地，允许外商投资者独资设立演出经纪机构落户实验区。二是完善文化金融服务体系，紧抓文创企业轻资产、融资难的关键问题，深入探索实践文化金融融合发展模式创新。设立总规模100亿元的文化创意产业发展引导基金。成立全国首个文化企业信用促进会，设立园区信用工作站15家，大大降低了企业融资成本。此外，引导金融机构设计“蜂鸟贷”“三全三优”等系列金融产品，重点解决企业融资难、融资贵的问题。三是完善知识产权服务体系，建立全市首家文创产业知识产权保护服务分中心，与中国版权协会、国家版权创新基地、中国版权协会版权监测中心平台和北京文化产权交易中心影视产权交易平台等共同构建朝阳区知识产权保护体系框架；组建知识产权专业委员会，建设知识产权特色园区，探索园区服务与知识产权服务融合发展的新模式；开展知识产权保护工作系列培训活动，提高文创企业知识产权保护意识和能力。四是打造精准服务体系。引进中国广告协会、中国版权协会等行业组织，逐步形成聚焦政策制定和公共服务、社会组织提供专业化服务的有效机制；打造文创实验区发展论坛、“智汇三三”高端沙龙系列活动、“精准服务促发展”等系列品牌活动，搭建起文化企业交流合作平台和政、企、学互动沟通平台；与中国文化产业协会合作，建立全国首个京津冀文化产业协同发展中心。全力推进企业服务精准化、精细化和实效化。五是探索产城融合模式创新。朝阳区曾是北京市机械、纺织、电子、化工、汽车等五大工业基地，近年来，朝阳区通过规划引导、政策促进、典型引领、提升服务、规范管理等措施，结合疏解非首都功能、构建“高精尖”经济结构，统筹推进区域特色存量产业资源利用，因势利导、积极谋划，挖掘工业遗存的价值，创新发展模式，积极引导存量资源功能转型和改造升级，拓展新型城市文化空间，通过工业厂房改造利用、传统商业设施升级、有形市场腾退转型、农村集体产业用地选择“高精尖”四种方式，转型升级了一批特色文创园，形成“文化产业融入城市发展的朝阳实践”，为全市疏解非首都功能、提升环境品质、构建“高精尖”经济结构探索出有效路径。

## 三、朝阳区文化治理建议

### （一）以社会主义核心价值观为引领，坚定文化自信

党的十八大以来，以习近平同志为核心的党中央开辟了治国理政新境界，开创了中国特色社会主义事业新局面，文化产业进一步呈现出繁荣发展的生动景象。文化具有引领风尚、教育人民、服务社会、推动发展的作用，文化产业发展应以社会主义核心价值观为引领，坚持把社会效益放在首位，实现社会效益和经济效益相统一。只有坚持社会主义核心价值观，坚持双效统一，坚定文化自信，弘扬正能量，才能凝聚文化发展的强大思想动力，助推文化产业高效健康发展。当前我国进入经济社会转型发展的关键期、文化产业成为支柱性产业的攻坚期，更应充分发挥社会主义核心价值观的引领作用，把培育和弘扬社会主义核心价值观作为凝魂聚气、强基固本的基础工程，体现到文化产业发展的全过

程和各方面，推动社会主义文化大发展、大繁荣。要鼓励扶持弘扬社会主义核心价值观的文化产品，积极宣传引导主流文化价值观，为建设社会主义文化强国，实现“两个一百年”奋斗目标、实现中华民族伟大复兴中国梦筑牢思想根基。

### （二）强化顶层设计，创新政策规划体系

近年来，国家出台了一系列文化产业政策，在引导产业发展方向、优化产业发展环境、促进文化资源有效配置等方面发挥着越来越重要的作用。但同时也存在着政策落地难的问题，在税收、融资、统计、土地、城市规划等多方面没有针对性的政策支持，“最后一公里”问题明显，尤其缺乏符合文化发展规律的专门政策体系。比如文化企业的税收优惠政策、研发设计费用的加计扣除等，只能借由高新技术企业认定政策来申请，没有针对文化企业的专门税收优惠政策设计；文化企业轻资产、融资难的问题一直阻碍着文化企业的壮大发展，传统金融机构的融资抵押规则并不适用于文化企业。在文化产业大发展的背景下，对现有产业政策的修补完善，并不能彻底解决文化产业发展遇到的问题。因此文化产业要更加注重政策上的针对性顶层设计并进行基础性的系统集成，提高政策设计的效果。要研究促进文化产业发展的专门政策，坚持问题导向和需求导向，综合施策、精准发力，建立健全符合发展特点及区域特色的文化税收、人才及贸易开放政策，落实和完善文化财税、文化土地、文化统计等政策，探索建立多层次文化金融政策体系，为文化创新创意发展激发动力、增强活力、释放潜力。

### （三）紧跟科技前沿趋势，实施“文化＋”融合战略

文化产业本身是融合性极强的产业门类，随着互联网革命的

兴起，文化产业“无边界”特性愈加突出，更加呈现出多向交互融合态势，文化产业与相关产业全方位、深层次、宽领域的融合渗透是文化产业发展的重要趋势。实验区注重产业高端化发展，以文化与科技融合为主要特征，以新技术新产业新模式为核心的新型文化业态是实验区文化产业的主体。在实验区规模以上的文化企业收入中，“互联网＋文化”新兴领域文化企业收入占比达到52.1%，其中科技含量高、创意程度高、附加值高的移动新媒体、数字娱乐、数字出版等领域企业收入实现同比增长40%以上。文化产业的发展须深入推进“文化+”战略，运用“互联网+”思维，实施文化与科技“双轮驱动”发展战略。加快形成文化与科技、金融、商务、体育、旅游等行业高水平、深层次、宽领域的融合发展格局。推动科技创新成果在文化领域的转化应用，提升科技在文化产业发展中的支撑作用，增强文化产品的表现力、感染力和传播力。培育基于互联网、云计算、大数据技术的新兴业态，主动引领文创发展潮流。探索文化金融合作新模式，搭建文化产业发展的金融服务平台，促进文化与金融融合发展。发展文化电子商务，培育文化商务服务，创新文化服务和文化产品“走出去”发展模式，推动文化与商务紧密融合。充分挖掘大运河文化带等文化内涵和文化资源，打造一批文化旅游精品项目，积极推动文化主题特色旅游业发展。以文化丰富商品种类和商业业态，提升大众消费的文化内涵。依托大型体育场馆设施，举办具有国际影响力的体育赛事活动；挖掘体育运动文化内涵，促进体育服务和产品创新，拉动全民体育休闲消费，推动文化与体育互动融合。

**（四）推进文化高端人才集聚行动，强化人才支撑**

实施文化创意人才集聚工程。在朝阳区范围内，探索文化创意产业领域创意入股、版权入股、股权奖励、股权分红等多种形式的版权股权化、创意股权化，建立健全文化创意人才激励机制；依托国家“百千万人才工程”、北京市“海聚工程”、朝阳区“凤凰计划”及高端商务人才政策服务及奖励办法，采取创业资助、岗位聘任、智库咨询、项目合作、交流、讲学、高峰论坛等方式，吸引创意创新型人才（团队）、技术研发型人才（团队）、国际高端商务人才、高级精英管理人才、高端理论人才聚集，着力构建“顶尖创意人才引领，复合型、精英型创意人才推动，国际化、商务型创意人才支撑”的文化创意产业人才发展体系，形成文化创新创意发展的关键要素支撑。支持优秀人才创新创业。依托大型文化企业、创投机构等社会力量的作用，推进新建、改建一批创意工厂、创意公社、创客空间，引导社会资本投资、建设、运营文化“双创”基地，培育一批国家级文化“双创”平台，为文化创新创意人才提供良好的线下工作空间、社交空间、社群空间、资源共享空间，促进创意与创新、创意与创业、文化与资本结合。

**（五）完善公共文化服务体系，促进服务精准化专业化**

建立需求导向，构建新型公共服务体系。一是引导社会力量参与公共文化建设。探索完善公共文化服务共建、共管、共享机制和模式，合理开发、管理和利用区域文化资源，发挥好优质公共服务资源的辐射带动作用，提升公共文化服务水平和能力。加快推进区文化馆、区图书馆、北京民俗博物馆法人治理结构建设，形成各界人士参与决策、执行和监督的治理模式。深入发掘文化文物单位馆藏文化资源，推动具有朝阳特色的文化创意产品开发。鼓励党政机关、国有企事业单位和学校的各类文体设施向社会免费或优惠开放。支持、鼓励和引导文化机构、文创企业及民办博物馆开展公益性文化服务活动，推进跨部门、跨行业、跨地域的公共文化资源整合。二是注重文化产业精准化服务水平。在行政审批、市场准入、程序简化、服务便捷上不断改革，优化营商营文环境；加快完善文化企业信用体系建设，依托国家文化产业创新实验区文化企业信用促进会等社会组织，积极引导鼓励文化企业开展信用评价；构建集“文化金融超市＋投融资服务平台＋产权交易市场”于一体的文化金融创新体系，建设一站式文化金融服务中心；充分发挥政策性资金、引导基金的作用，搭建多层次文化金融服务体系；加快构建知识产权保护体系，充分发挥全国首个国家级版权监测中心平台、全国首个国家版权创新基地、北京市首家文创产业知识产权保护服务分中心等不断完善的知识产权保护平台的作用，形成较为完备的知识产权保护体系；积极搭建创新创业服务平台，引导社会力量参与支持青年创业，给予创意指导，加强成果转化，加快培育能够引领经济持续增长的“小巨人”和“独角兽”企业；营造创新创业的良好生态环境。持续提升宣传推介平台，进一步依托国际国内知名品牌活动，整体宣传提升朝阳文化创意产业品牌，着力提升国家文化产业创新实验区高峰论坛品牌影响力，积极策划系列深度报道，不断提升各界对文化朝阳的关注度和认可度。

**（六）挖掘盘活存量空间资源，促进产城融合**

工业时代的生产厂房经过更新利用，转型为信息时代的文化创意园区，不仅彰显了创新创业的生机活力，还展现出丰富厚重的城市文化。朝阳区 798、751 等厂区的蜕变是旧工业厂区改造更新的典范，闲置的厂区被改造成集美术、设计展览馆、艺术展示和旅游等功能于一体的场所，提升了城市创意形象，带来了产业结构的调整和旧城区的文化复兴，同时带动了农村地区产业升级和文化内涵提升，文化引领农村城镇化发展的作用不断显现。工业遗存记录着一座城市的创业史和工业化进程，是特殊的文化资源、文化富矿，对其进行保护性开发，转型升级发展文化创意产业，既能实现有序疏解、提升环境、保留提升城市风貌，也能够促进产业的可持续发展，为创意活动提供独特、自由的空间和氛围。文化是记忆、是传承，要让文化像空气一样弥漫在城市中，保留历史、打造城市地标，理应是文化中心建设的题中之意。相较于城市改造过程中的“拆”，对其保留、转型、重塑，是促进城市更新、提升文化形象的重要路径。要优化提升改造完成的文化创意园区产业功能，进一步推动老旧工业厂房改造项目，科学引导推进存量空间资源转型升级发展文化创意产业，形成城市新地标，促进城市文化复兴；通过传统商业设施升级、有形市场腾退转型等方式推动农村地区低次级转型升级，发展文化创意产业，构建功能互动的发展格局。按照生产空间集约高效、生活空间宜居和谐、生态空间绿色优美的原则，科学规划文创引领区空间发展布局；优化调整城市功能用地，实现产业空间、商业金融、科研教育、公共绿地、生活居住等功能用地之间的相互匹配，实现空间上相融、相连、相联；打造“宜居、宜业、宜创业”的人文环境，促进功能、产业、资源的更新升级，形成互为支撑的发展格局。培养人文和谐的城市品质。深度挖掘大运河丰富的文化底蕴，推进相关创意产品的开发和利用；培育一批特色文化社区、文化街区、文化小镇，充分利用小剧场、文化演出、创业沙龙等形式，借助文化的渗透力和感染力，塑造出城市的外在形象，营造城市浓郁的文化氛围，提高百姓的文化素养和文明素质。

### （七）涵养保护创意资源，营造开放包容的人文环境

推动文化产业、文化事业融合发展，促进创意与服务紧密对接。文化产业与文化事业是互为一体、高度统一的，只有二者并行发展、通盘考虑、相互促进、融合发展，才能使产业更好地服务、满足群众的精神文化需求，才能使事业更加鲜活、体现创意创造活力。要提升和优化文化馆、图书馆等公共文化服务功能，支持富有特色的民办博物馆、美术馆等场所的建设，吸引各类文化机构参与公共文化设施建设，丰富文化产品供给，促进创意资源的集聚。另外，运用生活美学连接大众，提升文化感受力、创造力，有利于培育良好人文环境的土壤。要将中国传统文化、人文艺术、设计理念、建筑美学等融入文创产品开发、商业场所氛围营造之中，提升文创发展的人文环境和人文素养。要倡导产业文化、生活文创化理念，注重产品的文化表达，注重为产品注入文化元素，在生活中展现创意美学，注重全方位营销、全产业链开发和环境氛围的营造，都将为文创发展提供适宜的人文环境和氛围。

### （八）推动产业升级，打造首都全国文化中心的核心区

紧紧围绕北京新版城市总体规划的要求，围绕“一核一城三带两区”的全国文化中心建设总体框架，加强制度创新、政策创新、服务创新和发展模式创新，突出文化引领，聚焦高端发展，深化产业融合，加强区域协同，促进国际交流，持续激发和释放文化生产力，推动全区文化创意产业提质增效升级发展。深刻认识国家文化产业创新实验区在推进全国文化改革创新发展和首都“全国文化中心”建设中的重大战略意义，紧紧围绕统筹推进“五位一体”总体布局和“四个全面”战略布局，深入实施体制机制、政策环境、市场体系、金融服务、人才培养、发展模式等领域创

新，积极探索文化产业创新发展的体制机制，着力构建文化产业政策创新体系，不断优化营商营文环境，进一步荟萃高端文化人才、集聚高端要素资源、完善高端功能体系、促进高端集群发展，培育具有全球竞争力的国际化文化企业，培育具有国际影响力的文化品牌，全面提升文化软实力和创新发展活力。积极吸引和承载国家重大文化功能项目在国家文化产业创新实验区落地。做好国家政策的先行先试、市级政策的集成创新及相关政策的平移借鉴，积极研究文化金融、文化财税、高端人才、旧工业厂房改造利用等方面的政策创新，争取先行先试。扎实推进国家支持文化创意和设计服务与相关产业融合发展的鼓励政策、支持新业态发展，促进大众创业万众创新鼓励政策、积极推进北京市新一轮服务业扩大开放综合试点政策等有效落地。探索财政资金、市场监管、对外贸易、金融服务等领域政策落地的方式方法和举措创新，推动文化创意产业领域宏观调控目标和政策手段的机制化建设。参照全国科技创新中心和中关村高新技术产业、北京市总部经济等相关政策，协调各级相关部门，探索开展创新型文化企业认定工作，探索完善国家文化产业创新实验区文化产业政策创新体系。

# 第八章　新型城镇化文化发展指标研究[①]

自2002年党的十六大报告中首次提出“走中国特色城镇化之路”，“城镇化”就一直作为国家“新四化”的重要组成部分。党的十七大报告在中国特色城镇化发展的基础上，进一步总结其发展内涵，确立了“新型城镇化”的指导思想和建设路径。党的十八大报告进一步肯定了我国新型城镇化建设取得的重要成就，将“新型城镇化”列为推动中国未来发展的“新四化”，到《国家新型城镇化规划（2014—2020）》的正式发布，新型城镇化代表着一种“国家战略”，进入了中国社会的实践表达。十八大明确提出的新型城镇化是以人为核心的城镇化，是从被动城镇化向主动城镇化转变的新内涵。主动城镇化不由政府主导，而是在政策引导下由市场来发挥主要作用，通过就业、创业、投资、生活等方式，进入城镇，融入城镇。十九大报告中再次对“新型城镇化”予以强调，提出“推动新型工业化、信息化、城镇化、农业现代化同步发展”，指明了发展方向。传统的城镇化客观上比较依赖土地财政等非正式的制度安排，表现为要地不要人的“半城市化”，在评价体系上多以经济效益指标为主。“以人为核心”的新型城镇

① 此章部分内容参考范周主编的《新型城镇化与文化发展研究报告》（光明日报出版社，2014年第2版）的《新型城镇化的“新指标”》一文。

化由偏重数量规模增加向注重质量提升转变，由偏重经济发展向注重质量内涵提升转变，从本质而言，就是从“物态城镇化”发展为“人本城镇化”。基于生产生活的新型城镇化模式要改变传统发展方式中带来的城市外延扩展、人口城镇化滞后、城乡人居环境质量提升慢、区域差距急剧扩大等一系列问题，需要制定一套经济高效、功能完善、环境友好、城乡统筹、社会和谐的指标体系，引导树立新型城镇化发展理念，建构多元因素的动力驱动机制。新型城镇化文化发展评价指标体系从文化视角出发，对于城镇化中的基础建设、生态环境、文化建设、政府行政能力等进行综合考虑，力求对建设人本城镇化的程度、质量、协调性等进行系统检测和评估。

## 第一节　文化发展指标设计的动力

### 一、宏观要求

城市是人类社会高级文明的重要标志，人类社会的发展也是一个从农业文明向工业文明不断进步的历史过程。不断推进城镇化进程，将极大促进政治、经济、社会、文化的繁荣与进步，推进人类的发展进程。随着我国城镇化建设的不断推进，城镇的基础设施建设、生态环境、生活水平、公共服务等都得到了较大改善和提升，科学技术、经济发展、社会文明都得重大进步，深刻改变了世界的发展格局，带来了人类社会的巨大进步。但同时，城镇化的大发展也深刻改变着世界的自然风貌和生态环境，城镇的自然资源消耗、环境污染、废物随意排放等都给城镇本身及城镇的环境造成了很大的压力和破坏，并成为全球性难题。与此相对应，如何在尽可能减少对自然资源的占用基础上实现城镇化，成为各个国家共同需要解决的问题。

我国自党的十六大首次提出“走中国特色城镇化之路”以来，我国城镇化建设取得了巨大成就，有8000多万人由农村转移到城镇，成为城镇居民，并且我国的城镇化率年均提升了1.2个百分点。但是随着城镇化的不断推进，在发展过程中，特别是传统的城镇化发展思路，也对我国城市社会发展、自然生态环境、社会稳定和谐、人民的幸福感和获得感等造成一系列冲击，我国城镇化发展的可持续性挑战也引起了广泛关注。城镇空间增长快于城镇人口增长的倾向较为严重，导致占用国土空间过多、耕地减少过快，生态空气、水等自然环境遭到污染，土地沙化、草原荒漠化、耕地减少等在不断威胁着人们的生存环境，交通拥堵、住房紧张等“大城市病”成为影响城镇市民的重要问题，严重威胁到国家生态环境安全和社会整体发展。因此，寻求城镇化可持续发展道路，走更具科学性、有温度、有幸福感和获得感的新型城镇化发展道路，成为我国城镇发展的必然选择。

可持续发展为人类社会发展指明了一条科学的道路，也为城镇化建设点亮了明灯。可持续发展最早见于1980年国际自然保护联盟的《世界自然资源保护大纲》，该文件指出：“必须研究自然的、社会的、生态的、经济的，以及利用自然资源过程中的基本关系，以确保全球的可持续发展。”1987年，联合国环境与发展委员会在《我们共同的未来》报告中正式提出可持续发展

（Sustainable Development）的概念及内涵，认为可持续发展就是“既满足当代人的需求，又不对后代人满足其自身需求的能力构成危害的发展”。这一概念也成为世界各国统领本国社会、经济、文化、生态和谐发展的宗旨。1992 年 6 月联合国在里约热内卢召开“环境与发展大会”，通过了以可持续发展为核心的《里约环境与发展宣言》《21 世纪议程》等文件，进一步丰富了可持续发展的内涵，将可持续发展理念推向世界各国，促成发展共识。虽然现在对可持续发展的定义尚未有全球的统一共识，但是不同的世界组织机构、不同的国家也都在不同行业领域、认识角度和发展实践中进行了有益的探索和尝试，形成了一些比较有代表性的可持续发展定义：如从自然生态角度来看，可持续发展是指要注重保护生态系统自身的生产和更新能力，环境的开发和利用不能超过环境系统本身的再生能力；从经济角度来看，可持续发展是指在有效保持自然质量的前提下，使经济效益能够得到最大限度的利用；从社会角度来看，就是在维持自然生态的蕴涵能力的前提下，创造和改善人类的美好生活品质；从技术性角度看，可持续发展就是建立极少产生废料和污染物的工艺或技术系统；从三维结构复合系统看，可持续发展既不是单指经济发展或社会发展，也不是单指生态持续，而是指以人为中心的自然—经济—社会复合系统的可持续，是能动地调控这一复合系统，使人类在不突破资源和环境承载能力的条件下，促进经济发展、保持资源永续利用和提高生活质量。①

---

① 潘智慧，张仕廉 . 我国小城镇可持续发展评价指标体系研究 [J]. 重庆建筑大学学报，2004（4）.

从国际层面来看，联合国、世界组织机构及世界各国都对可持续发展的重要指标进行了相关的研究，主要的指标体系包括联合国可持续发展委员会的（UNCSD）“驱动力—状态—响应”（DSR）体系；联合国统计局（UNSTAT）的可持续发展指标体系；英国可持续发展指标体系；世界银行的可持续发展指标体系；联合国制定的人文发展指数；生态足迹模型；“绿化”GDP 指标；资源环境的“卫星账户”等。从不同的指标体系来看，它们总体包含了资源、环境、经济和社会四个大方向和角度。从资源角度来看，它们主要强调对世界资源的利用要保持一种友好的方式，既满足当代人的需要，又要充分考虑后代人的需要，追求自然资源的内生可持续发展。环境角度主要是公众既要注重自身社区及区域环境的保护和可持续发展，也应有保护全球资源可持续发展的责任义务。经济角度主要是指在资源最小开发利用的限度下，创造更大的经济价值和效益。社会角度主要是提出可持续城市概念，这是指更科学合理、可满足人更好的城市生活和不同生活方式的城市，同时可持续城市的建设需要城镇中的各类群体积极参与。

从国内的层面来看，我国在 1994 年国务院第 16 次常务会议审议通过的《中国 21 世纪人口、资源、环境与发展白皮书》，首次将可持续发展战略纳入我国经济和社会发展的长远规划中。党的十五大把可持续发展战略定为我国现代化建设中必须实施的战略。2000 年 11 月十五届五中全会通过的《中共中央关于制定国民经济和社会发展第十个五年计划的建议》中指出：“实施可持续发展战略，是关系中华民族生存和发展的长远大计。”2002 年，党的十六大把“可持续发展能力不断增强，生态环境得到改善，资源利用效率显著提高，促进人与自然和谐，推动整个社会走上生产发展、生活富裕、生态良好的文明发展道路”作为全面建设小康社会的目标之一。长期以来，可持续发展观已经成为指导我国经济社会发展的重要战略思想。从20世纪90年代以来，我国政府部门和学术机构就开始对可持续城镇化指标体系进行了研究，主要成果及影响力较大的指标体系如表8-1所示。

**表8-1　中国可持续城镇发展评价指标体系**①

| 指标名称 | 作者（部门） | 创建时间 | 内容 | 用途 |
|---|---|---|---|---|
| 《中国21世纪议程》管理中心科学可持续发展指标体系 | 国家统计局统计科学研究所 | 1995 | 涵盖经济、资源、环境、社会、人口、科教6个子系统。<br>196个描述性指标：经济指标38个，资源指标51个，环境指标48个，社会指标17个，人口指标13个，科教指标14个。<br>100个评价性指标：经济指标19个，资源指标20个，环境指标28个，社会指标17个，人口指标8个，科教指标8个。 | 社会评价 |
| 可持续发展指标体系 | 张林泉、李新运（山东省可持续发展研究中心） | 1997 | 提出的可持续发展指标体系以可持续发展作为总目标，设置经济发展条件和社会稳定条件两个阈值。以可持续发展水平、可持续发展能力及发展协调度为子目标层，分设13个领域层，由29个指标组成。 | 社会评价 |

① 戚晓旭，杨雅维，杨智尤．新型城镇化评价指标体系研究[J]．宏观经济管理，2014（2）．

续表

| 指标名称 | 作者（部门） | 创建时间 | 内容 | 用途 |
|---|---|---|---|---|
| 中国可持续发展指标体系研究 | 郝晓辉（国家计委国土开发与地区经济研究所） | 1998 | 涵盖社会发展指标23个，经济发展指标18个，资源指标6个，环境指标20个，非货币指标12个。 | 学术研究 |
| 中国可持续发展指标体系 | 中国科学院可持续发展研究组 | 1999 | 分为总体层、系统层、状态层、变量层、要素层5个等级共45个指标。 | 学术研究 |
| 中国城市发展指标体系 | 中国市长协会 | 2001 | 分为总体层、系统层、状态层、要素层4个等级共104个基础要素，19个状态要素及5个支持系统。 | 社会评价 |
| 中国城市竞争力 | 中国社会科学院 | 2003 | 从表现和解释两个方面来分析城市竞争力。<br>表现——综合竞争力：综合增长、经济规模、经济效率、发展成本、产业层次、收入水平；<br>解释——城市竞争力：本体竞争力、城市内部环境竞争力、城市外部环境竞争力。 | 学术研究 |
| 生态城市 | 张坤民等 | 2003 | 城市生态可持续发展指标体系（ESDI）包括5个子系统：资源支持系统、社会支持系统、经济支持系统、环境支持系统和体制支持系统。 | 学术研究 |
| 生态园林城市 | 住房与城乡建设部 | 2004 | 涉及城市生态环境、城市生活环境指标、城市基础设施指标3个方面共19项指标。 | 政府指导 |

续表

| 指标名称 | 作者（部门） | 创建时间 | 内容 | 用途 |
|---|---|---|---|---|
| 宜居城市 | 住房与城乡建设部 | 2005 | 涉及社会文明、经济富裕、环境优美、资源承载、生活便宜、公共安全6个方面。 | 政府指导 |
| 全国文明城市 | 中央精神文明建设指导委员会 | 2008 | 共有111项指标，分别针对省会（副省级城市）、地级城市、县级城市、城区进行测评。基本指标：反映文明城市创建的基本情况；特色指标：反映城市精神文化创建工作特色，城市整体形象。 | 政府指导 |
| 全国生态文明建设试点 | 环境保护部 | 2009 | 设计生态经济、生态环境、民生改善、基础设施、生态文化、廉洁高效6个方面共33个指标。 | 政府指导 |

注：政府部门与学术机构制定颁发。

中国可持续城市化指标体系建设的研究从研究逻辑思路上遵循四个基本原则：一是能够全面反映城镇发展的经济、社会、文化、生态等各个方面的特征和状态；二是各项指标要符合地方和区域的发展实际，立足于实践基础，以方便评估和预测；三是要充分考虑区域的经济基础和人文环境；四是充分考虑各项指标的可获得性和可衡量性。

综合国内外现有评价指标体系，可以看出，不论对可持续发展的评价维度和方式有何异同，文化指标在对可持续发展的评价中都是重要内容。可持续发展的诉求对评价文化发展也提出了新的挑战，主要来自于以下原因。一是文化作为一种资源，其承载力也是有限的，需要通过制定相应指标来评价。新型城镇化进程的推进必然带来人口集中，文化发展虽然也是一个不断更新丰富的过程，但一定时间内依然存在承载力问题，与自然资源一样文化资源亦需要科学合理地使用。需要根据区域空间、人口等具体情况制定合理的使用指标，来规划和引导文化资源的合理开发利用。二是文化发展是可持续发展的重要组成部分，在推动区域可持续发展的同时，要积极推动文化的发展。将文化发展与城镇的经济、社会、生态等总体规划布局有机结合起来，统筹考虑，实现物质文明、精神文明的同步发展，在保护、传承本地文化的同时，积极适应发展新变化，创新发展新文化，提供新文化服务。三是文化是一项经济活动，具有促进经济增长的功能，需要制定驱动文化产业发展的指标。政府在进行新型城镇化规划时会综合考虑一、二、三产对城镇经济结构、功能的影响，因此文化经济属性的发挥和资源效率的最大化，需要文化产业与其他产业实现协调互动。四是文化是一套公共系统，要兼具社会公平和服务对象的对应性，需要制定保障基本文化权益的指标。面对新型城镇化过程中原有农民向市民身份的转变，文化发展需要保障新旧居民的基本文化权益，激发群众参与文化建设的热情。同时，注重服务对象的差异性，从成本和效益出发避免绝对均等化和同质化。

## 二、中观背景

从宏观看来，在全面可持续发展观指导下的新型城镇化与传统的城镇化，从发展理念、发展目标、推动主体、推进机制和推进策略五个方面都有着不同内涵。新型城镇化相较于传统的只注重城镇数量、规模，过分依靠工业带动发展，过分注重中心城市发展而忽略县域、中心镇和农村的发展状况，单一人口居住集中的发展模式，更加注重城镇化的发展质量、内涵提升，更加强调工业化、农业现代化、信息化等多种作用力的协同发展，更加注重中心城市与县域、中心镇、乡村的统筹发展，强调完整的城镇体系构建和城乡统筹及社会各系统的全面配合。

城镇体系（Urban System），也称为城市体系或城市系统，是指在一个区域范围内，由大城市、中等城市、小城市和建制镇（中心镇）等一系列不同等级规模、不同职能分工、相互密切联系的城镇组成的系统。传统城镇化粗放式的发展模式，导致各地形成“圈地热”，以耕地变“开发区”为代表，走上了一条煎饼式的扩展道路，土地资源利用率不高，浪费严重。与此同时，各种要素、资源、人才、政策对中心城市的倾斜聚集，进一步推动了中心城市快速扩张，使中心城市与中小城市、城乡之间的差距更大，导致城镇体系的不合理继续发展。具体表现在：一是在大城市各种资源要素聚集、人口迅速扩张，致使大城市“臃肿”问题突出，“大城市病”成为困扰许多大城市发展的重要瓶颈，住房、交通、环境、安全等社会经济发展的各个方面都带来巨大压力；二是一些大城市的虹吸效应进一步削弱了周边中等城市和小城市的发展资源，致使区域发展落差加大。农村剩余的劳动力并不能完全拥向大城市，被大城市所接纳，相对数量更多的中小城市和中心城市将会吸纳更大部分的农村劳动力，这也是我国城镇化发展的重要方向。目前传统城镇化的遗留问题，既有我国城镇体系中大中小城市之间的不协调问题，同时还有区域与区域之间不协调的问题，出现“发达沿海”和“落后内陆”的反差，富裕城市与萧条农村的反差，这种区域经济、城乡经济不协调的表现，也是城镇体系不完善的症状之一。

**表 8-2 传统城镇化与新型城镇化的区别**[①]

| | 新型城镇化 | 传统城镇化 |
|---|---|---|
| 发展理念 | 注重速度与质量的统一，质量优先 | 注重速度 |
| 发展目标 | 经济集约发展、社会和谐、生态环境优美 | 人口非农户化 |
| 推进主体 | 企业、个人等为主体，政府构建发展平台 | 政府主导 |
| 推进机制 | 主张大中小城市协调发展 | 片面主张发展大城市或小城镇 |
| 推进策略 | 因地制宜实行不同策略 | 缺乏因地制宜策略 |

从表 8-2 中传统城镇化与新型城镇化之间的区别和变化来看，新型城镇化主要呈现出四个方面的主要特征：一是更加注重资源的合理配置；二是更加注重区域的协调和因地制宜；三是注重各类环境优化，包括自然环境、人文环境等；四是注重品牌建设，如城市品牌建设、产品品牌建设等。从上述四个方面来看，新型城镇化更加注重人本理念，特别是注重文化的软性因素作用在城镇化建设中的作用，文化对于城镇化发展的推动作用越来越被重视。

在新型城镇化的背景下，文化是其中一项重要的内涵，对此人们已经形成一定的社会共识。制定更加科学、可获取、可评估、可实践的文化发展指标已经成为新型城镇化建设，尤其是城镇体

① 孙雪，杨文香，何佳．新型城镇化测评指标体系的建立研究 [J]. 地下水，2012（3）.

系建设中的重要课题。文化发展指标的选择需要注意以下三点：第一，文化是维系社会关系和促进城镇稳定，提升城镇文明素质的重要工具，它能够凝聚社会共识，提升城镇的精神气质，对于城镇、地区拓展其发展空间具有积极的意义和影响。因此，文化发展指标的确定需要能反映新居民基本文化素养及精神状态的指标。第二，文化在整个社会体系中是一个相对独立但又有外部性的系统，面临的问题是，文化发展如何与社会发展的其他系统统筹起来，具体到发展指标上怎样实现文化发展指标在引导性上与城市规划主要指标相协调，如何与经济发展主要数据相支撑，如何与社会变迁监测指数相一致。这种变化就带来文化指标的研究需要从单一评价向复合评价转变，即新型城镇化的文化发展指标不仅要体现一个地区的文化变化，还要体现出该地区的经济发展水平、产业结构演变、基础设施建设及人民文化生活质量的提高。要从新城镇文化发展潜力、文化经济、文化装备等多方面进行考虑。第三，不同文化所在城镇与该区域之间的联通性，城镇系统与区域系统是贯通的，是相互依存和互相拉动的。现在的城镇体系之间无论是在经济协同、产业合作还是文化交流上都是彼此关联而不能物理隔断的，是一个区域系统概念，有着内在的联系。这就要求在文化发展指标制定过程中，要考虑到文化区域认同性（文化本性、文化身份），这种文化认同性是在其对自身城镇化进程、环境及建筑的建设中得来的。中央政府一直强调“人的城镇化”，其中很重要的含义之一是避免千城一面，从自己的历史及文化遗产中寻找可资利用的轨迹，以文化价值驱动不同区域的城镇化进程，从而改变传统的城镇化中出现的只注重开发建设，缺失文化内涵的尴尬境遇。

## 三、微观逻辑

文化权是一项国际公认的基本人权，也是中国宪法所规定的一项公民基本权利。新型城镇化建设不仅要提升和满足人民的物质需求，更要满足人民的文化需求和文化创作权利。文化权作为公民的一项基本权利，相对于人身权、财产权、言论自由、信仰自由等其他权利的提出来得较晚。虽然有关文化权利的立法在 1919 年德国《魏玛宪法》中已有提及，但是对于文化权利的真正意义上的讨论是从 1948 年 12 月 10 日联合国制定的《世界人权宣言》开始的。根据这个宣言，1966 年 12 月先后通过了《公民及政治权利国际公约》和《经济、社会、文化权利国际公约》（这两个公约 1976 年始生效）。从联合国 1948 年通过的《世界人权宣言》第 27 条及 1966 年通过的《经济、社会、文化权利国际公约》中，可以大体归纳出文化权的基本要素："参与文化生活的权利、保护文化认同的权利、享受科技进步及应用所带来的好处的权利、保护民族与国际文化财富和遗产的权利、保护文化作品的精神及物质利益的权利、公开和私下应用自己语言的权利、受教育权利等。"[①] 发展权在 20 世纪 70 年代正式提出，并于 20 世纪 70 年代末至 80 年代期间被联合国大会通过的《关于发展权的决议》和《发展权利宣言》这两个国际法律文件所确认，"发展权是以政治发展为前提、经济发展为核心的经济、政治、文化和社会发展的各方面内容的有机统一体"。

文化发展权旨在推动实现人的全面发展，实现不同国家、不

① 阿努拉·古纳锡克拉．全球化背景下的文化权利 [M]. 张毓强，译．北京：中国传媒大学出版社，2006：154.

同民族、不同地区之间的和谐共生、可持续发展，实现人与自然的和谐友好。文化发展权有助于促进社会的法治建设，对于形成稳定而有序的社会环境具有十分重要的作用。人类社会的全面发展在于政治、经济、文化、社会等方面协调发展，在于个人充分实现全面发展。文化发展权与政治发展权、经济发展权、社会发展权相互影响、相互作用，共同促进稳定而有序的社会环境形成。

我国在推动城镇化的过程中，一些地方在经济利益的驱使下，大肆推动城市扩张，过度开发自然资源、文化资源和旅游资源等，对于城镇的传统民风民俗、历史文化遗迹遗产、历史文物等置之不顾，弃之边缘，一些文化遗产遭到严重的破坏，一些不符合当代大众需求的传统文化、非主流文化等被遗忘和放弃，加速和助长了本来就已经濒危的文化遗产的消失。与此同时，由于对文化建设不够重视，城镇新的文化缺乏引领和创新，致使新发展起来的城镇并没有建立起新的被广泛认同的文化体系，从而严重影响了城镇居民基本文化发展权的获得。文化发展权在传统的城镇化发展过程中所显露出的问题越来越突出。

受西方城镇化发展模式和观念的影响，我国开始于20世纪80年代的城镇化实践，如以珠江三角洲为代表的“以城带乡”模式，以上海为代表的“城乡统筹规划”模式，以北京为代表的“城乡结合”模式，以苏南为代表的“乡镇企业带动”模式，虽然对于城镇化发展进行了有益的探索和尝试，取得了一定的成效，但是受理论、视野等方面的限制和影响，在具体实践中还存在一系列的问题。无论是“大城市化”还是“小城镇化”，其在实质上仍是一种“概念性市区”。与传统城镇化相随的是不容忽视的农民发展问题，传统的“农民被城镇化”道路忽视了人的发展权，在城乡居民共同发展上还没有建立起成果共享的体制机制，

“被城镇化”的农民很难在城镇化过程中自主决策、自我谋求发展，其核心问题是因制度缺失而使农民的权利远得不到实现。[①]农民文化发展权的缺失表现为“文化认同”在进城农民群体中成为真空，农民进城务工后生产生活方式的变化带来社会网络和文化环境的变化，城市居民享受的文化基础设施和消费场所，农民工无法享受，城乡之间的价值冲突明显，使得入城农民在心理上产生极大的社会不适感，从而发展为社会管理的隐患。因此，在新型城镇化过程中，必须将文化发展权与经济权和社会权一同提出，将文化建设与农业现代化、工业现代化和信息化一起作为新型城镇化建设的重要驱动力，促进不同背景新居民的相互了解。通过文化的活动平台、文化组织平台等，加强培养新入城镇的居民的价值观念和建立他们对生活方式的认同，减少新居民的文化违和感、增强文化认同感，提升他们对城镇生活的融入感和归属感。

从文化发展权的角度综合分析，对文化发展的评价可从以下三个方面来进行考量。一是文化发展权是发展权的重要内容之一，包括思想文化发展权、教育发展权、科技发展权、文化事业发展权、文化生活发展权五个方面的内容，强调在文化发展上的成果共享、机会均等。[②]二是文化发展权立足于新型城镇化发展的背景，其实质就是要建立城乡互动的新型城镇化模式，强调城乡功能互补，促进共同繁荣。三是文化发展权基于人的文化权益，就是要保障城乡之间公共文化服务的一体化、均等化。要加大城乡公共文化服务保障机制的改革，加快推动城乡公共文化服务均等化、便利化，使城乡共享文化发展成果，实现其文化基本权益。

---

① 刘嘉汉，罗蓉．以发展权为核心的新型城镇化道路研究 [J]. 经济学家，2011（5）.

② 汪习根，王信川．论文化发展权 [J]. 太平洋学报，2007（12）.

## 第二节　文化发展指标设计的难题

### 一、范围界定的问题

范围决定指标测量的边界。新型城镇化文化发展是新型城镇化与文化的综合测量指标，需要对新型城镇化及城镇文化的内涵、外延，以及两者之间的关系等进行科学界定和深入的研究。新型城镇化与传统的城镇化不同，在发展上更加注重城镇化建设的内涵，强调发展质量；在发展关系上更强调系统性，以及与相关产业的关系；在其发展核心理念上，强调“人本思想”，突出“人文关怀”；在管理机制上，更突出“多元化”的治理模式。所以新型城镇化文化发展指标的设计不能简单地从文化角度来考虑，要在新型城镇化发展的大背景下来考虑设计。由于新型城镇化文化指标设计是从文化角度来衡量的，所以又不完全等同于城镇化的发展指标设计，要聚焦文化角度，强调文化的特征、文化发展权、文化工具性和文化的人文性。新型城镇化文化发展指标范围的界定，就需要在新型城镇化、文化及这二者的耦合关系来科学界定和设计。现有的指标设计研究，或偏于其一，或缺乏两者之间关系的科学界定，所以导致在指标界定范围上存在很大差异，一方面反映出各地根据区域发展实际有着重性的探索，另一方面也反映出就指标设计范围问题尚未达成社会共识。

### 二、指标选取的问题

文化作为一种软性指标，在内涵上来看，主要包含两大方面的内容：一是作为文化经济的文化产业，与城镇化建设和经济发展相同，目前已初步建立了相对完善的统计指标体系，如文化产业总收入、文化产业增加值、文化产业投资规模、文化事业单位数目、公共文化服务投入等；二是文化的软性功能和影响力，包括文化的引领力、创新力、传承力、影响力、知名度等，相对于第一方面的指标，这一方面的指标更加隐性，很难用具体的数据来体现和解释。对于这一软性指标，国际、国内尚未形成广泛认同的标准，在指标选取上也存在较大的差异，主要靠专家、学者经验判断或社会抽样调查民意反映。

## 三、指标协调的问题

文化发展已深度融入社会发展的各个方面，文化与城镇化建设、经济、社会、生态、科技密切关联，同时文化产业与事业、文化发展与传统文化传承相辅相成，文化内部创作、生产、传播、消费环环相扣，文化发展指标设计要统筹考虑各方面的关系，体现系统性、科学性和统一性，防止顾此失彼。指标的协调性就是要兼顾各个方面、各个角度及各种关系，以可持续发展的理念作为基本参照，兼顾短期、近期、中期、远期目标，兼顾当前利益与长远利益。

## 四、权重设置的问题

权重反映了指标体系中各个指标的重要程度，权重越大表示重视程度越高，有的偏重于基础指标，有的偏重于发展指标；有的更关注满足基本文化需求的服务指标，有的偏重于丰富多样化需求的产业指标，不同的观点、思路在权重对象设置上的差异较大，主观性太强成为权重设置方面常有的通病。相较于传统城镇化，新型城镇化更加注重发展的质量、效益、品质，更加注重科学化、协调性和可持续性，突出对城镇化的综合全面评估考量，也对指标的权重设计提出了更为复杂的要求。

### 五、区域差异的问题

在现有研究成果中，"城市文化竞争力"指标体系和"文化强省"指标体系是相对完善的区域文化发展评价指标体系，但两者都是不同省市根据自己的发展特征提出的具有地方针对性的评价体系，在指标体系设计的研究上具有较强的地域特色，聚焦于区域现状和特色研究。但是不同区域之间的差别和特色是明显的，境况各有差异，依据区域差异性，在分析区域可持续发展能力基础上的指标体系研究是基础，在此基础上筛选出来具有普遍意义的指标体系才有价值。同时，在新型城镇化文化发展指标研究中，适当调整指标体系以突出区域城镇化特色也十分必要。

## 第三节　文化发展指标设计的目的与基本要求

### 一、指标设计的目的

#### （一）构建部门间协调工作的基本框架

新型城镇化文化发展指标为各地从文化角度认识和评估城镇

发展提供了一个重要参考，形成宏观文化建设和管理工作的指南，同时在不同社会系统中，根据新型城镇化的发展规律寻找文化与其他领域的发展平衡。新型城镇化文化发展评价指标体系是体现城镇化战略中文化制度供给和政策创新的具体映射，是对政府具体工作的考量，也是突破传统行政架构下各部门互不统属所形成的各自为政的管理局面的有力手段。与部门规章制度、行政指令受限于所管辖范围不同，指标可以在一定范围内获得最佳秩序，对现实问题或潜在问题制定共同使用和重复使用的标准。

### （二）综合测量新型城镇化发展水平

新型城镇化文化发展指标构建能为城镇发展过程中的方向、主要内容、规范管理、重点问题等给予指引，合理把握城镇发展的速度、规模和发展节奏，避免盲目发展和无序发展。发展指标兼顾城镇发展文化本身及文化与相关产业、城镇与乡村的关系，城镇经济发展与城镇影响力、软实力的关系，能够合理控制城镇空间规模，延续城镇文化脉络，维护城镇社会和谐稳定，维护城镇文化多样性和创新发展，促进城镇政府各部门的协同合作，政府治理理念的转变提升，提高城镇的宜居度和发展质量，形成城镇发展中的“协同治理”格局。尤其是发展指标中对于文化资源、公共服务、社会保障、文化传承、生态保护等约束性指标的考核，将对于快速发展的城镇化在质量上、内涵上严加控制和约束，改变以往城镇化片面注重 GDP 增长、规模扩张的片面化发展模式，实现对于城镇发展的“综合型”考核。

### （三）实现文化驱动的新城镇差异化发展

新型城镇化文化发展指标相较于城镇其他角度的发展指标体系更加具有文化的特色，更加突出“内涵式、和谐化、传承性、创新性、融合性和特色化”。这与传统城镇化过程中只注重经济效益，忽略城镇文化内涵、文化品牌建设、特色文化传承和特色发展道路具有明显的差异。文化发展角度构建的新型城镇化能有效保障和促进东、中、西部，城镇和乡村之间的协调协同发展，有效避免个别地区依靠掠夺地区资源环境、破坏传统文化来维持本地城镇化进程的粗放发展方式；实现文化与经济、社会的良性互动和高质量发展，切实转变和提升城镇的内生发展动力，提升城镇的形象气质；让文化成为引领城镇发展的重要动力，打造更加绿色环保、更具文化活力、更具人文魅力的特色城镇体系。

### （四）预警区域发展问题

新型城镇化文化发展指标不仅为城镇发展提供了重要指引和参考，而且也为城镇了解和衡量文化发展水平和质量提供了重要依据。通过指标的评估能够及时有效地判断和预警城镇在文化发展中存在的问题、发展弱点和发展漏洞，为决策者提供比较客观、相对科学的参考，为决策者进行规划、政策和发展举措调整提供可参考的依据。新型城镇化文化发展指标既具有基础性指标、发展性指标同时也有约束性指标，能为城镇发展提供比较全面的指引，使城镇在评估结果中能比较明确地发现城镇在发展中自身的优势，发展效果是否良好，未来发展方向是否明确，对可能潜在的问题和风险给予预警，防患于未然，并通过预先性的预防举措，引导发展方向的偏差，推动城镇可持续、协调性发展。

## 二、指标设计的基本要求

### （一）科学性

指标设计要具有科学性和严谨性，客观、合理、全面地反映文化可持续发展质量和水平。指标体系在指标的内容设置、体系构建、指标权重设计、定量标准和定性权重上都应具有科学的依据，有理论和事实依据，选择纳入指标体系的指标必须要充分考虑其充分性和必要性，对于没有意义或无关紧要的指标要摒弃，对于文化自身规律和特点比较突出的特性指标要重点考虑，比如文化安全、意识形态、价值导向等，科学地反映文化的发展水平。在分类指标的名称、涵义、内容、时空及计算的范围、单位和方法等方面必须科学、明确，以减少统计数据收集和计算工作中的误差。

**（二）系统性**

文化的关联性、融合性较强，在反映文化发展水平指标设计上，要运用系统化的思维，设计的指标体系要能综合反映文化的发展情况，文化发展的各个层次和基本方面，单纯地依靠个别性的指标和某一层面的指标是难以对一个区域的文化建设发展进行全面衡量的。文化发展指标的设计要充分考虑各方面的因素、不同特征，要具有层次性和系统性。指标体系应囊括文化资源、文化产业、公共文化服务、非物质文化遗产、文化对外影响度等多方面内容，尽可能全方位反映文化发展的总体态势。在指标的选择上，要注重在现有统计体系内，发掘能够反映科学发展文化特征的指标，构建系统、完整，以及适用性、可操作性较强的综合评价体系。

**（三）包容性**

指标体系设计要具有静态发展指标，同时又要包容未来发展变化的动态指标，既要有时间纵向序列，也要有空间横向维度。因此，衡量文化发展水平的有关指标的评价目标值或阀值必定具有动态性，考量不同发展水平应采用不同的指标体系，某一发展水平的代表性指标到下一阶段可能会失去意义。同时，又应保持某一发展阶段的相对稳定，以评价文化发展能力的变化。从政策作用层面来看，文化发展指标的考虑还需具有针对性与政策友好性（导向性），既针对文化发展的环境、经济、社会特点，又兼顾未来功能的作用，以保证选用的指标体系的可行性和代表性。

**（四）可衡量性**

指标的可衡量性是指标设计的核心与关键，只有可衡量才能使发展指标可操作、有效果。指标体系的设计要简单明确，范围界限清晰，定义清楚，并便于采集、收集、获得。文化发展指标相对于其他指标，有些是软性指标，很难用具体的数据来统计，但是对于此种指标也不可太过宽泛，应保证其可测度，获取的数据有效可靠，要尽量减少难以量化的指标数量。数据的来源要保证权威性，可以是城镇官方统计部门数据、档案材料或者是政府工作报告、发展报告、发展年鉴等。对于可量化的指标，要综合考虑指标设计的科学性，尽量保证数据可对比分析，在横向上、纵向上能全面、深度地反映一些具体的问题。对具有相同计量范围、计量口径和计量方法的指标，指标取值宜采用相对值（百分率），尽可能不采用绝对值，以便于进行分析和比较。

## 第四节　新型城镇化文化发展指标的模型设计

### 一、文化发展指标的设计理念

**（一）遵循新的发展逻辑，勾勒现代文化发展的行动结构**

新型城镇化的演进源于中国社会深层的“结构性巨变”，这种变化对文化自身发展方式的转型有着双重价值。第一，新型城镇化有助于形成建设现代文化的内部结构。与传统的文化内部结构不同，现代文化建设更强调与社会系统的整体嵌合，是基于“文化经济—文化权益—文化治理”静态逻辑的全方位协同，要求从经济增长、城市建设、人本发展等多维角度丰富文化发展的指标层。第二，新型城镇化有助于文化内在活力的释放和功能提升。新型城镇化背景下的文化发展围绕“资源优势—动力机制—推进模式—效果评价”的动态逻辑，要求从指标建设上明晰文化发展的内外动力。新型城镇化背景下，新的静态逻辑和动态逻辑统领了评价文化发展的主线，即指标建设需要客观反映文化生产、文化供给和文化管理的社会需求，明确回应资源配置、治理结构和协调平衡的行动路线。

### （二）加强核心因素分析，明晰文化发展的目标排序

城镇化是经济、社会、政治、文化、生态变化的产物，被多重的、相互依赖的要素所驱动，“以人为核心”的新型城镇化建设是一个由人口、产业、科技、文化教育、生态环境、基础设施及政府职能等多种因素组成的系统。广袤农村向新城镇空间的转变和集聚，意味着各种存量与增量资源更多纳入社会发展结构中，要求文化发展在人口、资源和经济基础上实现文化与新产业结构、文化与城镇空间布局，文化与城镇行政管理、文化与特色城市经营等客观要求的协调。这种新变化亦使文化发展领域要素增多，从而引发利益形态、风险分布的变化，因此在指标体系中对于指标的筛选必须基于核心影响因素的分析，通过指标选择与排序明确文化发展的重点领域，强化风险控制管理。在指标体系研究中通过权重的确定对因素的影响程度进行排序，帮助规划与决策部

门安排推进时序。

### （三）顺应城镇化新理念，优化文化发展的方式选择

当前我国城镇化进入中后期，面临新的挑战和新的任务，即由传统的城镇化向质量型、内涵式的城镇化方向转变。因此，我国的城镇化在发展指标设计上，要从注重从非城镇化人口向城镇化人口转化的重点内容上，转向兼顾前者，同时重视新入住城镇居民的市民化的过程，也就是既要统筹考虑传统的非市民向城市市民转化的问题，也要关注新入住居民向新市民转化的问题，而后者在当前城镇化发展过程中的问题更加突出，任务更为艰巨。在这一背景下，新型城镇化对文化发展评价指标的研究提出从单一评价向复合评价转变，从建设数量型指标向功能质量型指标转变的要求。从资源要素配置机制、行政管理体制、公共产品与服务提供机制、社会服务体制到共创共享机制、考核评价机制等方面都纳入城乡一体的新型城乡关系来考虑，实现城乡互补、城乡同发展共繁荣。

### （四）综合指标设计新成果，构建文化发展指标新体系

比较不同新型城镇化建设的模式，发现新型城镇化文化发展的最主要特征是，新城镇建设的驱动模式和资源配置与传统造城模式相比发生了根本的变化。新型城镇化文化发展需要明确：新城镇建设主要是由城镇改造和固定资产投资来驱动，还是依靠以文化创造、文化传承为标志的活动来驱动；新城镇的资源配置上是以传统产业结构为引导，还是根据产业结构调整的需求，实现资源合理流动及社会领域的公平分配。鉴于此，新型城镇化文化发展的内涵应包括以下四个方面：第一，本地文化资源的基本状况，不同区域在支持文化艺术可持续发展上的作用程度；第

二，不同区域在文化领域拥有的特别优势，相对优势在解决现存问题或创造新机遇的可能性；第三，评价区域文化发展的平衡性评估，即在新城镇建设中文化发展促进人自身发展的能力，促进经济发展的能力，增进社会凝聚力，改善居住环境方面的重要作用；第四，新城镇文化发展成功的指标，即建立可衡量绩效的标准，以确保预期目标的实现。根据这四个方面的内涵，新型城镇化文化发展评价指标体系的设计应主要选取三个方面的依据：一是国外权威机构关于可持续发展城市的指标研究成果；二是我国政府相关部门、科研院所关于生态城市、文明城市、城市化评价的指标体系；三是我国部分省市、高校、科研院所关于“文化强省（市）”“城市文化竞争力”的评价指标。

## 二、新型城镇文化发展指标体系的构建

从发展目标出发，本书力图从文化发展不同层面结合新型城镇化的新要求构建出层次性、特征性明显的概念模型。新型城镇化文化发展指标体系的构建要具有层次性，由许多同一层次、不同作用和特征的子系统，以及不同层次的复杂程度、作用程度不一的个体指标构成。根据对新型城镇化相关政策内涵、目标和任务的理解，对指标体系概念模式的构建从总系统、子系统、主题和个体指标四个层次进行思考。

### （一）新型城镇文化发展指标总系统

总系统主要是指文化发展与新型城镇化协调发展的互动关系。与评价文化发展的传统指标不同，由于新型城镇化是一个正在谋划的整体格局，新型城镇化文化发展指标具有后验证性和指导性，

需要从新型城镇化进程、文化发展进程和文化建设与新型城镇化互动渗透进程三个层面来衡量二者协调发展的实现程度。在指标选择上，文化发展指标主要考虑文化保护传承、公共文化服务、文化产业发展和城镇文化影响力等主要内容，新型城镇化指标主要考虑城镇的发展质量和发展水平。新型城镇化与文化发展的互动进程，主要考评文化在新型城镇化发展中的推动作用，要求文化发展与新型城镇化建设始终保持发展水平、发展层次上的一致协调，深度融合发展，文化载体作为两者互动空间的物理载体促进空间融合，两者协调发展的最终目标是共同促进经济增长、人民文化素质提高、缩小城乡发展差距。

新型城镇化是一个阶段性的过程和结果，也是推动经济社会发展的手段，因此在对新型城镇化文化发展进行评价时也需要考虑阶段性。其过程大致可以分为规划、实施、评测三个阶段，应体现经济性（Economy）、有效性（Effectiveness）、效率性（Efficiency）、公平性（Equity）。根据以上流程和原则构建新型城镇化文化发展指标评价的框架模型如图 8-1 所示。

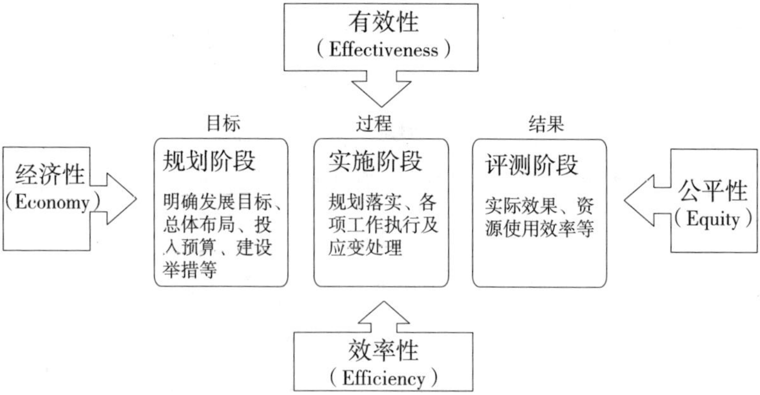


**图 8-1 新型城镇化文化发展指标体系框架模型**

经济性原则要求在满足预期达到目标的水平下实现投入产出的平衡，侧重考察公共财政对文化发展的投入及文化建设对经济发展的促进作用，属于事前评价；有效性原则是指针对既定的发展目标及文化对社会、经济、政治等预期目标的满足程度，重点考察文化发展对宏观战略需求的满足，强调文化产品和服务生产部门所提供产出产生的实际效果，属于事后评价；效率性原则是指通过管理体制机制的运用来达到既定目标或者更大的产出和效益，重点考察文化资源的使用效率和使用过程是否合理，侧重于事中评价；公平性原则是指公共文化项目所提供服务的数量或货币化收益在社会群体中的不同分配，主要包括文化参与程度、文化基本保障等。

**（二）新型城镇文化发展指标模型**

指标体系框架是对文化发展评价的全面具体的展现，遵循文化发展“资源优势—动力机制—推进模式—效果评价”的动态逻辑，本研究将新型城镇文化发展指标概念模型定义为GERDBI模型，即文化引导指标、文化环境指标、文化传承指标、文化创新指标、文化效益指标和文化影响力指标六个系统指标支撑的评价模型。

**1. 文化引导指标**

文化自信是一个国家文化发展的最基本力量。文化的发展必须要坚持正确的价值观，坚持以人民为中心的价值导向，注重意识形态领域的主导权和话语权。文化产品直接作用于精神领域，关乎人的心灵世界，关乎民族的精神面貌，关乎社会的文明进步。在发展文化的过程中，必须正确认识文化产品意识形态属性和文化价值导向的重大意义，坚持社会主义先进文化前进方向，培育和弘扬社会主义核心价值观。文化引导指标主要包括三个分类指标：意识形态、核心价值观、思想道德建设。

意识形态是指新城镇文化建设要以马克思主义为指导，充分体现习近平新时代中国特色社会主义思想，坚持社会主义先进文化前进方向，推动新时代中国特色社会主义思想深入人心。注重马克思主义理论和中国特色社会主义思想的研究、实践和传播，重视传播手段的建设和创新，提高新闻舆论传播能力和影响力。落实意识形态工作责任制，注重加强阵地建设和管理。

核心价值观是指新型城镇在文化建设发展中要坚持以人民为中心的发展导向，发挥社会主义核心价值观对社会各方面发展的价值引导，注重发挥文化的教育引导、文以化人的功能。

思想道德建设是指在新型城镇建设中能够弘扬社会主义荣辱观，注重对中国梦、爱国主义、集体主义和社会主义的教育，引导人们树立正确的历史观、民族观、国家观、文化观。注重推进社会公德、职业道德、家庭美德、个人品德建设。注重城镇精神文明建设，积极推进文明城市、美丽乡村、模范家庭、文明校园、文化网络建设，坚决抵制社会腐朽落后风气，营造风清气正的社会环境和社会风尚。

**2. 文化环境指标**

文化在新型城镇化过程中的可持续发展在于其他子系统提供的社会整体环境与保障。环境指标从宏观环境角度看包括两个分类指标：城镇经济基础和产业结构、基础保障环境。

城镇经济基础和产业结构通常包含数量增长和质量提高两部分，结合新型城镇化背景文化发展的经济环境背景更多关注依靠科技进步去提高经济、社会、生态效益的可持续发展，而不是传统的依靠大量投入人力、物力、财力，消耗资源和能源，单纯追求国内生产总值为目标的粗放型经济增长方式。经济环境还主要指产业结构，按照现代社会产业结构，新型城镇发展基本上沿第一产业迅速萎缩，第二产业逐步减弱，第三产业迅速增强的模式演化。因此，本研究选取了二、三产业的 GDP 结构来衡量经济发展状况。同时，考虑到财政收入对新型城镇发展的影响和固定资产投资的迅速发展，补充选择财政收入占 GDP 比重和固定资产投资占 GDP 的比重两个指标。反映新城镇居民生活质量、人口素质和社会文明程度的硬件环境，要求突出反映城市化带动城乡协调发展的水平；针对不同区域或功能的城市制定相应的城镇化水平评价指标体系；在确定指标的权重时，要充分考虑不同时期城镇化驱动因子的变化性和驱动力的差异性。

基础设施环境是新城镇社会经济活动的空间物质载体，是城镇社会发展水平的重要体现，也是新城镇文化可持续发展的物质基础。环境是指人类周围一切物质、能量和信息要素的总和，主要有三大方面：提供人类活动不可缺少的各种自然资源；对人类活动产生的废物和废能量进行消化吸收与同化（即环境自净功能或舒适环境容量）；提供人类生存的舒适环境。

**3. 文化传承指标**

文化是人类在社会发展过程中所创造的精神财富的总称，文化传承就是指这种财富在上下两代人之间的传递和承接过程。传承是文化积累的重要方式，也是文化创新的重要源泉。孔子自称“述而不作”，述是传述、复述，也是传承。文化传承以保护为先，文化传承要突出创造性转化和创新性发展，在保护的基础上，取其精华去其糟粕，注重文化保护与传承的原真性、整体性和可持续性。文化作为一种精神资源，在合理利用的前提下，可以不断地创新创作，并延续传承，在开发利用不合理的条件下，其可更新过程就会受阻。文化传承包括两个分类指标：文化遗产保护与文化传承能力。

文化遗产保护指标是指对城镇文化资源梳理和保护情况的评估指标。文化遗产是一个区域文明的重要见证，也是文脉传承的重要根基。文化遗产主要包括自然文化遗产、物质文化遗产和非物质文化遗产。自然文化遗产是具有突出、普遍价值的由地质和生物结构或这类结构群组成的自然面貌。[①] 物质文化遗产有具体的物理实体，由在历史发展中形成的、与人的社会性活动有关的景物构成，它包括古遗址、古墓葬、古建筑、石窟寺、石刻、壁画、乡村城镇、街道、工矿等。非物质文化遗产是各种以非物质形态存在的与群众生活密切相关、世代相承的传统文化表现形式，包括口头传统、传统表演艺术、民俗活动和礼仪与节庆、有关自然界和宇宙的民间传统知识和实践、传统手工艺技能等，以及与上述传统文化表现形式相关的文化空间。非物质文化遗产是以人为本的活态文化遗产，它强调的是以人为核心的技艺、经验、精神，其特点是活态流变。文化传承力是指城镇对传统文化资源的创造性转化和创新性发展的能力，传承使文化资源“活起来”的重要手段，将文化价值转化为经济价值和社会价值才能更有效地实现传统文化的保护和传承。

① 《保护世界文化和自然遗产公约》（世界遗产公约）定义。

### 4. 文化创新力指标

文化创新力指标主要指城市文化创新的基础、资源和能力，是城镇文化的内生发展力。文化按照其物质性、社会性和意识性，分为物质文化（资本、劳动、技术等）、制度文化（政策、组织）。它们之间同样保持着相互联系和相互作用，这也形成了文化发展的动力。文化经济发展条件是文化创新的物质基础，强大的经济基础也为文化的创新发展提供了充裕的资金支持。制度文化则是文化创新的重要机制保障和环境保障，为文化创新发展奠定了良好的外在软环境。文化驱动指标就是选取文化发展的动力内容，大致分为文化基础设施及文化软环境打造，包括教育基础、科技基础、文化场所、居民文化消费支出等。

### 5. 文化效益指标

在文化发展过程中，要实现文化的经济效益和社会文化效益的统一，必须通过建立相应的运作机制和政策观念。要坚持经济效益和社会效益相统筹、社会文化效益优先的原则。对文化事业与文化产业两种发展方式进行差异化管理，但都应做到一元化把握。在文化效益指标的选取中，要注重公益性文化事业和经营性文化产业的统一。

公益性文化事业以政府为主导，以公共财政为支撑，以公益性文化事业单位为骨干，以基层为重点，鼓励全社会参与，创新公共文化服务方式，从而为人民群众提供基本的公共文化服务。公益性文化事业注重文化产品和服务的均等化，保障新城镇居民的基本文化权益，以人的精神生活需要满足和实现人的生存文明为目的，它是通过营造人们精神上的安宁感、充实感和幸福感，继而提升人们的生命质量和缓解社会矛盾的。

经营性文化产业是以创作生产、经营文化产品和服务为主要内容，以文化价值转化为商业价值的协作关系为纽带，以文化企业为主体，以创造经济利润为核心所组成的社会生产的基本组织结构。影响文化产业效益指标的主要是生产要素投入和经济效率两大因素。现实生活中，当文化产业投入总量和投入构成不变，产出的差异也会非常大，其根源在于文化产业经济运行效率的不同。而文化产业经济运行效率又与文化产业资源配置机制、文化产业政府管制和政府文化产业政策等制度层面的因素有关。

**6. 文化影响力指标**

文化影响力指标主要指的是城镇的“文化软实力”，即城镇的文化在国内、国际上所产生的认同深度和广度，以及城镇文化的品牌价值。城镇的文化影响力主要体现在城镇文化的开放性、特色化、品牌度、认同感和吸引力。开放性主要指城镇有着开放包容的环境，文化的开放是文化生命力的基本需要，开放是文化进步的绿色通道，开放包容的环境更能激发城镇文化发展的活力。城镇在跨区域、跨国际的文化交流中，具有较高的参与度和影响力。特色化主要指城镇文化的独特性和城镇气质的独特性，具有较高的辨识度及较强的典型性和代表性。品牌度指城镇具有知名的文化人物、文化品牌活动或文化品牌企业等。认同感指城镇居民对城镇自身文化的归属感和认同感，对城镇自身文化的文化自觉和文化自信。吸引力指城镇文化的感召力和亲和力。

六大指标构成了评价文化发展的“GERDBI 概念模型”，在这六大评价系统之下，指标体系建构如表 8-3 所示。

**表 8-3　新型城镇化文化发展综合评价指标体系**

| 一级指标 A | 二级指标 B | 三级指标 C |
|---|---|---|
| 名称 | 名称 | 名称（单位） |
| A1 文化引导指标（Guiding） | B1 意识形态 | C1 坚持马克思社会主义思想指导 |
| | | C2 中国特色社会主义思想创新实践 |
| | | C3 重视传播手段建设和创新 |
| | | C4 落实意识形态工作责任制 |
| | B2 核心价值观 | C5 坚持以人民为中心的发展导向 |
| | | C6 文化教化深入人心 |
| | | C7 传统优秀思想观念传承传播 |
| | | C8 时代人文精神彰显 |
| | B3 思想道德建设 | C9 理想信念教育 |
| | | C10 精神文明建设 |
| A2 文化环境指标（Environment） | B4 经济发展基础与产业结构 | C11 国内生产总值（元） |
| | | C12 地方财政收入（元） |
| | | C13 地均国内生产总值（元） |
| | | C14 人均全社会固定资产投资额（元） |
| | | C15 第三产业总产值（元） |
| | B5 城镇基础建设 | C16 城镇人口占总人口比重（%） |
| | | C17 人均城市道路面积（平方米） |
| | | C18 城镇人均储蓄余额（元） |
| A3 文化传承指标（Resource） | B6 自然资源保护利用 | C19 各级自然保护区数量（个） |
| | | C20 3A 级以上国家旅游景区数量（个） |
| | | C21 国家地质公园数量（个） |
| | B7 文化遗产保护 | C22 向公众开放或不开放的建筑或遗迹数量（个） |
| | | C23 重要文化遗产集群，如古镇中心（个） |
| | | C24 遗址建筑和遗迹情况：现状好与需要修葺的所占比重（%） |
| | | C25 认定的各级非物质文化遗产数量（个） |

续表

| 一级指标 A | 二级指标 B | 三级指标 C |
|---|---|---|
| 名称 | 名称 | 名称（单位） |
| A3 文化传承指标（Resource） | B8 文化机构建设 | C26 博物馆、美术馆、图书馆、文化中心等的数量及规模 |
| | | C27 剧院、电影院、表演艺术场所数量及规模 |
| | B9 文化传承创新 | C28 文化资源的创造性转化 |
| | | C29 文化资源的创新性发展 |
| A4 文化创新力指标（Driving） | B10 文化经济发展条件 | C30 文化发展财政支出比重（%） |
| | | C31 城镇居民文化消费占总支出的比重（%） |
| | | C32 文化企业减免税收额（元） |
| | | C33 人均公共文化服务支出（元） |
| | | C34 文化产业中小企业孵化器（个） |
| | | C35 文化项目建设配套资金（元） |
| | | C36 促进文化发展的规章制度（项） |
| | | C37 已建立市政文化部门数量（个） |
| | | C38 非政府文化组织数量（个） |
| | B11 文化治理条件 | C39 社区文化中心数量（个） |
| | | C40 文化发展公共服务平台数（个） |
| | B12 文化人才基础 | C41 文化领域从业人员数量（人） |
| | | C42 文化艺术教育与培训机构数量（个） |
| | | C43 从业人员年人均教育与培训经费（元） |
| | | C44 文化志愿者人数（人） |
| | B13 文化行政效率 | C45 政府行政成本占比（%） |
| | | C46 文化管理机构的行政人员本科以上比例（%） |
| | | C47 文化行政审批平均周转部门数量（个） |

续表

| 一级指标 A | 二级指标 B | 三级指标 C |
|---|---|---|
| 名称 | 名称 | 名称（单位） |
| A5 文化效益指标（Benefits） | B15 公共文化服务发展效益评价 | C48 文化站固定资产规模（元） |
| | | C49 人均每年参加文化活动的次数（次） |
| | | C50 文化事业总收入（元） |
| | | C51 文化事业财政补助收入（元） |
| | | C52 文化事业基建投资额（元） |
| | | C53 公共文化活动场所覆盖人数（人 / 平方千米） |
| | | C54 社区（村镇）公共文化服务人员数（人） |
| | | C55 群众性的文化社团和文艺演出团体数量（个） |
| | B16 文化产业发展效益评价 | C56 文化产业增加值（元） |
| | | C57 文化产业增加值占 GDP 比重（%） |
| | | C58 文化产业总产值（元） |
| | | C59 文化产业增加值年增长率（%） |
| | | C60 文化产业从业人员数（人） |
| | | C61 从业人员在第三产业中的构成率（%） |
| | | C62 年末固定资产净值（元） |
| | | C63 文化产业投资总额（元） |
| | | C64 文化企业个数（家） |
| | | C65 规模以上文化企业数（家） |
| | | C66 文化产业园区个数（家） |
| | | C67 文化产品和服务对外贸易总额（元） |

续表

| 一级指标 A | 二级指标 B | 三级指标 C |
|---|---|---|
| 名称 | 名称 | 名称（单位） |
| A6 文化影响力指标（Influence） | B17 文化开放性 | C68 文化开放政策（项） |
| | | C69 国际化的文化展示平台活动（项） |
| | | C70 文化保税、对外文化贸易基地（家） |
| | B18 文化特色化 | C71 代表性的地方特色文化 |
| | | C72 典型性的城市文化形象 |
| | B19 文化品牌 | C73 品牌节庆活动数量（次） |
| | | C74 历史文化名城、设计之都等 |
| | B20 文化吸引力 | C75 居民文化归属感、自豪感 |
| | | C76 外来人口数（人） |

以实现“人本城镇化”为目的，构建具有适应性与引导力的指标评价体系，是文化发展实现有效治理、有序变迁和可持续发展的前提条件。指标体系的实质不仅仅是强调过程和结果导向，更是理性揭示与深层回应人民群众的文化新要求。文化发展评价指标必须从综合发展、可持续发展的要求出发，将谋求城镇居民的文化福祉纳入全局工作的重要位置，融入经济社会总体规划，把文化发展成效纳入科学发展考核评价体系，才能成为建设看得见“乡愁”的美丽城镇的基本保障。

## 三、重要指标的内涵与说明

新型城镇文化发展综合评价指标体系中综合了大量国民经济和社会发展的基础指标，作为对文化发展的衡量，文化相关指标是核心。下面对指标体系中部分指标做说明（一些常规指标如

“国内生产总值”不做说明）。

坚持马克思社会主义思想指导（C1）：城镇文化建设工作中能够以马列主义、毛泽东思想、邓小平理论、“三个代表”重要思想、科学发展观和习近平新时代中国特色社会主义思想作为工作指引和行动纲领，对坚持社会主义意识形态的方向指南打分。

中国特色社会主义思想创新实践（C2）：对运用马克思主义思想结合中国特色社会主义发展实践进行的思想和实践创新成果打分，反映思想的创新与实践能力和成效。

重视传播手段建设和创新（C3）：在意识形态传播手段、方式和传播理念上的创新，反映意识形态传播效果。

落实意识形态工作责任制（C4）：反映意识形态工作的领导权、主动权。

文化教化深入人心（C6）：反映社会主义核心价值观、社会主义荣辱观、中国梦等思想道德观念社会教化效果，社会认同、深入人心的程度。

传统优秀思想观念传承传播（C7）：反映中国传统文化中优秀的思想道德观念在社会中的传承、弘扬和传播成效。

时代人文精神彰显（C8）：反映新时代具有积极向上、富有正能量的思想价值的塑造和彰显情况。

地均国内生产总值（C13）：是每平方千米土地创造的GDP，反映土地的使用效率（可以部分反映此地的工业与商业密集程度）。地均国内生产总值是一个反映产值密度及经济发达水平的极好指标，它比人均国内生产总值更能反映一个区域的发展程度和经济集中程度。

城镇居民文化消费占总支出的比重（C31）：指本地区一定时

期（通常为一年）内城镇居民人均用于文化产业或劳务方面消费支出与总人均消费支出的比率。该指标从消费支出角度反映文化产业服务于社会的情况，是评价文化产业市场化程度的重要指标。

政府行政成本占比（C45）：文化行政管理费用占财政总支出的比例。

文化事业总收入（C50）：即文化事业单位本年收入合计。该指标包括财政补助收入、上级补助收入、事业收入、经营收入、附属单位上缴收入和其他收入六部分，其中事业收入指事业单位开展专业业务活动及其辅助活动之外开展非独立核算经营活动取得的收入。

文化事业基建投资额（C52）：指每年本地区用于文化事业基本建设的投资总额，包括地方预算内投资、自筹投资和银行贷款等。

文化产业增加值（C56）：指一定时期内（通常为一年）文化产业单位向社会提供文化产品或服务而增加的价值综合。

文化产业增加值占 GDP 比重（C57）：指一定时期内（通常为一年）文化产业部门增加值占同期文化产业总产值的比重。该指标从中间消耗方面反映经济效益水平，有利于其他产业部门在经济效益上进行横向比较。

文化产业总产值（C58）：指一定时间内文化产业单位全部生产活动的总成果或总规模的货币表现。它既包括转移价值，也包括新增价值。在计算文化产业总产值时，事业单位和企业单位应先分别采用不同方法计算。

文化产业增加值年增长率（C59）：是指本年度文化产业增加值增长额与上年度文化产业增长值的比率。该指标从总产出的增长速度角度反映了文化产业生产能力的增加水平。

从业人员在第三产业中的构成率（C61）：指本区域在一定时期内（通常为一年）内，文化产业从业人数在第三产业从业人数中所占的比率。该指标从劳动力资源公布角度反映了文化产业在第三产业中所占的比重，从就业方面反映文化产业的发展水平及其对社会发展的贡献。

规模以上文化企业（C65）：年收入 300 万元及以上（其中制造业年主营业务收入 1000 万元及以上、批发企业年主营业务收入 1000 万元及以上、零售业年主营业务收入 300 万元及以上）的文化产业法人单位。

# 第九章　新型城镇化与新型市民研究

新型城镇化是以“人本思想”为核心的城镇化，更加关注城镇化过程中人本身的获得感和幸福感。新型城镇化不仅要实现农村人口和外来人口进城，由乡村空间向城镇空间转移，更重要的是实现他们身份的转变，即在生产方式、生活方式、思想观念、价值观念、文化心理、社会权利等方面的转化，也就是市民化的问题。让新流入城市的新市民成为城镇的“主人”，而不是城镇的“过客”，进入城镇的大楼，更融入城镇的生活，而文化就是其中特别重要的催化剂。我国新型城镇化背景下的市民化是在中国社会深层改革转型与全面现代化实践的宏大背景下进行的，将伴随全面建成小康社会的全过程，也是世界上最大规模的城镇化。“现代化过程是工业化、城市化和市民化依次递进的过程，在这一过程中农村富余劳动力逐渐从农业向非农产业转移、从农村向城镇转移，从农民转化为市民，农业经济比重逐渐下降。农民工在迁入城市后，除了获得市民身份及相应的权利和社会保障，更应该在思想上、行为上与城市生活方式融合，成为真正意义上的城市人，这也是市民化的一般过程。”①

我国历史上是城乡分野较为鲜明的国家，有着历史上最多的城市城墙，城与乡之间的天然屏障和心理屏障是人们长期以来就

① 沈文彪 . 关于农民市民化途径问题的思考 [J]. 南方农业，2010（9）.

内存于心的认知。这也造成了我国传统城镇化过程中简单、粗放的转化道路。加之近代中国特殊的历史发展进程，致使我国在城镇化的过程中，与国外的从农民直接转化为城市市民的城镇化方式有着明显的不同，即将这一过程分成农民转为农民工，再由农民工转化为城市市民的过程。从农村解放出来的广大农民工劳动力蜂拥入城，促进了农民在生产方式上向城镇生产方式的转化和提升，掌握了除农业生产技能之外的一些城镇生产方式技能，但是农民工群体并没有获得和享受到与城镇居民同等的待遇，无论是社会的保障、教育、医疗还是住房等都处于整个城市发展的边缘地带，并没有完全实现市民化的过程，只是居住于城市的农村人口。原来的农民的市民化过程，是以“农民—农民工—市民”为主要途径。从这种途径的实际表现来看，有的地方只是实现了农民地理空间和生产方式的转移变化，并没有实现其身份的根本性变化，其社会身份仍然是农民，脱业不脱产，只不过是由长期生活在农村的农民转化成了往返于城镇与农村的新农民。他们并没有真正获得市民的权利，没有完全融入城镇的生活方式和城市文化，还比较缺乏对于城市的认同感和归属感。

新型城镇化不同于传统的“造城运动”的城镇化，更加聚焦和关注人本身的城镇化。李克强总理曾经指出:“城镇化不是简单的城市人口比例增加和面积扩张，而是要在产业支撑、人居环境、社会保障、生活方式等方面实现由‘乡’到‘城’的转变。新型城镇化的‘新’，是指观念更新、体制革新、技术创新和文化复新，是新型工业化、区域城镇化、社会信息化和农业现代化的生态发育过程。”新型城镇化背景下，“新市民”与传统的城镇化有着本质上的不同，也是我国对城镇化发展更加科学、深入的认识，是农民在居住空间、生产方式、生活方式和社会身份等方面市民化过程的同步推进，核心是生活、生产方式和社会关系的市民化。文化对新型城镇化的“新市民”有独特贡献，是农民更好融入城镇生活的催化剂和纽带，使农民在城镇精神上“脱贫”。新型城镇化之“新”，新在“人的城镇化”；新市民化之“新”，新在“价值观市民化”。

## 第一节　新型市民的来源和特征

新型城镇化过程中发生最为直观变化的就是人，包括人的迁徙变动、人的人文素质提升、人的身份转换、人的生产方式变化等。新型城镇作为经济社会发展新的空间载体，不断吸引外来人群加入，成为城镇新的“主人”，同时带动原有居民生产、生活方式的转化提升，成为新型城镇的新型市民。新型市民不仅包括外来农村人口市民化的问题，也包括城镇原有农村就地城镇化、原有村民就地市民化的问题。在更大范围上来看，国内外大学生就业、人才引进、居民落户等也成为新型城镇化中新型市民的重要来源之一，他们与农村人口向城镇汇集、迁徙，有着本质上的不同。他们本身人文素质、技能素养、市民化的基础更好，更容易融入新型市民群体，甚至在某种意义上可以提升和促进新型城镇化的新型市民化。

### 一、新市民的主要来源

#### （一）原有居民

新中国成立以来，我国经历了传统的城镇化过程，并正在开展和进行着新型城镇化。在这一长期的历史发展过程中，传统城镇化进程中城镇空间的对外扩张及农村集体用地转化为城市空间，在城镇中形成了大量的“城中村”，并且促使许多农村地区转化为城镇。这些农村地区的原有居民成为新形成的城镇市民的重要来源。在新型城镇化发展过程中，就地实现城镇化转化的农村地区也同时实现了原有居民由农民身份向市民身份的转化。城镇空间的扩张使原有居民失去了传统的农业经营模式，转化为城镇的非农业生产方式，撤村建居，由村委会转变为居委会，由农民转变为城镇市民。相对于传统的农村人口向城镇汇聚、转移的方式不同，原有居民的城镇化多少带有“被动”的色彩，它们更多体现在城市对外扩张或城镇发展壮大，拉动了这些农村地区的城镇化转化，同时也促使这些农村人口的市民化转化。

### （二）落户居民

城镇化发展的大趋势下，城镇因优质的公共服务资源、就业机会、营商环境、教育资源等成为人们就业、生活的重要场所。大批从农村读书出来的高校毕业生选择在城镇就业，并从农村户籍迁至城镇，落户成为城镇户籍，成为城镇新市民。高校毕业生也成为新型城镇化过程中农村人口向城镇人口转化的重要来源之一。高校毕业生作为农村中具有较高学历、知识型、专业型的人才，也成为众多城镇重点吸引和引进的人才资源，相对于普通的农民，他们转化为市民身份更容易，适应也较为快捷。他们是传统城乡二元结构中较为特殊的群体，数量也较为庞大，教育部数据显示：“2017 年全国高校毕业生人数达 795 万人，较上年增加 16 万人；自 2011 年以来，全国毕业生人数按照 2%—5% 的同比增长率逐年增长，近 7 年间累计毕业生人数达到 5075 万人。”大部分高校毕业生选择在城镇就业、生活，成为城镇中重要的新市民来源。除高校毕业生落户居民之外，通过购房落户、政策落户等也是城镇落户居民来源的主要方式。据统计，2016年约1600万人进城落户，常住人口城镇化率达到57.35%，户籍人口城镇化率达到41.2%，分别比上年提高1.25个、1.3个百分点。

**（三）外来务工人员**

我国是农业大国，大部分人口仍然居住在农村，近代以来的城镇化过程就是农村人口向城镇转移的过程。随着农业生产力水平的不断提升，农村大批的农民劳动生产力被解放出来，城镇多元化、多样化、大量的岗位需求和就业机会为广大农村劳动力提供了机遇，在我国出现了大批的农民工。他们在城镇的建设和社会发展等各个方面发挥了重要作用，成为城镇的建设者和发展的见证者。国家统计局网站发布的《2017年农民工监测调查报告》显示："2017年我国农民工总量达到28652万人，比上年增加481万人，增长1.7%，增速比上年提高0.2个百分点。在农民工总量中，外出农民工17185万人，比上年增加251万人，增长1.5%，增速较上年提高1.2个百分点；本地农民工11467万人，比上年增加230万人，增长2.0%，增速仍快于外出农民工增速。在外出农民工中，进城农民工13710万人，比上年增加125万人，增长0.9%。农民工已经成为城镇的重要居民组成部分。"

**（四）国际人士**

随着我国城镇的不断发展，经济全球化的不断深入，我国的城镇不仅为国内经济发展带来了巨大的发展动力，同时也成为国际人士寻求发展机会的重要平台，对国际人士的吸引力不断增强。中国逐渐成为世界新的重要移民地之一。国际移民组织与中国与全球化智库联合发布的《世界移民报告2015：移民和城市——管理人口流动的新合作》显示："中国已成为新的国际移民目的地，北京、上海、香港成为居全世界前20位的全球城市。"报告同时指出："移民参与和移民融入对建立稳定、开放、生机勃勃的社区不可或缺，也影响着一个国家社会经济的未来。"近年来，中国经济的蓬勃发展，城镇化的不断推进，城镇营商环境的不断改善，市场更加开放，消费市场不断扩大，潜力不断激发，大批国际企业和跨国公司看到了中国经济发展带来的机遇，一批跨国公司纷纷在中国的城市落户或建立地区性的跨国总部，与其相伴随而来的则是其相关商业人士和技术人员。据统计，"从2000年到2013年，中国的国际移民总量增长超过50%"。同时，中国经济的繁荣发展，也极大地激励和吸引了曾经移民国外的华人、华侨、留学人员回国创业，成为新型城镇中重要的外来人员。

## 二、新型市民的基本特征

### （一）人员成分复杂化

新型城镇化过程也是社会人员流动、变迁的过程。城镇市民人员构成成分复杂，就新型市民的来源来看，根据上节分析，有本地居民的就地转化、外来务工人员、落户人员和国际人士等不同的渠道和途径。他们来自不同地方，数量庞大，受教育程度、生产方式、生活方式、人文素质参差不齐，源于各种不同的诉求和需要共同汇聚于某一城镇，共同构筑形成了城镇的社会、经济、文化生态。这种人员成分的复杂化成为新型城镇新市民的典型特征。

### （二）习惯传统多样化

乡音难改、重土难迁是中国传统思想文化的重要内容。各地不同区域的人向城镇汇聚，不仅是人的迁徙流动，更是人身上所负载的民风民俗、生活习惯、传统文化、价值观念等的融合汇聚。在文化和人口大熔炉的新型城镇中，各种文化、地域风情、民俗习惯、生活方式相互交融、相互影响，形成了新型城镇新的城镇风格与气质。城镇外来人群作为城镇新的市民，在城镇中坚守和传播着自己的习惯与传统，也在吸收和改变着自己的习惯与方式，融合、包容、开放的环境，也形成了新市民在习惯和传统上的多样化特征。

### （三）消费需求多元化

城镇是经济、社会、文化等发展层次比较高的空间聚集区。相对于乡村地区，城镇消费层次更加多元、消费内容更加多样，消费需求也更加多元。从结构来看，消费包括物质性消费、基础性消费、精神性消费、发展性消费等。由于我国城镇化过程尤其是新型城镇化发展时间不长，一些城镇的新市民还没有完全摆脱生活性的基础消费和物质性消费，一些发展较好的市民则更多地倾向于精神性消费和发展性消费，在消费层次、机构、内容等方面都呈现出多元化的特征。根据埃森哲调查："目前在我国城市中，增长最快的消费类别主要包括：旅游出行、餐饮 / 食品饮料、电子消费产品、医疗保健产品、家电产品、服装、个人 / 家庭护理等，由于不同城市的发展水平差异，同一消费类别在不同城市的增长率有所不同。"根据麦肯锡（Mckinsey）预计："截至 2025 年，我国将有 66% 的人口居住在城市中，未来城市消费将成为拉动国内消费水平的主要动力之一。消费结构方面，食品饮料、电子产品及服装目前仍然是消费热点，但是随着城市消费人群消费习惯及倾向的改变，未来在旅游、电子产品、医疗保健方面的消费有望实现快速增长。”①

**（四）文化素养差异化**

由于城镇化大都是人口迁移、外来人员落户或原居民被动转化市民化的过程，在城镇居民文化素养上存在着鲜明的差异化特征。以人为核心的新型城镇化虽然更加注重“以人为核心”，强调“人的城镇化”，但仍然要面临一个很长时间的市民化过程。新市民的文化素养参差不齐，必须经历一个逐步提升的过程。由于我国长期存在的城乡二元结构体系及城乡教育的不平衡问题，导致城乡之间在基本的文化教育程度上、文明素质上相差较大，也为当下正在进行的新型城镇化提出了重要要求。比如，封建迷信、随地吐痰、随地大小便、闯红灯、公共场合吸烟、不遵守公共秩序等现象在新型城镇中还较为普遍存在。但是，随着城镇化的不断深入，这些现象也在不断改善好转，城镇较为完善的教育体系和社会再教育体系也在较大程度上推动和提升了新市民的文化素养。新市民的文化娱乐生活会更加丰富，学习城镇新文化的热情会不断提升，城镇归属感和荣誉感也会不断增强。

## 第二节　新型城镇化关键在于培育文化新民

人既是社会发展的手段，也是社会发展的目的。“物”的城镇化是手段，而“人”的城镇化是目的。推进新型城镇化，必须以

① 中国产业信息官网 . 中国一、二线城市人口消费结构分析、城市居民消费总量及结构变化预测 [EB/OL]. (2016-03-29) [2018-06-06].http：//www.chyxx.com/industry/201611/468187.html.

“人的城镇化”为核心，培育新市民。文化作为新型城镇化的重要组成部分，既有利于丰富新型城镇化的内涵，也是培育新市民的关键。传统的城镇化以“城”的建设为主，而新型城镇化则是以“人”的发展为本，是以人作为核心的城镇化，人本思想贯穿于新型城镇化建设的方方面面和各个环节。新型城镇中的“新市民”作为城镇中的新群体，与农民相比较，并不是简单从农村到城镇、由单一农业收入到非农业收入等的变化，而更多地体现在生活方式、文明程度、居民权利、生活幸福感等诸多以精神文化为核心的方式和理念变化。相较于传统城镇化“农村—城镇”的发展模式，新型城镇化则体现为“农民—新市民”的发展模式，注重城乡之间的协调互动关系，所以认识新市民、培育新市民都要彻底抛弃传统的城乡分治、二元结构的现状，推动城乡统筹发展，推动更多的农民和原市民的文化融合，推动“新市民”的形成，实现城乡经济社会一体化的新型城镇化。

美国学者弗里德曼（J.Friedmann）将城市化过程区分为城市化Ⅰ和城市化Ⅱ。前者包括人口和非农业活动在城市中的集中过程、非城市型景观转化为城市型景观的地域推进过程；后者包括城市文化、城市生活方式和价值观在农村的地域扩散过程。[①]日本学者山田浩之认为，“城市化的内涵可分为在经济基础领域的城市化现象和社会文化过程中的城市化现象”[②]。市民化与城镇化的不同之处，就在于更多地强调人的思维和观念转变。

“新市民”之“新”，“新”在何处？笔者认为，“新市民”除

① 康就升．中国城市化道路研究概述[J]．学术界动态．1990（6）．

② 山田浩之．都市的经济分析[M]．东京：东洋经济新报社出版社，1980.

了传统的具有城市户口（身份）、居住在市区内（地域）、从事非农事生产劳动（职业）三大基本要素之外，更主要的是新在价值观的市民化，以及由此带来的“城市文化特征的意识、行为方式和生活方式”的改变，也就是文化新民。美国学者沃思（Louis Wirth）认为，“城市性（Urbanism）是指一种生活方式，城市具有其有别于乡村的一整套社会与文化特质”①。农民进入城镇，虽然在形式上取得了城镇的户籍，在经济收入和生活水平上相较于农民身份时会更高，生活更加富裕，但是在思想意识、价值理念、文化心理上还没有得到彻底的扭转和转化。他们依然以乡村的文化、生活方式在城镇中生活，并没有因为进入城镇而快速转变。新市民的“新”不在于进入新环境，而在于适应新环境、融入新环境，在于价值观的转变和文化心理的转变。与传统市民化相比，“新市民化”就“新”在更加注重“价值观的市民化”。

有学者认为，“传统市民住在城市但不属于城市”，因为他们“还没有适应作为生活方式的城市性”，只是一种“城市乡民”②。只有在价值观上进行了充分的适应和转化，建立起现代城镇化的价值观念、生活方式、生产方式、消费方式等，才能从真正意义上说城市乡民转化为城市市民。就其核心要义而言，在于“化”的过程和“化”的成效。从“新市民化”的外延来看，主要体现在生活方式、技能素质、社会层次三个方面。

---

① Louis Wirth.Urbanism as a Way of Life[J]. *American Journal of Sociology*, 1938（1）: 1–24.

② 王兴周，张文宏 . 城市性：农民工市民化的新方向 [J]. 社会科学战线，2008（12）.

一是生活方式。生活方式体现在人的价值、思想、意识等在生活中的外在反映，生活方式的变化往往反映着一个人的思想观念的变化。推进外来居民生活方式的市民化是推动外来居民融入城镇，变为新市民的首要任务。新型城镇化推动大批农民从乡村来到城镇，从传统的独门独院的居住方式变为楼上楼下的立体式楼层式方式，从乡村亲缘聚居的方式向现代社区居住方式转变，户籍关系由农村户籍变为城镇户口。在日常生活交往和处事规则上，逐步摒弃传统的处理方式，并且按照城镇现代化的行为准则来行事。城镇新的消费方式、娱乐方式也在潜移默化地影响和改变着新市民，从而带动整个新型城镇化市民化大的发展趋势。因此，随着生活方式的转变，生活方式市民化不仅是立足于微观个体角度的社会生活选择，而且具有深刻经济功能的主体带动效应。

二是技能素质。新型城镇化首先要解决的就是新市民的就业问题。新市民的就业又和新产业的发展密切相关，与此相对应，新市民的技能素质必须要与产业发展相协调。首先表现在新市民受教育的水平。新市民受教育水平的高低在一定程度上影响和决定着其自主融入城镇程度的高低。一般而言，受教育程度较高的人对城镇发展的认知和了解会更为深刻，能够比较清晰地规划自己与城镇的关系，转化为新市民的自觉性和主动性就会越高，意识也会越强，这种主观意愿推动了客观的可能性。受教育的程度与劳动者的技能、工作能力、适应能力、劳动素质都呈正相关关系，为新市民化的实现提供了能力上的支撑。还要有创业精神。农民向市民的转化，不仅需要政府在政策上的扶持和推动，也需要新时代的农民依托城镇更大的市场、更大的平台、更多的机会、更丰富的资源，依托自身的优势特长，进行大胆创新创业，敢于面对城镇新的环境、新的生产生活方式和新的消费方式，解放思想，积极挑战。创业精神越强，对市场、平台的渴望越大，转变为新市民的主观愿望和可能性就越大。反之，如果创业精神较弱，对于新市民化的转化意识就相对较弱，难度也相对越大。纵观深圳等后发城市城中村中的新市民生存方式可以发现，靠原来出租房屋为主要生活来源的农民，其生活状态仍然处于原来面貌，而城中村第二代则因受过教育，一般都融入了城市生活，较多地表现出“新市民”的一面。

三是社会关系。在我国长期发展过程中，城镇的生活水平和生活质量一直相对较高，农民一直处于较为弱势的地位，对于农民的歧视态度和行为，在城镇中是存在的。这种身份和地位上的不平等，也为农民积极转化身份、摆脱社会弱势地位提供了强大的内在动力。尤其是城乡间长期存在的二元结构问题，农村在享有社会权利方面是存在一定缺失的，这也是造成农民弱势地位的重要因素之一。因此在推进新型城镇化市民化身份转化的问题上，赋予农民平等的权利，满足其权利诉求也是一个重要方面。因此，要推动城镇与农村都享有平等的权利，实现广大农民群体的权利回归。

由于地缘亲缘、生产方式、生活水平、职业选择、思维理念等各方面的因素，农民大多选择较为封闭的生活方式，农民与城市的交际并不是非常紧密频繁，而且长期在农村养成的思维习惯和生产习惯致使新进入城镇的农民很难在较短时间内适应、融入城镇社交圈和社会圈。同时，农民进入城镇后多从事劳动密集型产业，劳动负担重、工资收入相对较低，工作并不十分稳定，虽然进入城镇，但是并没有深入地融入城镇的政治、文化等生活之中，对城镇居民相关的权利和服务知之不多，缺少组织保障，城市公共政策难以反映农民的利益诉求。可见，重建以权利平等为基础的社会关系是“新市民化”的重要部分。

通过以上分析可知，教育、素质、创业精神、生活方式、价值观念、社会关系都属于文化范畴。技能素质市民化、生活方式市民化、社会权利市民化的核心内容在于文化的市民化，“人的城镇化”核心在于“新市民化”。

## 第三节　培养文化新民的路径研究

新市民的培育是新型城镇化建设的核心与关键。只有实现非市民的市民化，才能实现真正意义上的城镇化，这也是新型城镇化与传统城镇化的重要区别。新市民与新型城镇化密切相关，新市民进行身份角色转化的路径与方式与本地进行的新型城镇化需要相辅相成、相得益彰。“根据城市化与工业化的适应关系，可划分为同步城市化和滞后城市化或过度城镇化模式；根据城市化的空间表现形式可划分为集中型城市化和分散型城市化模式；根据城市化的规模结构可划分为小城镇模式、中等城市模式、大城市模式、国际化都市模式或大中小城市相结合模式；根据城市化的动力机制，可划分为拉力型城市化和推力型城市化、内生型城市化和外生型城市化、自上而下的城市化和自下而上的城市化模式。”[①] 城镇化的不同阶段、不同类型决定了在新市民建设过程中要

① 曹钢．中国城镇化模式举证及其本质差异 [J]. 改革，2010（4）.

根据各地具体情况，因地制宜。

## 一、坚实的社会生活保障是基础

文化新民是个系统工程。虽然文化新民的重点在于从文化角度切入来推动和实现市民化过程，但是，促使农民由乡村向城镇转移的首要动力是寻求更高水平的物质生活和经济收入，只有在有效保障新居民的物质条件下，才能更好地实现他们由外来居民向文化新市民的身份转化。所以有效的物质生活保障是实现文化新民的基础。

### （一）建立更加开放的户籍制度

大量由农村涌入城镇的农民在融入城镇体系时首先面临的重要问题就是户籍问题。由于我国长期存在的城乡二元结构体系，致使城乡之间的户口转移非常困难，需要农民长期在城镇务工，过着城镇的生活，但是由于户籍问题，他们依然难以实现真正的市民化。许多发达大城市在户籍落户上都对学历、技能等多个方面设有硬性或软性门槛，致使一些学历不高、没有特殊技能的农民难以被城市接纳，被城市拒之门外，在多年流转之后又不得已回到乡下。建立新型科学的城乡流转户籍制度，实现城乡户籍转移的便利化和公平化，是推进城镇化的重要基础性任务。在2018年出台的《国家发展改革委关于实施2018年推进新型城镇化建设重点任务的通知》中已对此问题予以了充分考虑，提出："继续落实1亿非户籍人口在城市落户方案，加快户籍制度改革落地步伐，促进有能力在城镇稳定就业生活的新生代农民工、在城镇就业居住5年以上和举家迁徙的农业转移人口、农村学生升学和参军进入城镇人口在城市举家落户，鼓励对高校和职业院校毕业生、留学归国人员及技术工人实行零门槛落户。中小城市和建制镇要全面放开落户限制。大城市对参加城镇社保年限的要求不得超过5年，其中Ⅱ型大城市不得实行积分落户，有条件的城市要进一步降低社保年限要求；Ⅰ型大城市中实行积分落户的要大幅提高社保和居住年限的权重，鼓励取消年度落户数量限制。超大城市和特大城市要区分城区、新区和所辖市县，制定差别化落户条件，探索搭建区域间转积分和转户籍通道。探索租赁房屋的常住人口在城市公共户口落户。落实地方政府主体责任，2018年实现进城落户1300万人。”新型落户制度的制定将更加科学地解决城镇化过程中非城镇人口的户籍落户问题，同时有效缓解城镇化带来的人口集聚给城市造成的人口压力。

### （二）建立更加公平的城镇社会保障制度

健全的医疗、教育、住房、保险等社会保障制度是市民安居乐业的基础保障。一是要加强城乡社会保障制度的衔接，尤其是要推动新型城镇化过程中经济的城镇化与社会保障的城镇化的同步进行。二是新型城镇化过程中要有效保障新市民的生产生活，给予新市民在教育、医疗、卫生、社会保险等方面的关注，提供便民渠道，有效传达和宣传社会保障政策，让新市民在城市中能更好地安居乐业。三是新型城镇化建设过程中要有效保障居民住房方面的需求，保证居民有自己的居住场所。

### （三）大力推进城镇就业创业

充分的就业机会和良好的创业环境是新市民融入新城镇的重要保障，推进城镇更多更好的就业岗位有利于新进入城镇的外来人员更容易“进得来”“留得下”。新城镇相对于乡村拥有更多的就业和创业机会，但是城镇应结合新市民的特点和需求，有针对性地加强就业岗位的安置，做好就业服务指导，搭建就业信息的推广宣传，让市民更容易在城镇找到适合自己的就业岗位。要建立更加公平的就业机会，杜绝对外来人员的歧视，让城市就业更友好。建立更加优质的创新创业环境，加强创新创业政策研究的制定，尤其是加大外来人员在城镇创新创业政策方面的研究，在创业辅导、创业孵化、创业融资、创业培训等方面给予支持。建立更加开放包容的创新创业营商环境，充分发挥政府财政资金的引导作用，加大财政支持，完善有关税收、土地等扶持政策，辅导创新创业的初创企业得到应有的扶持指导。

## 二、以城镇文化建设提升新市民文明素质

城镇文化是城镇的气质灵魂，是城镇发展的精神力量，也是市民的精神家园。随着新型城镇化的不断深入推进，建设更具人文气质的城镇成为城镇发展的重要方向，城镇文化建设也成为一个地区打造城镇凝聚力、创造力和吸引力的重要源泉之一。城镇文化建设不仅可以激发城镇发展活力，同时对于提升市民文化文明素质，增强新市民的城镇归属感和价值认同感具有重要意义。

### （一）均等便捷的公共文化服务

公共文化服务是政府公共服务的重要组成部分，主要是满足人民的基本文化需求，保障人民的基本文化权益，是深入实施文化惠民工程，增强人们文化获得感的重要渠道和路径。许多国际、国内新城以文化艺术对人的影响作为出发点来思考艺术与社会、城市的交互关系，有针对性地推动文化空间的多样性发展，借以

提升社会凝聚力、改善居民生活质量。譬如，日本六本木新城建设了森美术馆、森艺术中心画廊、艺术俱乐部、图书馆、天空回廊观景台、TOHO影院、露天广场等文化活动场所，有力地塑造了艺术化和人性化的文化空间。法国拉德芳斯注重新建文化设施和公共艺术展陈，在中心区的架空广场上有由60多个雕塑构成的露天博物馆，展示作品都出自名艺术家之手。在国内新区中，浦东新区通过兴建东方明珠电视塔、上海科技馆、东方艺术中心、浦东图书馆等标志性文化设施，迅速提升了区域的文化形象；黑龙江哈尔滨新区重金打造了哈尔滨大剧院，被ArchDaily评选为“2015年世界最佳建筑”之“最佳文化类建筑”，成为了哈尔滨的标志建筑和市民的骄傲；湖南湘江新区聘请世界级女建筑家扎哈·哈迪德女士担纲设计了长沙梅溪湖国际文化艺术中心，打造成为了国际一流、全国领先、湖南省规模最大、功能最全的文化艺术中心，世界名剧演出和重大活动举办的集中载体。因此，公共文化场馆和公共文化空间的建设，对于提升城镇品位、提升新市民文化素质具有重要作用。

打造均衡便捷的公共文化。在文化设施建设方面，由于新型城镇化过程中新市民数量不断增加，公共文化需求不断增加，公共文化需求类别和层次也随之不断变化，城镇应结合社会公共文化的供需变化，加强公共文化场馆的布局优化。一方面，政府要加强图书馆、美术馆、文化中心、文化站等公共文化场馆建设，优化公共文化设施的合理布局，根据城镇人口的分布及需求情况构建网状、便捷化的公共文化服务场馆布局体系，使城镇市民能够就近获取公共文化服务，进行文化活动。另一方面，政府可通过政府购买服务、政企合作等方式，加强公共文化服务模式、方式创新，让公共文化供给方式更灵活、更多样，更加符合城镇市民多样化的公共文化需求。加强政府财政专项资金的政策激励和引导作用，积极鼓励高校、企业等的文化、体育场馆资源和设施对外开放，积极引导城镇市民学习文化，不断提高自身的文化素养和文明素质。在公共文化服务内容方面，城镇坚持社会主义核心价值观和社会主义先进文化的价值导向，积极扶持优化文艺精品创作，鼓励公共文化服务内容创新，结合新市民文化需求的新趋势，加强特色化、定制化、多元化的公共文化服务内容创新，更好满足新市民多样化、多元化、多层次的公共文化需求。以公共文化的价值引领和导向作用，不断丰富和提升新市民的文化水平和文明素质。在公共文化服务模式方面，优化公共文化建设项目 PPP 模式，在公共文化基础设施和服务产品供给上引入 PPP 模式，可以有效拓宽融资渠道，减轻政府财政负担，同时积极调动社会民间资本，提高项目开发和运营能力。积极借鉴现行 PPP 模式的经验，加强制度协同性建设，强化政府和社会资本的平等协商和契约合作精神，细化和完善风险分担与管控机制，探索成立公共文化专项融资支持基金，借鉴众筹模式整合社会分散型资本，保障国家和社会资本在公共文化建设项目中的有效使用、合理分配和投资回报。

### （二）注重城镇文化社区建设

社区是城镇的基因，是新市民城镇生活最聚集的场所。文化社区建设是促进文明城镇、文化城市建设的基础力量，社区文化建设更容易影响人、改变人、提升人，是城镇文化建设的“民心工程”和“春雨工程”。社区文化建设首先要抓好社区文化工作者队伍，他们是整个社区文化建设的组织者、管理者和服务者，他们的文化服务能力、活动组织策划能力、民心沟通联系能力都直接决定社会文化建设的成效。要加强对社区文化服务工作者的培训培养，加强业务指导，真正让社区文化建设深入民心，将社区作为城镇文化新民、文化育民的重要阵地。其次，社会文化建设要充分发挥政府、社会力量和社区的协调配合，建立“政府引导、市场化运作、社区服务”的社区文化建设机制，充分整合政府政策、社会资源和社区力量，积极吸引社会资本参与，充分调动新市民参与社区文化的积极性，促进优势互补、文化共建、文化成果共享。第三，健全社区公共文化设施，丰富社区文化内容。依托社区文化中心、文化站等场馆资源，健全图书室、健身房、休闲室、阅览室等文化空间，积极引入投影、数字化电子设备，适应现代新市民的新的文化需求，打造丰富多样的文化活动。开设书法、绘画、摄影、演出、体育比赛、娱乐健身等丰富多样的文化活动和文化培训课程，依托社区文化建设，提升社区新市民的文化素质和文明素质，增强新市民的社区归属感。结合社区的具体情况，可以邀请当地文联、文委等文化部门所拥有的文化艺术人才资源，组建社区文化艺术队伍，通过社区平台，将城镇各个不同阶层、不同领域、不同行业的人组织起来、凝聚起来，充分加强城镇新市民彼此沟通联系，加深情感纽带，通过社区文化生活，渐渐融入城镇生活，转变原有的生活方式。第四，健全完善社区文化服务机制建设，通过完善规章制度，逐步将社区文化新民的作用机制化、制度化，使其发挥长效作用。

**（三）保护传承城镇传统文化**

保护传承城镇传统文化是新型城镇化的重要内容，也是城镇文化新民的重要方式和手段。城镇传统文化是城镇历史文化的积淀，凝聚着地域独特的文化和思想内涵，是地域精神价值的重要体现。保护传承和弘扬城镇传统文化有利于增强城镇文化特色，凝聚地方人心和精神价值。在美丽城镇和美丽乡村建设的大背景下，加强地方乡贤文化和传统文化的挖掘、保护和传承，成为社会的重要共识。对此，国外在城镇尤其是城市传统文化的保护传承方面早就给予了高度的重视，例如巴黎拉德芳斯新区的城市建设方案。国内新区也重视保护历史文化遗存、维护传统格局风貌、禁止大拆大建，为新区留下历史记忆。例如重庆两江新区在开发龙兴片区时，科学保护、活化利用了龙兴古镇这个具有 70 余处文化遗址的国家级历史文化名镇，成为新区独具魅力的旅游和休闲场所；陕西西咸新区制定了《文化遗产保护总体规划》，对全域 30 处、总面积 112 平方千米遗址划定保护紫线和建设控制地带，进行完整保护，并以建设"大秦文明园区"为载体，利用现代科技手段展现秦朝的历史文明风貌；上海浦东新区用 3 年时间完成所辖区文物普查任务，系统盘点了浦东历史文化遗产的基本情况，为指导故居保护、建筑抢修、非遗传承、文化项目转化等提供了内容基础与监督保障。目前，虽然保护城镇文化、挖掘独具地方特色文化乡愁得到各级政府的重视，但依然是现代社会面临的严峻问题，比如一些地方的非遗工艺、民风民俗在城镇新兴文化的冲击下，很多都后继乏人，其影响力在青年一代人的身上更显得单薄。一些非遗在博物馆里束之高阁，缺乏群众基础。对于新进入城镇的新市民来说，他们本身就脱离了原地的文化，但是到新城镇之后又得不到新的地域文化补充，从而造成心理文化空洞。

由此可见，城镇传统文化的保护传承对于文化新民具有不可缺失性。首先，城镇要加强对城镇传统文化的梳理保护。要保护先行，对于符合现代社会和城镇发展的优秀传统文化要进行系统的摸底梳理，建立传统文化重点保护档案清单，有重点、分层次、系统化地保护，逐步完善相关保护政策和措施举措，加大财政支持和投入力度，尤其是对濒临消失的重要文化遗产的保护。其次，注重对传统文化的活化传承。加大对区域文物与非物质文化遗产的保护，留住珍贵历史遗存。同时深入挖掘和提炼文化资源中的内涵与价值，结合现代科技、时代风尚和人们的生活需要，推动传统优秀文化的创造性传承和创造性转化，融合塑造出新区的独特文化，增加新城镇发展的文化魅力。传统文化多是历史环境中的文化产物，传统文化想要重新焕发时代魅力，必须要跟时代结合，才能被新城镇中的新市民所接受，融入新市民的生活，传统的优秀的文化和价值理念才能起到教化育人的功能。打造富有社会时代魅力的城镇传统文化，可以积极吸引城镇新市民融入当地文化，在文化润物细无声的影响中，提升新市民的文化内涵和文明素养。

### （四）注重城镇文明新风建设

积极倡导“文明城镇”“道德家庭”“城镇榜样”“乡贤文化”等新文明城镇文化新风建设，引导社会良好风气形成。城镇尤其小城镇是连接大城市与乡村的重要桥梁和纽带，不仅是新市民的新居所，也是新市民的精神归属地。城镇的文明程度建设得如何，直接影响着全民文化素质提升和文化社会建设。城镇文明建设不仅是要打造富裕的城镇，保留城镇的青山绿水，更要留住城镇的人文温度和人文情怀。文化城镇建设不仅要外化于行，更要内化于心，只有内化于心才能凝聚更加庞大的社会力量，形成良好的社会风气。首先，要加强政府的引导，积极弘扬社会正气。以社会主义核心价值观为主要价值导向，以城镇存在的社会不良风气及问题为主要突破口和落脚点，积极组织开展社会主义核心价值观宣传宣讲，以社区、学校等为重要宣讲阵地，传达社会良好风气的相关知识，培育新市民的爱党、爱国、爱家、爱人、爱城（镇）的美好情操和热情，树立注重礼仪、热情友善、文明礼貌的良好风尚。其次，注重榜样、典型的引导和带动作用。积极开展城镇“道德榜样”“身边好人好事”“最美家庭”“岗位先锋”“时代楷模”等榜样主题评选活动，以榜样的力量带动和影响周边的人，以环境来营造人、改造人，以榜样和典型来引导人、激励人，不断提升新市民的社会公德和家庭美德意识。对于社会诚实守信、尊老爱幼、助人为乐、见义勇为、敬业奉献、文明市民等道德模范进行表彰奖励，深化文明城镇建设。第三，加强社会文明治理。加强对社会不文明之风的监管治理，坚决取缔赌博、色情、暴力、违反公共文明、公共道德等的社会不文明现象，积极引导城镇新居民自觉遵守城镇各项规章制度，维护城镇社会公共秩序，爱护城镇的公共设施。加强社会执法力度，以文明执法、文明监督、文化管理和文明劝导等多种手段方式纠正社会上各种不良行为和不文明行为，对于闯红灯、乱摆地摊、破坏公共设施、乱贴乱画、随地吐痰、随地大小便、公共场合吸烟等城镇公共治理的普遍难点问题，要加大执法和教育力度，积极引导，营造文明、礼让、和谐、诚信、友善的新城镇文化。第四，实施“文化造心”运动。文化化人，艺术养心。城镇要努力塑造核心价值体系，养成城镇独特的精神与气质，铸就城镇“文化心”。事实上，新加坡的文化建设经验可以给我们启示。新加坡是一个新移民国家，华人、马来人、印度人和其他族群分别占 76.8%、13.9%、7.9%、1.4%，其信仰、语言、习俗都不相同。如何避免族群冲突、实现共生共荣，成为新加坡面临的重大现实问题。因此，在新加坡在文化建设中积极实施了“造心”工程，推行和养成“国家至上，社会为先，家庭为根，社会为本”的共同价值观。新加坡以中华儒家伦理为主导，又吸收了马来族、印度族和其他族群的文化精髓，还借鉴了西方文明中的有益元素。共同价值观的确立，增进了新加坡民众的国家意识和国家认同感，促进了民族融合与社会的和谐发展。

## 三、打造健全的社会化教育培训体系

城镇社会化再教育是城镇提升新市民生产技能、改善生活和提升素质的重要方式，也是学习型社会建设的重要要求。城镇应充分认识社会化教育的重要意义，创新教育方式、管理方式和服务机制，通过社会化的大课堂，培育和提升一批高素质的城镇新市民。新市民作为融入城镇的新生力量，在文化成分、文明程度、生活方式上都具有很大的高低层次差距，新市民的素质高低，不仅对新市民本身的生产、生活造成很大的影响，而且对整个城镇的文明素质、社会风气都产生直接的影响。

### （一）注重新市民的职业技能培训

城镇与农村是基于不同生产方式的空间聚合。新进入城镇的新市民大多由农村转移而来，由于其生产方式、教育程度的不同，进入城镇的新市民在融入城镇的生产中不可避免地存在职业技能上的弱势，很难与城镇居民进行平等地选择就业。特别是随着科技的不断发展，城市发展方式和经济结构的调整，劳动力需求也逐渐由劳动密集型产业向知识密集型和技能密集型的产业转型，这对新市民的职业技能提出了更高的要求。这一趋势变化，既要求新市民转变思维，主动加强技能和业务知识学习，也要求政府逐步健全和完善社会化的教育服务体系建设，为新市民技能培训和再教育搭建平台，有针对性地开展职业技能培训服务，提升新市民的生产能力。充分发挥企业在社会化职业技能培训方面的重要作用，建立完善的现代企业职业技能培训和再教育制度。鼓励企业根据企业发展需求和专业技能优势，加强对企业员工的培训教育，将员工的培训教育纳入企业发展的总体规划和年度发展计划之中。

**（二）注重新市民文化素质培训**

新市民大都是从农村转移而来，文化程度普遍不高，传统的封建迷信、陋习思想根深蒂固，小农生产意识依然存在，再加上农村教育和社会化再教育服务基础薄弱，致使农村演变而来的新市民在现代城镇发展中就业、生活、创业的技能都难以与技术不断发展、城市不断更新的现代社会发展相适应，严重迟滞了城镇市民化的转化速度和成效。面对激烈的社会竞争，为更好地推进新型城镇化，推动市民化的转化，加强对新市民的文化素质培训、社会化再教育显得尤为重要，这也是我国学习型社会建设的重要要求。第一，加强社会大学文化培训教育。鼓励和支持社会上关于新市民、农民工等社会化的培训教育机构兴办的各种文化补习班、技能培训班和素质提升班，支持城镇高校和职业技术院校开放式办学，面向新市民和城镇从业人员开展继续教育和培训服务。通过调动社会教育机构的积极性，扩大社会继续教育供给，完善社会教育平台。第二，完善社会成人大学和自学考试、远程教育培训，健全相关制度规范，为新市民提供再学习、再教育的平台，尤其对于有再学习梦想的新市民，应积极搭建教育平台和成人大学机构，帮助其圆梦。这既是新市民个人的梦想和愿望，也是新城镇文化新民建设的重要内容。第三，鼓励企事业单位依托单位资源，加强对单位员工的学习教育培训，通过举办文化沙龙、学习园地、培训班、企业图书室等多种类型的活动和搭建各种类型的文化学习场所，为员工提供学习的平台。第四，加强政府、企业、教育机构等的协同合作，加强资源共享、优势互补，广泛开展合作，构建健全完善的继续教育和社会化再教育的教育网络。第六，政府要加强相关专项政策支持和服务创新，设立新市民文化素质教育培训扶持资金，积极鼓励和引导社会教育机构开展相关培训业务，鼓励新市民参与再学习、再教育的积极性，从而带动城镇文化、文明素质的提升，提升文化新民成效。

## 四、激发特色文化产业发展活力

因地制宜，根据自身区域、文化资源等优势发展特色文化产业，是国内外新城镇文化发展的重要特点，也是文化富民、文化育民、文化新民的重要方式。例如新加坡重点聚焦三大产业领域，即文化艺术、设计和媒体，并提出了具体发展目标，即打造“文艺复兴城市”“全球文化和设计业中心”“全球媒体中心”。随后制订了三个非常详尽的战略计划——《文艺复兴城市2.0》《设计新加坡》《媒体21》。整体来看，新加坡当前在文化艺术、传媒和设计产业等领域均已经达到了世界一流水平。英国利物浦一号新城是艺术与体育的文化大熔炉，通过发展数字创意产业，开发披头士乐队及利物浦足球俱乐部的周边文创产品，极大地提升了城市文化经济竞争力，有力地塑造了城市特质。在国内城镇化建设中，甘肃兰州新区以丝路文化项目为重心，开发建设了丝绸之路文化遗产博览城、丝绸之路大数据产业园等重大项目，形成了良好的品牌效应。贵州贵安新区围绕“山地公园省、多彩贵州风”的资源特色，发展“七型旅游”，积极推进文化旅游业发展，使其成为新型城镇化中经济建设和文化产业发展的重要增长点。

首先，发挥政府公共管理职能，全力扶持、培育特色文化产品发展。整合和提升所辖地区的特色文化资源，发展特色文化产业，打造特色文化产品，形成产业布局合理、产业协作程度高的发展模式，由政府打造平台，为区域代表性特色产品提供展览机会，参加特色文化产品博览会，相互交流，相互学习，提升其影响力。其次，注重特色文化产品的品牌建设，对外进行整理包装、立体宣传。成立特色文化产品发展战略研究和推广中心，全面统筹宣传和推广。建立统一的品牌信息网络，保持品牌信息传播的一致性，将特色文化产品的宣传推广同各种媒介进行合作。再次，加强特色文化产品同现代科技、创意的融合力度，提高产品的附加值。充分发挥各自区位优势，与邻近高校和创意设计集聚区展开合作，利用高端技术和创意，提升产品的设计开发能力。有针对性地打造特色文化产品的高端产品，提高产品的等级。最后，努力提升相关从业人员的综合素质，适应特色文化产业发展。积极参加各种交流会，学习先进经验，改进自身不足。积极参加相关培训，提升自身素质，更好地发展特色文化产业。

## 第四节　新型城镇化中文化新民的培养——以深圳为例

深圳市是我国改革开放的前沿，是随着改革开放号角发展起来的特区城市，目前已经成为与北京、上海、广州并列的一线城市。深圳的发展与崛起与我国的城镇化建设和新型城镇化建设紧密相关，见证并正在经历着我国城镇化的建设，可以说是我国城镇化建设的缩影。同时深圳也是一座典型的移民城市，在城镇化和新型城镇化过程中如何实现外来移民融入城市发展方面，深圳进行了一系列有意义的探索，并有效构建了新型城镇化中市民化的实践路径。据深圳市统计局发布的分析报告《2017 年深圳经济有质量稳定发展》，深圳市 2017 年全市年末常住人口达到 1252.83 万人。同时发展报告中的数据还显示，深圳的常住人口增速近年来不断在提高。“十一五”期间，深圳市常住人口年净增量在 40 万—42 万人之间，2010 年首次突破 1000 万人，之后三年增速放缓，年度增量在 8 万—9 万人左右，2014 年反弹达到了 15 万人，随后三年持续飙升，2015 年、2016 年常住人口增量分别为 59.98 万人、52.97 万人，再到去年的近 62 万人。[①] 深圳城镇化的不断推进，促进和吸引了大批外来人员来深圳发展。但是作为新建城市，深圳缺乏深厚的城市文化底蕴，一度被称为“文化沙漠”。在推进城镇化建设过程中，加强城市文化建设，坚持物质文明与精神文明双手抓，依靠文化来塑造和提升市民素质，打造城市文化品牌，一直是深圳发展的重要思路，也造就了深圳今天文化强市的地位。

---

① 数据来源：深圳市统计局《2017 年深圳经济有质量稳定发展》。

## 一、以"新移民文化"铸就城市精神

习近平总书记指出："一个民族需要有民族精神，一个城市同样需要有城市精神。"文化是城市发展的灵魂和精神指引，文化建设是城市建设的重要组成部分。文化建设不仅增添了城市的文化氛围，丰富了公共服务的内涵，也成为城市经济社会发展的重要驱动力。深圳是由小渔村发展起来的大城市，历史文化积淀不深，如何构筑深圳文化成为深圳市文化建设的重要探索内容。而深圳城市崛起的特殊性，也为其城市文化的形成和塑造奠定了文化特色基础。一方面，深圳是改革开放的产物，是我国改革开放的先驱城市，在改革开放的实践和探索中，铸就了深圳敢于探索创新、求真务实、包容开放的城市精神气质。另一方面，相较于全国其他大城市，深圳没有千年的城市积淀和文化底蕴，而是经济发展大潮中由广大的外来移民不断聚集起来的重要城市，移民占据了整个城市的大部分人口。数据显示，2016 年深圳市常住人口达到 1190.84 万人，其中深圳户籍人口占比仅为 32.29%，而深圳市的非户籍人口占到总人数的 67.71%，达到约 806.32 万人，是深圳常住总人口的两倍。庞大的移民队伍，在不断充实和壮大着深圳的城市规划，推动深圳城镇化率不断提升，同时也在影响和塑造着深圳城市的新移民文化，正如国务院参事，深圳市委原常委、宣传部部长王京生总结出的深圳"移民文化"的品质：一是具有"追求卓越"的创造性，二是具有轻蔑空谈、注重实践的风气，三是具有多元化的价值追求，四是具有平等的原则及由此而形成的秩序，五是具有宽容精神并能适应社会角色的不断变化。[①] 这些"新移

① 于平 . 新型城镇化进程中的文化转型发展 [N]，中国文化报，2015-06-09.

民文化”的力量正在激励和推动着深圳城市的发展，为大批移民的新市民化发挥着重要的精神支持作用。

## 二、以均等完善的公共文化服务育民惠民

深圳虽无深厚的历史底蕴可以挖掘，但是并没有放弃文化强市的追求，很早就确立了“文化强市，彰显深圳力量”的发展理念，在大力推进城市经济发展的同时，将文明城区建设、精神文明建设贯彻于城市发展的各个方面，让来深圳发展的人既能感受到深圳的发展速度，更能感受到深圳温度。为适应城市不断发展的需要，更好满足市民多样化、多层次、个性化的基本文化需求，保障市民的基本文化权益，深圳市进一步加强了顶层设计和政策体系方面的建设。2016 年深圳市出台了《关于加快构建现代公共文化服务体系的实施意见》《深圳市基本公共文化服务实施标准》和《关于推进基层综合性文化服务中心建设的实施意见》，从公共服务政策体系和服务标准方面进行大胆创新，公共文化服务更加健全完善。为满足市民多元化文化需求，促进文化服务供给质量，深圳市出台了《向社会力量购买公共文化服务指导性目录》，通过政企合作、政府购买服务等方式，进一步加强了政府在提供文化服务方式和服务内容方面的创新。深圳市政府网站公布的数据显示，2016 年深圳市财政投入 2350 万元，向社会购买 460 场公益文化活动及 1.2 万场公益电影。在注重城市软性公共文化服务内容建设的同时，深圳还在公共文化设施建设方面加大投入力度，加快规划建设了一批高标准、高质量的公共文化场馆，为市民在享受

公共文化的便利度、舒适度等方面实现了大的突破，实现了公共文化服务的均衡化发展。深圳市在龙岗区、光明区、龙华区等地布局了深圳美术馆、深圳文化馆新馆、图书馆调剂书库等市级重大文体设施，使特区的核心城区与外城区进行了公共文化场馆区域布局的科学安排，促进了原特区内外公共文化服务的联动和均衡布局。在市级场馆布局的同时，积极打造和完善区级的公共文化场馆，2016 年深圳市已有 11 个区级文体设施项目纳入全市 12 项重大民生工程，总投资 62 亿元。积极加大数字化、大数据等新兴科技手段在公共文化服务方面作用的发挥，打造了“图书馆之城”微服务平台和“一站式”数字文化馆服务平台，推广网络平台“菜单式”文化服务，探索“群众点单”“资源配送”等双向供给模式。[①]2013 年，深圳市福田区获得第二批国家公共文化服务体系示范区创建资格。更加便捷化、智能化、均衡化、多元化公共文化服务体现的建设，极大地丰富和满足了市民对于精神文化的基本需求，使文化在育民、提升素质方面的作用得到了充分的发挥。这不仅丰富了市民文化生活，有力促进了外来居民的获得感，也增强了其幸福感和归属感。

## 三、以强劲的都市文化创意产业智民富民

2004 年深圳市就制定了“文化立市”的发展战略，将文化创意产业发展作为城市文化建设和驱动城市发展的重要动力之一。

① 数据来源：深圳市政府官网 http：//static.scms.sztv.com.cn/ysz/zx/tj/27635081.shtml。

深圳作为一座没有深厚文化底蕴的城市，通过政策激励和开放包容的环境，实现了文化创意产业年均20%以上的增长速度，成为全国文化创意产业发展的重镇。文化创意产业的发展不仅激发了整个城市的发展活力，壮大了城市经济规模，而且为新市民提供了更多的就业岗位，实现了文化富民、文化智民的作用。据中商产业研究院发布的《2017—2022年深圳文化创意产业发展前景及投资机会分析报告》："2016年，以创意设计业为龙头之一的深圳文化创意产业保持健康快速发展态势，实现增加值1949.7亿元，同比增长11%，占全市GDP的比重达10%。2017年，深圳文化创意产业实现增加值2243.95亿元，增长14.5%，占全市GDP比重超过10%。目前，全市文化创意企业近5万家，从业人员超过90万。"[①] 进入新时代以来，深圳市在文化创意产业顶层设计、政策体现、体制机制、营商环境、人才队伍建设等方面不断加大改革创新力度，不断提升城市的文化创新力和文化竞争力。目前，深圳正结合新形势的发展需要，加强《关于加快文化创意产业创新发展的意见（征求意见稿）》《深圳文化创意产业创新发展政策》等政策文件的修订完善，将在文化创意产业发展质量、发展内涵建设上发力，为文创产业发展提供更加精准、更加有效的政策服务，构建深圳现代化的文化产业体系、文化市场体系、文化国际贸易体系和政策服务体系。预计到2020年，深圳市文化创意产业增加值将突破3000亿元，占本市生产总值的比重超

① 数据来源：深圳市政府官网 http：//static.scms.sztv.com.cn/ysz/zx/tj/27635081.shtml。

过10%。文化创意产业在全市发展中的支柱地位和战略新兴产业作用和功能将会更加突出，文化创意产业引领和驱动城市发展、创新城市发展潮流、打造城市文化特色、提升城市文化品牌、富民和智化城市新民的作用将会充分显现。在全市大力推进文化创意产业发展的同时，全市各区结合区发展实际，不断加大改革创新力度，形成了各具特色、相互协同的发展格局，培育和汇聚了大批国际、国内知名文化创意品牌和龙头企业。例如，深圳南山区以“文化+科技”为主要发展思路，积极推动文化与科技融合发展，培育出腾讯、华强方特、迅雷、A8新媒体、环球数码等一批文化科技融合型企业，成为全国文化科技融合发展的核心聚集区之一。深圳市福田区聚焦文化创意设计领域，不断做大做强文化创意产业设计核心领域，完善设计行业的产业生态布局，培育形成了全国十大女装时尚设计品牌企业，占据了女装时尚设计领域的高地。除服装时尚设计行业之外，福田区还汇聚了建筑设计、园林设计、广告设计、景观设计等一大批设计行业的领军企业，如建艺装饰、文科园林、亚泰国际、珂莱蒂尔、华视传媒等。深圳市龙岗区则聚焦影视音乐行业，加大产业推进力度，推进影视音乐专业性、高端化发展，形成与北京南北对峙的影视音乐行业高地，培育和汇集了深圳华侨城、腾讯、深圳文交所等一批国内文创产业龙头企业落户。大批龙头和行业领军文创企业的聚集，使深圳这片“文化荒漠”在新时代展现出蓬勃的文化创新发展活力，一大批文化创意领域的高端人才加速向深圳聚集，这不仅促进了深圳本身城市品质的提升，城市发展动力的转型，而且有力地提高了市民的文化素养，为城市新市民的市民化转型提供了重要软性推动力量。

## 四、以城市文化品牌建设提升市民文化荣誉感

虽然深圳建成历史短暂，但它通过一系列品牌活动的打造和组织开展，实现了城市品牌的大力提升，让市民在深圳这座城市中获得了文化赋予他们的荣誉感和自豪感。深圳文化创意产业博览会由原文化部、商务部、原国家新闻出版广电总局、中国国际贸易促进委员会、广东省人民政府和深圳市人民政府联合主办，是中国唯一一个国家级、国际化、综合性的文化产业博览交易会，是我国国家层面重要的文化博览会之一。深圳充分依托文博会平台，加强城市文化成果展示交易，加强国际国内文化产品和内容的交流合作，使深圳文博会在国内文化展示交易平台中脱颖而出，成为展览展示和交易的重要平台，也成为深圳展示城市魅力和实力的重要窗口。截至 2018 年，深圳文博会已经成功举办十四届，获得国际国内的广泛认可和好评。每年在深圳文博会上不仅全方位地展示深圳及我国各省区文化创意产业发展成果，而且也成为国际上各个国家和地区寻求与我国进行文化交流和文化项目合作的重要平台。2018 年的第十四届深圳文博会相比以往各届，在海外展区部分的展览面积就增加了 20%，有 40 多个国家和地区的 130 多家文化企业和机构参展，全球 101 个国家和地区的约 2.1 万名海外展商前来参会、参展和采购。瑞典、拉脱维亚、芬兰、挪威、冰岛、丹麦、斯里兰卡、罗马尼亚、加拿大、墨西哥、阿根廷等之前未参展的国家也进入深圳文博会的展示平台中来，这也突出反映了深圳城市文化品牌和

影响力在国际上的地位不断提升。据统计，第十四届深圳文博会实质性成交额超过2240.848亿元，比上届增长10.28%。深圳文博会的平台极大地提升了深圳的国际国内文化影响力，更丰富了市民文化生活，提升了市民对城市的归属感和自豪感，文化获得感更强。

# 第十章　国际城镇文化发展的实践与经验

## 第一节　国际城镇化的典型路径

### 一、英国：城乡变革同步推进

英国是城镇化的先驱，也是城乡变革同步进行的典型。15 世纪起，商业革命和海外殖民为城镇化做足了资本积累。17 世纪的圈地运动将农民从土地上剥离出来，为城镇化做足了人口的先决必要条件。到工业革命之前，英国城市人口已经达到总人口的 25% 以上。英国人口的急剧增长集中在 18 世纪 80 年代到 19 世纪 30 年代，英国城市人口比例从 20% 上升至 51%。这主要得益于工业就业机会的增加，人民生活水平的提高和健康状况的改善，加之来自欧洲大陆移民的涌入，更促进了城市人口的集聚。以蒸汽机为动力的工业革命大大促进了农业生产力的发展，健全发达的农业为工业化提供了原材料和粮食保障。此后，工业逐渐取代农业成为英国社会经济结构的主导产业，劳动力分布结构也随之发生变化。

在英国国土面积有限，人口密度大的限制条件下，英国城镇化呈现出城乡变革同步推进的集中型城镇化格局。城镇化过程体现在原有城市规模的扩大，同时对农业用地形成了一定的挤出效应，如伦敦周围集聚了全国近一半的人口。英国城市人口比例在1801年达到22.8%，1851年首次突破50%，成为世界上第一个实现城市化的国家；19世纪末20世纪初迎来新的增长期，1931年时城镇化率已超过80%，基本实现了城乡一体化。随着城镇化水平进一步推进，后又呈现出一定的郊区城镇化和逆城镇化现象。

## 二、美国：自由市场主导增长

美国城镇化起步晚、速度快、范围大、程度高度发达。目前美国85%以上的人口居住在城镇。美国城镇化发轫于19世纪中期的第二次工业革命。工业革命催生了农业机械化，提高了生产效率并积累了大量资本，同时解放了大批农村劳动力，再加上国际高素质移民的涌入，给美国的工业化和城镇化提供了智力支持。

美国一直奉行自由主义的经济理论，这种自由市场主导的思想也渗透在城镇化建设过程中。美国的城镇化过程以市场机制为主导。从数量上看，美国中小城镇占主导，人口在10万人以下的小城镇约占总数的99%。从集聚程度上看，100万人口以上的美国大城市聚集了近60%的总人口数。从空间布局上看，美国的城镇化发展经历了由聚集到分散的过程，城镇化进程从大城市、城市带向郊区化、网络化的中小城镇低密度蔓延。美国发展起来的城市绵延带，是大批小城市（small city）、小镇（little town）的集合，而不是靠无限扩张中心城市管辖范围来实现城市规模。

美国自由发展的城镇布局进入后期，“城市病”日益突出。得益于汽车工业的繁荣、交通投资的扩大、基础设施管网的完善和信息技术的推广，居民和产业开始向“郊区化”转移。这种自由的、无政府引导的转移给美国的城镇布局带来了一系列问题：城镇布局结构性失衡、城市空间无序扩张、趋向松散，郊区低密度过度蔓延；小城镇采取政企互动的共建开发模式，农场主大规模将农田卖给地产开发商，土地资源严重浪费，自然生态遭到破坏；贫富差距拉大；城乡空间差距拉大，导致通勤距离拉大，能耗增加；基础设施建设成本加大，公共设施配套供应不足；旧城区衰退，设施破旧，商贸娱乐、文化教育等功能优势今不如昔。

1990 年美国城镇化水平达到 75.2%，步入高度城镇化社会。各界开始正视城市空间自由低密度扩张带来的问题，提出了“精明增长”（Smart Growth）的概念，追求最终达到城市与郊区之间人口与产业布局的均衡。提出的主要内容包括强调空间紧凑，用足城市存量空间，减少盲目扩张；鼓励乘坐公共交通工具和步行；加强土地利用的混合功能，保护开放空间，创造舒适的环境；通过鼓励、限制和保护措施，实现经济、环境和社会协调发展。①

## 三、拉美：高速过度城镇化

第二次世界大战以来，拉丁美洲和加勒比地区（以下简称“拉美”）成为全世界城镇化速度最快的地区。拉美地区的城市化肇始于 20 世纪 30 年代的进口替代工业化进程，远远晚于西方国家。历经半个世纪的发展，拉美地区的城镇化水平从 1950 年的

① 黄庆华，周志波，陈丽华 . 新型城镇化发展模式研究：基于国际比较 [J]. 宏观经济研究，2016：59—66.

41.4% 上升到 2000 年的 75.3%，甚至超过了同时期的欧洲。短短 50 年内，拉美城镇化水平超过了发达地区，可谓“城镇化奇迹”。

**表 10-1　世界各大地区的城市化水平（1925—2025 年相关年份，%）**

| 地区 | 1925 | 1950 | 1975 | 2000 | 2025 |
|---|---|---|---|---|---|
| 全世界 | 20.5 | 29.7 | 37.9 | 47.0 | 58.0 |
| 非洲 | 8.0 | 14.7 | 25.2 | 37.9 | 51.8 |
| 拉丁美洲 | 25.0 | 41.4 | 61.2 | 75.3 | 82.2 |
| 北美洲 | 53.8 | 63.9 | 73.8 | 77.2 | 83.8 |
| 亚洲 | 9.5 | 17.4 | 24.7 | 36.7 | 50.6 |
| 欧洲 | 37.9 | 52.4 | 67.3 | 74.8 | 81.3 |
| 大洋洲 | 48.5 | 61.6 | 71.8 | 70.2 | 73.3 |

注：表中数据来自阿尔弗雷德·E. 拉特斯《拉丁美洲的城市人口与城市化》。

拉美城镇化的快速发展，不仅因为 20 世纪 30 年代进入工业化阶段后，城市工业的发展吸引了人口迁移，还因为拉美在殖民地时期就确定的大地产制度使土地被少数人垄断，农业资本集中，农民无地或少地成为雇工。这部分农民在拉美农业技术变革的过程中失去工作，为城市化做好了人口方面的准备。国家对农村的低投入加剧了农业部门的衰退和乡村环境的凋敝。此外，20 世纪 50 年代的“人口爆炸”及拉美国家的自由放任政策，都加快了拉美城镇化的速度。可以说，拉美城镇化是在政府无明确规划和引导下的、从农村向城镇自发迁移的过程。尤其如巴西 20 世纪 70 年代的城镇化运动，使巴西大城市爆发式发展，目前的巴西城镇化水平已达到 85%。

拉美来势汹汹的城镇化隐患重重，学界将这种现象归纳为“过度城镇化”或“拉美陷阱”。超前的、过度的城镇化问题主要表现为以下几点：第一，非正规就业。拉美无序、自发的城镇化使农村人口大规模向城市迁移，城市劳动力增长超过城市就业岗位的提供能力，农民在进城后找不到工作，只能从事非正规的、不受社会劳动保障的服务型工作。20 世纪 70 年代中期，拉美国家城市人口已占总人口比重的 60%，但在工业部门就业的人口比重却不及 20%，劳动力“第三产业化”特征明显。第二，大量的非正规就业随之引发了“城市贫困化”现象。1970 年至 20 世纪末，拉美地区贫困人口占总人口比重为 40% 左右。但贫困人口的分布却从农村集中转移到了城市集中。入城农民结群居住在“非正规住宅”贫民窟中。贫民窟成为繁华城市化中的灰暗色彩，失业率居高不下，基础设施和服务体系丧失，治安环境差，贩毒、斗殴等犯罪问题层出不穷。贫困问题甚至开始在代际蔓延，且治理改造难度大。这部分劳动力不但没有成为城镇化的推动力，反而成了城市不稳定因素和社会救助对象。第三，“大城市化”问题。拉美地区在世界各大地区中人口密度是最低的，但拉美人口中的 60% 居住在大城市或超大城市。产业集中度也呈现“一城独大”的特征，如巴西 80% 的工业生产集中在圣保罗-里约热内卢-贝洛奥里藏特都市群，过于密集的产业和人口分布加剧了拉美地区的区域不平衡。

## 四、苏联：政府主导的城镇化

苏联是政府主导模式的典型之一。1917 年十月革命胜利，建立了第一个无产阶级领导的社会主义国家。十月革命后的最初三年，苏俄由于一战和国内战争的影响，城市经济停滞，城市人口减少了 700 万，城市人口占总人口比重下降到 16%。实行计划经济体制的苏联开始了现代工业化进程，城镇化随之全面展开。大批工业企业，特别是重工业企业的建成投产，既提高了所在城市的城镇化进程，又吸收了大量农村劳动力进入城市。1925 年苏共确定实现社会主义工业化方针，1928 年苏联制定国民经济发展五年计划，工业化进程拉开帷幕，城市化也随之进入高速发展时期。到 1940 年，城市总人口已经比 1926 年增加了一倍多，城市人口占总人口比重从 18% 上升到 32.5%，年均增长超过 1 个百分点。随后爆发的苏德战争没有摧毁苏联经济，经过 1946 年到 1950 年第四个五年计划的恢复调整，苏联工业化继续稳定推进并持续带动城镇化走上发展的高速路。1950 年苏联城镇化水平为 38.9%，1965 年城镇化水平达到 52.0%，1980 年城镇化水平达到 62.8%，城市人口几近增长了一亿。

苏联的城镇化是完全在政府主导、国家约束下展开的。不同于西方国家商品经济下的发展模式，苏联的城镇化是重工业化的副产品，是在政府的行政规划下完成的。政府强有力的约束和规划，通过调配自然资源和社会资源对生产力进行空间组织上的布局，不仅使生产效率提高，更有效地控制了大城市规模，照顾到了中小城镇的发展，对城市合理布局和减少地域差距起到了积极作用。例如战前的苏联在伏尔加河流域和乌拉尔地区部署了冶金、煤炭等重工业基地，也依托基地形成了如马格尼托戈尔斯克等新兴工业城市。但作为加速工业化成果的城市化，也出现了城市的“过度性”“未完成”等特点。相对于重工业在国民经济发展中的主导地位，农业和轻工业发展滞后，“一条腿走路”影响了苏联经济结构平衡，也影响了城镇的长远发展与居民生活水平的提高。1989 年，苏联城市人口的就业比例为 66%，农业就业的比例为 20%，两者比例和正常值还相差甚远，城乡二元结构突出。在自上而下的政策下，不同类型和规模的村镇被确定为社会建设和建筑学样板，直到20世纪90年代初还都按照这些样板进行建设和发展。[①]

## 五、东南亚：城乡交错蔓延发展

这种模式以亚洲新兴工业化国家为代表。尤其是东南亚地区，经历殖民统治时期，二战后才开始逐步推进的现代工业，成为城市化的根本动力。20世纪60年代以来，工业发达国家资本边际报酬递减，生产成本提高，利润下降，跨国公司开始加大对海外市场投资。以马来西亚、泰国、印度尼西亚、菲律宾为代表的众多东南亚国家开始在国际产业分工中承接发达国家的产业转移，引进国外投资，形成了以出口为导向的经济模式。出口导向的战略决定了东南亚国家充分发挥劳动力资本的优势，大城市周边开始分布劳动力密集型的加工制造业。由于人多地少的基本国情，城乡交界处出现了大量“似城非城，似乡非乡”的“灰色区域”。

这些东南亚新型工业化国家的城镇化也表现出了大城市和周围地区高速增长的特点。20世纪80年代中期，曼谷及其周围地区聚集了泰国95%的生产单位；1992年雅加达贡献了印尼61%的金融服务产值。中心城市空间迅速扩张，也导致了城市与乡村边缘出现大规模的交错蔓延地带。交通基础设施的完善，更好地连接起了原本独立的城市，并在沿线形成了新的工业走廊。

日本的城镇化也呈现出大都市带动型的特征。1945年日本战败时城镇化率只有28%，二战后50至70年代经过产业振兴，工

① 梅春才．浅析苏联的城市化模式[J]. 国外理论动态，2008（11）.

业进入黄金发展期，城镇化也大大加速，仅用了10年，1955年时城镇化率已经上升到56%。2011年时，日本城镇化率已经达到91.3%。日本地少人多，城镇化呈现出以大城市为核心的空间聚集模式，90%以上的人口都居住在大城市或中小城镇。但日本高度集中的都市化也带来了“过密过疏”的矛盾。日本1962年开始制定并实施了五次全国综合开发计划，以调和快速城市扩张带来的问题。城市居民逐渐向周边郊区或卫星城迁移，日本城镇化模式开始向分散型转变。

## 第二节　国际城镇的文化发展范式

### 一、以人为本，以文化治理推进城镇管理

#### （一）用文化艺术美化城市

我们探讨的现代意义的城镇化，是建立在工业化基础上的。现代意义的城市规划在工业城市的扩张过程中找到了发展空间。在城市规划的初期，城市规划更多地关注城市的功能与结构，因此常常忽略了城市的“美感”。城市美感的缺失也成为众多城市没有味道、千城一面等问题的根源。尽管人们对于城市建设与管理的研究大多建立在科学之上，但是不可否认，文化艺术也是衡量城市是否“成功”的标准之一。

从美学角度看，城市艺术这一创意最早来源于卡米洛·西特在1889年出版的《城市规划的艺术原则》一文。他在文中提到：“令人诧异的是，在当代社会，艺术在城市规划领域的繁荣，远不

及建筑和雕塑领域。”这体现了他对艺术在城市建设中缺位的遗憾。的确，解决城市问题不仅仅要依靠土地制度变迁、交通线路的规制、环境生态的营造，更应该回归人的本质，满足人的心理、精神层面的需求，对于城市进行全面系统的规划。西特同亚里士多德一样相信，城市应该为居民提供更好的生活。在这一过程中，城市的空间美化直接影响到人们对于环境的反馈是否积极、是否正向；人的情感、人的价值、人的尺度、人的创造等一切有关人的文明变成了城市设计与治理的参考变量，艺术的手段、艺术的色彩、艺术的布局、艺术的情怀等一切感性表达的手段面临着与理性现实的融合，亟待在现实运用中充分发挥艺术灵感并感染城市中的每一个市民。

公共空间成为人们研究城市美学并着手积极改造的试验田。这里要提到著名的美国“城市美化运动”。它发生于 19 世纪末 20 世纪初，后由于大萧条停止，是一次由建筑设计师、景观设计师、雕塑艺术家等为主力，市民支持的一次城市环境美化运动。美国缺少古典历史建筑，工业文明下的城市趋同化、浅表化严重，温度与美感成为美国城市最稀缺的灵魂，“城市美化运动”正是基于此而展开。在这场运动中，“花园系统”概念萌生，为城市美化和空间组织提出了新的改造方案。 19 世纪前半叶开始，在功能混杂的城市中，花园突破贵族独享的藩篱，为不同阶层的人群提供休闲娱乐、交往互动的场所，成为开放式公共空间。以文化艺术为切入点进行的城市治理，产生于市民对增加城市美感、改善生活环境的需求，也是社会中产阶级寻求平等生存环境、争取话语权的一次社会革命。这次从形式入手解决社会问题的尝试，虽然精巧但并不全面。这场集中在外观改良和美学规划的社会运动最终没能实现政治意义，但却回应并进一步激发了市民对理想社会的渴望和改造人居环境的意愿，人们开始更多关注城市治理，关注人的尊严与感受。

### （二）以文化认同营造社区

城市社区（community）维系着一片固定区域上的家庭及群体相互作用形成的社会网络。社区是一个城市的起点，具有极强的文化维系力和内部归属感，众多的社区单位联系在一起，构成了城市空间网络。社区也成为规模不等的具体小社会，是整体社会的缩影。因此，在城市化进程推进产生诸多“城市病”时，社区也出现了各种不再宜居的问题，打通城市“毛细血管”势在必行。联合国于1955年发表的《通过社区发展促进社会进步》(Social Progress Through Community）中指出，社会发展要依靠动员和教育社区居民发挥主观创造性，积极参与社区改造和国家建设。

20世纪80年代，美国出现了新城市主义，以“生态可持续性、人性化和公众参与”为原则，践行以人为本的理念。新城市主义的人性化不仅体现在改造公共设施建设以满足人的生理需求、交往需求，更体现在强调“对文脉的传承上”，应因地制宜，了解不同地域的文化特色与历史脉络，以加强城市设计的归属感和认同感。此外，民主的声音也得到了重视，在规划和决策中都主张给予社区居民了解、参与的机会。欧洲福利国家更是印证了以人为本的城市文化治理理念。在社区治理上，借助非政府、多元化的力量建构互动的主力网络；增强群体的归属感和责任意识，通过促进居民参与文化生活获得身份认同；这种社会文化营造可以让居民重新进行内外部的身份定位，打通不同阶层间的壁垒，促进文化的理解与融合。除了欧美国家，20世纪后期，中国也意识到了以往重工业为主的经济发展模式忽视社区建设与文化治理的缺陷，将“社区建设”或“社区营造”提升到国家政策的层面，从政府主导社会文化建设逐渐转向多元化社会力量共同参与。

**（三）以人为本的公共服务与治理**

城镇化是一个建构与解构的过程。一方面，城镇化建立起新的社会组织形式和空间集聚，人口流动性增加；另一方面，传统农业社会包括家庭、邻里在内的乡土伦理和社会保障体系趋于崩溃。世界百年的城镇化道路，回归人的需求，以人为基本尺度，成为世界城镇化进程的有效经验。在这一原则的发展中，满足人的精神文化需求，成为城市今天完成其“居住机器”功能之后必须要正视的命题，我们必须推行“以人为本”的公共服务理念和文化治理理念。也就是说，城市化不仅意味着政府职能的转型，也意味着公共服务和文化治理等城镇管理理念将成为政府日常管理的内容。

一方面，政府科学管理的城镇文化治理理念早已成为加强城市化进程中城市治理能力的重要举措。例如，德国的城市化进程是在德意志帝国的领导下完成的，对德国迅速崛起发挥了重要作用。由于政府控制比较严格，德国在产业布局、人口分布和城市规划方面比英国更为理性。可以看出，建立城市人口、社会和环境承载力的明确观念，强化城市发展的人口政策体系，对强化城市化管理能力具有重要意义。另一方面，要真正树立以人为本的管理理念，即构建治理的核心价值体系。在城市化进程的中期，欧洲国家普遍实行以公共住房和公共交通为核心的市政建设。在城市化后期，我们开始着眼于改善城市环境，建立园林城市和宜居城市，致力于实现城市可持续发展。实际上，那些旨在改善市政建筑城市人口生活条件的措施并不完全是消费性开支，而是另一种投资，它在一定程度上创造大量的就业和需求，为经济增长注入活力。[①]

## 二、顶层设计，以文化价值引领城镇规划

### （一）不做小的规划

1907年，伯纳姆作为《芝加哥规划》的主要作者，在卷首语中留下这样一句名言："不做小的规划。"（Make no little plans.）因为小的规划难以让人振奋，不会打动人心，甚至有可能不被实施。他认为，要做就做大的规划，谓之高瞻远瞩，因为一个宏伟而合理的蓝图一旦被记载便永不会消亡，即使这一代人不在了，子子孙孙也会继承这项未竟的事业。

谈到现代城市的顶层设计，我们可以回到19世纪中期现代城市规划初具雏形的时候。初期城市规划运用技术工具去处理道路划分、区域划分等城市布局，它的出发点在于维持和经营现存的城市，谋划前瞻的未来城市。如英国的"市镇计划"与德国的"都市计划"。德国的"都市计划"作为市政厅的一种建筑范式，奠定了整个现代城市规划的基础。在普鲁士1875年规划方案的保护下，城市规划开始着手干预人口增长、街道分布、区域规划、交通设计等方面。传统的城镇规划承担着最基本的功能，包括经济活动定位、市政基础设施与通信，还有规划土地及配套交通、住房、公共服务等。进入20世纪80年代，先锋的

① 田德文．欧洲城镇化历史经验的启示［J］．当代世界，2013（6）．

可持续的城市规划不断涌现，它们不再为真实的扩张的城市摇旗呐喊，而是去摸索一种尚且模糊的未来城镇。最明显的例子发生在西班牙。西班牙 1965 年实施的“城市整治总体部署”（Plan General de Orenacaión Urbana），通过衡量土地与城市规划的相关程度，完善了土地使用权的建构，但后因土地所有权左右城市规划，“总体部署”甚至最终沦为房地产开发工具。进入 20 世纪 80 年代，西班牙被一种全新的城市规划占领，它以长远的目光提供了一种非常有价值的新城市文化——强调主观意志，将“城市历史”作为城市建构的要素。西班牙“总体部署”的失败有诸多原因，但很重要的一点是没有为利益集团与普通市民留下交流机制，没有将远期国际城市竞争考虑其中，部署中过分关注细化领域。

### （二）城市规划不仅是一种单纯的行政管理制度

一个城镇是否有“好”的标志？也许有的，好的城市在于它能够协调居住者与大自然的关系，包容人性的多元发展。从大城市建成区域的城市更新，到小城镇乃至乡村地区的公共空间改造，从传统的江河湖海、山川草木的生态治理，到今天的城乡融合、文化治理，我们越来越明确要建设环境宜居、文脉延续的城镇。

2014 年 2 月 26 日习近平总书记视察北京工作时，对城镇化建设的城市做出了这样的要求：首先要首都“把握好战略定位、空间格局、要素配置，坚持城乡统筹”建设目标，“不断朝着建设国际一流的和谐宜居之都的目标前进”。其次强调规划的统一性：“落实‘多规合一’，形成一本规划、一张蓝图”。强调协调发展，“着力提升首都核心功能，做到服务保障能力同城市战略定位相适应，人口资源环境同城市战略定位相协调，城市布局同城市战略定位相一致”。[①]这正是结合历史经验、现状定位、国际形势和未来目标，在行政力量保障下做出统筹协同各方资源的规划理念。

克服“近视”问题，展望理想的生活，引出了城镇规划必须注意的一点，即规划未来。今天的城市社会正经历史无前例的激荡，每一个体、每一要素正空前地互联相关。城市规划的重要性正在于集中力量、提供创意、畅想未来。未来可以被预见，城市总结不同历史阶段的规律特征从而推演出一种趋势，是有可能的；但未来更应该被主动地创造，通过活力的、自上而下同时又自下而上的信息反馈，观照整个城市整体，挖掘进一步变革创新的发力点。

### （三）融合城镇与区域顶层设计

加强顶层规划，与区域顶层设计相结合，已成为新型城镇化进程的重要组成部分，在城市整体文化生态中起到导向作用。区域规划和城镇规划是文化遗产创新，文化产业发展和文化事业繁荣的基本保证。

以日本为例。日本已经制定了以国家战略为高度、区域为支持载体、集群为产业手段来提高区域经济活力和国家竞争力的集群计划。自 1962 年以来，日本先后制定了几项国土综合发展计划（以下简称计划）。第一个计划旨在增加国民收入并寻求均衡的区域发展。区域分为三类：密集区、整治区和开发区。它采用“据点开发”的方法。第二个计划更多依赖“大规模开发项目”和“交通和通信网络”。第三个计划提出制定计划控制人口和产业集中，集中和振兴当地人口及大城市。第四个计划是在全国各地建立许多具有特定职

① 北京城市总体规划（2016—2035 年），引用部分来自 2014 年 2 月 26 日习近平总书记视察北京工作时的讲话。

能的“极”，创造了舒适的生活环境，推进了交流网络的构想，并建立一个多极分散的国家领土类型。[①]第五个国家综合计划通过依托参与者多元化，加强不同参与者之间的合作，建立区域合作轴和国际交流圈。2005年，日本制定了《国土形成规划法》，提出了“安全、安心、安定”的国土和国民生活的未来面貌。新的国土形成规划提出形成“自理的多样性广域地方圈”的国土结构，并把国土空间视野从市町村向广域生活圈域、从都道府县向广域共同体扩大。[②]日本的国土综合开发规划也指导了产业集群的规划。第四次建立特色功能区域增长极的计划，就对文化产业基于城市群网点结构布局非常有利：国土类型呈多极分散，衍生出按离心力分布文化产业单元的布局范式。有了政府宏观的上位设计，日本充分将政府与市场的力量调动结合，做好了产业和空间逻辑的衔接。

**（四）统筹好城市文化产业的系统性与层次性**

从国家、区域、产业到个人从业者，每一个维度都在城市系统的一个层次中有序运作，各个层次之间也存在着复杂的构成关系。特别是对于城镇中的文化产业布局，文化产业作为复合型的产业，在“文化+”“互联网+”的产业融合背景下，其产品和服务涉及几十个行业，依靠创新与精神价值进行耦合。从国家到产业多层次、全方位地推进文化产业，有利于宏观上把控文化产业发展方向，发挥文化因子更高的附加值。

---

① 陈雯.我国区域规划的编制与实施的若干问题[J].长江流域资源与环境，2000（2）.

② 逯新红.日本国土规划改革促进城市化进程及对中国的启示[J].城市发展研究，2011（5）；安翠娟，侯华丽.日本国土综合开发规划对我国的启示[J].国土资源，2007（10）.

最典型的例子是韩国。韩国从国家、区域和产业等不同层面制定产业发展和扶持政策支持文化及相关产业发展。国家层面上规划安排，立法保障，先后颁布《文化产业振兴五年计划》《文化产业促进法》《数字内容产业发展综合计划》等文件。在产业层面上，韩国制定整体宏观战略指导产业生产经营，在 2001 年到 2010 年 10 年间建成 10 多个文化产业园区、10 个传统文化产业园区、1—2 个综合文化园区，从整体上扩大了产业规模，整合了产业资源，增强了产业集群，提高了创意研发能力。2006 年，韩国制定了关于设计新时代科技城市的架构和标准的 U-Korea① 政策指导方针。详细来看，其实施计划有城市规划方面的 U-City 计划和家庭数字信息应用方面的 U-Home 计划。首尔市政府的“U-Seoul”计划兼顾城市规划与数字信息，意在加大投资力度，发挥信息技术对未来城市公共规划和管理的改革作用。韩国第二大港口城市仁川市计划使用 U 概念来设计松岛新城，并规划一个与该地区空间发展相适应的产业集群和相关配套。其中，松岛知识产业园定位为世界上知识密集型产业集群最集中的地区，园区规划建设得到韩国政府和仁川广域市的全力支持。

## 三、留住乡愁，以文化传承守望城镇记忆

### （一）乡愁的当代意指

什么是“乡愁”？乡愁是陶渊明的“羁鸟恋旧林，池鱼思故

① U-Korea 旨在建立无所不在的社会，即通过布建智能网络、推广信息技术运用结构等信息基础环境建设，让民众可以随时随地享有科技智能服务。

渊”，是纳兰性德的“风雪一更梦不成”，是余光中的那枚“小小的船票”。乡愁是文学中最深沉的意象，它藏在每个游子的行囊里，浸在夕阳浸染的每碗酒里，也藏在归心似箭的颠簸中和近乡情怯的脚步里。乡愁还出现在美学、哲学、民俗学、社会学、心理学等众多语境中，乡愁的群体更多涉及的是士人、文人和海外侨胞。经历工业文明、乡村与城市的蜕变，我们今天谈乡愁，又有了一番特别的意义，今天城镇化进程中的“乡愁”，应是涌入城市的乡民对传统生活模式的依恋和对当下城市生活的失重感相互交织融合而形成的一种困顿体验。① 一个人失去了乡愁，就失去了最基本的情感根基；一个民族失去了乡愁，就失去了回望来路的珍重和去往未来的勇气。

**（二）国际城镇如何守望乡愁?**

全球城镇化时代已经到来。数据显示，2010 年全球城镇化率首次超过 50%。全世界面对城市化都面临着相似的情感断裂：浩大的城镇化带来乡土世界的全面失守——物质生活已经接入现代生活节奏，但我们的情感却依附在乡土社会。我们有必要借鉴国际上城镇化的经验和教训。

论及乡愁与城镇化建设，英国颇具典型意义。林语堂对英国乡村便有特殊的情怀:“世界大同之理想生活，便是隐居英国乡村。”英国城镇化过程中非常注重保护文化遗产，将城镇文化塑造与原生地域特色保护做到了有机结合。如 1953 年，英国颁布《历史建筑和古老纪念物保护法》，以专项法律规范了对历史孑遗的保

① 张帅 .“乡愁中国”的问题意识与文化自觉——“乡愁中国与新型城镇化建设论坛”述评 [J]. 民俗研究，2014（2）：156—159.

存与特色文化资源的保护，尤其强调了因地制宜地依据当地产业情况和历史风俗等客观现实进行差异化规划，使城镇形象成为城镇文化的外显表达，以城镇文化塑造城镇的灵魂。除了保护遗产，英国在1909年颁布了第一部《住宅、城镇规划条例》，后又颁布了城镇化相关法规40余部，都在政策层面上自上而下地保护了乡村的根基。

日本守望乡愁的手段值得我们学习。20世纪50—70年代的城镇化进程没有磨灭日本独具特色的乡土文化，反而一定程度上促进其保护和发展。这一方面得益于日本健全完善的立法，如1950年制定《文化遗产保护法》对古迹进行保护，后续完善中又进一步加入对"文化景观"的规范，即遏制城建开发中的大拆大建等行为对于文化景观的破坏。除了在景观上进行有机整体的保护，在对乡愁这一情感的维护上，日本也是经验颇丰，尤其树立了"民俗学"视角思考城乡问题的研究角度。20世纪60—70年代，日本兴起了保护和抢救民俗资料的热潮，全国纷纷编纂民宿史志、调查传统工艺、记录传统节庆，设立民俗资料馆。虽然运动化的抢救工作忽视了对城市适应性的引导，但也间接缓和了全民面对生活剧变所产生的不安心态，抢救记录了日本的乡土民俗和民众记忆。

德国更重视在城市化进程中维护和发展文化多样性。对待外国移民，德国持包容、引导的态度，采取一系列政策支持其融入城镇、社区和乡村。在新城镇建设中，德国持自然友好的态度，在城市开发中顺势而为，不以破坏自然为代价。得益于对传统文明的保护和对自然环境的尊重，德国小城镇保持着良好的历史建筑和自然景观，教堂、宫殿、路桥等建筑设施保存完好，仍矗立着近两万座城堡；小城镇已成为德国历史和文化精髓的缩影，人文特色鲜明，许多小镇成为名副其实的“诗意小镇”。因此可以说，对人文传统和历史建筑的热爱和尊重，使德国小城镇成为兼具丰富历史人文内涵和现代化生活方式的国际典范。

### （三）在中国新型城镇化背景中解读乡愁

尽管乡愁充满着浓浓的悲剧愁思，但今天的乡村失落背后却隐含着一个悖论：在城镇化浪潮中，农民走出乡土是农民主体主动的、理性选择的结果，也就是说，在主动的生存或发展选择面前，他们被动地接受了背井离乡带来的情感失落。因此“乡愁”观念的关键之处在于揭示了城镇化进程中乡民主体理性和情感的纠结所造成的悖谬。因此，城镇建设中应重视居民主体获得城市居民身份认同的需求，保障城市给予人的尊严与发展的权利，同时也要正视人们做出理性适应背后的无奈，关注人的田园回忆。

2013 年 12 月，北京召开中央城镇化工作会议，中央以“特殊”的修辞方式提出让居民“望得见山、看得见水、记得住乡愁”，对未来的城镇化建设导向描绘了明确远景。在这里“乡愁”可以从多方面解读。首先，乡愁是由传统与现代的纠结而引起的，它作为一种现代性语境中的切身诉求，既是出于人对自然生态的反思，又是源于城镇化产生的时空错位感，为的是追求物质文明与精神文明此消彼长的自觉制衡。其次，乡愁不仅是一种情绪指向，更释放了一种信号。即当下新型城镇建设中“乡愁”作为一种隐喻的因素被加入治理与考核体系中，这意味着新型城镇的建设更加注重文化治理与以人民为中心的导向。再次，乡愁背后是长期城乡二元结构下导致的“乡村空心化”困境，只关注城镇设施的建设，宣传城市的胜利虽然在发展长河中是高效集约的，但对于在乡土情感上无法割舍的人来说，这并不是“人本位”的选择。如何在城乡之间建立共鸣点，留住乡村的记忆点，才是今后推进城乡一体化要考虑的。最后，即使是与乡村关联在代际中不断弱化的城市居民，心中也有一份“归园田居”的乡愁，这份情感更多地表现为对大自然的渴慕，因此乡村也与好山好水联结在一起，成为一种“返璞归真”的生活意象，成为城市居民逃离高压生活、享受放松状态的情感寄托和休闲娱乐目的地。这也就可以解释近年来乡村游、民俗游火热的现象，同时为文化旅游振兴乡村发展提供了机遇。

## 四、发掘特色，以产业集群繁兴城镇产业

### （一）产业集群与城镇化进程

城市化的过程表现为第二、三产业的增长。这一过程中城市作为多种产业的聚合体，将不同的生产厂商、劳动力、中介组织等在空间上集聚起来，经济主体和空间互相供给需求，使各自获得外部效应。因此产业集聚形成的经济也被称作“城市化经济”。具体来说，在经济功能上，特色城镇既是市场经济集聚中心和辐射扩散中心，也是不同区域经济资源交易的枢纽。国民经济要均衡发展，新型城镇一定要在其中起到节点作用。[①] 新型城镇建设中发展集群功能区，旨在通过集群不断提高生产效率、形成信息网络、碰撞出创意火花，创造新的经济增长点。因此，集群的发展与新型城镇化密切相关。

① 张克 . 园区规模经济 [M]. 大连：大连理工出版社，2004.

城镇为产业集聚提供基础设施。企业出于降低成本的考虑，集中在一定空间内共享公路、桥梁、车站、水电、通信等基础设施，同时享受金融、法律、教育等信息的低成本交流，享受区域内的公共服务，同时也激发着创意、技术、知识等要素的充分流动。产业集聚推动城市化进程。一是产业集聚促进产业链上的产业分工，提高生产效率，进一步吸引人才、资本等要素配置；二是产业集聚基于本地特色资源，具有鲜明的区域特征，因此有利于打造区域的比较优势，形成支柱型特色产业，提高城市竞争力，塑造城市特色；三是产业集聚有利于在城镇范围内形成信息充分涌动，创意和科技火花不断辐射的文化氛围，不断激发经济增长的内生动力。

### （二）文化产业集群助推新型城镇化

创新型产业集群强调在产业集聚中，以创新为驱动力，以创新型企业和创意阶层为主体，以创新的组织网络和管理模式为手段，生产高附加值、知识密集的产品或内容。创新型产业集群超越了传统的劳动力集聚，是地区经济转型升级的重要组织形式之一。科技创新企业集群已经普及，有政府主导的如日本筑波科技城，也有市场激励机制下产学研合作的美国硅谷、波士顿 128 公路高技术区，这些集群带动了周围城镇的发展，不断吸引优秀的人才、资本，成为区域内甚至国家经济增长的引擎。园区是产业集群的载体，新加坡政府发展各具特色的工业园区，科学规划并管理，以带动工业转型升级。独立园区发展壮大后，形成知识密集型产业园区的集群，如新加坡纬壹科技城，包括启奥生命科技园、启汇传媒科技园等专业园区，成为经济增长的热点。

文化产业集群也是一种创新型产业集群。文化产业要素的集聚与整合，有利于推动新型城镇化发展，不断提升区域品牌价值和产业附加值。多年来，洛杉矶各大集群的典型例子被关注者津津乐道。洛杉矶位于美国西海岸加州南部，是仅次于纽约的全美第二大都市区。洛杉矶前五名产业分别是国际贸易、旅游业、影视娱乐、科技相关产业、商业及相关专业服务。① 提到洛杉矶，人们首先会想到享誉全球的好莱坞。20 世纪 20 年代，电影业和航空工业在洛杉矶汇集，促进了洛杉矶作为现代都市的繁兴。尤其是好莱坞的电影产业集群，背靠洛杉矶都市区，得益于洛杉矶与周边中小城市的频繁要素流动。从最初的随机性的自发企业集中，到逐渐形成上下游产业分工从而产生规模效应，好莱坞日益壮大，通过文化价值输出成为在全球电影娱乐产业链中居于主导地位的全球化都市。多元化的产业形态和开放共享的区域平台，使好莱坞电影产业集群更加广泛地催生区域发展的活力，成为区域经济发展引擎的同时促进了洛杉矶的经济转型。

## 第三节 国际城镇文化发展的主要经验

### 一、规划先行，政府引导

英国针对城市化初期出现的无序发展、贫民窟泛滥、卫生环境恶化、严重的环境污染等“城市病”问题，颁布了世界上第一

① 王立新. 洛杉矶产业转型对深圳建设国际化城市的启示 [J]. 特区实践与理论，2008（2）.

部“城市规划法”，英国也从此成为第一个成功治理“城市疾病”的国家。德国在道路交通、电力通信、排水和污水等基础设施建设中充分发挥政府职能，规划布局，兼顾当前的实际需要和未来的长远发展。著名的美国“新城市规划”在1993年形成了《城市规划宪章》，其实用性和综合性对城市的可持续发展和规模等级划分有重要指导意义，且反复强调了未来城市中景观设计于公共文化空间的重要性。20世纪50年代，日本着手制订一系列国家和地区计划，通过颁布法律增强了规划效力，并根据不同地区及其发展情况进行调整和修订。挪威、丹麦、美国等国家为治理大气环境，节能减排，通过低碳税制改革，对低碳经济实行财政补贴和税收优惠，利用市场行为引导企业和公众开展低碳行动，促进城市健康发展。

## 二、文化规制，立法规范

为维护城市的文化生态，延续城市的历史文脉，践行可持续发展的理念，有效保护文化遗产，世界城镇化的经验是建立城市化法律框架。城市化进程需要多方力量积极介入，参与投资、决策、建设和监督。这个过程也要求政府扩大社会管理和建设职能，实施现代城市管理，不仅制定城市规划、投资城市住房和基础设施建设，更要建立起完善的法律框架约束各方，尤其是环境治理和文化治理等经济效益不明显的领域，让法制为城镇化进程保驾护航。例如1850年至1914年，欧洲发达国家的城市化进程迅速推进，在这一过程中，欧洲国家普遍出台了一系列关于城市规划的建设和管理规定，在一定程度上对城市文化进行了规范化评估，推进了城市的文化治理（见表 10-2）。

**表 10-2　世界城镇化进程中的立法与规范措施**

| 国家 | 立法措施 | 主要作用 |
| --- | --- | --- |
| 英国 | 1935 年通过“绿带开发限制法案” | 在伦敦城市规划中提出应设置环城绿带，保障环城绿带建设。 |
| 德国 | 每 4 年出台一轮生态建设计划 | 要求各地城镇规划和建设必须充分尊重当地的自然条件，追求环境的优美舒适及人与自然的和谐。 |
| 荷兰 | 先后颁布“环境基本法”“公害防止条例”“环境行动计划”等几十项法律法规和行动计划 | 对城市用地和建设规模实行年度计划控制，城镇规划和建设项目要经过严格的环评和审核后方可实施。 |
| 日本 | 防治城镇扩张带来的经济污染和文化破坏 | 开展大规模的环境保护、污染防治和生态建设，确保文化遗产的存留和文化传统的延续。 |

## 三、空间管控，集约发展

新型城镇化是一个重塑城乡文化认同空间尺度，实现理想认同，消除心理距离的过程，其核心是“人的城镇化”。它以一个“集中性”的人类社会形态，在全球文化演绎过程和世界因素演绎过程中重新形成了一个由人口和经济活动集中形成的新空间。空间管理和控制成为提高资源利用效率的可行途径，也成为城市规划的重要组成部分。早期的空间调控体现在规范城市外围界限和引导特定空间发展两大方面；20 世纪后期，随着“城市病”的蔓延，城市空间调控倾向于内部要素的集约化调整。城市增长边界（UGB）、精明增长（Smart Growth）都是城市空间管控的理论探索。在应用层面，美国马里兰州通过绿道或环形连结拼接起因城市发展造成的破碎地块，形成覆盖全州的生态网络。法国重工业城市洛林，将产业转型与国土整治结合，创立工业专项基金，治理土地污染，开展绿化行动，建设文娱设施。新加坡也是集约紧凑型发展的代表，虽然国土面积狭小，但仍在城市内保留大片原始雨林，城市留有 60% 以上的土地没有开发。在产业结构上，新加坡经历四次经济转型，从传统的转口贸易模式转向为创新驱动的产业集群模式，在有限的空间内完成从单一制造业到多元创新驱动的转型升级。

## 四、城乡统筹，区域协调

世界各国在工业化和城镇化的过程中都或多或少地出现了例如“城市病”、逆城市化等大大小小的问题，其城镇化的成果是以剥夺农村利益为代价的。尤其是起步较晚的地区，如亚洲城市，其城镇化过程是一种“后发”的“追赶”式发展模式，更多源自政治行为，而非自然的渐进过程。这种短期巨变造成城市化基础薄弱，农村蜕缩，市场残缺不发育，生态空间退化，城乡发展不均衡，区域发展不平衡。帕特里克·格迪斯和刘易斯·芒福德在 20 世纪初就提出了城镇化过程中要关注区域规模和区域体制的问题。格迪斯对“城市延伸”现象充满兴趣，他认为类似中心城市与周围多核心的城市体系并不稳定，他从人类生存环境的角度将城市与区域联系起来，关注城市独一无二的“灵魂”。他认为区域的规划不应当着重于区域延伸，而是要着重于分布人口和服务设施。芒福德则期待在人文活动和区域资源、生产、人口消耗之间寻找到平衡。两位学者对于城市可持续的发展带来了无尽启发。日本和欧美一些国家在实际的城镇化中期采取的一些措施也可能会给我们带来一些启示。德国通过土地整理、村庄更新、产业升级，将传统的乡村居民点培育为工商业城镇以促进就地城镇化，完成城镇的分散化布局。日本则在20世纪70年代建设不同层级城市群，制定了“大都市圈规划”“首都圈规划”“地方都市圈规划”，疏解大城市环境压力，带动周边乡村活力，促进区域协调发展。

## 五、智能建设，智慧管理

数字革命时代已经到来。21世纪城市文明的本质已经不仅取决于文明的积累，同时还依靠信息的流动；地理距离的远近较少地阻碍要素的流动，万物互联的网络让区域之间的联系更加紧密；传统的资源统计、配置、检测方法在智慧管理和大数据头脑下变得效率低下。因此，新的城镇化不再需要完全打破原有的物化结构以更新结构，而是可以升级通信网络，连结智能终端，建立新的联系来统筹现有的要素，创造新的需求。新技术对于城市有很强的适应性，虚拟的现实可以加强社会关系并充分地补充现实。文化与科技始终是新型城镇能够永续发展、欣欣向荣的不竭动力，建立工业化、信息化、智能化的互动关系，新型城镇才能成为新兴生产力的培育基地。不仅如此，在国际环境中，城镇的智能建设和智慧管理已经成为维护城市安全、提升城市竞争力、增强城市国际地位的重要手段，文化科技因素越来越成为全球文化发展角力的重要引擎。高收入城市正在持续巩固技术基础，作为全球技术基础最雄厚的城市，新加坡、纽约、首尔、斯德哥尔摩和阿姆斯特丹等城市均已建立了超高速通信网络，即将启动5G服务。以首尔为例，它拥有全球最快的互联网网速，并建立了覆盖面广泛的低功耗广域（LPWA）网络。北美和亚洲城市在智能应用推广方面遥遥领先，如市政服务领域，美国的波士顿、西雅图等城市已开发了311个非应急性应用程序（APP），用于报告滋扰行为、路面坑洼和墙面涂鸦等问题。

## 第四节　国际城镇文化发展的重要启示

### 一、文化政策推动城市更新

20世纪后期，全球化浪潮下产业承接地开始转移，城市郊区化和“城市病”也开始严重显现。传统景观受到侵蚀，环境日益恶化，曼彻斯特、利物浦等英国工业城市出现了大量拥挤的贫民窟，城市中心犯罪率居高不下。这使得欧洲开始出台政府文件振兴城市中心。19世纪晚期的美国，移民聚集在破烂的公寓和旅馆，贫民窟蔓延到城市的各个角落，公共环境遭到破坏。美国政府为了复兴内城，运用文化艺术的发展策略，使文化设施脱离以往单独存在的空间布局模式[①]，和商业、办公设施等混合布局。美国运用文化艺术复兴衰败城市的经验也影响了欧洲，文化艺术越来越成为经济规划的直接工具和手段。1977年，英国政府发布了《内

① 事实上，美国在20世纪60年代修建了大量文化设施建筑，出发点是改善城市形象，提升文化生活质量。如最有名的纽约林肯艺术中心（Lincoln Center），但由于林肯艺术中心选址交通不便，与城市隔绝而被诟病为“文化堡垒”。

城政策》白皮书，1989 年英国艺术委员会发布了《城市复兴：艺术在内城更新中的作用》，明确提出“艺术文化，包括整个文化环境、娱乐设施，是巩固经济增长的必要部分；艺术文化激发传统旅游业活力并提供更多就业岗位；更重要的是，它们成为经济新增长的重要动力，聚焦社会群体的认同感和自豪感”。

西方将文化政策作为城市更新的手段，是以振兴经济为根本目标的。这不仅让城市获得了经济利益，还在文化层面上有效地改善了城市面貌。20 世纪 70 年代的城市更新使城市就业率提升，犯罪率降低，城市面貌由衰转盛，市民对城市中心的信赖也重新树立。这种城市新建的文化项目、文化设施和文化消费空间吸引了大量人流，赋予了所在城市地区重要的内容符号意义和经济价值。但由于究其根本，这不是一项文化政策，文化自身的发展和城市精神的塑造并没有取得显著的成效。且由于国家大多投资的为能改善国家或城市形象的大型项目，并没有关注草根阶层和底层民众的基本文化需求，参与门槛高的缺陷反而拉大了不同阶层民众文化生活的差距。

反观中国，中国传统城镇化的过程，是基于工业化和城乡二元结构的过程。中国在过去 60 余年的过程中转移各种经济与社会成本，成规模地提取农业剩余并从总体上维持工业化和城镇化。在此期间，城镇化的过程是以土地为主导的，具体表现为城镇用地规模不断扩张，大型或超大型城市发展迅速，地产行业崛起，土地财政成为地方政府的主要财政来源；农村人口大量涌入城市或通过土地性质改变转变成市民，城市人口激增。传统的城镇化由于过于注重城市硬件建设和产业发展，对于文化的传承、发展缺少宏观的认识和布局，工厂大院等成为市民群众生活的基本载体，而城市主题、在地的历史文脉保护、挖掘并没有得到重视。使得国内的城市出现了千篇一律的面孔，更因为城乡二元的对立，失去了城镇所在地原有的乡愁和文思。

数据显示，1990年到2010年，我国城镇建成区面积从12253平方千米扩大到40534平方千米，将近每十年扩大一倍。但与之相比，人口城镇化的增速却相形见绌。面对这种情况，迫切需要城市规划中指导思想的转变。新型的城镇化开始关注城镇化对人生活的改变，注重教育事业、公共服务、文化氛围、建筑景观、旅游环境等方面人文精神在城镇化过程中的落实。

新型城镇的建设中，必须明确优化布局，建立集约高效的文化空间的布局和文化产业发展路径。充分考量城镇文化的生态现状、文化资源禀赋和文化环境承载能力，以此为依据构建衡量科学合理的城镇化指标体系，以文化空间的创意营造和文化产业的优化改造，不断优化城市产业结构，提高城市空间利用效率。

一方面要做好城乡文化发展规划，在城市规划的全过程中坚持以人为本、尊重自然、传承文脉、绿色低碳、可持续发展的规划理念。城市的历史记忆、文化脉络、地域风貌、民族风俗都是构成城市独特灵魂的重要标志。只有找准城市特色，走符合实际又体现特色的城镇化之路，尊重地域差异性，提倡文化多样性，才能避免“千城一面”的运动化造城之殇。此外，在城镇规划中，应看清农村人口流动形势，关注农村居民的新需求、新问题，不仅要保护自然村落景观，使其与现代化设施建设有机融合，更要关注对有历史、艺术、科学价值的地域文化遗存如民居、非遗等的保护和传承。

另一方面要统筹文化领域的各项事宜，确保文化在新城镇发展中的不断壮大，主要是文化遗产、文化产业、文化事业的统筹及文化与其他民生的统筹。首先，推进文化发展以人民为中心。文化源于群众、服务群众。要不断加强公共文化设施建设和高质量文化产品的供给，满足群众基本文化需求，保障群众基本文化权益。在文化设施建设上，管理好居民的文化空间，推动文化资源更多地向农村和基层倾斜，更要清理“僵尸设施”，不做面子工程。针对城镇和乡村的公共文化服务制定不能一刀切，要充分考虑到当地的实际发展情况，关注到居民最新最本质的精神文化需求，把钱花在刀刃上，而不是简单建设社区或农家书屋。只有丰富了城镇居民的文化生活，改善居民素质，塑造居民的精神面貌，才能真正完成“人”的城镇化，提升幸福感。其次，促进文化传承互动化。文化的生生不息的内在机制，不仅依靠丰富的文物资源、灿烂的文化遗产和层出不穷的文化精英，更不可或缺的是人与文化的交流与互动，而只有基于后者，文化才能真正展现其独特的魅力、活力和竞争力。挖掘保护当地农业文明和乡土社会中的传统文化，解放思想，因地制宜，做好创新规划，运用创新手段活化本地特色要素，才能既“留住乡愁”，又能让文化精神内核与现代表达手段适配，让更多居民尤其是年轻人接受。最后，实现文化产业效益化。在推进文化传承创新的同时，注重挖掘文化的可变现价值，在文化资源转化为文化资本的过程中获得经济收益和社会效益的双效统一。

## 二、不能以牺牲农村为代价

巴西是世界上快速城市化的典型。20 世纪 50 年代以来，巴西工业化进展迅速，十年间经济增长年均增速10%左右，创造了“巴西奇迹”。城市化进程也在60年代持续加速，城市化水平甚至超出了经济发展水平。1970年，巴西城市人口比重第一次超过农村，达到54%。1990年，巴西的城市化水平达到了70%。世界银行2013年发布的《世界发展指标》显示，到2050年，巴西的城镇化率有望达到90.7%。虽然巴西城镇化在数据上是惊人的，但由于缺乏产业支撑、没有考虑到城乡结构、城市基础条件等因素，在从农业社会急速转型为城市社会的过程中，没有对可能出现的城市化问题做好对冲策略。以圣保罗和里约热内卢为首的大城市人口呈爆炸式增长，相对比下的其他中小城镇却发展缓慢。巴西的经验表明，在城市化过程中，片面强调城市的扩张而忽视农村发展、牺牲农村利益，将拉大城乡差距，固化城乡二元经济结构。

中国的城乡二元结构由来已久。过去，用人为的制度因素或行政手段（如户籍制度、社会福利保障制度、基本生活品供应制度、教育制度、差别就业制度等）将城乡分割开，破坏了城乡互动的良性关系。改革之后政策松动，乡镇企业的发展解决了解放出来的部分劳动力，成为政府扶持的对象，这一思路被总结为“离土不离乡”。发展小城镇，承接产业落地和农民集聚，解决农民就业岗位，并离土地距离更近，这一立论在相当长时间内影响了中国城市发展规划中“限制大城市，发展小城市”的思路。

《中国城市发展报告（2015）》显示，中国城市化进程加快的繁荣背后，是乡村的严重凋敝。为了发展城市，乡村付出了巨大代价。数据显示，我国城市建设用地扩张速度显著高于人口增长速度，在过去的34年里，中国城市建设用地增长了6.44倍，年均增长率达 6.27%。2014 年，中国城市人均建设面积为 129.57 平方米，远远超出国家标准的 85.1—105.0 平方米 / 人，也明显高于发达国家人均 84.4 平方米和其他发展中国家人均 83.3 平方米的水平。建设用地快速扩张为支撑经济快速发展、满足城市居民的社会需求提供了保障。

但认为城市形态先进于农村，因此为了发展城市而不惜牺牲农村发展，为了土地开发简单强调征地，则会对乡村发展造成了不可忽视的危害——“三农”问题日益严峻，乡村活力大大减退，乡村凋敝令人心痛。一方面，乡村不再能继续作为优质劳动力的输出地，也不再像以前那样能够充当社会和经济风险的蓄水池。人才不再回到乡村反哺当地发展，乡村的凋敝不是新建一批空置的房屋所能掩盖，公共生活的匮乏、生活活力的丧失已经是普遍现象。另一方面，原来发展时不计环境成本、土地成本的低成本优势不复存在，产业转型和产业升级的压力带来沿海地区的再城镇化道路充满新挑战，也使得内地众多地方不能够再选择重复沿海地方的发展路径。

因此，在推进城市化的同时，务必要兼顾农业、农民和农村的发展。国际经验表明，农业是城市化发展的最基本保障，城市化水平高的国家，其农业也相应发达。美国是在城镇化、工业化的同时完成农业现代化的，农业生产率的迅速提高解决了劳动力粮食问题和生产原料问题，为工业发展提供了广阔的国内市场；国内富余的农产品通过进出口贸易销往世界各地，也积累了大量资本。在距离洛杉矶、休斯敦等大都市周围 100 多千米处，城市和乡村的界限融合，实现了真正意义上的城乡一体。

城镇化建设不能牺牲农村利益，而是需要“反哺农村”，支持和参与新农村建设，为新农村建设创造良好的外部环境，创造可以持续造血的内在动力，带动农村经济社会可持续发展。

第一，要加强农村基础设施建设。按照服务的性质划分，农村基础设施分为四大类，分别为生产性基础设施、生活性基础设施、人文基础设施及流通性基础设施。完善农村基础设施，一是依托现行的市管县体制，统筹城乡规划，提高乡村道路建设质量，加强自来水设施、污水处理设施、垃圾处理设施等公共设施建设，改善农村电网电力设备陈旧落后问题，提高互联网普及率。改善农村人居环境，因地制宜进行有节制的服务业尤其是旅游业开发。二是城市公共服务向农村地区深度覆盖，实现从制度并轨向标准统一转变，利用城市丰富的社会资源在教育、医疗、卫生等方面切实提高农村的公共服务质量，逐步实现城乡公共文化服务的均等化，最终达到城乡间的政策一致性、发展公平性与资源流动性的一体化。

第二，要探索农村集体建设用地改革。农业用地是指直接或间接为农业生产活动所利用的土地。传统生产关系下，作为核心生产资料的农业用地曾一直是农民生活和收入的主要依托。随着生产技术的不断发展和城镇化进程的不断加快，农村劳动力的非农化已成常态。在发展现代农业的大背景下，农业的规模经营和土地的集约利用也成为农业用地流转的大势所趋。可以说，上一轮土地改革的核心是将土地的所有权与使用权分离，并实现了国有土地的市场化和资本化。随着农村发展与国民经济之间的联系日益密切，农业资源要素的流失加快，建立城乡要素，特别是土地要素的平等交换机制尤为迫切。城乡土地一体化的推进必然牵涉到各方利益，这需要政府在其中发挥宏观统筹各方的协调作用，持续推进税收一体化、收益分配一体化、法律体制一体化和中介服务机构一体化。尤其是对于就地城镇化型的新型城镇，新一轮的土地改革将重点推动集体土地走向资本化和市场化，探索在平等自由基础上进行交易的新机制、新模式。随着土地市场城乡统筹进程的推进，以“同地、同权、同酬”为特征的城乡土地市场一体化也将最终确立。

第三，要加强农村精神文明建设。一是建立农村公共文化服务设施体系，充分考虑公共文化设施与农村空间、其他公共设施的整体性和协调性，与功能相容的设施共享建设、集约布局。强调功能复合，提升设施的公共使用效能。二是加大对农村的公共文化服务政策倾斜力度，制定适宜农村文化发展现状的文化产品补贴、税费减免等措施，培养农村居民的消费习惯，提高农村居民的消费积极性，引领本地文化消费方向和热点。三是坚持需求导向，外联与内生并重，着力推动农村优质文化产品和服务的生产供给，满足居民多样化、个性化、品质化的文化需求，满足居民对美好生活的新期待。坚持需求导向，实现优质高效。四要关注数字技术和互联网普及对于公共文化服务建设和文化产品内容形式的巨大影响，在文化建设的推进手段、公共服务的网络构建、文化产品的精准供给上关注农村居民最新需求，试验云计算、物联网、人工智能、虚拟现实等技术在文化设施中的创新应用，建设全域智能的乡村文化服务网络。

第四，城镇反哺乡村发展。城市向农村转移第二、三产业应遵循环境保护和生态低碳的原则，绝不能以牺牲农村、农业、农民利益和“青山绿水”为代价。一是中小城市和小城镇属于当前我国城镇化过程中的薄弱环节，应改变“重城轻乡”的思想，关注中小城镇的更新与治理，因地制宜地采用综合、系统的方法应对城乡统筹的复杂性，在持续产业保障基础上就地解决乡村城镇化，形成各种主题鲜明、特色突出的新城镇。二是应建立新型城乡关系，使两者相得益彰。对于大城市地区，注重调控其与中小城镇和乡村之间生产力要素的流动与重组，推动以大型城市、中小城镇、新型农村为节点的整个城镇体系更加合理。在区域尺度上，有机疏解大城市过分集中的功能，同时提高小城镇的人口吸纳能力和服务功能，实现农村富余劳动力在城乡之间的有机流动。未来真正意义上的城乡一体，是既有现代化大都市风貌，也有主题鲜明的小型城镇，还有重焕活力的乡村地区，互相呼应，协同发展。

## 三、政府调控与市场主导并重

城市化是一场深刻的、系统性的社会大变革，涉及经济结构转变、社会结构变迁、生态环境营造、城镇合理布局、区域协同发展等一系列重大问题，牵一发而动全身。市场经济离不开“看得见的手”的调控，城镇化也必须要有宏观的、适度的调控和引导。工业化发达国家的经验表明，城镇化率达到 50% 时是政府政策调节的最佳切入时机。以市场化为基础，加之适度的政府引导，对城镇化的健康、有序发展十分必要。20 世纪 60 年代的新加坡就是一个例证：产业结构单一，失业率偏高，住房短缺严重，就业问题成为了当时新加坡城市发展的门槛。虽然新加坡的市场导向决定了资金和人才向利润丰厚的商业贸易聚集。但是，商业贸易行业不能大规模地解决就业问题。新加坡政府经研究后认为，制造业能够大量解决就业问题。因此，政府决定依托良好的港口条件，在香港、纽约、伦敦、旧金山等地设置办事处，积极向欧美日招商引资。1961 年蚬壳石油在新加坡设立炼油厂；1968 年政府开始建设大型裕廊工业区，现在已经成为东南亚最大的工业区。自此，新加坡的亚洲制造中心的地位开始奠定。

近年来，关于政府应当发挥何种作用的研讨一直在继续。实际上在世界发展进程中，以市场为制度基础的发展中国家和发达国家，政府在社会发展中扮演的角色是有差别，不可一概而论。发达国家的经济水平和技术水平已经处在世界前沿，产品和产业结构的升级没有先例可依，只能靠社会群体和企业去迸发活化、发明摸索，政府在其中便可以扮演“最小的政府”的角色，负责提供适量公共产品，维持社会稳定等基本的服务智能，尽量减少对于市场的干预；而发展中国家瞄准发达国家的科技创新和产业升级之路，借鉴其成功经验，承接其产业专业，发挥比较优势和后发优势进行赶超。在这具有可预见性的过程中，以什么样的速度、什么样的路径、什么样的资源配置来迎头赶上，是需要调控的，政府在此过程中就应该发挥信息收集传播、协调投资、完善产业政策防止市场失灵、外部性补偿（补贴）等作用。

因此协调政府与市场的关系，就是要在城镇化进程中规避政府失灵的弊端。在我国的基本经济体制下推动城市化，必然离不开政府的宏观调控。尤其是我国后来居上，借鉴先行者经验、发挥后发优势，政府在现代化和城镇化的过程中发挥了长期的引领作用。有些城镇政府大包大揽、过于恋权，长期运用行政手段干预城市建设，代替市场择优、包办企业决策。这种决策方式在一定时间段使决策更集中有力，但在如今的市场经济下，政府全盘调控效能过低，无法把控瞬息万变的市场情态和日益多元的居民需求，成为“理性的僭妄”；有些城镇政府急于求成，政绩优先，总想一年一变样、三年大变样，忽视对发展动机的研究调查，盲目上马，一味模仿其他地区的成功经验，留下了一大批“生搬硬套”的“面子工程”，不仅一些产业出现产能过剩的资源分配不均情况，甚至对新城镇的空间布局和历史风貌造成了不可逆转的破坏；有些城镇政府在谋发展的同时看到了土地资源的开发与重组的潜力，有力推动了农业用地的流动，并直接促进了农村人口流动和财政收入的增加，但因此利用土地投机[①]走先地产、后产业的路，过于重视土地升值而忽视了产业培育，用少量产业投入换取大量土地收益，由此导致“空城”“鬼城”，而这正是这种本末倒置路径带来的后果。总结起来，在新型城镇化的推进过程中，如果单纯依靠政府主持，则很容易造成政府的单一视角、主观决策，引发资源浪费、运作效率低下、地方债务风险等问题。

协调政府与市场的关系，也要规避和克服市场失灵的弊端。重视市场化不等于放任市场完全自由化。市场虽能激发城镇化的活力和动力，但不能解决城市建设尤其是公共领域的全部问题。单纯依靠企业和民众的自发意愿与行为参与城镇化过程角力，则又容易过程失控、造成无序混乱的发展局面。美国的典型案例足以说明这一点：美国在城镇化过程中曾奉行自由经济理论，放任市场发挥作用，虽然城镇化进程迅速，在东北部和中西部地区形成了制造业带，产生了大量的城市集群；但“城市病”也就日渐突出，19 世纪 60 年代，美国还爆发了席卷全国的“城市危机”、

① 洪朝辉 . 土地投机与 19 世纪美国西部城市化——兼论 20 世纪下半期中国的城市化 [J]. 城市史研究，1997（Z1）.

种族骚乱和严重财政危机，随后的逆城市化过程更带来了中心城市的破败。后来，政府采取立法和行政手段，干预城市规划和产业规划，改善环境危机，才逐步实现了城镇化集约发展、绿色发展。拉德芳斯新城建设的成功很大部分归功于具有政府性质的开发机构操盘。在新型城镇建设中，可以借鉴建立多元参与机构进行运作。推进机构不是一级行政建制，不是政府部门，而是在新区党工委领导下特别成立的开发公共规划管理机构。机构人员可以吸纳政府管理者、专业人员、工商业者、居民等多方面人员参与，在文化专项规划管理中加大文化研究者、文化领域专家的介入，共同谋划新区中的文化发展大计。协助中央与地方解决复杂的文化发展问题、建设跨县乡镇的文化基础设施等。

因此，传统城镇化中暴露出来的政府与市场之间的问题值得反思。在新的经济形势下，随着我国新型城镇化全面铺开的历史时刻，必须明确市场主导、自然发展、政府引导、社会多元参与的城镇化发展的协进路径。重中之重是处理好政府和市场的关系：深入理解中国的“边缘革命”现象后可以发现，发挥“边缘力量”的作用，才能真正完成由“政府主导”转为“多方参与、政府引导”。因此，要更加尊重市场的发展规律，坚持市场在资源配置中起决定性作用，逐步让渡政府职能，将新型城镇建设的主导权交给市场。摆正“市场的细胞”——企业在新型城镇建设中的建设者、运营者角色，才能真正迈向有活力的新型城镇。

同时要意识到城市不能狭义地被理解为“利益场”，这样只会导致将弱势利益群体排除在生活质量最高的城市之外，导致他们话语权和发展权的式微。因此要切实发挥政府的作用，打破地方政府在一级土地市场的排他地位，从“主导”转为“引导”，从

“管理”趋向“服务”。重视智库作用，充分调查质询，做好公众监督听证，使决策更加客观和有针对性。在服务和宏观调控工作中，切实做好顶层设计、制定产业促进政策、营造制度环境、监督市场秩序、提供公共文化服务，关注被市场决策挤压造成的不平衡现象。

## 四、科技成为新型城镇发展的芯片

诺贝尔经济学奖得主、美国经济学家斯蒂格利茨曾预言：“中国的城镇化与美国的高科技发展，将是影响 21 世纪人类社会发展进程的两件大事。”第一次全球范围内的城镇化是在工业革命中逐渐过渡的，机器的发明和能源的普及使得自然经济解体，大工厂的组织模式逐渐城市化，大规模的资本投入和厂房兴建提高了生产效率，使农民从世代耕作的土地和生活的村庄流动到城市，城市基础设施也随着人员的流入而日趋完善，城市规划和管理显得尤为重要。当然，资本集聚在催生财富和文明的同时也出现了各种社会问题，这一次又一次提醒着人们，经济的增长不能只靠生产要素的成比例增加，不断挖掘新的增长点才能让经济发展的火车头燃料充足。

从内生动力来看，经济增长从生产函数上看取决于生产要素、产业结构、技术和制度四个变量，而这四个方面中最具有长久发展意义和操作可能性的是技术，其他三者在一定程度上受制于技术变迁的可能性和速度。[①] 土地与资源要素是有限的，中国人口红

---

① 林毅夫 . 解读中国经济 [M]. 北京：北京大学出版社，2012：9.

利正在削减，没有新技术就无法进行产业结构的升级。而也只有技术保持较快的更迭速度，才能在资本积累的过程中应对资本边际报酬递减的规律。因此，高耗能、高污染、低水平、低效益的产城发展道路已经难以为继，重视技术对于城市乃至国家发展的内生动力是必要的。通俗来说，科技变迁将带来更高附加值、低消耗的生产方式，人们将以更绿色、更文明的视角在城市中生产、生活、享受，这正是“以人为本”的新型城镇建设成功的不竭动力之所在。

特别是在互联网成为城镇底层基础设施的今天，互联网不仅让第三次科技革命延续至今，并且科技发展水平呈指数型爆发态势，给人们的生产生活带来了翻天覆地的变化，科技创新已经在城市的复杂巨系统中找到了自己的发力点，从经济系统、社会系统和环境系统方面都开始介入城市建设，对社会、环境、产业、企业及每一个居民都产生着颠覆性的变化。互联网使得传播革命兴起，打破信息壁垒，赋予每个人表达权和知情权，每个人都是互联网架构中的一个点，承担信息的接收者和发布者的角色，因此个人创意表达也就成为社会创新的不绝宝藏。运用好科技，具体而言就是进行新型城镇化建设在互联网设施方面的超前布局，尽可能弥合大城市和小城镇之间的信息鸿沟，在此基础上，提高城市运营效率、拓展新市场、拓展人们的生活方式。

一是科技影响了城市布局的改变。技术变迁直接作用于人类的社会组织，引起组织生态的变化，而这个变化最终将反映在空间之中。首先，网路联通使得信息传播可以超越现实空间距离，因此“酒香不怕巷子深”成为可能，O2O 模式的创立使线下商业模式在线上有了推广渠道，人们足不出户利用网络终端即可获取信息或者送货上门，传统商业的布局规律被打破，影响到运输成本、劳动力成本甚至是土地价格。其次是人们在互联网空间获得精神娱乐享受，满足社交需求，一定程度上导致实体公共文化空间的凋敝。

二是科技影响了城市产业的转型。奥地利林茨的电子艺术节已是首屈一指的国际科技艺术盛事。20世纪30年代的林茨作为全国重工业中心，环境污染、工人失业等问题突出。随着重工业外移，人口也开始外流，城市面临衰退没落的危机。林茨市的政治家们很快意识到了问题，并重新构筑城市框架的观念，于1989年制定了城市发展规划，目标是把林茨市从一个传统重工业城市改造为现代化的经济中心。在这种理念的驱动下，一大批新兴工业园区、技术中心和贸易中心应运而生。令林茨声名大噪的是它的电子艺术节。电子艺术节结合重工业传统和文化艺术元素，在林茨城市发展转型中发挥了重要作用。除了高新制造业对于工业城镇的更新，电子商务还以超区域的特性适配新型城镇的产业布局。2017年我国网络零售市场交易规模达71751亿元，同比增长39.17%。这一规模将持续扩大，一方面有利于促进小城镇的产品和原料市场走向全国化乃至全球化，极大地拓展了市场空间，降低了交易成本；另一方面可以通过网络购物在保持低成本的同时来引导消费行为向个性化、多元化、便捷化转变。

三是科技加速了高素质人才的培养。事实上，经济发展现实中以提升产业结构和技术水平为直接目标的举措，往往没有得到理想的结果，甚至引发各种问题。这是因为越过生产要素禀赋现状，揠苗助长式地转换经济结构，反而造成了扭曲。因此，要改变经济增长的内生因素——技术，首先要改变要素禀赋，资本充裕程度是一环，劳动力素质是另外重要的一环。互联网技术为信息积累与传播降低了门槛，知识更迭速度加快，让人们只有不断学习才能跟上时代步伐；科技黑箱的原理又让所有人能享受技术带来的便利，站在前人的肩膀上看世界。互联网不仅促进自主学习，更有利于师资的集聚和知识供求双方的对接，通过可视化技术和音像传播，使劳动力培训前所未有地开放、自主、高效。“慕课”以大规模、开放互动的网络授课模式打破了“大学”的围墙；“知识付费”“听力经济”等商业模式的兴起，更是让以“得到”“喜马拉雅”等 APP 成为知识“大 V”交易知识的平台，用户利用碎片时间即可广泛涉猎各领域最精炼的信息。

四是互联网金融支撑了新型城镇的建设和创业者工作。新型城镇的建设正在改变以往的“土地财政”为主导的特征，开放多个领域中社会资本通过“特许经营”等方式参与城市基础设施建设和运营的权限，这意味着具备民间资本的企业单位和土地资本的农民群体拥有了入场券，其中社会资本群体凭借更灵活的机制和更雄厚的资金挑战银行的霸主地位，而农民群体将依靠“土地资本化”的手段（如土地入股等）从配角变主角。在防范地方政府性债务风险、防止政府支付责任过重加剧财政收支矛盾的前提下，拓展多元的融资渠道，发挥传统银行信贷以外债券、股票等融资手段的作用。在互联网经济时代，金融将借助网络，依托海量大数据和移动终端的普及，打破地域规模的限制，让交易成本大大下降，交易效率大大升高，不仅为个体闲置资源找到了配置途径，又满足了成长型的中小企业和政府的融资需求，更在第三方支付的迅速渗透下释放了消费市场的潜力。

五是科技升级城市管理效能。随着 AI 技术的发展、算力的提升和数据的聚合，全局智能成为城市管理的“大脑”，城市大脑将通过互联网广泛地拾取收集信息，在挖掘海量数据中发现规律和问题，从而对城市状态进行仿真、检测、预警、决策。目前的“城市大脑”主要应用于安全、交通两个应用场景，未来在环保、土地等方面还将进一步拓展。尤其是能源使用方面，信息能源网络以分布化、个性化的资源供应设计，将小城镇的家家户户联系在一起，在电力等能源输送中也能共享信息，分享彼此剩余能源，在物联网的技术成熟后将进一步对交通工具、物流、办公室等节点产生联动，真正实现环境友好与资源节约的新型城镇愿景。

## 五、构建城乡融合的新型城镇体系

城镇体系规划，是要通过合理布局区域人口、产业和城市分布，协调体系内不同性质、规模和类型，互相关联、各司其职的不同等级城镇（包括城市之间、城市和体系之间以及体系与体系外部环境）之间的各种关系。

城镇体系规划具有双重性质，它既是城市规划的组成部分，又是区域国土规划的组成部分，因此处于衔接区域国土规划和城市总体规划的重要位置。“风物长宜放眼量”，作为区域国土规划的组成部分，城镇体系规划对于城镇发展有长远的、宏观的指导意义。不同类型区域对城市体系建设有不同要求，需要运用现代系统理论和科学方法，努力促进区域社会、经济、环境综合效益最大化，最终实现整体利益的可持续增长。不仅要结合国土资源开发情况和生产力整体布局，做出规划期内人口城镇化水平、城镇化路径和城镇空间分布格局，也要涵盖城镇体系的等级规模、地位分工、城市联动关系等问题。与区域国土规划相比，城镇体系规划对有序性、规范性和滚动性的要求更高。因此，作为城市总体规划的组成部分，城镇体系规划工作要为各个城市总体规划的修正提供区域依据。

协调推进城市化，区域发展差别化，建设模式集约化，城乡发展一体化。目前，从城市的空间分布和整体规模来看，存在两种城镇化模式：集中型城市化和分散型城市化。日本城镇化依靠大都市拉动，引发了“过密过疏”的空间布局问题；巴西靠少数特大城市拉动过快的城市化进程导致了严重的城乡发展不均，社会问题频出；美国的低密度蔓延模式虽然缩小了区域差距，也造成了能源过耗和土地浪费。由此可见，两种城镇发展模式各有利弊，只有走有机结合、体系化、多元化、城乡一体的城镇化发展道路，才能最大程度协调各方面利益。

一方面，提高中心城市的龙头作用。目前，全国层面没有对国家中心城市进行统筹部署，但国务院在个别区域和城市群的专项规划中确认了 9 个国家中心城市，分别是广州、成都、重庆、上海、武汉、郑州、西安、北京和天津。中心城市一方面在全球城市网络中拥有战略性关键性的位置，另一方面又在特定范围尤其是大型城市群中承担着区域网络核心、节点和枢纽的重要作用，体现着国家政治、经济、文化、对外开放的中心地位。通过提高中心城市的竞争力，可以带动中小城市的发展，成为城镇化过程中的核心引擎。

另一方面，培养有竞争力的城市群。经济全球化正深刻、广泛地影响当代世界的城市化情境。发达国家的主要大都市及其所在城市群不断巩固着其在全球经济中的主导地位，已经成为所在国家参与全球竞争的战略性“基地”。培育具有国际竞争力的城市群已经成为城镇体系发展更高的战略目标。在我国，北京、广州、上海拥有区位优势和经济文化基础，分别在各自区域内引领了资源分配、资本流动、国际经济政治活动调控，形成与周边不同等级的城市一体化协同发展格局，并辐射周边中小城镇的城镇化过程，带领城市群进入世界城市体系的中心位置与全球城市群网络的节点位置。在“一带一路”倡议背景下更培养了区域层面的经济新引擎。[①] 特别是要鼓励发展特色小城镇群中的小城市和小城镇。美国城市的规模差别很大，有绵延的大型城市群，也有 10 万人以下的小城市（镇），这些中小城市占城市总数的 99.3%。德国有 60% 左右的人口居住在 2 万—20 万人规模的城市，近 1/3 居住在 2000—2 万人规模的小城镇里。随着交通设施的完善，中小城镇的区位劣势正在淡化，成本优势显现，应把中小城市和小城镇的发展作为城镇化的重点。发展城市群，有助于解决大城市与中小城市、乡村一体化、集约化发展的问题，推动城镇化与乡村振兴的良性互动。

① 姚士谋，孙阳，陈振光，等 . 国家级中心城市的成长条件及其因素分析 [J]. 城市观察，2018.

# 第十一章　新型城镇文化发展研究前瞻

## 第一节　新型城镇发展的新趋势

### 一、观念：以人民为中心成为高度共识

#### （一）从物理空间到人本诉求

传统的城镇建设将“城市物理空间”作为第一要素，钢筋水泥、高楼大厦成为其主要内容。近十年来，中国城镇化进程持续加快，“农转非”人口规模持续膨胀。大量离土离乡的农民没有得到良好的安置，在劳动报酬、劳动保障、子女入学、住房等问题上不能享受与市民相同的待遇，落户门槛高，公共文化覆盖缺失，成了务工人员无法融入城市文化的写照。同时，这种大量农村人口异地城镇化带来的扩张需求与城市配套和管理服务上的有限供给之间的矛盾，致使城市供需失衡，更使乡村失去魅力。

新型城镇不只在物理架构上把农民转换为市民、将农业转变为非农业、将农村升级到城镇。新型城镇要发挥城市的物理载体作用，促进人融入城市、产业中，沉浸在城市文化里到反过来再塑造城市文明，从而提升人的社会幸福指数，实现人的发展。西

方在城镇化过程中可借鉴的地方在于，它提出了众多创新发展理念，比如以文化经济为导向的城市发展理念，以人才作为资本、以文化作为生产力的模式，提出了花园城市、生态博物馆、艺术园区等概念以不断回应城镇化发展中出现的难题。因此，“以人民为中心”不仅是回归人们对一座城的最初愿景，也是我们对于新型城镇建设难题的一次应答，更是摸索出了一条未来城镇的变革方向——深化破除体制机制障碍的改革，破除城乡二元结构，关注人的需求、切实提高人民的生活质量。

在这一过程中，文化是贯穿始终的主题。文化必须脱离以往作为传统城镇的“配套品”“点缀”甚至“奢侈品”的定位，走到所有的生产生活面前来。尚未释放的巨大文化消费潜力意味着，文化消费问题不仅是一个文化问题，也是一个政治问题。建设文化强国，必然要满足人民群众日益增长的物质文化需求，弘扬先进文化，提高人民素质。因此，“以人为本”核心理念下的新型城镇化可以延伸为：发展以人为第一资源的文化产业是新型城镇化的发展动力，发展以人才素质综合提升为目标的新市民是新型城镇化建设的生力军，实现以人的文明全面提升为核心诉求的特色城镇是新型城镇化可持续的保障，实现人的充分就业和安居乐业为目标的特色乡镇是新型城镇化建设的重要诉求。特别是注重文化产业在新型城镇自我造血功能中的远期作用：文化产业作为以人的才智、创意、灵感为核心的可持续、低能效、高附加值、强耦合性的复合产业，将成为城镇经济结构转型升级、经济水平提高、环境面貌改善、空间腾退疏解的一剂良药。有些地区的文化产业完全可以在城镇化早期的顶层设计中镶嵌其中，而不是在城镇建成以后再做文化建设、文化产业的补课工作。现在世界文化产业的发展，越来越趋向于以创意为核心的、与多领域融合的一种新态势。

### （二）“以人为本”的城市经验

以北京为例。2014 年 2 月 26 日，习近平总书记视察北京工作时的讲话指出：“首都规划务必坚持以人为本，坚持可持续发展，坚持一切从实际出发，贯通历史现状未来，统筹人口资源环境，让历史文化与自然生态永续利用、与现代化建设交相辉映。”北京 2016—2035 年城市总体规划要求：北京的城市建设，紧紧围绕统筹推进“五位一体”总体布局和协调推进“四个全面”战略布局，坚持以人民为中心的发展思想，牢固树立五大发展理念，牢牢把握首都城市战略定位，大力实施以疏解北京非首都功能为重点的京津冀协同发展战略，转变城市发展方式，完善城市治理体系，有效治理“大城市病”，不断提升城市发展质量、人居环境质量、人民生活品质、城市竞争力，实现城市可持续发展，率先全面建成小康社会，建设国际一流的和谐宜居之都，谱写中华民族伟大复兴中国梦的北京篇章。因此，北京自身将立足北京实际，突出中国特色，按照国际一流标准，坚持以人民为中心的发展思想，把北京建设成为在政治、科技、文化、社会、生态等方面具有广泛和重要国际影响力的城市，建设成为人民幸福安康的美好家园。在区域发展中，更将充分发挥首都辐射带动作用，推动京津冀协同发展，打造以首都为核心的世界级城市群。①

目光转向世界。芬兰的首都赫尔辛基以服务市民为中心，在

① 北京城市总体规划（2016—2035 年）。

国际创新城市中早已建立起良好的声誉。欧盟区域政策部在2007年发布的首部《欧洲城市状况报告》（State of European Cities Report）中，就将赫尔辛基列为欧洲第一等级的9个国际知识极城市（International Knowledge Hub）之一（被调查欧洲城市共258个）。赫尔辛基被普遍认为在教育和知识竞争力方面表现尤其突出。赫尔辛基地区的15岁以上人口中受过高等教育的比例达34%，几乎高出芬兰全国平均水平9个百分点。赫尔辛基市民在艺术修养方面也相当突出，大都市区范围内有公共图书馆76个、博物馆47个、艺术馆11个、专业剧院20个和乐团9个，而且各类文化设施的利用率相当高。据2005年的一项14个欧洲城市的调查，赫尔辛基市的图书馆利用率最高，年人均借阅量为18册，而14个城市的中位数只有5册。大量而精准的公共文化投入塑造了良好的人文环境。

**（三）关心人民的公共文化生活**

以人为本，就要切实关心城乡居民的公共文化生活。建设新型城镇，不仅要完善道路管网等基础设施建设，引导高效的产业集聚，打通多元的融资渠道，更要关注人民群众对于美好生活的需求。城镇不仅要给人的身体一个容身之所并给予发展的空间和权利，更要在心灵上为人们找到停靠的港湾。在目前城镇发展情况下，公共文化产品的提供起到引领性、基础性的作用，因此要切实完善以人为本的公共文化服务体系。

第一，要完善公共文化设施。文化设施是提供公共文化服务的基础，是文化活动的前提条件。建设图书馆、文化馆、博物馆、剧院等基础设施，积极推进向公众免费开放，并实施文化活动品牌工程，形成由当地特色的文化活动项目。

第二，提供均等化的公共文化服务，使城市公共文化产品与服务向小城镇和乡村延伸。高度重视智能化公共文化服务平台的投建，以提升公共文化服务效能为导向，运用大数据、物联网、区块链等先进科技，实现文化资源共享、文化服务精准、文化监管高效、文化互动活跃、文化交易透明，全面提升城镇的公共文化服务智能化水平。

第三，要以提升新型城镇居民人文素质为着力点。新型城镇未来是创意的城镇，是宜业宜居的、有社会凝聚力的、有文化特色的城镇。城镇中最具活力的要素便是创意阶层。今天的社会创新模式丰富多样，如多元创新主体通过移动技术紧密联系的Living-Lab和自下而上联系实践与需求的FaLab等，都预示着未来的城市建设要靠全民力量的参与。正如理查德·佛罗里达所言："创意可以来自任何一个用创新方法解决问题的人。可以是一个社会工作者、一个商人、一个工程师，也可以是一个科学家或一位公务员。"只有培养高素质的"新居民"，使其价值观念、行为方式、个人能力与新型城镇的产业与环境相适应，才能让城市这个联合团队激发出最更多的活力。

## 二、融合：人产文城实现深度联动

### （一）文化自觉，解放思想

文化自觉是新型城镇的根基，是新型城镇建设中人的内在精神动力。被动城镇化只有人在物理空间上的转移，基于土地资源稀缺的背景和逐利的商业开发，农民主观上没有做好成为城镇新民的准备，被迫脱离原有的生活场景和生产方式，城镇也并未做好吸纳和安置农民的准备，从制度保障到设施配备都远远供不应求。虽然产业上形成了集聚，但是并不能真正使人与城实现融合，并不能真正使劳动力享受城市发展的福利、改善生活质量。且传统城镇的发展模式过于追求经济指标，牺牲生态环境与农村利益，过于依赖资源的投入和资本的扩张，并不能在内生机制上找到永续发展的源泉。加上土地扩张的空间日渐有限，人口红利带来的边际收益日渐衰微，低成本的、先建后治的城镇建设与治理模式无以为继。

人产文城不能有机融合、良性互动的根源在于文化自觉意识尚未觉醒。决策部门仍然按照定势思维进行“土地财政”扩张，产能过剩、资源浪费、环境污染问题难以遏制。当前，由于缺乏以文化自觉来推动新城建设的有效激励机制，公共文化服务体系可以依靠自上而下的行政和法律手段推进，文化资源却不能持续地转化为文化资本参与市场运作，集约高效环保的文化产业集群也难以成型。城市失去文脉传承，又在增长机制上难以突破，城镇面貌自然难有改观。

我国新型城镇建设道路必须是一条可持续发展的道路。因此新型城镇建设要求打破传统思维惯性，解放思想，转变落后于时代发展趋势的不科学、不前瞻的思想观念，在政策和体制上突破障碍，扩大新型城镇的创新源泉和内需潜力。在“以人为本”的基础之上“以产兴城、以文塑城”，形成良性互动关系。我国新型城镇的建设道路也必须是一条具有鲜明中国特色的道路。建立以特色文化资源为基础优势，产业结构、需求结构和要素结构优化的特色文化市镇，是推动城市“产城融合”，实现集约化、规模化和专业化发展的重要路径。

## （二）文化产业引领新型城镇发展模式转型

告别传统规模型的城镇化和以基建为主的城市建设，新型城镇需要寻找新的产业形态。只有产业兴城，才能赋予城市源源不竭的兴盛动力。

选择什么样的产业？新型城镇化需要立足于自身的资源禀赋，通过文化与一、二、三产业的融合，可以找到一种更集约、更高效的发展模式，即发展文化创意产业。文化创意产业作为知识密集、智力密集、技术密集型的复合产业，以人的创新、创造、创意为核心，以文化创意资源为依托，与科技紧密结合，有利于升级传统产业、创造新的增长点。同时，文化市场遵循社会效益与经济效益相统一的原则，其繁荣也将满足城镇人民对于文化消费的需求，助推城乡消费升级。此外，文化产业以其低能耗的特点，成为减轻能源短缺压力的绿色生态产业，建设生态文明的助推器。特别是在文化与旅游融合的时代与战略背景下，文化产业将成为建设美丽中国、美丽城市的新的着力点和动力源。

在我国，有很多城镇都通过文化产业探索出了新的发展模式。我国以文化产业为支柱的城镇不在少数。大城市中，以北京、上海等一线城市为龙头，早在 2012 年北京的文化产业占 GDP 比重就已经超过 10%，成为仅次于金融业的支柱产业。北京市 2016—2035 年规划明确提出将北京建成全国文化中心，除了发掘深厚文脉，保护好北京历史文化遗产的金名片，培养一流的人才，完善公共文化设施网络，更强调要激发全社会的创新创造活力，建设具有首都特色的文化创意产业体系，打造具有核心竞争力的知名文化品牌。小城镇对于“文化＋”的试验也如火如荼，早期以大芬村、周窝音乐小镇为例的传统文化产业主导城镇经济发展的案例犹在眼前，而新兴的一批依托会展产业、互联网技术、电竞等新兴业态，以特色小镇和田园综合体为载体的小城镇建设又展示出新的产业化与城镇化的结合模式。因此，重新规划城镇的生产模式和发展方式，解放思路，以生产方式的变革来促进由外生城镇化模式向内生的转变，有效推动城镇的业态更新。

## 三、协同：特色小镇和田园综合体成为两翼

### （一）特色小镇

在深入推进新型城镇化的大背景下，特色小镇逐渐升温。2016 年 7 月，住建部、国家发展改革委、财政部决定在全国范围内开展特色小镇培育工作，提出到 2020 年培育 1000 个左右特色小镇。2016 年 10 月中旬，住建部公布了首批 127 个中国特色小镇名单。随后，国家发改委发布了《关于加快美丽特色小（城）镇建设的指导意见》。在多项政策红利的支持下，特色小镇成为了社会关注的热点。

#### 1．浙江经验

住建部、国家发展改革委、财政部对特色小镇的描述是：“各具特色、富有活力的休闲旅游、商贸物流、现代制造、教育科技、传统文化、美丽宜居等特色小镇。”[①] 特色小镇最早发源于浙江。浙江探索出一条“非镇非区”的人产聚集形式，它既不是行政规划上的单元，也并非传统产业园意义上的一个区，也不是简单意义

---

① 住建部、国家发展改革委、财政部 2016 年 7 月 1 日下发的《关于开展特色小镇培育工作的通知》。

上的“产业园＋景区＋文化设施”的大拼盘。浙江逐渐摸索出一条按照创新、协调、绿色、开放、共享的发展理念，聚焦信息经济、环保、健康、文旅、金融等新兴业态，融合产业、文化、旅游、社区功能的创新创业发展平台。与传统村镇相比，浙江模式的特色小镇在产业上特色明显、附加值高；在功能上，齐全完备，有机复合；在形态上，精干美丽；机制上，创新灵活。浙江特色小镇在运作上不搞审批制，政策上实行期权激励制和追惩制，建设上采用政府为引导、企业为主体、市场化运作的灵活机制。特色小镇开放的融资机制和集聚环境吸引了大规模的固定投资，余杭仓前梦想小镇2015年启动仅半年就吸引了400多个互联网初创团队、4400多名创业者落户，300多亿元风险投资基金蜂拥而来。浙江经验开创了特色小镇的热潮，探索出一条依托当地特色资源，打造独特文化魅力的区域建设模式。各省市都有其独特的产业背景和发展现状，浙江经验值得借鉴，但不能完全移植，无视本地情况直接模仿有可能出现“水土不服”。

**2. 现实意义**

当前，我国小城镇建设发展还比较滞后。一是发展动力不足，产业基础薄弱。二是小城镇在城镇化过程中承载作用过小，尚未成为人们长期稳定的居住地。三是城镇建设水平较低，缺乏地域特色和传统文化保护传承。但从宏观来看，小城镇对我国经济社会发展具有重要的不可替代的作用，它是促进城乡协调发展最直接最有效的途径，是推进就近就地城镇化的重要载体，具有城市不可比拟的生态发展优势。

广义的特色小镇是在大城市周边或农村集聚区，以建制镇或村庄为基础，逐步形成的一种以特色产业为核心的小镇。这些小镇的“特色”之处在于以市场化的方式聚集资金、人才、资源，形成产业集聚。很多欧美国家的大型企业都发端于中小城镇，如曾经是宁静农业区的美国硅谷，瑞士的达沃斯小镇、英国的剑桥小镇、美国的格林尼治对冲基金小镇、法国的普罗旺斯小镇等。因此，中小城镇可能是城市发展的新突破口。国家鼓励特色小镇的现实意义在于：第一，习近平总书记在讲话中反复提到的“望得见山、看得见水、记得住乡愁”，关注了目前城镇和乡村建设中的千城一面及文化缺失问题。小城镇尤其是特色小镇可能更具有丰富的文化资源和历史遗存，更能与青山绿水交相辉映。第二，大城市发展出现了“逆城镇化”的迹象，城市承载力告急，城市人口的生存成本和城市创新成本也明显增高，尤其是房价上涨趋势不可抑制。在产业转型和政府组织的工厂腾退中，实体经济开始寻求“成本洼地”。因此，大量实体经济、创业草根，甚至离乡人员会选择从成本较高的城市中心向外迁移，特色小镇便可以利用廉价的土地资源和宽松的生产环境，以降低生产成本和管理成本。特色小镇的提出，是我们对城乡体系新模式、新动能、新生活做出的一次实验，在发展大型城市和特大型城市之外开辟一条合理布局中小城镇特别是特色小镇的路径来拉动发展。第三，发展特色小镇，也是探索就地城镇化，振兴中小城镇，改善村镇人居环境的一次尝试。因此特色小镇是国家战略层面创新机制体制，推进新型城镇化，由同质转向特色，共性转向个性，数量转向质量，集中转向分散的重大标志。

**3．未来发展思考**

第一，特色小镇存在根基与产城一体化。特色小镇的“特”一定是“这一个”：这个“特”有一个不能丢掉的东西，即产城一体化。离开了产业，城市城镇的发展便会失去核心竞争力，也不可能有持久的发展动力。无“特”有的旅游样本，无“特”色的服务，就缺少能够引发人们对创业梦想的期许之处。特色小镇应该有温度、有情调。到了这样的小镇，你定是流连忘返。小镇中那些不经意之处，都浸润着文化。看一个城市的管理水平如何，就看马路等这些最不起眼的地方，它们是最能体现城市管理特色的地方。

第二，小镇需要具备居住的基础功能和必要设施。乡村在医疗、教育、公共服务、基本保障等方面不一定完善，但新型小镇建设要适宜人居，其公共服务设施一定要齐全，包括公共文化服务图书、电影、群众文艺活动等多样化的形式。在我国旅游业发展的进程中，由于把提升旅游经济增量作为首要任务，甚至会不惜牺牲生态环境和当地社区的居民生活。旅游目的地社区居民的生存与发展问题常常被边缘化，居民的生活质量不但没有受益于旅游业的兴旺，反而被挤压了生活空间，生产环境、生活质量出现了倒退趋向。特色小镇的建设也是如此，必须要平衡产业发展与当地居民的诉求，以提升居民幸福感为主要目标。

第三，要抓住特色，避免“千镇一面”。小镇建设的真正魅力在于其文化附加值，也就是“特色”。因此，必须抓住小镇特色的鲜明性。在对小镇进行环境改造、建筑设计的时候，不追求城市规模扩大、空间扩张的“造城式运动”，而是尊重当地生态环境，保持原有的地域和生态特色；在产业建设方面，要将新兴产业与当地的优势产业相融合，形成独特的风格和竞争优势，做到产城一体，让产业成为小镇最有力的代言；此外，历史人文特色是很重要的一点，需要充分发掘自身的历史文化内涵，延续小镇的文化基因和历史文脉，打造独有的文化名片和文化品牌，提升小镇品味，塑造小镇形象。

第四，合理处理小镇建设过程中的地产化问题。目前，部分地方存在着借特色小镇之名，行房地产开发之实的现象。每个小镇的建设都离不开地产化，但过度房地产化，特色小镇不仅会失去“特色”，变成“地产小镇”，而且很容易推升地价，影响其他产业发展。因此，唯有严控房地产开发，才能确保特色小镇特色化。国家发改委、原国土部等四部委联合发布的《关于规范推进特色小镇和特色小城镇建设的若干意见》中规定“合理确定住宅用地比例”，即从土地供给环节控制房地产过度开发；“对产业内容、盈利模式和后期运营方案进行重点把关”，即防止房地产开发混入其他产业。此外，充分公开相关信息，把好特色小镇评选关，只有严把初选、复核关，才能把“地产小镇”挡在门外。此外，为防止通过审核的特色小镇“变味”，还要完善退出机制，一旦发现不符合标准的，应及时取消特色小镇称号。

### （二）田园综合体

#### 1. 写入“中央一号文件”

“采菊东篱下，悠然见南山”，美好田园从古至今都是我们向往的桃花源。农村是我们世代扎根的故乡，土地是文明与血脉的发源。然而，乡村的凋敝已然成为中国人心头的一抹暗淡。荒芜的土地、留守的孩童、孤贫的老人，乡村已不复是记忆中热闹温馨的模样。为了重新点亮乡村，恢复田园的昔日风光，让田园成为农民安居乐业的美丽家园，成为城市居民流连忘返的休闲目的地，一场关于“现代田园”的创新改革已经展开。2017 年 2 月 5 日，作为乡村新型产业发展的亮点措施，“田园综合体”被写进

“中央一号文件”。田园综合体的发展模式，是集现代农业、休闲旅游和田园社区为一体的特色小镇和乡村综合发展模式。在建设中，充分盘活乡村闲置资源，发展循环农业、创意农业，让农民充分参与收益。

**2. 战略意义**

整体来看，田园综合体是在农业供给侧改革背景下，以农村产权制度改革为抓手，以实现乡村现代化为目标，以培育和转换农村、农业发展新动能为重点，以综合性、跨越化整合农庄、合作社、农业产业园、乡村旅游、乡村地产等资源为措施，创新乡村发展的新路径。

田园综合体将成为城乡一体化的新引擎。农村是全面建成小康社会的短板，2020 年到来之际，必须着重补齐这块短板。中国要强，农业必须强；中国要美，农村必须美；中国要富，农民必须富。因此，要形成以城带乡、以工促农的城乡发展一体化新格局，就不能分别在农村和城镇的二元结构上展开，而是要在广阔农村找到新平台和新支点。田园综合体作为农业、旅游、地产等多元产业集聚的载体，聚集市场、资本、信息人才等生产要素，推动产业链双向延伸对接。因此，田园综合体是实现现代农村和新型城镇联动发展的新模式。

田园综合体将成为农业供给侧结构性改革的新突破口。我国农业矛盾已经由总量不足转变为结构性矛盾。近年来，我国聚焦农业供给侧改革，围绕市场需求，调整存量，做优增量，取得了一定成效。下一步，要求工作中心在进一步“提质”的基础上做到“增效”，不仅利益惠及投资者，改革成果也要让农民共享。在此过程中，田园综合体从资源和低成本驱动转型，拓展产业链新业态，释放闲置资源价值，创造联动机会也符合新常态下乡村的发展逻辑。

田园综合体将成为新农村建设的新样本。我国农村要实现“农村美、产业兴、百姓富、生态优”的综合效益，以农民的利益为中心，建设美丽宜居的乡村，可以依托田园综合体进行多元化的聚居模式的探索，将田园特色和现代设施装配的民居有机结合。在原汁原味的自然环境，别具一格的景观设计中完善居住功能，探索城乡基础设施和公共文化服务均等化。

田园综合体将成为高端人群的集聚地。在我国现代化发展较快的地区，作为主要潮流的城市化和非主要潮流的逆城市化是共同存在的。特别是在沿海发达城市，逆城市化的主要群体是高端人群。可以预见，在较为发达的城市，郊区化现象将进一步扩散。而中国人传统的“田园”情结，也将吸引越来越多的人选择住在郊区、回归田园。

田园综合体将成为农民脱贫的新途径。精准扶贫应该怎么“扶”？最长久持续的方式是“扶智”“扶技”“扶志”。授人以鱼不如授人以渔，赋予农民及其从事的产业自主“造血”的功能才能真正让乡村重焕生机。田园综合体以农民合作社为主要载体，就是要尊重农民的主体地位，尊重农民的意愿，让释放的红利真正落在农民身上，让农民在脱贫的基础上实现小康，获得更多幸福感。

田园综合体将成为乡村地产突破瓶颈的良药。乡村地产经过长期的探索和创新，积累了一定能量，但也进入了“瓶颈期”，土地供应机制、开发模式、营销渠道等都面临转型。田园综合体包含新的农村社区建设模式，同时，田园综合体在土地盘活机制、建筑特色、适宜人群等方面将有一次飞跃式的变革，借助这一载体和平台，乡村地产才能寻找到新的发展“蓝海”。

**（三）特色小镇和田园综合体成为新型城镇两翼**

特色小镇和乡村振兴是相互促进、相互依存的战略，构成新型城镇的两翼。一方面，特色小镇是田园综合体的发展示范，培育特色小镇重点在于打造特色鲜明的支柱性产业业态，重塑小城镇环境，延续小城镇文化传统。特色小镇是统筹城乡一体化发展，疏解大城市病，破解“三农”难题的重要抓手。另一方面，田园综合体是特色小镇延伸到乡村的一种可持续模式。田园综合体针对目前农村发展中集体经济疲软、生态环境恶化、劳动力空心化、基础设施落后等痛点，提出一种新的整合资源的思维方式，在资金、土地、机制等方面补足缺口，破除乡村建设的瓶颈。从另一个角度来看，田园综合体可以与农业特色小镇结合，将特色农业作为产业转型升级的切入点，发展相关新业态，培育有新思想、适应新业态的新农民。特色小镇想要健康孵化，就要在土地财政和房地产之外开辟一片更大的成长空间，既兼顾环境又合理利用土地资源，农业特色小镇最理想、最可行的模式就是田园综合体。

寻找特色小镇和田园综合体的共同着力点。第一，融合共享。随着城乡一体化发展步伐加快，一、二、三产业融合加速，中国经济进入新常态的发展轨道，也进入了城乡社会全面融合、城市反哺乡村、乡村生态共享、文化形态多元、社会全面创新的新阶段。一个完善的田园小镇，是一个包含了农、林、加工、制造、餐饮、仓储、金融、旅游、康养等各行业的三产融合体和城乡复合体。第二，城乡一体。田园综合体结合特色小镇，利于培育农业农村和城镇新兴产业发展新动能，加快城乡一体化，推动城乡实现历史性变革。田园综合体结合特色小镇发展的模式，为农业现代化和城乡一体化提供了新支点。通过一、二、三产业深度融合，带动乡村和小城镇的资源聚合、功能整合和要素融合，使得城市与乡村，农业与工业，生产、生活与生态，传统与现代在小镇中相得益彰。第三，生态田园。恢复田园风光，打造乡野氛围，规划业态功能，基于生态绿色环保理念，创新循环农业模式，以可持续发展的绿色姿态更好迎接和满足城市居民对生态旅游和民俗体验的消费需求。

## 四、破题：乡村振兴找回失落的文化

### （一）乡村建设的“初心”

乡村衰落是一个世界性的问题，不管是欧美发达国家还是后来追上的拉美国家，城乡差距都在拉大。中国也不例外。新中国成立以后，农村为城市工业化提供了原料和劳动力，户籍体制却阻隔了城乡资源和人口对流；家庭联产承包责任制建立后，农村经济得到快速发展，乡镇企业异军突起；20 世纪 90 年代后中国经济发展中心回到城市，城市在国际贸易出口中占有绝对优势，城乡发展再次脱节。今天，农村乡村衰落已成为一个不争的客观事实，它留给人们的，除了深深的“乡愁”，还有实实在在的“乡衰”。乡村文化着实面临着进退失据的窘境。乡村文化的衰退，伦理联系的淡化，产业效率的衰退，使乡村在城市的光影之下愈加暗淡。

乡村的失落是思想的失落。被动的工业化、现代化的定势思维，让大多数人相信乡村是可以被取代的，五千年的农耕文明是落后生产力的代表，传统乡村的布局、思维方式、人际关系已经无法匹配产业化进程。中国要实现真正的现代化，提高国际竞争力，就应该革故鼎新地去追逐城市的胜利。这种观念忽视了中国的历史文化，忽视了中国的基本国情，也没有看到城乡发展的未来。出于产城融合的角度考虑，没有一个国家在城镇化的进程中消灭了农村，农业作为二、三产业的基础，其地位是无可取代的，城镇与乡村相互哺育、相互输送。现代化的城市进程不是为了消灭乡村，达成百分之百的城镇化，而是要通过更加科学的理论规划城乡体系，更加先进的技术催动城乡一体，协同发展。出于农耕文明的角度考虑，没有一种文明先进于另一种，现代文明脱胎于农耕文明，也不可能完全将二者割裂开。中国传统的农耕技术、天人合一的思想深度，对于今天的现代化生活仍然有着深远的指导意义。况且目前我国城乡面临的重要问题就是现代化的生活和传统的情感伦理之间的矛盾，不去追溯中国传统的一整套价值、情感、知识和趣味文化系统，而是撇清关系、一头扎进空中楼阁，着实是走上了南辕北辙的解决之道。

乡村振兴战略用“乡村”概念替代“农村”概念，就是摒弃城乡二元的观念，把乡村看成独立的社会、文化单元，以战略眼光在更高、更长远的层面上实现乡村的品质发展、融合发展、全面振兴。乡村振兴的内涵中，“乡村文明”不再是为经济振兴助力的口号，而是成为乡村建设的初心和方向。

### （二）城镇与乡村人口的“新对流”

改革开放以来，数以亿计的农民工进城入镇，为我国城镇化、工业化建设做出了巨大贡献。截至 2014 年年底，农民工数量已达到2.7亿人，每年还有600余万农民工涌入城市。但需要警觉的是，我国城乡之间的人口迁移总体上还是“单向”的，城市欣欣向荣的另一面是农村发展仍然滞后，一些农村地区甚至陷入“人口逆差”的困境。目前，一代农民工不离土与二代农民工不回乡的现象并存，城乡人口流动的跨区域分布与小区域回流并存。从这个层面上看，国家出台政策促进农民工等人员返乡创业，无疑是新形势下合理、有序地引导城乡人口“双向对流”的重要举措。

一方面，城镇化以人民为中心，地方发展关键靠人才。我国为推进农业转移人口的市民化过程，加大了户籍、社保等相关制度的改革，大力拆除各种有形无形的“藩篱”，让进城农民成为真正的城市居民。预计到2020年，我国将有1亿左右农业转移人口和其他常住人口落户城镇。另一方面，随着我国经济社会转型升级的加快和城乡统筹发展的推进，小区域的农民工返乡回流成为新的潮流。“田园将芜胡不归”，乡村振兴的战略正号召着有志建设家乡的人们回乡发展。外出务工人员看好乡村的政策优惠和成本优势，带资金、带技术、带项目、带信息返乡创办或领办企业。城镇务工人员返乡回流，不仅有效解决了农村对于高素质、现代化农民的需求，而且成为推动县域经济发展的新亮点。

加快改革和落实好国家相关政策，促进城乡之间人口的通畅对流，构建多层次的城乡空间体系支撑多层次流动，以人民的需求为中心，提供城乡公共服务高供给质量，这必将有利于加快城乡要素优化资源配置、促进要素自由流动、提升要素利用效率。这既是统筹城乡发展的重点，也事关全面建成小康社会的全局。回流的选择在不断变化，新的人流流动关系必将影响空间供给。

乡村对于乡贤、企业家、科研人员、文艺工作者等高素质人才尤其求贤若渴。只有留得住人才，乡村才有未来。

### （三）乡村振兴的战略意义与重点

#### 1. 战略意义

党的十九大报告把乡村振兴战略与科教兴国战略、人才强国战略、创新驱动发展战略、区域协调发展战略、可持续发展战略、军民融合发展战略并列为党和国家未来发展的“七大战略”。这正说明乡村振兴战略是国家层面高度的、全局的、长远的战略。农业、农村、农民问题始终是全党工作和全国建设的重中之重。“三农”问题关系到我国20亿亩耕地，关系到近6亿农村人口乃至14亿人民的生产生活，关系到乡村生态环境的保护、关系到依存这片土地而生的人情社会和风俗伦理、关系到中国人世世代代的乡愁与乡情，更关系到城乡协调发展、关系到扶贫脱贫共同富裕、关系到民生的确实改善、关系到小康社会建成、关系到区域差异协调、关系到中国整体的均衡发展。因此，乡村振兴是国家发展的核心和关键问题。

第一，实施乡村振兴战略，是我国现阶段发展的实际需要。中国特色社会主义建设进入新时代，目前我国的主要社会矛盾已经转变为人民日益增长的美好生活需要和不平衡不充分的发展之间的矛盾，乡村振兴战略正是切实解决农村农民的新需求与农村发展不充分、城乡区域之间发展不平衡的矛盾。在实现“两个一百年”尤其是全面建成小康社会的目标之下，乡村是一块重要的战略高地，只有农民脱贫才有可能实现共同富裕，只有农村现代化，我们国家才能建成社会主义现代化强国。

第二，实施乡村振兴战略，核心是从根本上解决“三农”问题。多年来中央始终坚持“三农”问题优先，并给予乡村政策倾斜与扶持。中央制定实施乡村振兴战略，是要从根本上解决目前我国农业不发达、农村不兴旺、农民不富裕的“三农”问题，达到生产、生活、生态的“三生”协调，促进农业、加工业、现代服务业的“三业”融合发展。把实施乡村振兴战略摆在优先位置上，突出问题导向，优化政策供给，下足功夫，有利于精准扶贫、精准脱贫，着力夯实贫困人口脱贫基础，早日打赢脱贫攻坚战。振兴乡村的人才、产业和文化，切实改善农村人居环境，才能建成我们梦寐以求的理想乡村。

第三，实施乡村振兴战略，有利于弘扬中华优秀传统文化。中华文化本质上是乡土文化，中国的社会也仍保有人情社会的影子，中华文化的根基与源头也在这片深沉厚重的乡土之上。乡村文化（具象表现为乡土、乡景、乡情、乡音、乡邻、乡德等）又具有地域性、民族性的特征，凝聚着当地人民生产生活中的智慧结晶、良善品格，彰显着独特的、多样的人文之美。中国乡土文化成为中华优秀传统文化的基本内核。在国家大力弘扬和传承中华优秀传统文化之际，借乡村振兴战略重构乡土文化，呼唤被遗忘的传统美德，抢救濒临的非遗古建，摒弃陈旧的落后观念，营造乡风文明新气象成为当务之急。

第四，实施乡村振兴战略，是要把中国人的饭碗牢牢端在自己手中。中国是个人口大国，民以食为天，国家安全之根本在于粮食安全。中国城镇化进程持续加快，大片农田面临被蚕食的危险。从 2003 年以来中国粮食总量虽然持续增产，但粮食进口量却不断攀升。虽然进口粮食更加节省成本，但是粮食市场被国外控制无异于将中国命脉拱手相让。保障粮食安全，就要确保耕地红线不被突破，利用技术提高生产效率；积极发展适度规模经营，加大土地流转力度，进一步扩大土地经营规模、提高规模效益。

**2. 建设重点**

乡村振兴的重中之重是找回失落文化，重构乡土文明。在实现农业现代化和城乡融合发展的背景下，乡村文化振兴不是要推倒重建，更不是简单回到过去，而是在现代文明体系和城镇体系中找到自己的定位。

第一，关注对乡村文化的挖掘、梳理、提炼，重塑乡村精神。例如发扬乡贤文化，唤起乡村建设以人为本的文化自觉。将传统文化与现代文明融合，物质文明与精神文明并举，推进移风易俗，抵制陋风陋习。支持文艺工作者以农村为创作源泉，充分展示农村的广阔天地。科学编制乡村规划，对于有传统特色的古建筑分门别类地做好挖掘整理、抢救保护和传承发扬。加大对非遗传承人的保护和支持力度，继续加强非遗挖掘、整理与保护。

第二，加强公共文化服务体系在乡村的建设。提升公共文化服务水平，实施文化惠民工程，打通公共文化服务的“最后一公里”，促进公共文化服务均等化、标准化、普惠化的供给。不仅要富口袋，在经济上对农村进行扶贫；更需要富脑袋，从文化和精神层面上给予贫困地区以帮助，满足乡村人民的文化需求，培养乡村新人。加大公共文化设施建设力度，探索乡村文化服务场所规范化管理制度机制。

第三，弘扬乡土优秀传统文化，加强农村思想道德建设。积极树立社会主义核心价值观的新风尚，提升农民精神面貌，焕发乡村文明新气象，培育文明乡风、良好家风、淳朴民风，使整个乡村社会更加互助发展，乡邻和睦，乡风文明。

第四，积极转化文化资源，发展文化创意产业。农村有丰富的乡土文化资源，进行产业化再创造后能产生巨大的经济效益。在文化与旅游融合的大背景和新趋势下，乡村振兴不仅要紧密结合本地文化资源，做好保护传承规划，更要找准政府与民间的角色定位，进行创意性内容开发，做到利益共享。

### （四）文旅融合促进乡村振兴策略

#### 1. 文旅融合的独特优势

与一般的乡村旅游或创意农业不同，文旅融合强调：文化是灵魂，旅游是载体，产业是方向。文化注入旅游，可以使旅游品位提升，内涵丰富，亮点更多，商机更旺。[①]旅游承载文化，可以使文化市场更大，传播更广，传承更久。文旅融合，在促进乡村振兴中具有独特的优势。

第一，重塑城乡关系，推动城乡优势互补，创造城市化背景下乡村的新价值。国际经验表明，当城市人均 GDP 超过 8000 美元、城市化率超过 50% 以后，逃离都市、回归田园开始流行。文旅融合即是顺应大都市人群在快节奏生活中，渴望舒缓压力、调节身心、享受自然与田园乐趣的迫切需求，通过创新文旅产品，推动乡村功能重构，实现乡村与城市优势的互补，要素的循环互动，从而提升城市的生活品质和促进农村的经济繁荣，促进城乡平衡充分发展。

第二，在不破坏生态环境的前提下，激活乡村资源潜能，创造产业发展动能，让乡村成为更多人的生产生活平台。根据十九大战略部署，未来城镇居民收入与农村居民收入之比要从现在的

① 赵珊．“诗”和“远方”在呼唤 [N]. 人民日报海外版，2018-04-28（12）.

3∶1左右降到1.5∶1以下。与村镇工业不同，旅游产业是绿色无烟产业，当前已经成为推动农民增收致富、促进乡村产业转型升级、推进社会主义新农村建设的重要力量。2017年我国乡村旅游人数达25亿人次，旅游消费规模超过1.4万亿元，带动近900万人口就业①。通过文旅融合，可以进一步丰富乡村旅游的文化内涵，丰富体验场景，增加乡村魅力，让乡村不仅成为农民的乡村，更可以成为文化创意、科技创新等各行各业人才的新故乡。

第三，发挥乘数效应优势，带动乡村综合发展，实现全面振兴。要实现“农业强、农民富、农村美”，必须找准核心驱动力，找准具有持续增长力、综合带动力的“旗舰”产业，而文旅融合就是这盘棋局的“棋眼”。文旅产业有着极大的乘数效应，关联度大，带动性强，不仅能够给乡村“补血”，更能让乡村“造血”。“中国牡丹画第一村”——洛阳孟津平乐村，通过牡丹画实现文旅融合，打造集培训、绘画、装裱、销售、外联于一体的产业链，一年创造1个亿的销售额②，由贫困村一举成为先进村，实现了真正的“振兴”和“焕新”。

第四，重振乡村传统文化，提升文化自信，塑造文化新民。乡村承载着大量的传统文化，是中国人文精神本源中的“DNA”。乡村振兴，需要文化振兴，需要文化自信。福建土楼、舟山核雕、湖南凤凰等案例表明，文旅融合能够有效弘扬乡村传统文化，传

① 新华网.2017年乡村旅游超过1.4万亿元成为扶贫富民新渠道[EB/OL].(2018-01-18)[2018-07-15].http：//www.xinhuanet.com/travel/2018-01/08/c_1122227035.htm，2018-01-18.

② 人民网.河南洛阳平乐村："小牡丹"绘出"大产业"[EB/OL].(2018-02-07)[2018-07-17].http：//henan.people.com.cn/GB/n2/2018/0207/c351638-31228059.html，2018-02-07.

承特色乡风民俗，保护、创新其非物质文化遗产。同时，通过文旅融合，能够有效提升村民文化素养，提高村民综合素质，培养有文化、有尊严的现代农民。

**2. 文旅融合促进乡村振兴的策略探析**

第一，做好顶层设计，形成乡村文旅融合规划体系，指导各地因地制宜，塑造特色，各美其美，美美与共。国家文化部门可以针对目前乡村文旅发展过程中同质化较严重、发展层次较低、基础设施薄弱、文化内涵及地域特色不够、资金人才用地不足等问题，进行专项深入研究，以全国一盘棋的思维，做好文旅融合发展的顶层设计。在发展布局上，明确全国不同地域乡村文旅的发展侧重点，形成宏观指导；在业态创新上，注重三次产业的有机结合和互利共生，打造乡村全景产业链；在动力机制上，建立政府、企业、村民的三方共赢机制，形成乡村文旅融合的利益共同体，推动健康可持续发展。

第二，创新发展模式，大力探索和践行“文旅融合引导下的乡村综合发展模式”，加速乡村振兴，即充分发挥文旅产业的乘数效应，以文旅休闲为突破口，提升乡村基础设施水平，促进文旅与其他产业融合发展，打造特色产业集群。创新性地将农村资源变成市民旅游的看点、农业产品变成市民购物的买点、农民闲置住房成为市民度假的落脚点。让农民收入更加多元化（销售收入、租金、佣金、补贴等），逐渐实现农业价值增加、农民身份转换、农村基础设施完善、区域生态建设水平提升，推动实现乡村全面振兴。

第三，打造样板工程。建议通过开展“全国乡村文旅融合试点”及评选“全国文旅融合示范乡村”，以点带面加速整体崛起。根据 2017 年第三次全国农业普查，我国目前有 59.64 万个以上行政村，而且各地区乡村发展差距较大。因此，不能平均用力，应在支持上有所侧重。建议以点带面，实施乡村文旅融合样板工程。一是选择重点区域、重点乡村、重点项目和重点企业进行重点支持，并选取部分乡村为试点，进行农地复合利用、投资创新及乡村治理等方面的探索；二是积极评选全国性的示范乡村，给予荣誉与宣传平台，包装和推出中国的“合掌村”“水上町”，形成乡村振兴的中国样板和中国智慧。

第四，丰富文旅产品。以消费为导向，以供给侧结构性改革为支撑，创新符合时代潮流、具有乡村特色的文旅产品体系。随着我国经济社会的不断发展，从消费需求看，模仿型排浪式消费阶段基本结束，个性化、多样化消费正成为主流[①]。乡村文旅产业的发展也需顺应这一趋势，以满足人们对美好生活的新期待为核心，以主题特色化、产品极致化、功能复合化为手段，不断细化品类，形成涵盖美食、民宿、慢活、科教、养生、悟道等内容的文旅产品体系。同时建议实施“乡村文旅＋”计划，推动与移动互联、大数据、区块链、人工智能等新科技的融合，不断创造文旅融合的新产品和新业态。

第五，振兴乡贤文化，让乡贤在城乡互动联通中搭桥梁、系纽带、树榜样，成为乡村文旅融合的重要力量。乡贤文化是我国传统文化的重要组成部分，是长久以来乡村治理的重要一环。重拾乡贤文化，打造现代“新乡贤”，对乡村振兴而言意义重大。在文化上，能复兴乡土认同；在基层组织上，能助推乡村治理；在

---

① 鄂璠 .2015 中国消费小康指数：82.5 新常态下的新消费：国人期待什么？[J]. 小康，2015（1）.

资源流动上，是城乡联络的最佳人脉纽带。因此，建议通过举办“中国乡贤大会”、评选全国乡贤等形式，鼓励乡贤在文旅融合、道德乡风等方面多做榜样，助推乡村全面振兴。

第六，理顺工作机制，建立“乡村文旅融合发展促进小组”和“乡村文旅融合发展专项资金”。充分发挥国家文化和旅游部的文旅资源统筹与协调能力，探索成立“乡村文旅融合发展促进小组”，全面指导和推进乡村的文化产业、旅游休闲、公共文化服务等领域融合发展，打破管理机制上的条块分割，实现资源、政策上的互通共享。同时建议设立“乡村文旅融合发展专项资金”，对文旅融合加强引导与支持，促进社会效益与经济效益的有机统一。

## 五、延伸：新型城镇形态的出现与发展

### （一）科技打破城市传统形态

#### 1. 科技改变城市的社会组织形态

20 世纪 70 年代，社会学家丹尼尔·贝尔提出“后工业社会”的概念，确定社会已从以“财富”为中心转向以“知识”为中心。的确，社会组织形式在数字革命到来之际已经发生了翻天覆地的变化。当代城市如同一个网络连接起来的大型基础设施，通过海量甚至近乎无限的数据，广泛的通信网连结其无数的个人和集体，产生了千万种交互重组的可能性。人员、商品、服务、信息交换已经脱离了物理空间，在网络上就能流动。新技术取代了初级原料和简单劳动，网络使创意型经济崛起，技术与艺术的对话愈加频繁。人们的工作和教育也因网络的连结而改变，人们从传统的位置上解放出来，工作地点在空间上的严格边界已经消

失。各种城市经济体逐渐离开原来的空间位置，根植于更复杂的城市结构。

**2. 科技催生新的科技城市建设蓝本**

硅谷的例子总是让人津津乐道。在知识社会和互联网经济背景下，硅谷充分展示了其独特性、创造力，与加快技术进步、涵养资本和创新活力的强大能力。硅谷成功的秘密之一就在于，硅谷的年轻人彼此交往、密切连接。这张存在于硅谷各公司之间的关系网，后来演变成广为业界借鉴的互相学习、竞争合作的企业群形式，这也成为后来科技城市建设的蓝本。世界上著名的科技新城印度班加罗尔和日本筑波都曾经耗费大量人力物力，由政府主导了本国的科技革命，遗憾的是日本过于僵化的管理体制、封闭的创新环境导致筑波建设的结果不尽如人意。这启示我们，适合发展新科技的城区会表现出明显的自发性和独特性。今天，企业创新能力、技术转化率、企业间的合作关系构成了新的生产组织的关键因素。创新不再是一个发明家或是设计师的事情，而是存在于信息传播网络之间。尤其在科技聚集的城市，高素质人才、完备的配套设施、融资机构成为重要的决定因素。科技城市如何平衡市场和政府干预的关系，如何建立起与其他科技群体的互动关系，如何为高素质人才提供宜居的环境成为值得探讨的话题。

**（二）数字革命下的智慧城市**

目前，全世界有超过一半的人口居住在城市中，预计到 2050 年，全球城市居民人数还将新增 25 亿。城市面临的环境压力和基础设施供给压力愈加沉重，城市居民希望改善生活质量的呼声也愈发高涨。技术带来了城市更新的希望。尽管数字技术只是打造未来美好城市的工具之一，但不可否认，它也是近年来最有效的办法。智慧城市在国内外许多地区已经试水，并取得了一系列成果，国内的如智慧浦东、智慧闵行、智慧双流；国外的如新加坡“智慧国计划”、韩国“U-City 计划”等。智慧城市运用信息和通信技术手段对城市民生、环保、公共安全、生产活动等进行感测、分析，并整合城市运行核心系统，洞见各项关键信息，帮助城市管理者应对瞬息万变的情况，对日常或紧急情况做出智能响应，高效集约地分配资源。简要来说，智慧城市的实质就是采集海量数据并分析处理响应，实现城市智慧式管理和运行，让城市生活更便捷、更美好。

智慧城市的关键在于网络建设。一个生机勃勃的智慧城市由三个层面协同打造：第一层是技术基础，包括大量连入高速通信网络的智能终端和传感器，以及多个开放式数据平台；第二层是具体智能应用层，技术提供商和 APP 开发人员对数据做出分析处理；第三层是城市、企业和公众的接纳及使用程度。应用在普及之后根据居民接纳与使用情况，通常能够优化决策。

智慧城市的关键也在于社会参与。亚当·斯密认为，如果各方都是理性逐利的，反而可以创造更显著的社会效益。而在如今的智慧城市建设中，也有这样一只“看不见的手”正在发挥作用。智慧城市建设吸引来大量公共投资，企业将提供新型出行方案、开发智能应用看作赚钱的机会，最后城市治理能力提高，居民获得了更便捷的通行方式。智慧城市的实时监测会反馈到每一个互联网用户上，如果数百万人的决策与行动叠加起来，那么整个城市的生产力和响应能力就会得到提升。不过，“看不见的手”有时会导致外部效应和市场失灵，这时就需要政府干预和介入。因此，城市管理者必须从宏观层面规划智慧城市中的各项活动，及时处理意外后果，做好监督和服务，保证每位居民的个人利益。

智慧城市的关键在于社会创新。智慧城市不仅仅是信息技术在城市空间的应用，更将引发社会创新的2.0革命。在FabLab、LivingLab的示例下，基于社交网络和全媒体融合通讯终端等工具的社会创新席卷而来，基于全面的感知、广泛的互联、智能的融合，将有效推进用户创新、大众创新、开放创新和协同创新。

### （三）区域视角下的大都市圈

#### 1. 都市圈分布

都市圈是组织单体城市生产、生活和生态最大的空间范畴，一般由一日生活圈、通勤圈等多个圈层组成。都市圈也是城市群的功能核心区。都市圈是代表国家参与国际竞争的重要单元，也是提升综合国力的重要巨型引擎，是城乡一体化的示范蓝本，决定着未来我国区域经济的基本形态和总体走向。随着新型城镇化进程的不断推进，我国已进入大城市、特大城市向都市圈发展的新阶段，上海大都市圈、郑州都市圈、武汉都市圈、成都都市圈等纷纷提出并加速发展。中国城市已进入相互结盟、协同发展的城市群与都市圈时代。

一方面，大都市圈是城市组团发展的重要层级，有助于引领大都市和大都市区走出“单体城市”的发展模式，避免无序扩张发展成“寡头城市”；另一方面，大都市圈又可以成为城市群发展的先导区和示范区。立足于都市圈，要处理好中心城市、周边城市与特色小镇之间的产业分工关系。中心城市集聚了大量优秀人才、先进技术、丰厚资本等高端要素资源，主要发挥其辐射带动作用；但要协调中心城市和周边地区的发展，还要安排中小城市在都市圈的位置，真正让中心城市的高端要素能为周边地区提供服务，周边城市完成产业转移的职能，与中心城市逐渐融为一体，实现产业链的构建。未来城市发展的关键在于通过有效的空间协同、政策设计和方案创新，疏解城市快速扩张和人口集聚过程中形成的矛盾和问题，以都市圈为单位解决城市病。

**2. 线廊型带状分布**

线廊型文化区域的典型案例如丝绸之路与中国大运河。古老的丝绸之路，是欧亚大陆各文明间彼此开拓、城市融通交流的文化符号和象征。“一带一路”在城市空间布局上的伟大创见，在于它打破原有的点状、块状发展模式，通过基础设施建设与贸易投资往来，打造以连云港—郑州—西安—兰州—新疆—中亚—欧洲为中心线，横贯亚欧大陆互联互通的带状发展模式。

京杭大运河则是我国古代劳动人民创造的一项伟大水利工程，是世界上开凿时间最早、里程最长、规模最大的运河。大运河绵延约 3200 千米，涉及 8 省（直辖市）35 个城市，是贯穿南北的流动血脉与自然景观和人文风俗的生动剖面，是由点、线、面不同形态的遗产类型共同构成的世界罕见的巨型线性系统。2500 多年来，大运河在维护国家统一、繁荣社会经济、促进文化交流、兴盛沿线城市等方面发挥了不可磨灭的作用。今天，大运河又与雄安新区建设、京津冀协同发展、“一带一路”建设、长江经济带发展等重大国家战略有着密切的联系。它牵起了京津冀、长三角两大城市群，联通了两个直辖市，特别是其西北接“丝绸之路经济带”，东南连“21 世纪海上丝绸之路”，完善了“一带一路”的整体布局，让国家战略更具协同性、全局性和科学性。大运河文化带，简而言之，即是以大运河文化为内核，以保护、传承、利用为主线，以带状地理空间为载体，以区域交通束为基础，以沿线城镇为发展主体，集遗产与生态保护、经济与社会发展、文化与休闲游憩等多种功能于一体的综合型文化功能区域。它将串联起“一带一路”、长江经济带、京津冀等国家战略区域，共同推进中华民族的伟大复兴。

## 第二节　新型城镇文化研究的新领域

### 一、新型城镇与新乡贤文化

#### （一）乡村振兴的“安全阀”和“助推器”

实施乡村振兴战略，有利于解决当下城乡发展不平衡和乡村发展不充分的问题。乡村振兴不仅是经济的振兴、生态的振兴、社会的振兴，更是乡贤文化的振兴。我们要正确认识乡贤在乡村发展中的作用，不断挖掘乡贤文化的巨大潜力和社会价值，培育乡贤文化以引领乡村振兴。

历史上的乡贤是对有作为、有才能、德高望重的社会贤达去世以后追念的称号；在今天乡贤指所有德才兼备的、为家乡建设添砖加瓦、匡正乡土风气的先进典型人物，如退休返乡的政府官员、德高望重的基层干部、才学过人的贤人志士、反哺桑梓的商业精英等。在今天的乡村建设中，乡贤们是独特的治理主体，他们身体力行，将自身利益与集体利益结合在一起，身先士卒投入乡村振兴中，起到了规划师、引领者的作用。

乡贤文化是乡村文化的核心部分。它扎根于中国乡村的本土文化和现实情况，带有中国传统道德伦理文化的特征，又具有地域的独特个性，显示出亲善性、人本性的特点。乡贤文化是一个地域的精神标志，是维系乡情的主要纽带；乡贤文化是乡村的“安全阀”，是维持乡村秩序稳定的精神领袖。乡贤文化的形成，是乡村文化自觉树立的重要表现，意味着乡民群体建立了自我管理、自我学习的良性机制，并对本土的人文精神高度认可，形成了较强的集体凝聚力和认同感。在目前乡村面临发展瓶颈的现实下，重新呼唤乡贤文化，发挥其对乡村居民的感召力、对乡土文化风气的感染力和对乡村组织特色产业链建设的领导力，迫在眉睫。一方面，呼吁新乡贤返乡为乡村建设做出贡献；另一方面，以乡贤带头践行社会主义核心价值观，形成向上的乡风和向好的民风。

**（二）以文化人，发挥乡贤作用**

发挥乡贤作用，推进以文化人，当前需要从三个方面着手。第一，挖掘乡贤文化的历史内涵。发现、抢救、保护珍贵的乡贤故居、遗址、文物，加大对乡贤文化的现代阐释，增加乡贤文化的亲和力、感召力、影响力，已成当务之急。同时要整理搜集古贤文献资料，抢救、保护好当地历代乡贤的珍贵文献文物，其中承载着乡贤们的人文道德力量。还要积极创新乡贤文化宣传渠道。在传统媒体加大宣传的基础上，要充分利用新媒体优势，可以在当地学校教育中加入当地乡贤事迹教育，让当地的孩子从小就从传统乡贤身上吸取能量。第二，凝聚乡贤力量。大力保护与传承乡贤文化资源，多策并举培育新乡贤，以文化人，通过培育乡贤和乡贤文化，凝聚村民力量，联结乡村情怀，提升农村地区道德建设水平和精神文明。第三，增强群众参与积极性，培育“见贤思齐”的风气，增强新乡贤的文化涵育作用。利用新乡贤文化涵育乡风、敦化民风，要总结区域新乡贤精神，弘扬发挥新乡贤的道德教化作用。鼓励新乡贤参与农村文化建设与治理。以新乡贤文化促进乡村管理现代化，完善农村党组织设置，吸引乡贤参与村里事务的管理，逐步实现从经济到社会再到文化治理的村民自治转型。

## 二、新型城镇与新兴文化业态

### （一）文化+成为城镇产业新常态

新型城镇建设中，跨界融合型的业态更加多元。随着文化与互联网、大数据、VR 等技术的深度融合，文化与其他产业协同发展会越来越多，以一个 IP 为核心去开发不同类型的产品和服务也将越来越成熟。例如腾讯公司 2016 年的年收入将近 220 亿美元，其互动娱乐布局包含腾讯游戏、阅文集团、腾讯动漫、腾讯影业、腾讯电竞等多方面相互融合。同时，腾讯数字科技的研发也将与数字创意产业深度跨界融合，如腾讯的大数据分析技术、人脸识别技术、视频互动直播技术等，这种融合让文化产业爆发出了前所未有的增长力量。同时，城镇的历史文化资源也将成为城镇文化产业的重要源泉，通过“文化 +”的形式促进传统优秀文化的创新性传承和创造性转化，将不断涌现出各类新的业态，形成植根新城镇、依托新城镇、促进新城镇的全新动力。

### （二）数字创意经济成为时代主流

当前，数字与信息科技正改变着我们传统的生活方式和经济形态，在全球城市及新城发展中，日益重视数字经济。国际上提出了“iGDP”概念，即数字经济占 GDP 的水平。iGDP 主要包括两大方面：一是发展数字产业，开发数字硬件产业、软件产业及服务业；二是应用数字技术，将数字技术渗透到各行各业，大幅度提升产业附加值。加大这两块比重将大大提升 iGDP 的水平。一个国家的 iGDP 如果超过 50%，则表明这个国家的数字经济已占主导地位。我国是世界上互联网用户最多的国家，占到全球网民总数的五分之一，这为数字创意经济奠定了基石。目前，数字创意已经成为我国文化产业的核心组成部分。从目前 18 个国家级新区的文化产业布局来看，其中很大部分与数字创意产业密切相关，例如上海浦东新区提出重点发展数字出版、网络游戏、动漫、新媒体、影视等产业，天津滨海新区聚焦发展影视动漫、设计创意、数字传媒、互联网应用等产业。因此，未来新型城镇建设中，要顺应时代发展的潮流，重点聚焦数字创意经济，并根据自身优势，聚焦其中的细分门类。

### （三）关注人工智能引发的产业变革

1956 年，斯坦福大学 J. McCarthy 教授、麻省理工学院 M. L. Minsky 教授、卡内基梅隆大学的 H. Simont 和 A. Newell 教授等学者首次提出“人工智能”概念：“让机器能像人那样认知、思考和学习，即用计算机模拟人的智能。”短短几十年的时间，人工智能的发展进入了由概念到现实的变革时期，虚拟现实、人工智能、物联网和行业整合等核心趋势将继续推动全球科技市场的并购与整合。由此看来，随着科技的迅猛发展，人工智能在未来将继续深入数字创意产业的各个领域。2018 年 6 月，阿里云 ET 城市大脑正式宣布，将向与城市治理有关的生态参与者开放平台AI能力。阿里云城市大脑正从智能交通管理系统全面升级为整个城市的人工智能中枢，并逐渐拓展至医疗、城管、环境、旅游、城规、平安、民生七大领域。据保守估计，2019年我国AI市场将突破百亿。可以预测，随着人工智能技术提升，当前的文化创意产业将受到深刻的影响。

**（四）文旅融合是新型城镇的产业引擎**

2018年4月8日，国家文化和旅游部正式揭牌，这意味着“诗和远方”正式结为连理，这符合文化和旅游的内在逻辑和发展趋势。文化产业是一种与其他产业关联度较高的产业类型。文化与相关产业跨界融合、应用新技术、活跃消费市场需求，可推动关联产业转型升级，催生文化新业态发展。而且，文化是旅游产业的灵魂和内涵所在，越来越多的案例表明，打好“文化牌”是助推地方旅游产业发展的重要策略。

旅游产业是城镇传统文化发展和传承的重要载体。随着人们精神追求的多元化和个性化，旅游的各个要素——吃、住、行、游、购、娱都与文化有关联，民宿的兴起就是一个很好的例证。同时，以实景演出为代表的旅游演艺市场正改变着“上车睡觉，下车拍照”的传统旅游形式，让人们有了对文化的深度体验。此外，影视、动漫、音乐等文化业态与旅游的融合更加广泛和深入，创新着旅游产品和营销模式。文化旅游作为一个综合性、融合性很强的产业，一方面是靠“老天爷”的自然资源，另一方面是靠“老祖宗”的文化资源。文化产业、公共文化服务、文物保护和利用、旅游产业的发展相互密不可分。然而，此前多年，这些交叉融合的领域归属不同管理机构，在一定程度上形成了“多管一”

的局面。近年来，很多地方的文化、旅游相关机构调整与合并，也正是基于管理内容日益交叉重叠的现实，以统筹协调管理职能，提升政府服务效能。2017 年，全国 24 个省份的旅游“局升委”，将旅游局升格成省级地方政府的组成部门，就是为了适应新时代文化和旅游业发展的新要求。

文化和旅游部的组建，并不是职能上的简单相加，未来工作重点不是只抓“文”或者重视“旅”，而是融合发展，实现资源和载体、内容与形式、休闲与体验的结合，有助于产业、事业、文物、旅游管理的优化协同高效，有助于文化产业资源、公共服务资源、可开发利用的文物资源和旅游资源统筹，推动业态创新，实现产业升级与消费升级。此前，我国很多城市在文旅融合发展上已有成功实践经验。据统计，全国相关城市已经组建了 100 多个文旅集团及各类文旅基金，以适应当前旅游业转型升级的需要。我国有大量的文化古迹需要有效保护与活化，这种保护需要巨大的资金支持，单单依靠国家财政往往难以支撑。此外，旅游升级需要打造 IP，拓展产业链，集合影视、广告、文学、艺术、新媒体等多种文化形式，仅凭政府一家之力难以实现，文化旅游集团（或文化投资集团）通过制定科学合理的旅游发展战略和产业布局，将文化与旅游深度结合，有针对性地开展重点旅游资源与项目的建设开发，统筹协调，促进文旅做大做强。

在乡村振兴中，文化与旅游融合成为乡村发挥自然资源和文化优势，吸收社会资本的重要项目，更是特色小镇和田园综合体重点布局开发的产业。在生产生活上，发展文化旅游，有利于乡村盘活闲置农村资源，带动全域配套服务建设，增加就业岗位，有效拉动内需。在生态上，乡村发展文化旅游更有利于推动农村绿色职能发挥，打造美丽乡村。

## 三、新型城镇与新文化场景

### （一）文化产业拓展文化场景

关于促进城市增长模式的理论，从传统生产要素到城市经济政治力量再发展到人力资本，再到多伦多大学创意管理教授佛罗里达和哈佛大学城市经济学教授格莱泽提出的创意阶层模式，城市的重要增长极已经转向了创新创意。它们不仅改变着城市生活，而且还改变着城市创业结构和社会形态。但是，尽管创意阶层模式揭示了高级人力资本对城市增长的重要性，但并没有说明“城市与社区如何吸引、聚集与涵养创意阶层”。美国芝加哥大学社会学系克拉克教授团队的文化场景理论很好地解决了这个问题：运用生活文化设施、文化活动等元素，在土地与资本运作下构成一种独特的场景，依靠场景中蕴含的审美趣味、生活方式与情感的体验等来吸引、聚集不同的创新艺术人才。文化场景的构建，使城镇从长期以来注重硬件建设开始偏向软性的文化吸附力的营造。文化产业的全产业链开发不仅能够促进特色文化资源与现代文化消费需求的有效对接，也能拓展产业的发展空间，有效延伸到文艺街区、创客空间等文化场景的开发中。

### （二）城镇更需要公共艺术空间

随着互联网营造的网络公共空间日益完备，人们在虚拟世界便可以满足一定的公共社交需求。广场等公共空间面临着衰退的窘境，但并不意味着线下公共空间应该被淘汰。作为人群集聚的场景，独具特色、设计感强、与环境和谐相应的公共空间更能够吸引人驻足，且公共空间对于公共意识的塑造、对于产城融合的品牌打造，都具有支撑作用。公共文化场景端遍布城市空间，实现公共文化服务“触手可及”。韩国的清溪川通过水体复原和河道治理，打造了一个城市亲水的公共空间，针对不同河段做出了融入周边环境的设计——金融中心段体现现代感、东大门地区突出休闲功能、东部河段强调自然生态特点。深圳火车站的文化景观则实现了雕塑与观赏者的交流互动，东西两广场的大型不锈钢机动雕塑《发展的深圳》，配合光、电、水和机动装置，圆内圆外两部分向经度和纬度两个方向旋转，象征城市的无限发展，为来往旅人展示了深圳气质和深圳风貌。

## 四、新型城镇与新治理模式

### （一）多主体参与文化治理

多主体参与将成为新型城镇文化治理的手段。科技让文化产业从生产到消费的门槛变低，移动终端和网络普及让信息触手可及，自媒体和融媒体的生长让文化内容生产变成大众行为。文化发展离不开众多主体的介入，政府、企业、高校及非政府组织共同参与的全方位保障体系是未来文化产业稳中求进的基石。政府在出台相关扶持政策的同时需要及时监督政策的落实情况，对政策实施过程中出现的问题做出及时反馈，与时俱进调整施政纲领，充分释放政策红利。企业是文化产业运营的主体，是文化符号开发的主角。企业在开展文化产业项目的同时要与市场需求相结合，抓住特色文化排浪式消费的窗口期，利用政策优势大胆创新，提升产业的整体竞争力。高校作为科研教育机构和智库平台，在特色文化产业的建设过程中发挥着培育人才、产业研究、智力指导的作用。非政府组织的支持也是特色文化产业多主体参与的关键环节。只有通过多元参与，实现多中心治理，新型城镇文化建设才有更大的发展动力。

### （二）数字孪生城镇需要新管理模式

数字孪生概念最早出现在工业制造领域，指充分利用传感器、运行历史等数据，在虚拟空间搭建数字孪生系统以完成对实物的映射，并反映实物的全生命周期的过程。虚拟空间中数字孪生城市对应物理空间的城市，成为智慧城市建设的重要基础。在数字孪生城市中不仅能实现城市万物互联互动、可知可感，城市治理体系也在发生重大变革——由网格式的精细化管理向数字孪生的高度智能化自治演进。城市治理手段向泛在感知的数字化转变，城市的治理模式向全民参与演进，城市治理决策向数字化模拟转化。未来数字孪生城市的诞生与普及，将对新型城镇文化建设产生深刻影响，特别是文化的管理模式。

## 五、新型城镇与新供需关系

### （一）老旧厂房成为新型文化空间

老旧厂房和工业基地是工业时代的辉煌，也是现代新城安睡的沉疴。当工业退出新型城镇的历史舞台，其在城市机能中发挥的作用也有待转变。一方面，老旧厂房的建筑有深远的历史价值，它记载着城市的发展历程和城市精神；另一方面，作为老建筑，旧厂房独特的艺术风格更带来怀旧的独特风味，成为城市耐人寻味的勋章。改造老旧厂房，国际上的成功案例数不胜数：个体自发、政府后介入“以旧整旧的‘艺术家天堂’”美国苏荷区；旧物再利用，通过改变原有建筑、设施及场地的功能，既再现了工业区的历史，又为人们提供了文化、娱乐生活园地的德国鲁尔区；位于澳大利亚 Adelaide 港口，由 ASPECT 工作室在 Hart 厂房周边带来的一个全新而充满活力的包括多种多功能空间和商业区的公共空间设计。

老旧厂房是城市文化的金山银山，盘活老旧厂房有利于实现工业厂房的去存量化，促进落后产能退出，向新兴战略产业转变。作为城市历经工业时代的见证者和载体，老旧厂房在完成历史使命后功成身退，如何在产业腾退后妥善利用闲置空间，平衡厂房的保留与开发，完善行政手续审批，导入产业，并保存工业文化，成为老旧厂房改造的命题。利用老旧厂房改造文化空间，可以推进城市与文创产业向集约化、规模化与集群化发展，助力结构性改革。到 2018 年，北京市各区已腾退老旧厂房 200 余个，其中一批已经或正在转型为文创产业园区。园区大多保留老北京工业化特色的轮廓外型，保证绿化面积，且营造无围墙的园区，欢迎周边居民参观“园区花园”，成为城市新型文化空间。未来，老旧厂房将在政策和企业双重驱动下，成为城市新的靓丽风景线。

### （二）公共文化服务的供需协同

新型城镇文化产品新供给要以居民需求为导向，坚持外联与内生并重，满足居民多样化、个性化、品质化的文化需求。不仅要大力引入国内外优质文化资源，还要实现资源共享、服务模式平移；深挖当地文化资源，积极培育文化艺术创作新力量。通过创新政策环境、提供财税支持等大力培育文化创意企业和文化类社会组织，丰富文化产品和服务生产主体；打造全域全时全龄服务网络，为不同年龄、不同群体的居民提供公共阅览、文物博览、艺术鉴赏、科普教育、艺术培训、文化娱乐、视听服务、群众文艺等线上线下的优质公共文化产品和服务。

创新公共文化服务供给方式。一方面，进行多层级的公共文化设施供给，城市级公共文化基础设施满足国家级和国际级的高品质文化需求；组团级深度满足居民个性化需求；社区级提供更便捷的、就近的产品及服务，5 分钟文化圈或 15 分钟文化圈内推动居民自我服务，搭建社区文化活动平台，培育社区文化品牌建设，增强居民参与感和归属感；线上数字端使公共文化服务全天全时，无处不在。另一方面，创新实现居民“自主选择、按需供给”。对居民进行文化消费补贴，根据文化产品和服务的提供主体、提供内容执行不同额度的补贴优惠，将文化价值引领与按需供给相结合，将公共文化服务与文化消费相结合，以需求为导向实现公共文化服务的精准化，切实增强居民的文化获得感。全面推动政府向社会力量购买公共文化服务，实现“能买即买”，鼓励各类社会主体提供丰富优质的文化产品和服务。

## 六、新型城镇与新概念畅想

### （一）“碳硅合基”的城镇新形态

我们的一切社会组织活动都需要空间的支撑，最终以空间为单位组织社会形态，而城市就是这种社会形态的外显。清华大学建筑学院周榕副教授认为：传统的城市是一个“碳基空间”，即物理空间，与我们的碳基身体息息相关，我们必须在现实的空间中从事社会活动。城市的发明就是基于其近距离空间单元的优势使信息传播更加便捷，因此也导致了乡村的失落。但随着“硅基空间（Cyber Space）”的崛起，它以高效的、超公共性的优势，完胜传统的碳基空间。城市中的一些物理定位、人和环节在硅基空间中全部消失，城市布局不再遵循传统的碳基布局规律，传统的城市布局也失去其衡量尺度。也许城市未来会像100年前的乡村不敌城市那样，在硅基空间到来的拐点，进入衰落的轨道。而依赖“碳硅合基”的城镇新形态可能会崛起。

### （二）从网络互联到万物互联

物联网简单来讲就是基于传感器和现有互联网互相衔接的一项新技术，它将物理基础设施和IT连结，物联网上的各个节点都能进行“交流”，实现节点也就是物品之间的自动识别或者信息互联互享。国家工信部数据显示，我国物联网产业规模已经从2011年的2600亿元增长到2017年的9000亿元，预计2022年将达到3.1万亿元。进入万物互联的物联网时代不再是遥远的梦想。如果说互联网为城市中人们的生产生活提供了最基础的网络环境构架，那么物联网将在此基础上搭建更多应用场景。当下的可穿戴设备、智能家居、智慧物流、共享单车等都是物联网的初级应用；智慧零售、共享经济等也是以物联网为工具的商业模式。

和传统的互联网相比，物联网有其鲜明的特征。首先是海量广泛的感知技术和实时采集。通过对信息源的捕捉和采集，不断丰富更新数据；其次是它是以互联网为核心，通过通信协议实现信息交换的传输的；再次，物联网本身也具有智能处理和智能化学习的能力，并要借助云平台等进行按需交互和按需服务，打造以服务需求为中心的网络。

当前，物联网的生态系统构建和大规模普及还存在很多难点，如地下的深度覆盖、基站连接数上限有限、低时延高移动性问题有待解决。此外，可扩展性低、隐私安全难以保障也是需要攻破的难关。目前已经有国际团队尝试将物联网与区块链结合，打造一条更具隐秘性的公链，满足物联网设备的大量交互需求、隐私安全需求和异构性。在国内的新城镇建设中，物联网技术已经开始使用。2018 年 4 月中共中央、国务院批复的《河北雄安新区规划纲要》中，明确提出了产业发展的重点，其中就包括物联网产业及智能感知芯片、传感器和感知终端的研发；雄安新区将率先启动 NB-IoT（窄带物联网）实验网络的建设，基于此技术的智慧停车示范点，智慧井盖、智慧路灯示范点已全面建成并投入使用。

可以想见，在未来的新型城镇中，物联网就是通过硅碳合基为城市空间赋能，其感知、采集、传播、处理信息的能力，将使城市实现空间智能化。物联网未来有望为传统的城市空间赋能，成为碳基空间求生反击的基础。借助物联网的力量，人工智能将存在于城市空间每一处环境中，万物互联互通、可知可感，使得城市成为包容人类生活的超级大脑。未来城市在物联网的布局下也许并不需要一个凌驾于城市之上的大脑，因为未来城市本身可能就是具有包容性的超级大脑。

# 附录：中国城镇化大事记（1978—2018）

1978年3月，全国城市工作会议在北京召开。会后中共中央发布了《关于加强城市建设工作的意见》。此次会议基本厘定了此后约30年时间内城市建设和发展工作的基本思路，中国城市建设自此迎来了一轮大发展。

1979年7月，党中央、国务院批准广东、福建在对外经济发展中实行“特殊政策、灵活措施”，并决定在汕头、厦门、珠海、深圳等地设立经济特区。

1979年9月，党的十一届四中全会通过的《中共中央关于加快农业发展若干问题的决定》提出：“有计划地发展小城镇建设和加强城市对农村的支援。这是加快农业现代化，实现四个现代化，逐步缩小城乡差别、工农差别的必由之路。”

1980年8月，五届全国人大常委会第十五次会议批准国务院提出的在广东省深圳、珠海、汕头和福建省厦门建立经济特区的决定，经济特区成为20世纪80年代初中国为探索改革开放之路而设置的一些实行特殊政策、进行特别管理的区域，被誉为中国改革的“试验田”和对外开放的“窗口”。

1980年10月，国家建委召开了全国城市规划工作会议，确定了“控制大城市规模，合理发展中等城市，积极发展小城镇”的方针，其《全国城市规划工作会议纪要》于该年年底由国务院批转。

1984 年 1 月，国务院颁发《城市规划条例》。这是新中国成立以来城市规划专业领域的第一部基本法规，标志着我国的城市规划步入法制管理的轨道。

1984 年 10 月，中共十二届三中全会召开，全会讨论通过了《中共中央关于经济体制改革的决定》，对开展以城市为重点的经济体制全面改革进行研究和部署，这标志着国家将经济体制改革的重点转移到了城市。

1985 年 2 月，党中央、国务院批准《长江、珠江三角洲和闽南厦漳泉三角地区座谈会纪要》，将长江三角洲、珠江三角洲和闽南三角区划为沿海经济开放区。

1988 年 3 月，第七届全国人民代表大会第一次会议通过撤销广东省海南行政区，设立海南省，建立经济特区的决定。海南成为全国最大且唯一的省级经济特区。

1990 年 4 月，《中华人民共和国城市规划法》开始施行。在经济体制改革、经济成分多样化的背景下，城市规划管理依法行政成为更迫切的要求。不仅要以保护公众利益与公平为基础，更要处理好公共管理与私有权利的关系。

1990 年 10 月，中共中央和国务院决策开发浦东。至今，国家已经先后批准设立了 19 个国家级新区，涉及陆地面积 2.24 万平方千米，海域总面积 2.58 万平方千米，人口 2630 多万人。

1992 年 1 月到 2 月，面对对发展市场经济的各种质疑，当时已经 80 多岁高龄的邓小平视察了武昌、深圳、珠海、上海等地并发表了深刻影响中国经济社会发展进程的重要讲话。仅 1992 年至 1993 年一年时间，全国设立县级以上开发区 6000 多个，占地 1.5 万平方千米，比起当时城市建设用地总面积还多 0.16 万平方千米。

1992 年 10 月，党的十四大明确了建立社会主义市场经济体制的总目标，城市作为区域经济社会发展的中心，其地位和作用得到前所未有的认识和重视。明确经济体制改革的市场化趋势后，农村发展和小城镇建设在国民经济发展中所扮演的角色越来越重要，政府用政策引导农村城镇化显得尤为重要。

1993 年起，国家深化土地市场改革，商业性用地使用权实行公开招拍挂制度。此举在规范土地市场的同时，也为地方政府建立“土地财政”奠定了制度基础。

1993 年 6 月，国务院颁布《村庄和集镇规划建设管理条例》，1993 年 11 月 1 日起正式施行。

1994 年 7 月，国务院发布《国务院关于深化城镇住房制度改革的决定》，目标是建立与社会主义市场经济体制相适应的新型住房制度，实现住房商品化、社会化。建立住房公积金与信贷体系。标志着城镇住房制度改革之路正式开启。

1994 年 11 月，财政部、国务院住房制度改革领导小组、中国人民银行联合下发《建立住房公积金制度的暂行规定》，标志着我国住房公积金制度的建立。

1994 年，国家进行了分税财政体制改革，强化了国家财政的分配协调功能。在支出责任大体不变的情况下，也成为引发地方政府片面追求 GDP 增长、城市盲目扩张的重要制度因素。住房改革和分税制的深度结合使中国城镇化形成了以土地为核心的模式，大大提升了政府财力，促进了老城重建和新区开发。

1994 年 9 月，建设部（现住房和城乡建设部）、国家计委、国家体改委、国家科委、农业部、民政部六部委联合发布《关于加强小城镇建设的若干意见》，这是我国第一个关于小城镇健康发展的指导性文件，是政府引导城镇化的开端。

1995 年 10 月，根据国务院原则同意的《关于加强小城镇建设的若干意见》的要求，国家体改委、建设部（现住房和城乡建设部）、公安部、国家计委、国家科委、中央机构编制委员会办公室、财政部、农业部、民政部、国家土地局、国家统计局等联合发布《中国小城镇综合改革试点指导意见》，决定依靠地方政府和有关部门，选择一批小城镇，进行综合改革试点。

1998 年 10 月，《中共中央关于农业和农村工作若干重大问题的决定》提出："发展小城镇，是带动农村经济和社会发展的一个大战略。"江泽民同志在十五届四中全会上进一步指出："实施西部大开发和加快小城镇建设，都是关系到我国经济和社会发展的重大战略问题。"将小城镇建设提高到了重大战略高度。

1998 年 7 月，国务院发布的《关于进一步深化住房制度改革加快住房建设的通知》，宣布全国城镇从 1998 下半年开始停止住房实物分配，全面实行住房分配货币化，同时建立和完善以经济适用住房为主的多层次城镇住房供应体系。

2000 年 6 月，中共中央、国务院发布《关于促进小城镇健康发展的若干意见》，指出当前小城镇建设中存在缺乏规划、盲目扩张、基础设施滞后、自身管理体制落后等不容忽视的问题。

2001 年，国家"十五"计划中首次把"积极稳妥地推进城镇化"作为国家的重点发展战略之一，提出要不失时机地实施城市化战略。此后，又提出了一系列推进城市化的方针政策和指导性文件，把城市化作为解决"三农"问题的重要途径之一。

2002 年 11 月，党的十六大明确提出"要逐步提高城市化水平，坚持大中小城市和小城镇协调发展，走中国特色的城市化道路"。

在工业化和现代化的必然趋势下，农业人口向城市和城市产业转移是必然的。这揭开了我国城镇建设发展的新篇章，城市化与城市发展空前活跃。到2014年年底，全国城市化率提高到54.77%，比1991年提高17.83个百分点。

2003年10月，党的十六次代表大会明确提出“走中国特色城镇化道路”，并将大中城市和小城市的协调发展作为其初步内涵，关于新型城镇化的讨论开始在全国崭露头角。同月，在党的十六届三中全会上，中央提出“科学发展观”，标志着党在经济和社会发展战略上的重大转折。中央在提出“加快城镇化进程”的同时，更加强调包括统筹城乡发展在内的“五个统筹”。2003年，我国的城镇化率第一次超过工业化率。

2004年12月，中央经济工作会议指出，我国现在总体上已到了以工促农、以城带乡的发展阶段，必须有效引导城镇化健康发展，妥善处理城乡关系，建立逐步改变城乡二元结构的机制。要注意保护和节约土地，维护农民的合法权益，合理把握城镇化进度。

2005年，胡锦涛同志强调，坚持走中国特色的城镇化道路，按照循序渐进、节约土地、集约发展、合理布局的原则，努力形成资源节约、环境友好、经济高效、社会和谐的城镇发展格局。

2005年10月，十六届五中全会召开，胡锦涛同志提出“新四化”，倡导新型城镇化。会议通过的《中共中央关于制定国民经济与社会发展的第十一个五年规划的建议》，第一次使用“工业化、城镇化、市场化、国际化”的概念。十六届五中全会将新型城镇化作为“新四化”的主要内容郑重提出，将新型城镇化摆到了国家战略的层面，奠定了新型城镇化的地位。全会首次提出了要建设“生产发展、生活富裕、乡风文明、村容整洁、管理民主”的“社会主义新农村”，并加大了国家财政和政策支持力度。

2005年，原建设部（现住房和城乡建设部）委托中国城市规划设计研究院编制完成《全国城镇体系规划（2006—2020年）》，首次提出了“国家中心城市”这一概念。到2018年，发改委共批复了北京、天津、郑州、武汉、成都、重庆、西安、广州、上海共9个“全国中心城市”。

2006年，中央提出建设社会主义新农村的政策措施，明确提出要实行“工业反哺农业，城市支持农村”，并动员全社会广泛参与。

2006年3月，出台的“十一五”规划纲要提出，坚持大中小城市和小城镇协调发展，提高城镇综合承载能力，按照循序渐进、节约土地、集约发展、合理布局的原则，积极稳妥地推进城镇化，逐步改变城乡二元结构。此外，规划提出到2010年我国城镇化率达到47%。

2007年5月，时任总理温家宝在长江三角洲地区经济社会发展座谈会上强调：“统筹城乡发展，努力改变城乡二元结构，扎实推进新农村建设；优化城市布局，走新型城镇化道路，充分发挥中心城市作用。”讲话将新型城镇化建设提到了统筹城乡建设的高度。

2007年10月，十七大报告提出：“立足社会主义初级阶段这个最大的实际，科学分析我国全面参与经济全球化的新机遇新挑战，全面认识工业化、信息化、城镇化、市场化、国际化深入发展的新形势新任务，深刻把握我国发展面临的新课题新矛盾，更加自觉地走科学发展道路，奋力开拓中国特色社会主义更为广阔的发展前景。”将新型城镇化列入“新五化”范畴，全国新城镇建设进入崭新阶段。十七大明确了新型城镇化的内涵，提出了新型城镇化的指导思想与建设路径，在新型城镇化的提出与发展的道路上达到了理论的集大成。

2007 年 11 月至次年 3 月，在全国各省贯彻党的十七大精神学习会议上，都将“新型城镇化”作为十七大重要指示加以推进。在此基础上，国家住房和城乡建设部将新型城镇化的概念向全国进行了推广。

2008 年 1 月，《中华人民共和国城乡规划法》施行，《中华人民共和国城市规划法》同时废止，城乡规划包括城镇体系规划、城市规划、镇规划、乡规划和村庄规划，旨在加强城乡规划管理，协调城乡空间布局，改善人居环境，促进城乡经济社会全面协调可持续发展。对比《城市规划法》，《城乡规划法》最大的不同是强调城乡统筹，最显著的进展是强化监督职能，最明确的要求是落实政府责任。

2008 年 10 月，中共十七届三中全会通过《中共中央关于推进农村改革发若干重大问题的决定》，允许农民以转包、出租、互换、转让、股份合作等形式流转土地承包经营权，发展多种形式的适度规模经营。

2008 年 11 月，国务院召开常务会议，制定刺激经济的 10 项重磅措施。在扩大内需的 4 万亿元投资计划中，有 9000 亿元用于保障性安居工程，加大对廉租住房建设的支持力度，加快棚户区改造。

2009 年 9 月，住房和城乡建设部强调：“探索和发展新型城镇化建设模式是建设领域落实十七大精神，统筹经济社会发展、人与自然和谐发展的重要途径。”

2009年12月，中央经济工作会议和中央农村工作会议召开，首次提出“城镇化”，把推进城镇化作为未来促进中国经济增长和拉动内需的重点，并要求率先在中小城市和小城镇推进户籍制度改革。

2010年10月，召开中共十七届五中全会，“十二五”规划对积极稳妥推进城镇化、促进区域协调发展进行了部署。具体提出构建城市化战略格局、稳步推进农业转移人口转为城镇居民、增强城镇综合承载能力。

2010年10月，住房和城乡建设部副部长仇保兴专程到全国市长研修学院讲授《新型城镇化从概念到行政——如何应对我国面临的危机与挑战》。他提出六大转型推动“新型城镇化”建设，提出了“城市优先发展到城乡互补协调发展、高能耗的城镇化到低能耗的城镇化、数量增长型到质量提高型、高环境冲击型到低环境冲击型、放任式机动化到集约式机动化、少数人先富的城镇化到社会和谐的城镇化”六方面内容。

2010年12月，中央经济工作会议明确强调“城镇化是我国现代化建设的历史任务，也是扩大内需的最大潜力所在，要围绕提高城镇化质量，因势利导、趋利避害，积极引导城镇化健康发展”。会议还着重强调，未来大中小城市和小城镇、城市群要科学布局，与产业布局和环境资源相协调，而且“要把有序推进农业转移人口市民化作为重要工作抓实抓好”。

2011年3月，《中华人民共和国国民经济和社会发展第十二个五年规划纲要》发布，文件提出，“坚持走中国特色城镇化道路，科学制定城镇化发展规划，促进城镇化健康发展。新型城镇化开始全面指导全国城乡建设”。并提出要在未来五年建设3600万套保障性住房，使其覆盖率达到20%。其后，各省的“国民经济和社会发展第十二个五年规划纲要”均提出“以新型城镇化”为指导，全面建设小康社会，新型城镇化在各省展开实践。

2011年，中国城镇人口占总人口的比重首次超过50%，达到51.27%。这成为中国城镇化进行中一座重要的里程碑，意味着中国经济社会发生了一次历史性的变革：一个数千年来以农村为主导的农业大国，开始进入以城市为核心的工业经济和服务经济时代。

2012年2月，《国务院办公厅关于积极稳妥推进户籍管理制度改革的通知》发布。《通知》提出要分类明确户口迁移政策，继续探索建立城乡统一的户口登记制度，逐步实行暂住人口居住证制度。

2012年11月，党的十八大胜利召开，会议肯定了中国的新型城镇化建设，指出“城镇化水平明显提高，城乡发展协调性增强”，并提出“坚持走中国特色新型工业化、信息化、城镇化、农业现代化道路，推动信息化和工业化深度融合、工业化和城镇化良性互动、城镇化和农业现代化相互协调，促进工业化、信息化、城镇化、农业现代化同步发展”。十八大报告肯定了新型城镇化、信息化、新型工业化及农业现代化的新四化道路，并为未来新型城镇化与信息化、新型工业化、农业现代化的综合协调提供了明确的方向。

2012年11月，《国家智慧城市试点暂行管理办法》出台，具体指导国家智慧城市试点申报和实施管理;《国家智慧城市（区、镇）试点指标体系》出台，列明智慧城市试点的指标体系。

2012年12月，中央经济工作会议再次提出，城镇化是我国现代化建设的历史任务，也是扩大内需的最大潜力所在，要围绕提高城镇化质量，因势利导，趋利避害，积极引导城镇化健康发展。积极稳妥推进城镇化，有序推进农业转移人口市民化。

2013 年 1 月，住建部公布首批国家智慧城市试点名单。8 月 5 日，住建部公布第二批 2013 年度国家智慧城市试点名单，再度确定 103 个城市（区、县、镇）为 2013 年度国家智慧城市试点。

2013 年 7 月，习近平总书记在湖北省考察工作时提出："即使将来城镇化率达到 70% 以上，还有 4 亿人至 5 亿人在农村。城镇化要发展，农业现代化和新农村建设也要发展，同步发展才能相得益彰，要推进城乡一体化发展。"

2013 年 11 月，十八届中央委员会第三次全体会议《中共中央关于全面深化改革若干重大问题的决定》发布，在城镇化方面指出要"推进以人为核心的城镇化"，具体任务包括建立城乡统一的建设用地市场、推进城市建设管理创新等。

2013 年 12 月，中央城镇化工作会议在北京召开。这是改革开放以来中央召开的第一次城镇化工作会议。会议文件中提出："要依托现有山水脉络等独特风光，让城市融入大自然，让居民望得见山、看得见水、记得住乡愁。"

2014 年 3 月，李克强总理在《2014 年国务院政府工作报告》中指出，2014 年政府重点推进的工作之一是"推进的以人为核心的新型城镇化"。李克强总理提出："城镇化是现代化的必由之路，是破除城乡二元结构的重要依托。要健全城乡发展一体化体制机制，坚持走以人为本、四化同步、优化布局、生态文明、传承文化的新型城镇化道路，遵循发展规律，积极稳妥推进，着力提升质量。"

2014 年 3 月，中共中央、国务院印发《国家新型城镇化规划

（2014—2020年）》。围绕城镇化水平和质量稳步提升五大发展目标，提出了一系列具体政策措施。以“走中国特色新型城镇化道路、全面提高城镇化质量”为新要求，统筹相关领域制度和政策创新，明确了我国未来城镇化的发展路径、主要目标和战略任务。

2014年7月，国务院出台《关于进一步推进户籍制度改革的意见》，提出了有序推进农业转移人口市民化，加快户籍改革，实行不同规模城市差别化落户政策的明确要求。

2014年8月，国家发改委、工信部、科技部、公安部、财政部、国土部、住建部、交通部八部委联合印发《关于促进智慧城市健康发展的指导意见》，为构筑中国特色的新兴城市形态，提出到2020年，建成一批特色鲜明的智慧城市，聚集和辐射带动作用大幅增强，综合竞争优势明显提高，在保障和改善民生服务、创新社会管理、维护网络安全等方面取得显著成效。

2014年9月，中共中央政治局常委、国务院总理李克强主持召开推进新型城镇化建设试点工作座谈会并作重要讲话。对于城镇化的推进，李克强总理对各地的积极探索给予肯定。与此同时，李克强总理指出，我国各地情况差别较大、发展不平衡，推进新型城镇化要因地制宜、分类实施、试点先行。国家在新型城镇化综合试点方案中，确定省、市、县、镇不同层级，东中西不同区域共62个地方开展试点，并以中小城市和小城镇为重点。

2014年10月，时任浙江省省长李强在参观云栖小镇时，首次提及“特色小镇”概念。12月底，习近平总书记对浙江省“特色小镇”建设作出重要批示：“抓特色小镇、小城镇建设大有可为。”

2014年12月，国家发改委等11个部委联合下发《关于印发国家新型城镇化综合试点方案的通知》，将江苏、安徽两省和宁波等62个城市（镇）列为国家新型城镇化综合试点地区。

2015年2月，发展改革委副秘书长范恒山指出，要抓好国家新型城镇化综合试点工作。经过筛选论证，确定了江苏、安徽两个省和62个城市（镇）作为试点地区，围绕农业转移人口市民化成本分担机制等开展改革探索。

2015年3月，李克强总理在《2015年国务院政府工作报告》中明确提出，要推进新型城镇化取得新突破，提升城镇规划建设水平，用改革的办法解决城镇化难点问题。李克强总理指出："城镇化是解决城乡差距的根本途径，也是最大的内需所在。要坚持以人为核心，以解决'三个1亿人'问题为着力点，发挥好城镇化对现代化的支撑作用。"

2015年3月，《不动产登记暂行条例》正式施行，标志着我国不动产确权全面启动，为构建城乡统一的用地市场打下基础。

2015年4月，中共中央政治局审议通过《京津冀协同发展规划纲要》。京津冀协同发展是区域发展总体战略的重要一环，战略的核心是有序疏解北京非首都功能，战略的突破点是在京津冀交通一体化、生态环境保护、要素市场一体化、产业升级转移等重点领域，力求走出一条协同集约发展之路，形成新增长极。

2015年10月，中共中央《关于制定国民经济和社会发展第十三个五年规划的建议》发布，提出要发展特色县域经济，加快培育中小城市和特色小镇，促进农产品精深加工和农村服务业发展，拓展农民增收渠道，完善农民收入增长支持政策体系，增强农村发展内生动力。

2015年12月，时隔37年，城市工作会议与中央经济工作会议"套开"，城市工作会议"升格"。中国目前很多问题与城市化息息相关，地方与地方、不同利益群体之间存在众多矛盾，同时涉及住建部、国土部、人社部、公安部等多部委统筹，需由中央牵头协调。

2016 年 1 月，国务院发布《关于整合城乡居民基本医疗保险制度的意见》，提出整合城镇居民医保和新农合两项制度，建立统一的城乡居民医保制度。这成为中国医疗保障制度设计进一步完善的重要标志，对城乡经济社会协调发展、全面建成小康社会具有重要意义。

2016 年 2 月，《中共中央国务院关于进一步加强城市规划建设管理工作的若干意见》印发，该文件勾画出了中国特色的城市发展“路线图”。

2016 年 3 月，李克强总理在《2016 年国务院政府工作报告》中指出，“十三五”时期的目标任务和重大举措之一是“推进新型城镇化和农业现代化，促进城乡区域协调发展”。李克强总理指出：“缩小城乡区域差距，既是调整经济结构的重点，也是释放发展潜力的关键。要深入推进以人为核心的新型城镇化，实现 1 亿左右农业转移人口和其他常住人口在城镇落户，完成约 1 亿人居住的棚户区和城中村改造，引导约 1 亿人在中西部地区就近城镇化。到 2020 年，常住人口城镇化率达到 60%、户籍人口城镇化率达到 45%。”

2016 年 4 月，由国家发改委发展规划司、中国城市和小城镇改革发展中心联合编写的《国家新型城镇化报告 2015》正式出版，这是国家发改委第一次正式发布中国城镇化发展年度进展的官方报告。

2016 年 5 月，中央政治局会议提出，北京城市副中心要构建蓝绿交织、清新明亮、水城共融、多组团集约紧凑发展的生态城市布局，着力打造国际一流和谐宜居之都示范区、新型城镇化示范区、京津冀区域协同发展示范区。

2016年7月，住建部、国家发改委、财政部发布《关于开展特色小镇培育工作的通知》，提出到2020年培育1000个左右特色小镇，引领全国小城镇建设。10月11日，国务院发布《关于深入推进新型城镇化建设的若干意见》，推动小城镇发展与疏解大城市中心城区功能相结合、与特色小镇发展相结合、与服务“三农”相结合。10月住建部发布《关于公布第一批特色小镇名单的通知》。

2016年9月，国务院印发《关于印发推动1亿非户籍人口在城市落户方案的通知》，指出促进有能力在城镇稳定就业和生活的农业转移人口举家进城落户。

2017年2月，“田园综合体”作为乡村新型产业发展的亮点措施被写进“中央一号文件”。中央支持有条件的农村建设以农业合作社为载体，以田园综合体为新型城镇化发展的抓手之一，通过农业综合开发、农村综合改革转移支付等渠道开展城乡统筹的试点示范。

2017年3月，十二届全国人大五次会议上，李克强总理在介绍2017年重点工作任务时表示：“2017年要扎实推进新型城镇化，深化户籍制度改革，今年实现进城落户1300万人以上，加快居住证制度全覆盖。”支持中小城市和特色小城镇发展，推动一批具备条件的县和特大镇有序设市，发挥城市群辐射带动作用。

2017年4月，中共中央、国务院决定在河北省保定境内雄县、容城、安新3县及周边区域设立雄安新区。这项“国家大事、千年大计”的意义在于集中疏解北京非首都功能，优化探索人口经济密集地区优化开发新模式，调整优化京津冀城市布局和空间结构，培育创新驱动发展新引擎。用最先进的理念和国际标准，立足中国国情，彰显中国特色，打造城市典范。

2017年4月，中国传媒大学成立“中国传媒大学雄安新区发展研究院”，作为以服务国家战略为导向的新型资政智库，研究院5月组织百人雄安大调查，并出版《雄安新区发展研究报告》（五卷本）等多部研究成果，参与雄安新区起步区公共服务建设和基本公共文化服务体系建设等两个专项规划。

2017年7月，国家发展改革委组织编写的《国家新型城镇化报告2016》正式出版。这是国家发改委第二次正式发布中国城镇化发展年度进展的官方报告。

2017年8月，国家发展改革委办公厅印发《关于总结推广第一批国家新型城镇化综合试点阶段性成果的通知》。该文件总结了第一批国家新型城镇化综合试点的典型成功经验，主要内容包括总结试点任务完成情况、采取的做法模式、取得的成果经验、遇到的矛盾困难和下一步工作建议。并在全国范围内逐步有序推广试点项目，发挥试点对新型城镇化建设的牵引示范作用。

2017年10月，党的十九大报告中提出乡村振兴战略。报告指出农业农村农民问题是关系国计民生的根本性问题，必须始终把解决好“三农”问题作为全党工作的重中之重，实施乡村振兴战略。2018年1月，“中央一号文件”《中共中央国务院关于实施乡村振兴战略的意见》出台。

2018年3月，李克强总理在《2018年国务院政府工作报告》中指出，未来政府工作要进一步提高新型城镇化质量。在加快农业转移人口市民化的同时，完善城镇规划，优先发展公共交通，健全菜市场、停车场等便民服务设施，加快无障碍设施建设。李克强总理提出："新型城镇化的核心在人，要加强精细化服务、人性化管理，使人人都有公平发展机会，让居民生活得方便、舒心。"

2018年3月，国家发展改革委印发《关于实施2018年推进新型城镇化建设重点任务的通知》，文件指出："以促进人的城镇化为核心、提高质量为导向的新型城镇化战略，是新时代中国特色社会主义发展的重要实践，是建设现代化国家的关键举措，也是实施乡村振兴战略和区域协调发展战略的有力支撑。"针对2018年新型城镇化建设提出五大重点任务，提出多项发展规划。这为我国2018年开展新型城镇化建设做出了方向引导和战略部署。

2018年4月，国家发展改革委办公厅印发《关于印发第一批国家新型城镇化综合试点经验的通知》，旨在将第一批试点（包含2个省和62个市镇试点）取得的阶段性成果和典型经验通过政策性文件在全国范围推开，在更广范围释放改革红利，为各地区提供发展模式和经验借鉴。

2018年7月，由国家发展改革委组织编写的《国家新型城镇化发展报告2017》正式发布。这是自2016年以来，连续第三年编制出版的国家新型城镇化报告。《报告》系统总结了党的十八大以来的新型城镇化工作，深刻剖析了新时代对新型城镇化的新要求，筛选提炼了典型案例，并附有政府部门和第三方机构的评估结论。

# 参考文献

## 一、普通图书

1. 阿努拉·古纳锡克拉 . 全球化背景下的文化权利［M］. 张毓强，译 . 北京：中国传媒大学出版社，2006：154.
2. 邓小平 . 邓小平文选（第三卷）［M］. 北京：人民出版社，1993：372–373.
3. 林毅夫 . 解读中国经济［M］. 北京：北京大学出版社，2012：9.
4. 山田浩之 . 都市的经济分析［M］. 东京：东洋经济新报社出版社，1980：34.
5. 托尼·本尼特 . 文化与社会［M］. 桂林：广西师范大学出版社，2007：163.
6. 习近平 . 习近平谈治国理政（第二卷）［M］. 北京：外文出版社，2018：349.
7. 新玉言 . 国外城镇化——比较研究与经验启示［M］. 北京：国家行政学院出版社，2013.
8. 许涤新 . 当代中国的人口［M］. 北京：中国社会科学出版社，1988：294–295.
9. 殷海光 . 中国文化的展望［M］. 北京：商务印书馆，2011：28.
10. 张克 . 园区规模经济［M］. 大连：大连理工出版社，2004：256.

## 二、学位论文

1. 刘婧 . 伯明翰学派早期领军人物文论研究——以霍贾特、威廉斯、汤普森为例［D］. 南昌：江西师范大学，2011：25–26.

## 三、期刊中析出的文献

1. 曹钢 . 中国城镇化模式举证及其本质差异［J］. 改革，2010（4）：78-83.
2. 陈雯 . 我国区域规划的编制与实施的若干问题［J］. 长江流域资源与环境，2000（2）：143-147.
3. 程东金 . 城市文化：城镇化的灵魂［J］. 文化纵横，2016（1）：46-50.
4. 翠珍 . 文化消费研究述评［J］. 经济学家，2010（3）：45-50.
5. 丁丽娟 . 文化治理现代化的要旨略析［J］. 中学政治教学参考，2014（7）：72-73.
6. 鄂璠 .2015 中国消费小康指数：82.5 新常态下的新消费——国人期待什么？［J］. 小康，2015（1）：56-61.
7. 范周，周洁 . 正确理解文化领域供给侧结构性改革［J］. 东岳论丛，2016（10）：5-14.
8. 范周 . 公共数字文化迎创新，如何促进知识产权保护与开发［J］. 人文天下，2017（7）：23-27.
9. 范周 . 雄安新区研究的新理论增长点——基于文化、产业、民生的现实维度［J］. 山东大学学报（哲学社会科学版），2017（9）：1-14.
10. 韩长赋 . 习近平“三农”思想：“三个必须”“三个不能”“三个坚定不移”［J］. 求是，2017（1）：1-8.
11. 洪朝辉 . 土地投机与 19 世纪美国西部城市化——兼论 20 世纪下半期中国的城市化［J］. 城市史研究，1997（Z1）：32-36.
12. 胡惠林 . 国家文化治理：发展文化产业的新维度［J］. 学术月刊，2012（5）：28-32.
13. 黄庆华，周志波，陈丽华 . 新型城镇化发展模式研究：基于国际比较［J］. 宏观经济研究，2016（12）：59-66.
14. 康就升 . 中国城市化道路研究概述［J］. 学术界动态 .1990（6）：45-47.
15. 李羚 . 公共绩效考验政府服务的质量——从农村公共产品供给不足谈起［J］. 经济体制改革，2004（6）：71-75.
16. 廖世璋 . 国家治理下的文化政策：一个历史回顾［J］. 建筑与规划学报，2002（2）：48-59.
17. 林坚 . 文化治理在国家治理体系中的地位和作用［J］. 人大国发院系列

报告，2015（6）：89-97.
18. 刘忱．国家治理与文化治理的关系［J］．党政论坛（干部文摘），2014（12）：38-39.
19. 刘嘉汉，罗蓉．以发展权为核心的新型城镇化道路研究［J］．经济学家，2011（5）：82-88.
20. 逯新红．日本国土规划改革促进城市化进程及对中国的启示［J］．城市发展研究，2011（5）：34-37.
21. 安翠娟，侯华丽．日本国土综合开发规划对我国的启示［J］．国土资源，2007（10）：35-36.
22. 马春玲．深挖首都文化消费潜力［J］．北京观察，2015（5）：40-41.
23. 毛少莹．文化治理成为社会治理的重要部分［J］．人文岭南，2012（19）：45-46.
24. 梅春才．浅析苏联的城市化模式［J］．国外理论动态，2008（11）：80-83.
25. 潘智慧，张仕廉．我国小城镇可持续发展评价指标体系研究［J］．重庆建筑大学学报，2004（4）：114-116.
26. 庞英姿．新加坡文化产业发展的经验及启示［J］．东南亚南亚研究．2013（4），75-79.
27. 戚晓旭，杨雅维，杨智尤．新型城镇化评价指标体系研究［J］．宏观经济管理，2014（2）：51-54.
28. 祁述裕．国家文化治理建设的三大核心任务［J］．探索与争鸣，2014（5）：7-9.
29. 沈文彪．于农民市民化途径问题的思考［J］．南方农业，2010，4（5）：1-4.
30. 于施洋，王璟璇，杨道玲，张勇进．电子政务顶层设计：基本概念阐释［J］．电子政务，2011（8）：2-7.
31. 孙军．无锡新区公共文化服务社会化实践分析［J］．文化艺术研究，2014，7（4）：10-15.
32. 孙雪，杨文香，何佳．新型城镇化测评指标体系的建立研究［J］．地下水，2012，34（2）：124-126.
33. 田德文．欧洲城镇化历史经验的启示［J］．当代世界，2013（6）：14-19.
34. 汪习根，王信川．论文化发展权［J］．太平洋学报，2007（12）：78-83.
35. 王贺元．转型期企业参与城市治理的实践研究［J］．宁波大学学报（人文科学版），2011，24（1）：89-92.

36. 王虹 . 互联网时代的文化治理：融合与创新［J］. 国家治理，2016（33）：26–36.
37. 王立新 . 洛杉矶产业转型对深圳建设国际化城市的启示［J］. 特区实践与理论，2008（2）：52–56.
38. 王兴周，张文宏 . 城市性：农民工市民化的新方向［J］. 社会科学战线，2008（12）：173–179.
39. 熊剑锋 . 中国财政供养规模调查［J］. 凤凰周刊，2013（10）：78–79.
40. 薛华 . 我国文化消费的非均衡性及其发展路径［J］. 文化产业研究，2014（4）：34–36.
41. 姚士谋，孙阳，陈振光，陈肖飞 . 国家级中心城市的成长条件及其因素分析［J］. 城市观察，2018（2）：98–104.
42. 张鸿雁 . 中国新型城镇化理论与实践创新［J］. 社会学研究，2013，28（3）：1–14.
43. 张帅 ."乡愁中国"的问题意识与文化自觉——"乡愁中国与新型城镇化建设论坛"述评［J］. 民俗研究，2014（2）：156–159.
44. 张松 . 文化生态的区域性保护策略探讨——以徽州文化生态保护实验区为例［J］. 同济大学学报（社会科学版），2009，20（3）：27–35.
45. 张涛 . 生产方式转变是城镇化的核心所在［J］. 唯实（现代管理），2013（7）：23.
46. 周笑梅，高景 . 公共文化服务视阈下的国家文化治理转型［J］. 社会科学战线，2015（5）：183–189.
47. 朱进芳 ."法治"背景下新型城镇化治理模式的转变及实现机制［J］. 天津行政学院学报，2015，17（1）：90–96.
48. Louis Wirth. Urbanism as a Way of Life［J］. *American Journal of Sociology*，1938（1）：1–24.

## 四、报纸中析出的文献

1. 2017 年中国文化建设成果：坚持中国特色社会主义文化发展道路［N］. 人民日报，2018-01-02.
2. 孔越 . 公共文化服务外包的"魏塘模式"［N］. 嘉兴日报，2016-08-07.

3. 林理．每一次提速都为了前方更美的风景［N］. 中国文化报，2015-06-17.
4. 刘江红．新型城镇化的文化与生态意蕴［N］. 光明日报，2014-8-11.
5. 马宏伟．城镇化：处理好政府和市场的关系［N］. 人民日报，2013-08-08.
6. 人民日报．坚持以人民为中心［N］. 人民日报，2017-10-24.
7. 阮仪三．呼吁传统文化村落保护办法［N］. 人民日报，2016-03-18.
8. 王院成．新型城镇化中文化遗产的保护与传承［N］. 河南日报，2014-09-02.
9. 魏薇．北京转型改造工业遗存七百多万平方米，老旧厂房里的“文创梦”［N］. 人民日报，2018-06-08.
10. 文化和旅游部．中华人民共和国文化和旅游部 2017 年文化发展统计公报［N］. 经济日报，2018-06-01.
11. 于平．新型城镇化进程中的文化转型发展［N］. 中国文化报，2015-06-09.
12. 张玉玲．2017 文化产业最新“成绩单”：增速保持两位数增长［N］. 光明日报，2018-05-30（10）.
13. 赵珊．“诗”和“远方”在呼唤［N］. 人民日报海外版，2018-04-28（12）.
14. 周凡恺．保护文化遗产重任在肩［N］. 天津日报，2013-06-15.

## 五、电子文献

1. 国家发改委规划司．国家新型城镇化规划（2014—2020 年）［EB/OL］.（2014-03-16）［2018-06-16］. http: //www.ndrc.gov.cn/gzdt/201403/t20140317_602980.html.
2. 国家统计局．中华人民共和国 2017 年国民经济和社会发展统计公报［EB/OL］.（2018-02-28）［2018-06-25］. http: //www.stats.gov.cn/tjsj/zxfb/201802/t20180228_1585631.html.
3. 葛江涛．卫星数据显示 20 年来中国城市扩张面积高达 20 倍［EB/OL］.（2012-09-11）［2018-06-16］. http: //discovery.163.com/12/0911/08/8B3VGK0K000125LI_all.html.
4. 蓝冰．温家宝：促进长三角地区实现率先发展、科学发展［EB/OL］.（2017-05-18）［2018-06-11］. http: //www.ce.cn/district/qujj/qujjyj/200705/18/t20070518_11408519.shtml.
5. 马文峰 .2017 年中国农业农村经济整体形势分析及政策建议［EB/OL］.

（2018-04-19）［2018-06-11］.https: //wenku.baidu.com/view/047fd18a7e192279168884868762caaedd33bae9.html.

6. 张茜翼 . 非遗专家：丢失文化传统会找不到“回家的路”［EB/OL］.（2015-03-13）［2018-06-22］.https: //www.sohu.com/a/142780680_488785.

7. 中国人大网 . 中华人民共和国公共文化服务保障法［EB/OL］.（2016-12-25）［2018-06-20］. http: //www.npc.gov.cn/npc/xinwen/2016-12/25/content_2004880.htm.

8. 中共中央办公厅、国务院办公厅印发《关于加快构建现代公共文化服务体系的意见》（全文）［EB/OL］.（2015-01-14）［2018-06-22］. http: //www.gov.cn/xinwen/2015-01/14/content_2804250.html.

9. 中国政府网 . 国家基本公共文化服务指导标准［EB/OL］.（2011-01-14）［2018-06-20］.http: //www.gov.cn/xinwen/2015-01/14/content_2804250.html.

10. 范周 . 赋予新型城镇化以文化内涵［RB/OL］.（2013-10-16）［2018-06-20］. http: //theory.people.com.cn/n/2013/1016/c40531-23224577.html.

11. 嘉兴市成为第二批国家公共文化服务体系示范区［EB/OL］.（2015-02-27）［2016-09-05］. http: //jx.zjol.com.cn/system/2016/09/04/021288489.shtml.

12. 范周 . 文创发展的下一个风口：数字创意产业［EB/OL］.（2017-07-03）［2018-06-22］.http: //collection.sina.com.cn/wjs/jj/2017-07-03/doc-ifyhrxsk1605698.shtml.

13. 连舫 . 以文化产业建设促进新型城镇化发展［EB/OL］.（2013-03-13）［2018-06-20］.http: //www.yybnet.net/gansu/news/201901/8649839.html.

14. 良浚 . 新型城镇化背景下产城一体化发展思路［EB/OL］.（2014-08-05）［2018-06-22］.http: //www.hrtv.cn/zt/jinliangjun/113.html.

15. 中国产业信息官网 . 中国一、二线城市人口消费结构分析、城市居民消费总量及结构变化预测［EB/OL］.（2016-03-29）［2018-11-16］.http: //www.chyxx.com/industry/201611/468187.html.

16. 新华网 .2017 年乡村旅游超过 1.4 万亿元成为扶贫富民新渠道［EB/OL］.（2018-01-18）［2018-07-15］.http: //www.xinhuanet.com/travel/2018-01/08/c_1122227035.html.

17. 人民网 . 河南洛阳平乐村：“小牡丹”绘出“大产业”［EB/OL］.（2018-02-07）［2018-07-17］.http: //henan.people.com.cn/GB/n2/2018/0207/c351638-31228059.html，2018-02-07.

# 后　　记

城市是人类文明的载体，也是人类文明成果的主要集聚地和传承平台。城镇化作为经济社会发展的必然趋势，是工业化、现代化的重要标志，是在经济不断增长的过程中，由于产业结构非农化引发生产要素流动和集中，农村的生产方式、生活方式、思维方式逐渐与城市接轨，最终实现城乡一体化的结果。在世界城镇化的历程中，文化扮演着不可或缺的重要角色，无论是在新城镇崛起中文化遗产的开发和保护，还是城市历史传统、文化特色的保持与建构，都为中国提供诸多借鉴。新时代，中国的经济发展正由高速增长阶段转为高质量的发展阶段，相应地，城镇化发展也正处于中期快速成长阶段向后期质量提升阶段转变的过渡期、由低质量发展向高质量发展迈进的关键转型期。

本书分别从中国城镇化演进历程与规律、新型城镇建设的文化顶层设计、文化遗产的保护与活化、公共文化服务体系建设、文化产业发展研究、文化消费研究、文化治理、文化发展指标、新型市民、国际城镇文化发展的实践与经验，以及未来新型城镇文化发展研究领域与趋势等内容出发，进行了深入细致的论述。本书第一章绪论介绍了中国城镇化 40 年来的演进历程、新型城镇化的特征、类型、建设模式及文化诉求等，并提出新型城镇化的六大文化命题；第二章从顶层设计思考新型城镇应当处理好的几大关系、新型城镇文化发展路径，并以雄安新区为案例进行分析；第三章重点阐述文化遗产在新型城镇中的意义价值及活化的思路与策略；第四章从新型城镇与公共文化服务的关系入手，分析城镇化进程中公共文化服务的机遇与困境，提出新型城镇公共文化服务建设的五大要点，展望新型城镇数字公共文化服务的建设趋势与要求；第五章以我国文化产业发展整体态势为基础，探索构建新型城镇文化产业体系路径；第六章以城镇文化消费现状入手，阐述文化消费城市试点中的经验、问题与启示，并对新型城镇促进文化消费提出对策建议；第七章以文化治理的相关理论为指导，探索新型城镇文化治理的推进策略；第八章从宏观、中观、微观角度分析新型城镇文化发展，着眼于文化发展的指标范围、指标选取、指标协调等，构建新型城镇文化发展指标的模型；第九章以新市民概念入手，探索新型城镇文化新民的培育路径，并以深圳为案例分析新型城镇化过程中文化新民的培养；第十章通过分析美国、英国、拉美、苏联、东南亚等国际城镇化的典型案例，归纳国际城镇的文化发展范式，总结国际城镇文化发展经验；第十一章展望未来新型城镇文化研究的新领域。

本书是我近些年关于新型城镇化学习、思考和研究心得的一次系统集成，从确立选题到最后定稿，前后近两年时间，数易其稿。在此期间，广泛收集了领域内最新的研究资料与实践成果，在写作过程中，也引用了国内外有关学者的许多论著。在此，对本书所引用过的论著的作者们和提供鲜活案例的实践者们表示由衷的谢意。同时，感谢熊海峰老师和赵建杰、孙巍、胡音音等同学在本书资料搜集、调查研究中付出的努力，感谢刘江红、李石华老师对书稿进行了详细的修改与审阅。感谢参与书稿编辑出版的所有工作人员，以及为本书付出辛勤努力、给予关心和帮助的学者、老师、同事、朋友及家人。

“文章千古事，得失寸心知。”虽然我们尽了最大努力来完成这样一本专著，书中引用的数据力求权威，选用的案例力求典型，但由于水平所限，疏漏不妥之处在所难免，恳请国内外专家与同仁不吝批评指正。

2019年8月